Glas in der Architektur

Die Deutsche Bibliothek – CIP-Einheitsaufnahme

Glas in der Architektur / Michael Wigginton.
[Aus dem Engl. übertragen von
Annette Wiethüchter und Renate Splinter.
Fachliche Bearb. der Kapitel 2 und 4:
Christine Göke]. –
Stuttgart : Deutsche Verlags-Anstalt, 1997
Einheitssacht.: Glass in architecture. <dt.>
ISBN 3-421-03126-6

Deutsche Ausgabe:
Deutsche Verlags-Anstalt GmbH, Stuttgart

Umschlagentwurf:
Brigitte und Hans Peter Willberg, Eppstein
Satz: Typomedia Satztechnik GmbH
Printed in Hong Kong
ISBN 3-421-03126-6

Aus dem Englischen übertragen
von Annette Wiethüchter und
Renate Splinter

Fachliche Bearbeitung der Kapitel 2
und 4: Christine Göke

Michael Wigginton

Glas in der Architektur

Deutsche Verlags-Anstalt Stuttgart

Inhalt

Einführung

Die Glaswand des Bauhaus-Gebäudes, Dessau, 1926, von Walter Gropius

Glas ist vielleicht das interessanteste Material, das der Mensch je entdeckt hat. Es entsteht durch das Schmelzen und anschließende Auskühlen eines auf der Erde im Überfluß vorhandenen Minerals (Quarzsand) und liefert eine Substanz, die durchsichtig und *felsenfest* ist und chemisch so passiv, daß man praktisch alles in einem Glasgefäß aufbewahren kann. Dieser Stoff hat uns die optische Linse beschert, die Flasche, das Lichtwellenleiterkabel aus Glasfasern, Gewebe und die Fensterscheibe. In den 4000 Jahren seiner uns bekannten Geschichte ist es in allen möglichen Entwicklungsbestrebungen des Menschen *zur Mitarbeit* herangezogen worden.

Seine facettenreiche Beschaffenheit und seine Nützlichkeit begleiten uns ein Leben lang, und die Tatsache, daß die Grundsubstanz in Form von Quarzsand in unerschöpflichen Mengen vorhanden und daher billig ist, hat dem Glas einen einzigartigen Platz in der Geschichte der Artefakte und Technologie verschafft und es zu einem ganz besonderen Material gemacht, das der moderne Designer in vielen Bereichen einsetzt – von der Optik über Telekommunikation bis zur Stromversorgung.

Dieses Buch ist eine Hommage an den Baustoff Glas und untersucht, wie er im Laufe der Baugeschichte verwendet worden ist. Glas hat das Baugeschehen entscheidend bestimmt, seit Baumeister vor etwas über 1000 Jahren zum ersten Mal seine Möglichkeiten entdeckten.

Erst 2000 Jahre nach seiner ursprünglichen Entdeckung kam man auf die Idee, Glas auch für Fenster anstatt lediglich für Gefäße und Schmuck zu verwenden, wahrscheinlich, weil das Klima seines Ursprungsgebiets keine mit Wettermembranen versiegelten Umfassungsmauern erforderte. Außerdem war es nicht einfach, flache Glasscheiben herzustellen. Sobald dies aber gelungen war, konnten Baumeister und Architekten neue Architekturkonzepte entwickeln und verwirklichen – und dieser Prozeß wird noch heute fortgesetzt.

Ohne Glas hätte die Menschheit den größten Teil dieses Jahrtausends in halbdunklen Räumen leben müssen und wäre ständig bemüht gewesen, die widerstreitenden Bedürfnisse nach Wetterschutz, schöner Aussicht, Privatsphäre und natürlicher Belichtung in Einklang zu bringen. Glas hat uns nicht nur geschützt und gedient, es hat uns auch die wundervollen Glasmalereien der gotischen Kathedralen und im 19. Jahrhundert die Schönheit der Glasgewächshäuser beschert. Glas wurde auch zur *Stütze* der Revolution, die sich in der Architektur des 20. Jahrhunderts vollzog.

Während die Anzahl der literarischen Publikationen zu Glas in der Architektur relativ klein ist (die meisten bedeutenden Werke finden mühelos im Bücherschrank einer Privatperson Platz), werden heute jedes Jahr Unmengen an Fachliteratur zu diesem Thema produziert. Der Katalog mit Produkt- und Fachinformationen eines einzigen Herstellers ist wesentlich umfangreicher als dieses Buch, und eine vor kurzem erschienene Veröffentlichung eines schwedischen Autors über elektrochrome Oxide umfaßt 630 Seiten wissenschaftlichen Text, die letzten 100 Seiten sind dem Quellenverzeichnis zu Buchtiteln und wissenschaftlichen Arbeiten gewidmet. Glas und Transparenz sind heute unwiderruflich im hochwissenschaftlichen Bereich angesiedelt.

Angesichts dieser Informationen und der Geschwindigkeit, mit der sie sich vermehren, wäre es unsinnig, wenn ein Autor versuchen wollte, einen Einzeltitel mit enzyklopädischem Charakter zu verfassen. Das Ziel dieses Buches ist nicht, sämtliche Anwendungsbereiche und Aspekte von Glas in der Architektur umfassend darzustellen (obwohl es die meisten berührt), sondern vielmehr all denen Hilfestellung zu geben, die mit dem Material arbeiten, damit sie es besser verstehen und seine Einsatzmöglichkeiten erkennen, und damit sie auch einander verstehen.

Architektur und Design leben heute von zunehmender technologischer Sachkenntnis. In der Kulturphilosophie besteht die weitverbreitete Überzeugung, daß die Technik uns beherrschen wird, wenn wir sie nicht beherrschen. Und seit Jahrhunderten wird die Auffassung vertreten, die Architektur sei weitgehend ein Derivat der Technik. Von Vitruv bis Viollet-le-Duc lesen wir, daß der Zweck und die Baustoffe die Baukunst hervorbringen, und uns wird vermittelt, daß die (oft deplazierte) Technikbesessenheit des 20. Jahrhunderts das Erbe einer langen Tradition ist.

Die Vorliebe für die Technik an sich ist jedoch gefährlich, besonders wenn sie von einem Mangel an Sachkenntnis begleitet wird. Aus diesem Grund habe ich versucht, mit diesem Buch Architekten, Glasingenieuren und Herstellern ein Informations- und Hilfsmittel zu einer fachlich sinnvollen Kommunikation an die Hand zu geben.

Jedes der vier Kapitel dieses Buchs kann als eigenständiger Essay zu folgenden Themen gesehen werden: Geschichte, modernste Technik, Glasarchitektur im ausgehenden 20. Jahrhundert und Ausblick auf künftige Entwicklungen.

Kapitel 1, *Geschichte und baulicher Kontext*, zeichnet die geschichtliche Entwicklung des Baustoffs Glas und seiner Verwendung bis heute nach und erklärt, wie sich die Veränderung von Flachglas-Herstellungsverfahren im Laufe der Zeit auf die Formensprache der Architektur ausgewirkt hat. Das Kapitel konzentriert sich auf die fünf wesentlichen historischen *Bauglas-Stilperioden* und stellt dar, in welcher Weise die Fortschritte in der Glastechnologie die Stilentwicklung beeinflußten. Der Text erhebt keinen Anspruch auf Vollständigkeit, da eine erschöpfende Darstellung sämtlicher Aspekte von Glas in der Architektur den Rahmen dieser Publikation sprengen würde. Ein mit Anmerkungen versehenes Literaturverzeichnis weist den Leser auf mehrere grundlegende und wegweisende Publikationen hin, die ihm verschiedene Seiten der Glasgeschichte vermitteln.

Dieses Buch sieht Geschichte als eine kontextuelle Landschaft, in der man an vielen sonnenbeschienenen Bergesgipfeln die Entwicklung der Glas-Architektur-Beziehungen ablesen kann. Im Laufe der kontinuierlichen technischen Fortschritte haben sich fünf *Glaszeitalter* herauskristallisiert, die einerseits gekennzeichnet sind durch ihren Stand der Technik und andererseits durch herausragende, exemplarische Werke der Glasarchitektur, die hier beschrieben und gewürdigt werden.

Der 1. Abschnitt beschäftigt sich mit den Anfängen der Glasmacherei und den Wechselbeziehungen zwischen chemischer Zusammensetzung, Herstellungsverfahren und Leistungsverhalten, da die Eigenschaften von Glaserzeugnissen ebensoviel mit dem Produktionsprozeß wie mit den Inhaltsstoffen zu tun haben. Immerhin vergingen 2000 Jahre von der Erfindung des Glasgemenges für Flachglas bis zur tatsächlichen Herstellung von Fensterscheiben.

Die zwei folgenden Abschnitte des ersten Kapitels sind der gotischen Glasmalerei und Kirchenarchitektur sowie deren weltlichen Erben gewidmet. Der vierte Abschnitt beschäftigt sich mit der Perfektionierung und Konsolidierung der Glastechnik im 17. und 18. Jahrhundert, die zur Verbreitung der Renaissance-Architektur in ganz Europa beitrug. Der fünfte Abschnitt führt den Leser ins frühe 19. Jahrhundert in die Blütezeit des Glasgewächshauses als Archetyp. Daraus folgt der sechste Abschnitt über die *Kathedralen des Handels*, d. h. die Weiterentwicklung des Glashauses während der industriellen Revolution in der zweiten Hälfte des 19. Jahrhunderts.

Der kurze siebte Abschnitt befaßt sich mit der entscheidenden Rolle, die der Baustoff Glas in der Entwicklung der *Rahmen-und-Haut-Konstruktion* gespielt hat. Diese Architektur entstand Ende des 19. Jahrhunderts in Chicago und andernorts. Hieraus folgt konsequenterweise das Thema des achten Abschnitts: die technische Revolution unseres Jahrhunderts.

Erläuterungen zur schrittweisen Entwicklung neuer Herstellungstechniken und der ebenso langsam zunehmenden Kenntnisse über geeignete Zuschläge für ein qualitätvolles Glas ziehen sich durch alle Abschnitte, Jahrhundert um Jahrhundert. Im Architekturüberblick dieses längsten Kapitels konzentriert sich die Darstellung auf architektonische Formen, deren bestimmendes Element das Glas ist, und nicht so sehr auf die allmähliche Durchdringung der Architektur als Ganzes mit dem Baustoff Glas. Zum Beispiel wird hier nicht näher auf die Verwendung von Glas bei der Fensterung von Bauten aller Art eingegangen, die überall und seit dem Mittelalter sozusagen in *Lokalbauweise* (vernacular architecture) entstanden und entstehen. Die Entwicklungsgeschichte des Fensters in der Architektur verdient eine gesonderte Darstellung.

Kapitel 2, *Glastechnologie*, möchte einfach einen kurzen Überblick darüber geben, wie Glas hergestellt wird, wie es sich verhält, welche Glaserzeugnisse produziert werden und wie man sie verwenden kann. Zu Beginn werden die Herstellungstechniken dargestellt, dann die physikalischen Eigenschaften der Glaserzeugnisse, weiterhin die wesentliche Eigenschaft von Glas, die Durchsichtigkeit, wobei dieses Phänomen ausführlich erläutert wird. Für die entwerfenden Architekten ist es wesentlich, den Charakter von Transparenz zu verstehen und zu berücksichtigen. Das ist eine Wissenschaft für sich, die in den letzten Jahren immer komplexer geworden ist, weil es jetzt möglich ist, Glas mit unzähligen verschiedenen Filmen zu beschichten und es in komplizierten Verbundbausystemen zu verwenden. Da

Glas nicht das einzige uns bekannte transparente Material ist, gebe ich in diesem Teil des Buches einen kurzen Überblick über durchsichtige Kunststoffe, nicht zuletzt deshalb, weil sie in Verbindung mit Glas für Verbundfenster eine wichtige Rolle spielen.

Kapitel 3, *Glas in der Architektur*, ist in mehrfacher Hinsicht das *inspirierende Kernstück* dieses Buches; die Fallbeispiele sollen dem Leser Anregung vermitteln und zeigen, wie heute tätige *Glasarchitekten* das Material aufgefaßt, verarbeitet und eingesetzt – und damit hervorragende Bauwerke geschaffen haben. So würdigt das Kapitel eher das Ergebnis als den Prozeß. Dem einführenden Abschnitt – Überblick über die Glasarchitektur nach 1945 bis heute – folgen Projektbeschreibungen. Bei jedem dieser Fallbeispiele ist Glas wesentlicher Teil der Konstruktion und entfaltet seine ganze Schönheit. Bezeichnenderweise wurde für die meisten entweder ein Spezialglas entwickelt oder eine neue Technik, die dem Konstruktionsprinzip dient. Damit soll gesagt werden, daß mit technischem Sachverstand und professioneller Erfahrung auch die Fähigkeit wächst, das Material virtuos zu formen und zu großer Schönheit zu entfalten. Die zwanzig beschriebenen Bauten sollen aber keine Liste der *top twenty* sein. Ausgezeichnete Glasbauten sind im Entstehen, während dieser Text geschrieben wird, denn das Material befindet sich erfolgreich auf dem Vormarsch. Die Beispiele sollen lediglich darauf hinweisen, daß mit Sachverstand in bezug auf Materialien und mit entwerferischem Geschick große Architektur geschaffen wird.

Kapitel 4, *Die Zukunft*, gibt einen Einblick in die faszinierenden Glaswelten, die sich vor uns auftun. In den vergangenen zehn Jahren hat sich unsere Auffassung von Glasarchitektur radikal verändert, und der Architekt/Designer verfügt heute über eine völlig neue Formensprache, muß sich aber auch der Mühe unterziehen, sich das Wissen um die neue Technik anzueignen. Die neue Wissenswelt der Chromogen-Chemie, der Aerogels und Hochleistungschemikalien und die Einführung der nanometrischen Technik liefern uns ein neues Materialangebot, das wieder einmal eine Revolution in der Architektur herbeiführen wird, während wir uns noch mit den Erfordernissen von Leistung, Energienutzung, Rohstoffressourcen und Ökologie auseinandersetzen.

Eine neue Gebäudegeneration erscheint am Architekturhorizont – und Glas wird ihr Hauptelement sein. Kapitel 4 beschreibt die derzeitige Angebotspalette mit den dazugehörigen Herstellungstechniken (speziell Mikrotechnologie) und entwirft eine Tagesordnung für die Glasarchitektur der Zukunft.

Trotz seines Umfangs und der langen Dauer der Vorbereitungszeit waren die Auswahl und das Weglassen von Text- und Bildmaterial bei der Arbeit an diesem Buch entscheidender als das Bemühen um absolute Vollständigkeit. Dies gilt insbesondere für den Abschnitt über die Bauten der frühen neunziger Jahre.

Wie man beim Lesen internationaler Architekturzeitschriften feststellt, ist in den vergangenen Jahren eine erfreulich große Anzahl neuer qualitätvoller Glasbauten entstanden. Verfasser und Verlag entschieden sich nach reiflicher Überlegung – und diese Entscheidung ist beiden nicht leichtgefallen – gegen den Versuch, in Form eines Katalogs von Neubauten mit dieser Entwicklung Schritt zu halten. Dies hätte nur die Reproduktion von kürzlich publiziertem Material bedeutet. Wichtiger ist uns, daß dieses Buch die umfangreichen historischen, architektonischen und technologischen Grundlagen des bevorstehenden neuen Zeitalters der Glasarchitektur darstellt, kurz vor der Wende zum 21. Jahrhundert.

1 Geschichte und baulicher Kontext

1. Kathmandu. In einer Kultur ohne Glas müssen Ausblick, Privatsphäre und Windschutz mit anderen Mitteln erzielt werden.

2. Kristallpalast, London, 1851, von Joseph Paxton und Charles Fox. Dieses Foto entstand 1852 kurz vor der Demontage der Konstruktion.

Anfänge

Die Entwicklung der Architekturgeschichte seit römischer Zeit ist durch die Verwendung des Baustoffs Glas in der Architektur stark geprägt worden. Architektur – auf ihrer höchsten Bedeutungsebene – ist die Verschmelzung von Kultur und dem Bedürfnis nach Geborgenheit, übersetzt in physische Substanz. In ihr trifft sich das Bedürfnis, Häuser zu bauen mit der natürlichen Veranlagung des Menschen zur Kommunikation. Das Entstehen von Architektur mit den ihr eigenen Ausdrucksmitteln basiert auf der intelligenten und einfühlsamen Verwendung von Baustoffen, die je nach Verfügbarkeit, Verwendung, Kosten und Fertigungstechnik in Abhängigkeit von Zeit und Ort variieren.

In den Abertausenden von Jahren, in denen der Mensch das Bauen erlernt hat, mußte er zwei besondere, oft widerstreitende Bedürfnisse miteinander in Einklang bringen: einerseits das Grundbedürfnis nach Behausung (Schutz, Geborgenheit, Privatsphäre), andererseits das Bedürfnis nach Lichtübertragung, um den Innenraum zu erhellen und einen Ausblick zu vermitteln.

Glas erschien wie die vorherbestimmte technische Antwort auf die scheinbar unlösbare Frage: Wie kann man ein Material herstellen, daß vollkommen transparent und zugleich widerstandsfähig und robust ist, noch dazu zu einem Preis, den sich die menschliche Gesellschaft mühelos leisten kann?

Wie wir heute wissen, gibt es eindeutige physikalische und chemische Erfordernisse für die Herstellung von Transparenz; sie ergeben sich durch spezielle molekulare Organisationsprozesse und die atomare Struktur des betreffenden Materials, die allerdings meistens in Flüssigkeiten anzutreffen sind. Und Flüssigkeiten sind bekanntlich kein geeignetes Baumaterial.

Glas dagegen behält seine Transparenz, wenn die einzigartige Mischung seiner Quarz-Atome und -Moleküle bis zum Schmelzgrad erhitzt und dann sorgfältig gekühlt wird, damit sie keine Kristalle bildet, sondern transluzent oder opak wird. Dieses Zufallsprodukt der Natur hat dem Menschen seit jeher Zugang zu einem Baustoff verschafft, der vorzüglich dazu geeignet ist, durchsichtige *Felsplatten* zu produzieren, und zwar aus einer Substanz, die auf der Erde im Überfluß vorhanden und noch dazu leicht zu gewinnen ist: aus ganz normalem Sand.

Allerdings brauchte man hohe Temperaturen, große Kunstfertigkeit und Sachkenntnis, um Sandkörner in ein brauchbares transparentes Produkt zu verwandeln und zu formen. Man benötigte Glasöfen, welche die notwendigen hohen Temperaturen erzeugen konnten, bei

1

denen die Quarzkiesel schmelzen (die übrigens klein genug sein mußten, um Hitze zu absorbieren). 2
Noch schwieriger zu entwickeln waren vielleicht die Techniken zur gezielten, kontrollierten Formung der Schmelzmasse während des allmählichen Abkühlens, bis aus dem fließenden, sirupartigen, dann dickflüssigen Material durchsichtiges festes Glas geworden ist.

Das Jahrtausende alte, sorgsam gehütete und geheimnisvolle Handwerk der Glasfertigung basiert auf dieser außergewöhnlichen Technik und Kunstfertigkeit. Nur wenige privilegierte Glashandwerker wurden in seine Geheimnisse eingeweiht, diese bereisten Kontinente, um die Ansprüche einer wachsenden Kundschaft zu befriedigen.

Glas wurde vor etwa 4000 Jahren im östlichen Mittelmeergebiet entdeckt, wahrscheinlich als Klumpen herabgetropfter Glasur, vermischt mit der alkalischen Asche des Feuers in einem alten Töpferofen. Bereits im Jahre 1500 v. Chr. waren im alten Ägypten Gefäße aus Preßglas und Formglas verbreitet, und Kenntnisse über deren Herstellung waren bis in die Gegend des heutigen Venedig und ins österreichische Hall vorgedrungen. Alexander der Große gründete die berühmten Glashütten in Alexandrien, kurz bevor er im Jahre 332 v. Chr. die Stadt selbst gründete.

Etwa 2000 Jahre nach der ersten Entdeckung kam mundgeblasenes Glas auf, und es wurde möglich, dünne kleine Glasscheiben herzustellen – stark genug, um in Fenstern verwendet zu werden. Damit konnten neue Architekturkonzepte verwirklicht werden, die heute noch weiterentwickelt und untersucht

werden: von der simplen *Durchlässigkeit* für Tageslicht und die Aussicht – ohne Wärmeverlust – bis zur Schaffung gestalterischer und technischer Meisterwerke, deren Qualität wesentlich von diesem herrlichen Material bestimmt wird.

Höchstwahrscheinlich hat die Idee, die zur Erfindung des mundgeblasenen Glases führte, zuerst im Gebiet des alten Syrien/Palästina im 1. Jahrhundert v. Chr. ihre Wirkung entfaltet. Die Glasbläserei wurde der erste wichtige Schritt auf dem Weg zur Verwendung von Glas beim Bauen. Glasherstellung erforderte Temperaturen bis 1500°C und ein gewisses Maß an Mut und Geschicklichkeit. Die Technik verbreitete sich von Syrien nach Ägypten und wurde für Gefäße und große flache Schalen verwendet.

Das Klima bot jedoch nicht die Notwendigkeit zur Erfindung des verglasten Fensters. Vitruv hat die Architektur, wie sie sich zur Zeit Alexanders und bis ins erste vorchristliche Jahrhundert entwickelt hatte, in seinen *Zehn Büchern über Architektur* gut dokumentiert. In ausführlichen Beschreibungen griechischer und römischer Bauten erläutert er auch Baustoffe und -techniken in Einzelheiten.

Das Studium Vitruvs oder noch erhaltener antiker griechischer und römischer Bauten zeigt, daß die damalige Architektur relativ unabhängig war vom Konzept des verglasten Fensters. Die meiste Zeit des Jahres gab es draußen so viel Licht und Wärme, daß das Hausinnere als Refugium aufgefaßt wurde. Natürlich gehörten Fensteröffnungen zum architektonischen Vokabular, aber das Licht durchdrang die Konstruktion häufig durch Säulenzwischenräume oder Dachöffnungen (sei es nun das Dach über dem Innenhof eines Hauses oder das Dach des Pantheon). Die Architektur eines Bauwerks (z. B. der rekonstruierten Stoa des Attalos in Athen) zeigt, wie Licht, Schatten, Baustruktur und Umfassungsmauern auch ohne verglaste Öffnungen moduliert wurden. Die traditionelle Bauweise im Mittleren Osten basiert noch heute auf dem gleichen Konzept.

3

3. Die Stoa des Attalos, Athen, ca. 159–138 v. Chr. (1953–1956 rekonstruiert). Glas war in den Bauten der Ursprungsregion des Materials, das heißt im östlichen Mittelmeerraum, kaum notwendig. Die Stoa bietet eine gut durchdachte Innentemperaturregelung für ein Bauwerk in sonnenreichem Klima. Im unteren Geschoß vertieft sich der Schatten von der Straße über einen Zwischenbereich bis in einen umschlossenen Raum.

Dennoch gehörten Fenster zur Architektursprache und Glas zu einer Reihe transluzenter Baustoffe. Die Römer produzierten Fensterglas, auf jeden Fall bis zu einer Größe von etwa 100 × 70 cm, wahrscheinlich im Gußverfahren. In Pompeji wurden 50 × 70 cm große Scheiben gefunden, und das dortige Badehaus war mit 100 × 70 cm großen, 12 mm dicken Scheiben verglast. Typisches Fensterglas war immer über 3 mm dick und grünbläulich gefärbt. Flachglas wurde auch beim Bau primitiver Gewächshäuser verwendet.

Die Entwicklung der Glasherstellerkunst befaßte sich mit Mischen und Formen. Die chemischen Eigenschaften der Glasarten bestimmen ihr Verhalten und Erscheinungsbild, aber auch, ob sie leicht oder schwer formbar sind. Zu den frühen Entdeckungen gehört offensichtlich die Tatsache, daß die Beimischung bestimmter Stoffe die Schmelztemperatur des Glases reduziert, während andere seine Qualität verbessern oder eine Glasart hervorbringen, die einen spezifischen Bedarf erfüllt. Reines Siliziumdioxid (Kieselerde) schmilzt bei einer Temperatur von 1750°C, ist dann aber immer noch sehr zähflüssig (Fließgeschwindigkeit etwa 1000 mal langsamer als Sirup) und schwer zu bearbeiten. Natronbeigaben senken die Schmelztemperatur auf unter 800°C, aber das resultierende Material kann durch Wasser angegriffen werden. Wenn dieser Natron-Silizium-Mischung Kalk beigegeben wird, hilft das gegen Erosion und fördert die Haltbarkeit, aber die Dreierkombination neigt zur Kristallbildung. Die richtige Mischung mußte in einem empirischen Auswahl- und Entwicklungsprozeß gefunden werden. Gefördert wurde er dadurch, daß in den meisten Quarzen, die den Glasherstellern der Antike zur Verfügung standen, Natron und Kalk als Verunreinigungen vorhanden waren. Sogar mit einer guten Mischung wird die Glasherstellung dadurch kompliziert, daß eine Temperatur von 900°C zwar eine *Fritte* erzeugt, daß diese aber sechzehn Stunden oder länger bei 1100°C braucht, um zu schmelzen (mit dem Wort Fritte bezeichnet man die Masse, aus der viele Glasprodukte hergestellt werden). In Jahrhunderten wurde die chemische Kombination zur Herstellung von Flachglas allmählich verfeinert, bis die Inhaltsformel des blaßgrünen römischen Glases erreicht war, ähnlich unserem eigenen Kalknatrongemenge: 69% Kieselerde, 17% Natron, 11% Kalk und Magnesium, 3% Tonerde, Eisen- und Manganoxide.

Die chemische Mischformel der Glas-Substanzen blieb bis Ende des 18. Jahrhunderts eine unpräzise Angelegenheit, zum Teil in Abhängigkeit von natürlichen Vorkommen oder künstlich produzierten Inhaltsstoffen, zum Teil bestimmt vom wachsenden Wissen um Schmelzmittel, Stabilisatoren, Entfärber und Eigenschaften anderer Bestandteile. Die chemische Zusammensetzung des syrischen Belus-Flußsandes war zweifellos an der frühen Entwicklungsgeschichte von Glas in seinem Entstehungsgebiet beteiligt. Er enthält etwa 15% Kalziumkarbonat, 3,5 bis 5% Tonerde und 1,5% Magnesiumkarbonat und liefert daher eine nahezu perfekte natürliche Grundlage für die Glasschmelze. Man braucht nur noch Natronkarbonat, um ein *modernes* Baumaterial daraus zu machen. Eine assyrische Tafel aus der Zeit um 650 v. Chr. bestätigt die antike Formel: 60 Teile Sand, 180 Teile *Salicornia* (alkalische Kieselerde), 5 Teile Salpeter (wir kennen es als Kaliumnitrat) und 2 Teile Kalk. Die Salicornia war eine natronhaltige

Pflanze. Plinys Rezeptur aus dem 1. Jahrhundert n.Chr. ist ähnlich: ein Teil Sand und drei Teile *Salpetergeist*. Wie auch immer die Zusammensetzung ausfiel, die Rohmaterialien für sich enthielten schon eine gute Mischung, mit Kalk aus Meeresmuscheln und Natron aus der Asche von Seetang.

In den Jahrhunderten nach Vitruv entwickelte sich allmählich die Vorstellung, daß Glas ein wichtiges Material für Fenster sei, und zwar nicht nur als durchsichtiger Wetterschutz. Leuchtend farbiges Glas fand sich in Konstantins St. Paulus-Kirche bei Rom (erbaut um 337 n. Chr.). Und Glas als illuminierte, bemalte Fläche war im mediterranen Klima möglicherweise viel wichtiger als eine mit Klarglas vor Wind und Wetter schützende Maueröffnung.

Das Vordringen der Römer in den Norden Europas führte zur Entwicklung von Verglasungen, wie wir sie heute noch kennen. In den Saône- und Rheinprovinzen entstand eine Glasindustrie, hauptsächlich betrieben von Syrern, Juden und Alexandrinern. Berühmt waren die Glashütten von Köln und Trier. In Trier war das lateinische Wort *glesum* gebräuchlich (es war germanischen Ursprungs und bedeutete durchsichtig/glänzend), daraus wurde *Glas*. Glasmacher aus dem Mittleren Osten beherrschten die Zunft, bis ihr Monopol um 600 n. Chr. von den ins Land einfallenden Germanen gebrochen wurde. Im Zuge des Zusammenbruchs des Römischen Reiches blieben die Zentren der Glasherstellung an Rhein und Rhône erhalten, aber viele Glasmacher flohen in die Po-Ebene und nach Ligurien.

4. Eine mundgeblasene italienische Schale (50–100 n. Chr.). Kenntnisse und Geschicklichkeit der Glasbläser führten schließlich zu dem Produkt, das uns Fensterglas lieferte, mittels einer Technik, die fast 2000 Jahre lang Flachglas hervorbrachte.

5. Eine dunkelbernsteinfarbene Glasschale, im Setzverfahren in einer syrisch-palästinensischen Glashütte zwischen 200 und 150 v. Chr. gefertigt. Dieses perfekt geformte, farblich wunderschöne Gefäß aus dem Ursprungsland der Glasfabrikation legt Zeugnis ab von der völligen Beherrschung des Materials zu einer Zeit, die in der Mitte zwischen seiner Erfindung und heute liegt.

Die Bedeutung der antiken syrischen Glasmacherkunst für die Geschichte des Glases kann nicht überschätzt werden. Die Technik der gedrehten Scheibe, deren Beherrschung für die Entwicklung von nordeuropäischen Glaserzeugnissen wesentlich war, etablierte sich in Syrien schon im 8. Jahrhundert. Ungefähr zur gleichen Zeit entstand die venezianische Glasindustrie. Im 10. Jahrhundert war die venezianische Glasfertigung etabliert, und das Handwerk, zuvor vor allem von Nomaden ausgeübt, hatte eine neue Heimat.

Die Venezianer waren ursprünglich bekannt für dekorative Glaserzeugnisse und Glasgefäße, erweiterten jedoch schon bald ihr Wissen und Können auf Fensterglas und optische Linsen, und im 14. Jahrhundert erreichte die Spiegelherstellung in Venedig höchste Perfektion: Für die Reflektorschicht verwendete man Zinn und Quecksilber, und die Glasscheiben wurden in Venedig und in Nordeuropa mittels des Zylinderwalzverfahrens oder durch Drehen hergestellt.

Während die Venezianer Ende des ersten Jahrtausends ihre Technik beherrschten, besonders zur Fertigung von Goldglas, hatten die Glasmacher an Seine und Rhein die zwei Techniken verfeinert, die die prachtvollen Werke des gotischen Zeitalters ermöglichten. Bis zum Jahre 1000 n. Chr. hatten die Nordeuropäer die Glasfertigung in weiten Teilen des Kontinents eingeführt und wendeten sowohl das Drehverfahren als auch die Zylinderwalzmethode an, um den wachsenden Bedarf der Kirche zu decken und sich selbst gegen die Wetterverhältnisse mit langen Wintern und häufig bedecktem Himmel zu schützen.

4

Das Zylinderwalzverfahren hat schon der deutsche Mönch Theophilus im frühen 12. Jahrhundert in seinem Werk *Diversarium Artium Schedula* beschrieben, eine Technik zur Herstellung von Flachglas, die danach 800 Jahre angewendet wurde. Mit einer Eisenröhre wurde ein Klumpen glühende Glasmasse aufgenommen, zu einer Kugel aufgeblasen und durch Drehen und Schwenken zu einem Zylinder mit halbrundem Ende erweitert. Dieses wurde abgeschnitten und mit einem Hefteisen in der Mitte gepackt; dann wurde das andere, noch weiche Ende zu einem vollen Zylinder geöffnet. Dieser konnte dann wieder erhitzt, verkürzt, aufgeschnitten, flachgewalzt und poliert werden. Theophilus gab auch die Rezeptur für den Glassatz, der für die nordeuropäische Glasherstellung typisch wurde: ein Teil Sand auf zwei Teile Buchenasche. Das Wanderhandwerk der Glasfertigung war verbunden mit der Abholzung und dem Heranschaffen von Buchen, deren Holz für die Glasöfen und zur Ascheproduktion benötigt wurde.

Das Drehverfahren war von den alten Syrern überliefert und wurde in Nordeuropa noch im Mittelalter angewendet. Dieses normannische *Mondglas* wurde gefertigt, indem

5

man eine Kugel aufblies, deren dickes Ende, das Ochsenauge, mit dem Hefteisen erfaßte und rasch drehte. Das erste Blasloch wurde dadurch erweitert und allmählich unter ständigem Drehen zu einer Scheibe abgeflacht. Typische Durchmesser waren 60 bis 70 cm.

In diesen frühen Tagen des Scheibenglases ergaben die zwei Herstellungsverfahren auch zwei ganz unterschiedliche Produkte. Mit dem Zylinderwalzverfahren erhielt man größere, ziemlich gleichmäßig dicke Glasplatten, aber das notwendige erneute Erhitzen und das mechanische Walzen beschädigten die Glasoberfläche. Das Marbeln, das heißt das Rollen von geblasenem Glas in einer Steinmulde, verlieh der Oberfläche typische Schrammen und trübte sie geringfügig. Gedrehte Glasscheiben waren zwar glänzender, da unberührt, hatten aber die typischen konzentrischen Ringe und das unregelmäßige Ochsenauge in der Mitte.

Beide Endprodukte waren recht dünn und nicht widerstandsfähig. Da sie jedoch mit der Zeit in größeren Formaten gefertigt wurden und die Technik ihrer Befestigung und Verwendung in Bauwerken verfeinert wurde, bildeten sie einen wesentlichen Bestandteil der Architektur der großen nordeuropäischen Kirchen.

Gotik

Die gotische Architektur Nordeuropas kann mit Fug und Recht das *Erste Zeitalter der Glasarchitektur* genannt werden, geprägt von der christlichen Kirche, dem größten Bauherrn der Region nach dem frühen Mittelalter. Die Veränderung in der architektonischen Morphologie von der Romanik zur Gotik war radikal und dramatisch. Die Bauten des frühen Mittelalters bestanden meist aus Ziegelmauerwerk, von Öffnungen durchlöchert, deren Größe abhängig war vom Lichtbedarf, der häufig auftretenden Notwendigkeit zur Verteidigung und den Problemen der Konstruktion. Die gotischen Baumeister waren bestrebt, eine andere Art von Bauwerken zu schaffen.

Die Entwicklung der Baustruktur der großen gotischen Kathedrale ist eine der wichtigsten Begebenheiten in der Architekturgeschichte, nicht zuletzt aufgrund der Art und Weise, in der empirische Gestaltung ohne hochentwickelte statische Berechnung einige der großartigsten Bauwerke hervorbrachte, die je von Menschen errichtet wurden. Wenn der Pont du Gard und das Pantheon Beispiele römischer Vituosität im Umgang mit druckfesten Tragwerken sind, gehen die Gewölbe und Strebepfeiler der gotischen Kathedrale einen Schritt weiter und demonstrieren den Ausdruck eines umfaßten Raums mittels eines Materials, das nur bei Druckbelastung einsetzbar war. Es gab einige zwingende Gründe für diese Entwicklung: zunächst das Bestreben, große Räume zu schaffen, um eine große Anzahl von Menschen darin unterzubringen – und damit zu beeindrucken. Die Pilger auf dem Pilgerweg durch Frankreich nach Santiago de Compostela waren die typischen Gottesdienstbesucher. Zu derartigen auf die Nutzer bezogenen Kriterien gesellten sich die akustischen Kriterien von Schirmherren wie Hugue de Cluny, dessen Vorliebe für gregorianische Gesänge den Wunsch nach Nachhall und Echo weckte, was die Schönheit des Klangs und der sich überlagernden Töne noch steigerte. Über diesen beiden funktionalen Zielen stand der allen gemeinsame Wunsch, Gott zu verherrlichen und seine Widersacher zu besiegen. – Selten hat der Wettbewerb im Bauwesen zu solch prächtigen Ergebnissen geführt.

Die Notwendigkeit, diese Räume und Spannweiten mit rechteckigen, nicht quadratischen Jochfeldern zu erstellen, führte zur Geometrie des Spitzbogens. Der Druck der neuen Gewölbe auf die Stützmauern und -pfeiler führte ebenso unausweichlich zum Schauspiel der Strebebögen, die dem Seitenschub widerstehen. Das Ergebnis dieser Entwicklung war die gotische Steinkonstruktion, die auf Drucklasten basierte und im wesentlichen keine Biegemomente aufwies.

Wenn die gotische Architektur die rationale Antwort auf konstruktive Fragen ist, so ist der damit einhergehende Bau von Glaswänden zum Teil die Folge des Klimas. Die großen Maueröffnungen – Ergebnis des *Rahmen*-Konzepts der gotischen Bauwerke – wären ohne die Schaffung einer *Wettermembran* nicht realisierbar gewesen. Dies machte die Rolle des Glases offenbar. In Südeuropa mit seinen heißen Sommern und im allgemeinen milden Wintern waren verglaste Öffnungen die meiste Zeit des Jahres nicht erforderlich. In Nordeuropa bestand ein Hunger nach Licht und die Notwendigkeit, Schutz vor Kälte und Regen zu bieten. In den riesigen Öffnungen des gotischen Steinskeletts fand Glas seinen Platz in diesem Architekturstil.

Mit der Befreiung der Architektur aus den Zwängen der tragenden Wand wuchs die Wertschätzung des Lichts. Die ursprüngliche, instinktive Vorliebe des Menschen für das Geheimnisvolle, Dunkle, wich allmählich dem Wunsch nach Beleuchtung. Architektonisch drückte er sich aus in dem Bestreben, immer größere Helligkeit zu erzeugen, und dies führte im Verlauf von hundert Jahren von der Mauerwerksarchitektur zur Glasarchitektur.

Glas wurde als das natürliche Ausfachungsmaterial gewählt, gefaßt in einem filigranen Metallgitterwerk, das große Neubauräume belichten konnte. Ohne Glas wären diese Bauten unpraktische offene Zelte gewesen. Der Baustoff Glas und die Handwerkskunst der Fensterbauer waren unabdingbare Vor-

6,7. Die Kirche St. Nectaire in der Nähe von Clermont-Ferrand, 1146–1178 (6) und Notre Dame, Paris (7). Mit dem Bau des Chors wurde um 1160 begonnen; die Westfassade entstand zwischen 1200 und 1245. Die gotische Baukunst ist eine Architektur der Rahmen und Füllmembranen und stellt einen starken Kontrast zur voraufgegangenen Romanik mit massiven Mauern und kleineren Wandöffnungen dar.

7

6

aussetzungen für die neuen Baustrukturen.

Transparenz (oder deren häufiger Mangel) war unwichtig, im Gegensatz zu Transluzenz. Die Öffnungen in den Steinrahmen waren in den höheren Raumebenen von größter Bedeutung, wo die möglichen Vorteile von Transparenz am unwichtigsten waren. Das Fenster wurde zum *Beleuchtungskörper*. In den Meisterwerken der Kirchenfenster jener Zeit wurde die Bibel in leuchtenden Farben illustriert, und örtliche Ereignisse wurden für diejenigen aufgezeichnet, für die das geschriebene Wort ein Mysterium aus unverständlichen Zeichen war. Von außen bieten diese großen verglasten Flächen ein eindrucksvolles Gitterwerk, vielfach bläulich-grau verfärbt durch Korrosion und dadurch mit dem Stein harmonierend. Von innen zeigen sie jedoch ihr wahres Wesen: leuchtende Lichtmembrane, die ihrer Zeit zur Ehre gereichen.

Die kleinen Scheibenformate waren kein Hindernis für die Gestalter der neuen Glasarchitektur, sondern veranlaßten sie, ein spezielles Trag- und Befestigungssystem zu entwickeln, um die riesigen Maueröffnungen zu überspannen. Das Glasfenster wurde zum zusammengesetzten und sehr schweren *Quilt* aus bleigefaßten Einzelteilen, der in den Steinrahmen eingefügt und durch ein zweites, äußeres Metallgitter gesichert wurde.

Zwei Entwicklungsgeschichten sind im Verlauf der gotischen Architektur verschmolzen, die Gestaltform des Bauwerks und die Suche nach Licht, Leuchtkraft und Schwerelosigkeit.

8. Die *Fünf Schwestern* im Münster von York, um 1260.

Das gotische Bauprogramm und die Suche nach dem Licht

Die Geschichte der gotischen Architektur im allgemeinen und der gotischen Kathedrale im besonderen ist schwer aufzurollen und erfordert die forensischen Fähigkeiten und Sachkenntnisse des Historikers. Die sprunghafte Verbreitung der Hauptbauwerke der Gotik kam dadurch zustande, daß die Bauherren einander in 400 Jahren die Vorrangstellung in kultureller Erleuchtung und Aufklärung streitig machten, was gelegentlich durch Brand oder einstürzende Konstruktionen gefördert wurde.

Die Gotik entstand und entwickelte sich als internationale Kraft in einem Hundert-Meilen-Radius rund um Paris. Hier baute Abt Suger die Kathedrale von St. Denis; die Hochgotik brachte später Chartres hervor. Im 12. und frühen 13. Jahrhundert wurden die Universitäten in Paris, Oxford und Cambridge gegründet; die ersten uns bekannten Komponisten polyphoner Musik, Leotin und Perotin, waren in Paris tätig; der heilige Thomas von Aquin erarbeitete seine Philosophie. Panofsky berichtet, daß Suger die Kultur der frühen Scholastik in Architektur verdichtete und umsetzte. Ein bedeutendes technisches Ergebnis dieses *Rationalismus* im 12. Jahrhundert war die Neuinterpretation der Außenmauer im Kirchenbau in dem Maße, in dem der nicht-konstruktive Teil der Umfassungsmauer zur Membran wurde.

Die Bauauffassung des gotischen Architekten ist wohlbekannt. Er war vielleicht nicht der strikte Rationalist, wie Choisy und Viollet-

8

le-Duc uns glauben machen wollen, aber er war offenbar ganz klar darauf aus, die Konstruktion zu verstehen und darzustellen. Sowohl die philosophischen Werke der Scholastik als auch die konstruktive Klarheit der Gewölberippe, der Säule und des Strebepfeilers legen Zeugnis ab von dem Wunsch, Hierarchie zu differenzieren, zu kategorisieren und ihr auf *logische* Weise Ausdruck zu verleihen.

Die architektonische Formensprache beginnt mit dem Konzept des Rahmens, und dieses wiederum folgt aus der zwingenden Entwicklung der Gewölbestruktur aus Rippen und Füllflächen. Die in den frühen gotischen Gewölben angewandte Idee, die Geometrie und Kräfteverläufe der Konstruktion zu differenzieren und zu betonen, lieferte im Verbund mit den im Gebiet der Ile de France im ausgehenden 11. Jahrhundert immer dünner werdenden Außenmauern die konstruktive Synergie, aus der im Jahre 1133 St. Pierre de Montmartre, und sieben Jahre später Abt Sugers Meisterwerk in St. Denis hervorging. Hier sehen wir die Verwirklichung des Prinzips von Rahmen und Füllung und zugleich seine Verwandlung in Glaswand und Säule. Im Verlauf der nächsten zwanzig Jahre wurden die Möglichkeiten dieser neuen Glaswand auch in den Bauwerken ausgeschöpft, die in Sens und Laon entstanden und in denen man helle Belichtung erzielte, indem man nicht nur das Triforium, sondern auch das Hochschiff mit Fenstern versah.

Im neuen Chor von St. Rémy in Reims ist das Konzept der Glaswand in der dreistöckig gegliederten Ansicht (im Schnitt abgestuft) klar erkenntlich. Die Lichtgadenfenster selbst sorgten nicht nur für die Belichtung des Gewölbes, sondern verbesserten auch das so nützliche Oberlicht im mittelalterlichen Straßengefüge (dem häufig anzutreffenden städtischen Kontext dieser Bauten). Fünf Jahre später verlieh die Kathedrale von Laon (keine 50 km nördlich von Reims) einem anderen Element des gotischen Glasvokabulars Ausdruck: der ersten großen Fensterrose in der Westfassade.

Und dann, am 10. Juni 1194, wurde die Kathedrale von Chartres durch eine große Feuersbrunst weitgehend zerstört. Fulberts Kirchenbau wurde schwer beschädigt, aber die Rettung der kostbarsten Reliquie (das Gewand, das Maria bei Christi Geburt getragen haben soll) führte zu einem großangelegten, von Begeisterung getragenen Spendenprogramm und somit zum Bau einer neuen Kathedrale. Beiträge kamen nicht nur von den Bewohnern des Ortes, sondern auch von Philippe Auguste, König von Frankreich und (auf indirektem Wege) von Richard Löwenherz aus England, der mit Frankreich Krieg führte und trotzdem englischen Priestern gestattete, Geld für Chartres zu sammeln. Im Jahre 1223 war die Kathedrale weitgehend fertiggestellt; neu geweiht wurde sie 1260. Chartres ist eines der Meisterwerke gotischer Architektur und ging im Streben nach Licht noch weiter als frühere Bauten: Noch nie hatte es so hohe Hochschiff-Fenster gegeben, und die kleinen Triforienfenster und hohen Säulenbögen darunter tragen zur Leichtigkeit und Vertikalität des Bauwerks bei. Noch dazu ist die Ausdruckskraft des Glases im Hauptschiff zu sehen und nicht in der Ferne des nur für wenige zugänglichen Chors. Die konstruktive Leichtigkeit des Innenraums und die großen Fenster werden erst durch die konstruktive Virtuosität der äußeren Strebebögen ermöglicht.

Im Jahre 1210, zehn Jahre vor der Vollendung des Kirchenschiffs in Chartres, hatte Jean d'Orbais, Baumeister der Kathedrale von Reims, eine andere Neuerung eingeführt, die den Glasfenstern größere Leuchtkraft verlieh: Ein Stabwerk ersetzte noch mehr Mauerwerk und vergrößerte so die verglaste Fläche gegenüber dem früheren Paß- oder Blattmaßwerk. Zehn Jahre später entwickelte Robert de Luzarches diese Art Maßwerk in Amiens weiter, und 1231 kulminierte diese zweihundertjährige Entwicklung im ersten Bauwerk des französischen Rayonnant-Stils: das neue Hauptschiff in St. Denis. So reifte die gotische Architektur zur Vollendung in einer absolut kohärenten Syntax aus Tragwerk und Glas nur neunzig Jahre nach Abt Sugers Kirchenbau. Die steinernen Wandpfeiler stiegen vom Boden hoch hinauf und gingen in die Gewölberippen über. Das verglaste Triforium und die gewaltigen Hochschiff-Fenster erzeugten eine noch nie dagewesene Helligkeit, was von den Rundprofil-Mittelpfosten begünstigt wurde, da sie die Steinmassen reduzierten.

Im Jahre 1243 wurde beim Bau

9

9. St. Denis, Paris, erbaut ab 1140. Der Chor ist das früheste vollständig im gotischen Stil errichtete Bauwerk.

10

10. Die Kathedrale von Chartres, 1194–1220.

11

11. Die Sainte Chapelle in Paris, 1243–1248. Dieses reich geschmückte königliche Reliquiar wurde für den Heiligen Ludwig von Frankreich erbaut und enthielt ein Stück des Kreuzes Christi. Die Kapelle ist ein beeindruckendes Stück Glasarchitektur, deren schlanke Steinrahmen wie feine Metallstäbe wirken.

der Sainte Chapelle in Paris die höchste Vollendung in der Erstellung von Glaswänden mit einem Mindestmaß an Tragstrukturen erreicht. Sie ist ein Reliquiar, keine Kathedrale, und ihre Glasfenster reichen vom Fußboden bis hoch zur Gewölbedecke in einem einzigen Bogenschwung. Diese Ästhetik wurde übertragen in die majestätische Form des Kölner Doms (1248–1300), wo der neue Chor mit einer Höhe von 46 m das Glasmeisterstück der Spätgotik war. Obwohl die Franzosen und Engländer (durch Eroberung und Volksvermischung miteinander verwandt) als erste in Europa im gotischen Stil bauten, waren sie keineswegs die einzigen. Einige der hervorragendsten Beispiele der Steinrahmenbauweise und der Glasarchitektur entstanden in Deutschland und Mitteleuropa. Der Kölner Dom hatte Amiens als Vorbild. Als er im Jahre 1322 geweiht wurde, hatte der Bau bereits jene himmelstürmende Pracht erreicht, die sich mit der späteren Kathedrale von Beauvais messen konnte. Mitte des 14. Jahrhunderts sorgte Kaiser Karl IV. für die Verbreitung einer demonstrativ prunkvollen Art von Gotik im deutschen Reich, bis nach Prag, und er gab den Bau einer der größten verglasten Umfassungsmauern in Auftrag, die des Doms zu Aachen, in dem die deutschen Kaiser gekrönt wurden. Der Dom erhielt zwischen 1355 und 1414 einen erstaunlich kühnen, lichtdurchfluteten Chor. Watkin nannte ihn zu Recht *einen riesigen, hoch aufstrebenden Glaskäfig*, und er ist wirklich ein wunderschönes Vormodell des Glaskäfigs der King's College Chapel.

Die Suche nach einer Architektur des Lichts fand in Köln und in Aachen ihre Erfüllung. Der zeitgleich entstandene Chor in Clermont-Ferrand verdeutlicht die ästhetische Intention dieser Architektur, denn die Spätgotik des Rayonnant verwendet nicht viel farbiges Glas, sondern hat im wesentlichen Bauten mit Klarglas hervorgebracht, deren Steinfassungen ihre feine Zeichnung aus der Metallschmiedekunst ableiten.

In den siebzig Jahren von 1230 bis 1300, der Blütezeit der Spätgotik, entwickelten englische Bauherren und ihre Architekten parallel eine andere Glasbauweise. Ausgelöst wurde diese Entwicklung durch die Entscheidung Heinrich III., die Westminster Abbey neu zu errichten. Das Domkapitel (1246 begonnen) ist Westminsters eigener Glaskäfig. Zehn Jahre später wurde mit dem Bau des Engelchors in Lincoln begonnen, in dem sich eines der frühesten Versatzstücke einer ganzen Reihe großartiger englischer Ostfenster befindet: der ebene Abschluß einer 17 m hohen Stirnwand, ganz anders als die Apsiden in französischen Kirchenbauten.

Erst 1291 erlebte England den Baubeginn eines rein spätgotischen Werks, des Langschiffs des Münsters von York, ein Ereignis, das vielleicht zu erwarten war, da der neue Bischof Theologieprofessor an der Universität Paris gewesen war. Das Hauptschiff war mit 31 m Höhe sechs Meter niedriger als das von Chartres und 15 Meter niedriger als der Chor des Kölner Doms. Dennoch ist es ein ausgezeichnetes Beispiel der neuen Architektur des Lichts und des Baustoffs Glas. Die endgültige Ausformung der Spätgotik als architektonisches Ordnungssystem ließ bis zum Aufkommen des englischen *Perpendicular*-Stils auf sich warten, zu dessen hervorragenden Exemplaren das große Ostfenster des Doms zu Gloucester (1350–1360) gehört. Es bildet den Schlußpunkt des Bauprogramms zur Errichtung des neuen Chors und war das bis dato größte Kirchenfenster im mittelalterlichen Europa. Die Diagonalverstrebungen im südlichen Querschiff sind von Robert Venturi als *superadjacency* gelobt worden, womit er die Überlagerung oder Schichtung von verschiedenmaßstäblichen Elementen meint. In Wirklichkeit ist es eine großangelegte Abstützaktion, die den Einsturz verhindert. Die Flachbogenstreben überspannen den Raum an den Übergängen zu den Querschiffen, und die seltsam artikulierte Vertikale einiger Wandpfeiler zeugt von der freien Geisteshaltung ihrer Baumeister.

Das Ostfenster ist die entsprechende Ausführung in Glas. Im Grundriß gehört es zum großen halbkreisförmigen Apsisabschluß des alten Chors und steht auf dessen Kryptamauer. Das Fenster ist eingefügt zwischen Chor und Lady Chapel; seine untere Hälfte vermittelt Licht aus dem Zwischenraum; die Lady Chapel ist dahinter schattenhaft präsent. Die Harmonisierung der Grundrißgeometrien hat zu einer leicht gekrümmten Fensterfront geführt und bestimmt auch die radialen Verbindungen zur Hauptarkade. Das Fenster ist also etwas breiter als die Öffnung, die es schließt, und läßt viel Licht in den Raum. Licht ist das bestimmende Element dieses Fensters: Die ganze gewaltige Fläche ist eine Studie in weißem Glas. Farbe wird einzig für die Flächen zwischen den Figuren und den gezeichneten Nischen verwendet, in denen sie stehen. Es gehört zur Raumordnung von Gloucester, daß das Fenster vom Langschiff aus nicht gut zu sehen ist. Dies erhöht jedoch nur noch seine Wirkung, wenn man es kurz vor dem Eingang zum Chor zum ersten-

12

13

12. Der Chor des Aachener Doms, 1355–1414: vollendeter Ausdruck der gotischen Glasarchitektur.

13. Das große Ostfenster der Kathedrale von Gloucester, das um 1350 entstand: die Apotheose der spätgotischen nordeuropäischen Glasarchitektur.

14

mal erblickt. Der architektonische Nachfolger des Ostfensters von Gloucester ist das noch größere Ostfenster des Münsters von York aus dem Jahre 1405, dessen Leuchtkraft nicht durch eine dahinterliegende Kapelle beeinträchtigt wird. Der Meisterglaser John Thornton aus Coventry fertigte das Fenster in drei Jahren an. Es ist 23,17 m hoch und 9,75 m breit und stellt die großartigste Leistung des 15. Jahrhunderts auf dem Gebiet der Glasmalerei dar; außerdem ist es ein Meisterstück der Verglasungstechnik.

14. Die Trinity Chapel (1184) in der Kathedrale von Canterbury. Die Glasfenster der Trinity Chapel und der dahinterliegenden, etwas später entstandenen Corona bilden einen wunderschönen farblichen Akzent in der Kathedrale und enthalten einige der besten mittelalterlichen Glasmalereien Englands.

Die Entwicklung der Farbe

Die Vorliebe gotischer Baumeister für Glas und seine Verwendung in der Architektur ist schon erwähnt worden, ebenso die Suche nach Licht – dessen Ausdruck und Leuchtkraft – und die Entwicklung von Struktur und Formensprache zu diesem Zweck. Die gleichen Bestrebungen ziehen sich durch die gesamte folgende Geschichte des Bauens mit Glas: Das Palmenhaus in Kew (1844), Duterts und Contamins Galeries des Machines (1889) und Philip Johnsons Glaskathedrale (1977) sind alle Manifestationen des gleichen intensiven Bemühens. Die Anwendung von Farbe und farbiger Bemalung von Glas ist ein weiteres Entwicklungsgebiet, das die Künstler der Gotik sich in einer Qualität zu eigen machten, die nie wieder erreicht wurde.

Die konstruktiven Erfordernisse, die gotische Baumeister zu erfüllen hatten, und das Klima, in dem sie arbeiteten, machte die Glaswand nicht nur zu einer möglichen, sondern zu einer unausweichlichen Lösung; sie hätte ihre höchste Ausdruckskraft jedoch nicht ohne die Handwerkskunst entfalten können und natürlich auch nicht ohne die Weiterentwicklung der Glasmalerei und die Vervollkommnung farbiger Glassorten.

Erwähnt wurde bereits die Verwendung farbiger Gläser zur Zeit des römischen Kaisers Konstantin im 4. Jahrhundert n. Chr.. Wahrscheinlich stammten die beiden Erfindungen, die zur Schaffung der farbigen Glasfenster notwendig waren, aus Byzanz: die Herstellung von in der Masse eingefärbtem Glas und die Methode der Befestigung von kleinen Glasscheiben in Bleirutenfassungen. Kurz nach 1100 konnte Theophilus bei der Abfassung seiner *Schedula* die Herstellungstechnik von Buntglas beschreiben, die nur in der Normandie, im Rheinland und in Burgund bekannt war. Die Engländer konnten im Mittelalter nur Klarglas herstellen.

Der natürlicherweise klare (oder blaßgrünliche) Glassatz wurde beim Schmelzen durch Beimengung von Metalloxiden eingefärbt; farbige Gläser wurden damals *Metall* genannt. Kobaltzusatz ergab Blau und Eisen Rot; für Grün nutzte man Kupfer. Im Zylinderwalzverfahren entstanden dann die Scheiben. Wenn das durchgefärbte Glas zu dunkel war, um genügend Licht durchzulassen, wandte man das Überfangverfahren an, bei dem eine hauchdünne Schicht farbiges Glas im Feuer auf Klarglas aufgeschmolzen wurde. Zur Anfertigung eines Buntglasfensters schnitt man die farbigen Glasscheiben mit einem *Dekupiereisen* zur gewünschten Form zurecht und legte sie auf die auf einem weißen Tisch aufgebrachte Zeichnung des Fensterbilds. Die Einzelheiten wurden mit schwarzer Schmelzfarbe aufgemalt: Gesichter, Falten in Gewändern oder Behängen. Nach der Bemalung mußte das Glas erneut in einem kleinen Ofen gefeuert werden, um die Farbe ins Glas einzuschmelzen. Dann wurden die Glasstücke wieder auf die Zeichnung gelegt, mit im Schnitt H-förmigen Bleiruten zusammengefügt und, wo nötig, gelötet. Die so entstandenen schweren Platten konnten zur Baustelle befördert und an den bereits in den Steinrahmen eingelassenen Satteleisen aufgehängt werden. Mit Bleidraht wurden die Platten dann an den Eisen befestigt und verlötet.

Abt Sugers St. Denis war nicht nur die erste große gotische Kirche, sondern lieferte uns auch einige der frühesten, heute noch erhaltenen Glasmalereipaneele und spätere Glasarbeiten des 12. Jahrhunderts. Der größte erhaltene Bestand befindet sich in der Kathedrale von Chartres. Sie enthält einige der leuchtkräftigsten und ältesten Glasfenster.

Die drei Fenster in der Westfassade von Chartres datieren aus der Zeit vor dem Bau der neuen Kathedrale (um 1150). Über dem Nordportal befindet sich das Jesaja-Fenster, daneben in vierundzwanzig Bildern die Lebensgeschichte Jesu, abwechselnd in rote Quadrate und blaue Kreisformen gefaßt. Das dritte Fenster in der Westfassade zeigt das Leiden und die Auferstehung Christi in vierzehn Tafeln. In den drei großen Fensterrosen und den über 150 Spitzbogen- und kleinen Rundfenstern (alle vor 1230 installiert) enthält die Kathedrale die vollständigste erhalten gebliebene Ikonographie in Glas.

Die Gotik war eine französische Erfindung, aber auch ein internationaler Stil, der von französischen Baumeistern und Maurern zuerst entwickelt und dann verbreitet wurde. Wenn wir nach englischen Gegenstücken zu Chartres suchen, brauchen wir nicht weiter zu schauen, wenn wir die Kathedralen von Canterbury im Süden und Lincoln und York im Norden gesehen haben. Diese Kirchen besitzen die hervorragendsten Werke der Glasfenster-Gotik, die es in England gibt.

William of Sens begann seine Arbeit an Canterbury im Jahre 1175 nach dem schrecklichen Brand im

Jahr zuvor. Canterbury war der natürliche Ort für ein großes Bauprojekt, da Thomas Becket dort 1170 ermordet und 1173 heiliggesprochen wurde. William brachte die neue Architektur mit aus Sens, der Stadt, in der Thomas Becket vor seiner Rückkehr nach Canterbury und seinem Tod im Exil gelebt hatte. Nach Williams Unfall im Jahre 1179 krönte sein Nachfolger, William der Engländer, das erste englische Bauwerk der französischen Gotik mit der herrlichen Glaswand der Trinity Chapel (1184 vollendet), dem Höhepunkt und Endpunkt des Anstiegs über 39 Stufen durch das reichhaltige Raumvolumen der Kathedrale von Canterbury.

Die frühesten Canterbury-Fenster datieren aus der Zeit um 1180. Es sind Obergadenfenster, deren Bilder so groß sind, daß man die Darstellungen von unten sehen kann. Die Seitenschiff-Fenster sind kleiner als die spätgotischen, aber da es kein Maßwerk gab, blieben große Maueröffnungen. Wie in St. Denis sind die Glasfenster in Tafeln gegliedert, deren jede eine Szene einer Geschichte abbildet.

Canterbury gilt allgemein als *französische* Kathedrale. Tatsächlich hat nicht nur der Entwurf seine Wurzeln im französischen Geist, sondern auch die Gläser und Steine kamen aus Frankreich. Dieser Einfluß machte sich auch in den späteren Arbeiten der Westminster Abbey bemerkbar, wo der Franzose Laurence Vitrearius sich 1240 den Auftrag zur Lieferung des Glases sicherte. In den folgenden 300 Jahren dominierten die Franzosen und andere Europäer in der Manufaktur farbiger Gläser von hoher Qualität – ein Aspekt der mittelalterlichen

15

15. Das Dean's Eye der Kathedrale von Lincoln, die ab etwa 1210 gebaut wurde. Die Fensterrose ist eine eindrucksvolle Komposition aus runden Maßwerkmedaillons. Die Farben rot und blau herrschen vor.

16. Das große Westfenster im Münster von York aus dem 14. Jahrhundert.

Architektur. Die Jerusalem-Kammer in der Westminster Abbey enthält hervorragende Exemplare solch früher Gläser.

Zweihundert Meilen nördlich von Westminster und Canterbury steht die Kathedrale von Lincoln, in der sich eine der großartigsten frühmittelalterlichen Fensterrosen befindet, das *Dean's Eye*. Obwohl Lincoln heute nur eine kleine ländliche Stadt auf einem Hügel mit Blick über die Lincolnshire-Ebene ist, überragt von der großen Kathedrale, war es im 12. Jahrhundert Zentrum der größten Diözese Englands, deren normannischer Dom 1185 durch ein Erdbeben zerstört worden war. Hugue d'Avalon, den Heinrich II. im Jahre 1179 als Abt einer Priorei nach England geholt hatte, wurde mit dem Wiederaufbau der neuen Kathedrale von Lincoln betraut. Er hinterließ uns dieses Erbe – seine Architektur und sein Glas – und gab den Fensterrosen im nördlichen und südlichen Querschiff ihre Namen, den beiden *Augen* der Kathedrale: die nördliche nannte er Dean's Eye, das die Kirche gegen die Kälte und Dunkelheit verteidigen sollte; das südliche Bishop's Eye – so ausgerichtet, das es *den Heiligen Geist* und die Mittagssonne einfangen konnte (außerdem blickte es auf den Bischofspalast).

Das Dean's Eye ist die einzige Fensterrose in England, die aus der Zeit um 1210 noch erhalten ist. In ihrem Mittelteil wird Christus in seiner Majestät beim Letzten Gericht dargestellt, in Gold und Rot, im äußeren Ring sieht man zeitgenössische Ereignisse, einschließlich Hugues Beerdigung im Jahre 1200. Unterhalb dieses alten Fensters sind fünf Spitzbogenfenster mit Grisaillebemalung, Vorbilder der berühmten *Fünf Schwestern von York* im Norden des Landes. Die Änderung der von den mittelalterlichen Baumeistern, Maurern und Glaskünstlern angewendeten Techniken erkennt man, wenn man sich das Bishop's Eye im südlichen Querschiff anschaut. Die strenge, einfache Kreisgeometrie des Dean's Eye wird ersetzt durch frei gestaltetes Maßwerk.

Diese Fenster mit ihren leuchtenden Farben sind schöne Exemplare der Arbeiten, die sich aus europäischen Werken ableiteten, besonders aus dem Seine-Rhein-Becken, dem Ursprungsland der Tradition gefärbter Gläser zu jener Zeit. In England lieferte die puritanische Strenge der Zisterzienser die Basis für eine andere, ebenso bedeutende Glastradition, die der Grisaillemalerei: mit schwarzer Schmelzfarbe auf *weißes* Glas gemaltes Blattwerk.

1134 hatten die Zisterzienser farbiges oder mit Figuren bemaltes Glas aus ihren Kirchen verbannt. Dadurch konnten die Möglichkeiten des Weißglases ausgeschöpft werden, das für die Engländer leichter herzustellen war und für sehr viel mehr Licht in den Räumen sorgte. Dies führte zu einer ganz anderen Ästhetik als die bildlichen Darstellungen der bemalten und eingefärbten Glasfenster, die oft nicht viel Licht einließen. Für jemanden, der bei gotischen Glasfenstern sofort an die Farbenpracht in Chartres denkt oder an die vielen anderen großen mittelalterlichen Kirchen, erscheinen die *Fünf Schwestern* (um 1260) im Münster von York eigenartig und geheimnisvoll dunkel. Wenn der Besucher bis zur Vierung vorgeht und nach rechts gen Süden schaut, erblickt er eine gewöhnliche Fensterrose über acht Spitzbögen, die im Südlicht erstrahlt. Die Stirnwand des nördlichen Querschiffs bietet ein ganz anderes visuelles Erlebnis:

16

Fünf riesige Grisaille-Fenster, jedes 16,3 m hoch und 1,5 m breit, reichen bis zur Decke. Anstatt Licht einzulassen, was aufgrund der Verwendung von ungefärbtem Glas möglich wäre, vermitteln sie den Gesamteindruck von Dunkelheit. Ein silbriges Graublau wird von Gold- und anderen Farbtupfern belebt; entstanden ist ein außerordentlich prächtiges Glasfenster aus über 100 000 Teilen. Die einzige zusammenhängende Form, die vom Boden der Kathedrale aus erkennbar ist, bildet am unteren Rand des Mittelfensters das blaue Medaillon, das aus der normannischen Kathedrale des 12. Jahrhunderts stammt. Untersuchungen haben gezeigt, daß dieses ältere Glas Natron enthält statt der sonst in England üblichen Pottasche. Natronglas ist in etwa 0,5 Prozent der in York untersuchten Fenster gefunden worden, die Herkunft ist unbekannt. Obwohl die graphische Struktur der *Fünf Schwestern* gezeichnetes Blattwerk als Grundlage hat und daher strikt bildlich ist, stellt die Gestaltung der Fenstergruppe eines der weltweit großartigsten Werke abstrakter Kunst dar. Sein Gefüge besteht aus

17

17. King's College Chapel, Cambridge, 1446–1547. Sporadisch fließende Mittel und die Rosenkriege verzögerten die Vollendung der Kirche. Heinrich VI., Begründer des Colleges, wünschte sich, der Bau möge in klarer Form, rein und gewichtig fortschreiten und sich überflüssiger, allzu kurioser Werke kostspieliger und übereifriger Formgebung enthalten. Das Ergebnis ist der größte Steinrahmenbau, der je errichtet wurde, von den seitlichen Strebepfeilern bis zum vollendeten Fächergewölbe.

18. All Saints, Eaton Bishop, Herefordshire, frühes 14. Jahrhundert. Hervorragende Glasmalerei gab es nicht nur in den großen Kathedralen. Die Fenster in dieser kleinen Kirche sind aufgrund ihrer feinen Zeichnung und der Verwendung der damals neu entwickelten Farbtöne bemerkenswert.

sorgsam zusammengesetzten, winzigen bleigefaßten Glasplättchen (Durchschnittsgröße ca. 35 mm), und seine gedämpfte, aber wunderbar intensive Farbgebung ist so kraftvoll wie ein Monet-Gemälde.

Bei immer größeren *Leinwänden* sah sich die Entwicklung dieser ersten großartigen *Glasarchitektur* im folgenden 13. und im 14. Jahrhundert wachsenden Herausforderungen gegenüber. In dem Maße, in dem die Fenster infolge der immer kühneren Konstruktionen und schlankeren Formen größer wurden (auch wegen des größeren Tageslichteinfalls), mußten die Glaskünstler ihre Bilder *rationalisieren* und die Glaser ihre Techniken verbessern und variieren. Das Aufkommen hoher, schmaler Fenster im englischen Decorated Style (Hochgotik) erschwerte die Gestaltung großflächiger Bilder erheblich, und deshalb wurden zwischen großen Grisailleflächen Farbbänder eingesetzt. Das Westfenster im Yorker Münster (1338 eingesetzt) ist hierfür ein ausgezeichnetes Beispiel.

Zum Glück für den Glasmaler wurden auch in der Glasfärbung Fortschritte erzielt. Um 1300 entdeckte man, daß das Aufschmelzen eines Silbersulfids klares Glas gelb färbte, von Blaßgelb bis zu einem kräftigen Orange. Dieser Entdeckung verdanken wir die zarte Farbgebung der Fenster von All Saints in Eaton Bishop. Braun- und Violett-Töne sowie kräftige Grüntöne tauchen ebenfalls auf.

Nach der Blüte des französischen Rayonnant und im Zuge des *Perpendicular*-Stils gewannen die Grisaillefenster in England nach 1350 eine ganz eigene Ausdruckskraft, wie man am Ostfenster der Kathe-

18

drale von Gloucester (1350–1360) sehen kann. Zeichnungen verdrängten die Glasmuster, und die Erzählung wurde zur wichtigen Grundlage der Glaskunst, die zwar nicht so farbintensiv war wie die französische, dafür aber aufgrund des großen Anteils an Klarglas helles Licht vermittelte. Das Münster von York enthält ein Meisterwerk dieser Periode: John Thorntons Ostfenster von 1405–1408.

Im 14. Jahrhundert änderten sich jedoch nicht nur Stil und Techniken, auch das Handwerk der Glasmacherkunst wurde viel klarer definiert und organisiert. Im frühen 14. Jahrhundert gab es in Rouen eine große Produktion von Mondglas, und zwischen 1300 und 1400 etablierte sich das Glashandwerk in ganz England, von Bath und Exeter im Westen bis Canterbury im Osten, von Chester, York und Lincoln im Norden bis Chichester und Llewes im Süden, ebenso in London in Westminster und Southwark. Um 1400 gab es dann schon die Stellung eines Königlichen Glasers.

Die Gotik erreichte im 16. Jahrhundert ihren Höhepunkt und gleichzeitig ihr Ende. Der gotische Stil war in der christlichen Kirche verwurzelt und prägte die Architektur Nordeuropas über 300 Jahre lang. Schließlich wurde jedoch die im wesentlichen weltliche italienische Renaissance so mächtig, daß man ihr nicht widerstehen konnte.

Bevor wir uns der Architektur- und Glasentwicklungsgeschichte der Renaissance zuwenden, lohnt sich ein genauerer Blick auf eines der letzten großen Architekturmonumente der Gotik mit seinen vollendeten Glas- und Steinarbeiten: die King's College Chapel in Cambridge, deren Glasfenster von zwei königlichen Glasern – erst Barnard Flower, gefolgt von Galyon Hone (beide aus Flandern) – gefertigt wurden. Dieser große Kirchenbau wurde von einem König als College-Kapelle in Auftrag gegeben, nicht von einem Bischof als Kathedrale, und stellt die letztgültige Vervollkommnung der Steinrahmenarchitektur dar, die von Abt Suger etwa 300 Jahre zuvor begonnen worden war.

Die Grundsteinlegung der Chapel wurde 1446 von Heinrich VII. vorgenommen und markiert den Beginn einer langen Bauzeit, die sich bis weit ins nächste Jahrhundert hinzog. Das Bauwerk wurde 1515 nach den Rosenkriegen und während der Regierungszeit von Heinrich VIII. vollendet und nahm drei Jahre länger in Anspruch als Chartres, da die Glasfenster erst 1547 eingesetzt wurden. Die Größe der Fenster macht deutlich, wie groß die Herausforderung seitens

19

20

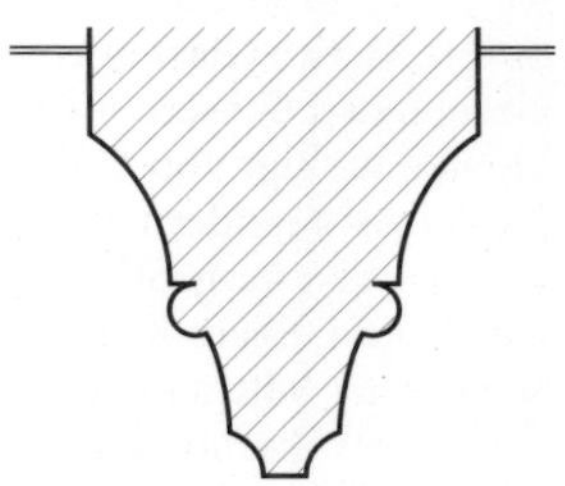

21

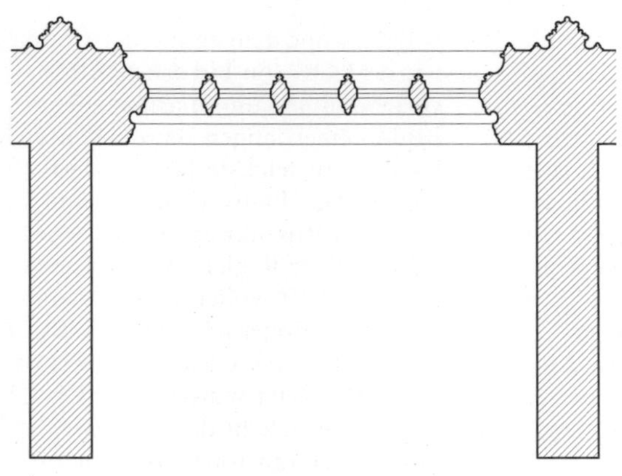

19. King's College, Cambridge, 1446–1547, Fensterfassade.

20. King's College, Cambridge, Schnitt 1:5. Die Fensterpfosten sind aus rechteckigen Steinblöcken herausgemeißelt und lassen Öffnungen von 25 cm Breite. Die Steinpfosten erlauben eine Verglasungstiefe von 28,5 cm, in der Spitze sind sie reduziert auf eine außen sichtbare Breite von 3 cm. Die feingliedrige Vertikalität läßt den großen Bau bemerkenswert elegant erscheinen.

21. King's College, Cambridge, Schnitt durch ein typisches Joch.

der Baumeister an Glaser und Glasmaler war, und zeigt die großartige Architektursprache, die in gewisser Weise die programmatische Bedeutung der Glas-Ikonographie in einer zunehmend säkularisierten und gebildeten Welt ersetzte. Die Fenster stellen einen Höhepunkt der ersten Glasarchitektur-Epoche dar.

Die Konstruktion basiert auf Pfeilern mit mittigem Abstand von 7,2 m, die ein Gewölbe mit einer Spannweite von 13 m tragen. Die Gewölbe sind an ihrem Scheitelpunkt 24,4 m hoch. Die Einfachheit des räumlichen (und funktionellen) Programms führte zu einem Grundriß und Aufriß ohne die Komplexität einer Kathedrale und bot die Chance zur Schaffung einer großartigen elementaren Klarheit. Die zwölf konstruktiven Joche der Nord- und Südfassaden sind jeweils mittels schlanker Fensterpfosten aus Stein in fünf Felder gegliedert. Die darunterliegenden zwölf Seitenkapellen bestehen jeweils aus zwei Hälften, deren jede vier Felder hat. Die Höhe vom Fußboden bis zur Spitze der Fensterbögen beträgt etwa 20,6 m.

Die beiden Endfassaden werden weder durch Fensterrosen noch eindrucksvolle Portale ausgewiesen, sondern durch die Ansicht gliedernde Fenster, ein großes am Ostende, ein noch größeres in der Westfassade füllen jeweils die ganze Breite der Außenwand.

Das Ostfenster ist horizontal zweigeteilt, und die Darstellungen werden über die Fensterpfosten hinweg fortgeführt; die Einteilung mittels Bildtafeln gibt es nicht mehr. Die Seitenfenster weisen weiterhin eine traditionelle Ikonographie auf, aber das große Westfenster sollte ursprünglich in Klarglas ausgeführt werden. Wegen der Seitenkapellen hat man aus der Kirche keinen Blick nach draußen, es sei denn, man schaut nach oben. Dennoch ist der Raum von Licht erfüllt, zum Teil ist es bunt.

Die King's College Chapel ist noch ungewöhnlicher, wenn man sie im Kontext der Glasherstellung betrachtet. Die englische Architektur hatte zwar bis dato Werke hervorgebracht, die zu den hervorragendsten der gotischen Glasbaukunst gehören, dies jedoch, ohne die Vorteile einer nennenswerten heimischen Herstellung farbigen Glases nutzen zu können. Seit der Zeit von Vitrearius hatten französische und flämische Glasmacher ihre Kunstfertigkeit nach England mitgebracht. Die Qualität des kontinentaleuropäischen Glases war so ausgezeichnet, daß die wenigen englischen Glasmanufakturen keine Abnehmer fanden. Eine typische Ausschreibung für ein wichtiges Bauwerk lautete damals: *Glas von jenseits des Meeres und kein Glas aus England.*

Im Jahre 1547 kamen die ersten venezianischen Glasbläser nach England, und es wird angenommen, daß diese in London lebenden Venezianer im Jahre 1557 das erste Bleikristallglas herstellten. Die Venezianer ließen sich jedoch nicht auf Dauer in England nieder, und erst 1567 wurde Einwanderern aus Lothringen eine Lizenz zur Fertigung englischer Glaswaren erteilt.

Gelegentlich meinen wir, die Kultur, Kunst und Architektur der Gotik reiche über einen Zeitraum von 400 bis 500 Jahren, von der Zeit der ersten Abteikirchen und Kathedralen bis zum frühen 16. Jahrhundert und der King's College Chapel. Wenn man sie indes im gesamteuropäischen Zusammenhang betrachtet, hat die Gotik, wie eingangs erwähnt, die Baukunst eine wesentlich kürzere Zeitlang bestimmt. Nur 200 Jahre trennen das Werk Abt Sugers (der die Fäden der mittelalterlichen Kunst und Architektur in Europa zusammenführte, um die Frühgotik in Nordfrankreich zu etablieren) und die Anfänge der Renaissance in Italien. Nach diesen zwei Jahrhunderten entwickelte sich Europa in verschiedene Richtungen: die Gotik von der Früh- über die Hochgotik zu den späten Ausformungen und die Renaissance in ihren Metamorphosen vom frühen Klassizismus Brunelleschis und Albertis bis zum Überschwang des Barock. Die Trennung der architekturgeschichtlichen Entwicklung im Mittelmeerraum von der in Nordeuropa war begleitet von technischen Fortschritten in bezug auf Konstruktion und Umfassungsmauern sowie die gesamten konzeptionellen Grundlagen von Bauwerken. Dies führte schließlich zu den Unterschieden zwischen Robert Smythson und Palladio im ausgehenden 16. Jahrhundert. Erst als die Schriften von Serlio und Palladio nach England gelangten, kam es wieder zu einer übergreifenden europäischen Architekturentwicklung.

Das weltliche Erbe

Zur Zeit der Tudors setzte ein Wechsel in der Bauherrenschaft ein, in dessen Verlauf Glas für weltliche Auftraggeber zur ebenso wichtigen Inspirationsquelle wurde wie zuvor für Äbte und Bischöfe. Während das neue elisabethanische Zeitalter heraufdämmerte und die Säkularisierung fortschritt, fand der Baustoff Glas immer weitere Verbreitung bei allen, die ihn sich leisten konnten, und auch die höchst *exklusiven*, ihre Geheimnisse hütenden Glasmacher gewannen an Ansehen und gehobener sozialer Stellung. Allmählich entwickelte sich eine heimische Glasindustrie, um die neuen Kunden zu beliefern. Sie wurde von eingewanderten flämischen Siedlern begründet.

England gehörte im 16. Jahrhundert zu den führenden Mächten in einem Europa, dessen Situation durch die Kämpfe zwischen den großen Nationen kompliziert wurde, durch den Wettstreit der Reichtümer und Seestreitkräfte, der die expandierende Erforschung und Kolonisierung des Erdballs vorantrieb. In England, mit seiner verhältnismäßig fortgeschrittenen Demokratie und seiner begüterten Aristokratie, boten die vielen verschiedenen Bauherren ideale Bedingungen für die Expansion der Architektur. In Verbindung mit dem nördlichen Klima und der Entfernung von den Renaissance-Entwicklungen im Süden Europas war England der natürliche Ort für die Evolution eines eigenen Baustils. Im Land der *Perpendicular*-Gotik entstand eine neue Glasarchitektur.

Während Fensterglas in ganz Europa bei all denjenigen weit ver-

23

breitet war, die es sich leisten konnten, führte es in England zum Entstehen einer neuen Architektursprache. Herausragendes Beispiel hierfür ist Hardwick Hall bei Mansfield an der Grenze zwischen Derbyshire und Nottinghamshire. Das Gebäude ist uns erhalten geblieben als ein Höhepunkt elisabethanischer Baukunst und bekannt durch den Aphorismus: *Hardwick Hall – more glass than wall.* Es ist das vollkommene Beispiel der Art und Weise, in der die Baukunst im ausgehenden 16. Jahrhundert in England benutzt wurde, um Erfolg und Reichtum mit größtmöglicher demonstrativer Pracht darzustellen – das Lloyd's Building seiner Zeit. Der Bau zeugt auch von der Bedeutung, die der elisabethanische Aristokrat der Architektur, besonders dem Bauen zumaß, wie hier Elizabeth, Countess of Shrewsbury, die berühmte Bauherrin, *Bess of Hardwick Hall.*

Der Architekt, Robert Smythson, war Steinmetz, dann Baumeister, und hatte von 1572 bis 1580 bereits an Longleat und an größeren Bauten in den Midlands mitgearbeitet.

22. Hardwick Hall, Derbyshire, 1590–1597, Robert Smythson.

23. Wollaton Hall, Nottingham, 1580, Robert Smythson.

24. Worksop Manor, Nottinghamshire, 1586, Robert Smythson.

25. Rathaus, Antwerpen, 1561–1566, Cornelis Floris.

Im Jahre 1580 hatte er sich in Wollaton vor den Toren Nottinghams niedergelassen und Wollaton Hall für die Familie Willoughby gebaut. Fünf Jahre später baute er das Landhaus des Earl of Shrewsbury, Worksop Manor, zu einem prachtvollen neuen Bauwerk aus.

Sowohl Wollaton als auch Worksop sind beispielhaft für die Glas-und-Stein-Architektur, in der Smythson sich hervortat. Hardwick Hall war vielleicht *mehr Glas als Mauer*, aber Worksop Manor war zu großen Teilen wirklich ein Glashaus. Der große Anteil an Fenstern in den Fassaden war in der Tat dazu angetan, jede Ähnlichkeit mit einer gemauerten Wand aufzuheben. Die Hauptfassade bestand zum größten Teil aus enormen Fenstern – sowohl ebene als auch Bogenfenster –, die von sehr dünnen Pfosten gegliedert waren und meist kein sichtbares Stützwerk hatten. Das Konzept des Fensters als Maueröffnung fehlt in den meisten Fällen, und damit auch die einhergehenden Kompositionsprinzipien der Renaissance.

24

Diese Glasarchitektur scheute sich nicht, Reichtum und Technik zu zelebrieren. Glas war immer noch ein kostbarer Werkstoff, stand dem Earl of Shrewsbury, Besitzer der Wingfield Glashütte, jedoch in Mengen zur Verfügung, was Robert Smythson mit der Geschicklichkeit eines Virtuosen nutzte. Trotz der Einschränkung, daß die Herstellungsart nur kleine Scheibenformate zuließ, war die großflächige Fassadenverglasung das Hauptmerkmal von Worksop Manor.

Verglichen mit Worksop war der Neubau von Hardwick Hall ein ruhiges, gesetzt wirkendes Gebäude. Auch 400 Jahre nach seinem Entstehen ist es immer noch ausgesprochen eindrucksvoll. Obwohl weniger als vierzig Prozent der Außenwände verglast sind, verleihen die Fenster dem Gebäude die größte Wirkung, sie lassen das Bauwerk fast als Steinumrahmung der Öffnungen erscheinen. Die Dominanz der Fenster ist nicht nur das Resultat des Bestrebens nach räumlicher Kontinuität, Aussicht und Licht, sondern auch des Wunsches nach größtmöglichen Glasflächen mit äußerer Symmetrie als dem Hauptordnungsprinzip. Ein Fenster reicht vertikal über zwei Stockwerke, einige Kaminschächte sind ins Gebäudeinnere versetzt, damit sie nicht an einer Außenwand erscheinen, andere sind hinter Blindfenstern versteckt. Was die Wärmeverhältnisse anging, so zahlten die Bewohner einen hohen Preis für ihre Glasvorliebe. Francis Bacon beschrieb das schlechte Winter- und Sommerklima in Häusern wie Hardwick Hall; besonders der Winter muß in der New Hall unerträglich gewesen sein, da der Bau auf einem Hügel stand und die volle Wucht kalter Winde abbekam. Die Bewohner zogen daher gewöhnlich von einem Teil des Hauses in einen anderen um, je nach Jahreszeit.

Die *Glas-Ostentation* privater Häuser wie Hardwick Hall fand ihre Entsprechung in öffentlichen Bauten, die zeitgleich in den Niederlanden entstanden. Das Antwerpener Rathaus, entworfen von Cornelis Floris (der zwanzig Jahre älter war als Robert Smythson), wurde 1561–1566 erbaut. Auf die wesentlichen Elemente der Architektur

25

reduziert, besteht die Hauptfassade aus einem einfachen Steinrahmen mit riesigen Fenstern. Daß der Architekt die Baumorphologie der italienischen Renaissance kannte, bezeugen die Bauform und die Details, z. B. die Erdgeschoßmauer aus Bossenquadern mit Rundbogenöffnungen, und der ornamentierte Mittelrisalit. Die Bevorzugung der Fensterflächen vor der Steinkonstruktion steht jedoch für den nordeuropäischen Lichthunger und die Verwandtschaft dieses Gebäudes mit zeitgenössischen englischen Bau-

26

26. Die Villa Rotonda bei Vicenza, ca. 1566–1570, Andrea Palladio. Es gehört normalerweise nicht zur Analyse der historischen architektonischen Formensprache, auf Klima und Umweltbedingungen einzugehen, aber Form und Konfiguration der Villa Rotonda belegen, daß der Architekt diese berücksichtigt hat, ebenso wie Floris beim Antwerpener Rathaus und Smythson in seinen Bauten. Die Villa Rotonda verfügt über schattenspendende Portiken und kleine Fensteröffnungen.

werken. Floris bereiste Italien, und die Gegenbesuche der Italiener, die in Antwerpen Stoffe für die Sixtinische Kapelle einkauften, waren Anzeichen für die bevorstehende Wiedervereinigung süd- und nordeuropäischer Baukunst.

Die Ursprungsgeschichte von Hardwick Hall zeigt, wie im England des 16. Jahrhunderts große Projekte entstanden und wie anders das Stilempfinden in diesem Teil Nordeuropas war. Doch während der Planungs- und Bauzeit von Hardwick Hall kamen die separaten Entwicklungslinien der englischen und, in geringerem Ausmaß, anderer nordeuropäischer Bautraditionen zu einem Ende.

Sebastiano Serlio schrieb seine *Tutte l'Opere d'Architettura* 1537, und Palladio verfaßte 1570 seine *Quattro Libri dell'Architettura.* Beide Werke wurden vielfach übersetzt, fanden weite Verbreitung und trugen so zur breiten Anwendung der Architekturprinzipien der italienischen Renaissance bei. Die relative Eigenständigkeit und Lebensfülle der englischen Baukunst fand mit dem Werk von Inigo Jones ihren Abschluß. Jones hielt sich zu Beginn des 17. Jahrhunderts in Italien auf, und seine völlig andere Bauauffassung veränderte die Architektur Englands grundlegend. Man muß nur die klassische Ruhe und Heiterkeit des Queen's House in Greenwich (1616) mit den nur zwanzig Jahre älteren Werken von Smythson vergleichen, um diese Veränderung zu sehen.

27. Das Queen's House, Greenwich, London, ab 1616 von Inigo Jones erbaut. Häuser wie dieses – mit echt italienischem Renaissance-Flair – bereiteten dem englischen Überschwang des voraufgegangenen Jahrhunderts mit seiner Vorliebe für reiche Ornamentik und prächtiges Glas praktisch ein Ende.

27

Die Vervollkommnung der Technik

Als die Architekturauffassung der italienischen Renaissance Eingang in die nordeuropäische Baukunst fand, führte das zu einem radikalen, irreversiblen Wandel der architektonischen Formensprache. Im ausgehenden 16. Jahrhundert hatte Glas nicht länger – wie in der Spätgotik, der elisabethanischen, jakobinischen und niederländischen Baukunst – den großen Einfluß als wesentlicher Bestandteil der Architekturkonzeption, sondern wurde ersetzt durch die Auffassung des Baustoffs Glas als Teil einer breiteren Syntax, in der die Qualität des Erzeugnisses wichtiger wurde als sein Anteil an der Außenmauer. Die Verwendung von Glas hatte nun weniger konzeptionelle Gründe, sondern war eine Frage der Integration eines Qualitätsprodukts in ein Gesamtprogramm.

Die Unterordnung von Glas im Zuge seiner Integration in die neue Formensprache war begleitet von seinem Einzug in Bauten aller Art zu deren Vervollkommnung, und zwar nicht nur für die ganz Reichen. In einem Buch, das den Inspirationsquellen und der technischen Wirkung eines Werkstoffs im Bereich menschlicher Aktivitäten wie dem Bauwesen nachspürt, wird die Entwicklungsgeschichte unweigerlich anhand von herausragenden Leistungen erzählt. Indem man den Weg nachzeichnet, auf dem der Baustoff Glas die Architektur periodisch zu großen Gestaltungshöhen geführt hat, darf man jedoch nicht außer acht lassen, daß Glas zunehmend auch in *gewöhnlicheren* Gebäuden verwendet wurde. Die immer selbstverständlichere Verwendung dieses Materials ist vergleichbar mit der Entwicklung des Computers in unserem Jahrhundert. Der immer größere Markt trug auch zur überaus wichtigen, selbsterhaltenden Spirale von Preisreduktion, Qualität und Lieferbarkeit bei. Dies ist auch eine der erfreulichen Lehren der Geschichte: Das Privileg der Reichen in einer Generation wird zum Alltagsgut der nachfolgenden Generation. Die Quantensprünge in der Nutzung von Glas in der Architektur stellen nur Oszillationsspitzen in der stetig ansteigenden Entwicklungskurve des Glasfensters dar. Es wäre zu einfach, Glas in den Bauten des 16. und 17. Jahrhunderts nur als das Reservat des Palastes oder des außergewöhnlichen *Wunderbauwerks* zu betrachten. Sansovino berichtete (im 16. Jahrhundert), alle Häuser in Venedig hätten Glasfenster gehabt. In nördlicheren Gegenden wurde Glas zur allgemein erhältlichen Ware.

Venedig war der berühmte Ursprungsort der Qualitätsbestrebungen. Während die Nordeuropäer im großen Zeitalter der Gotik ihre Glasarchitektur schufen, verbesserten die Venezianer die Qualität des Materials. 1291 wurde auf der Insel Murano die Glasmachergilde gegründet. Die Wahl der Insel als Fabrikationsort wurde ursprünglich damit begründet, daß man dort Brände eher vermeiden konnte, aber dieser Standort diente den Venezianern auch dazu, die Geheimnisse ihrer Kunst zu hüten. Sie besaßen nicht nur große Geschicklichkeit bei der Glasformung, sondern verbesserten auch die Transparenz durch den Einsatz von Pyrolusit. Der Mangangehalt dieses Minerals oxidiert Eisen und ergibt ein sehr klares Glas, bis es selbst oxidiert und dadurch das typische Purpurrot erzeugt, das man von alten belgischen und niederländischen Gläsern kennt.

Bereits Ende des 14. Jahrhunderts wurde venezianisches Glas in Nordeuropa eingeführt. Man weiß dies aus der von Richard III. erteilten Lizenz zur zollfreien Einfuhr von Glaswaren, die venezianische Schiffe in den Londoner Hafen gebracht hatten. Heinrich IV. erneuerte die Lizenz im Jahre 1400. Nach der Einnahme Konstantinopels durch die Türken (1453) wurden venezianische Glaswaren verstärkt nach Nord- und Westeuropa ausgeführt, denn der verminderte Osthandel drängte die Venezianer gen Norden; sie beherrschten daher die europäische Manufaktur von hochwertigen Glaswaren bis zum Ende des 17. Jahrhunderts. Das Venedig des frühen 16. Jahrhunderts war eine der größten Städte Europas, Zentrum für architektonische Pracht wie für wunderschöne Glaswaren. Sansovino wurde 1529 Stadtbaumeister von Venedig, ab 1530 stand ihm Sanmicheli zur Seite, der in der Folge Festungsbaumeister der Stadt war. Zeitgleich mit dem Einbau der spätgotischen Fenster in der King's College Chapel in Cambridge baute Sansovino seine Bibliothek von San Marco, die das Piazza-Ensemble vervollständigte. Dies war das Venedig, dessen stolze und allgemeine Verwendung von Glas Sansovino beschrieb. Die unvergleichlichen venezianischen Glasbläser belieferten nicht nur die eigene Stadt, sondern ließen sich bald an allen möglichen anderen Orten nieder.

28

28. Glasfabrikation im Mittelalter. Diese Abbildung der Glasbläserei stammt aus einer Handschrift des 11. Jahrhunderts und ist wahrscheinlich die Kopie einer deutschen Handschrift des 9. Jahrhunderts. Die drei typischen Arbeitsgänge der Glasmacherei sind am Aufbau des Glasofens ersichtlich: unten das Feuer, die Schmelztiegel in der Mitte und oben die Kühlkammer.

29. Glasbläserei in Böhmen im 15. Jahrhundert. Abgebildet sind sämtliche Arbeitsgänge. Im oberen Teil des Bilds gräbt ein Arbeiter den Sand aus. Asche als Flußmittel und Feuerholz werden in Säcken und Körben herbeigetragen. Am rechten unteren Bildrand stochert der Heizer im Feuer, ein Glasbläser entnimmt dem Ofen Glasschmelze, der andere bläst und marbelt einen Glasklumpen. Der Mann links unten im Bild entnimmt die Glasgefäße zum Kühlen.

30. Glashütte in Deutschland, 16. Jahrhundert. Die Darstellung zeigt den vom Gelehrten Georgius Agricola in *De Re Metallica* (1556) beschriebenen Glasofen, der wiederum aus drei Teilen besteht. Wahrscheinlich befindet sich die Kühlkammertür auf der Rückseite. Im Haus hinter dem Ofen werden die Glaserzeugnisse offenbar verkauft.

Während 1550 noch acht Muraner Glasbläser in England unter dem Vorwand, sie hätten Schulden, festgehalten wurden, erhielt Giacopo Verzelini schon 1575 eine auf 21 Jahre befristete Lizenz zur Fertigung von Trinkgläsern in der Londoner Broad Street.

Diese Internationalisierung der Glasmacherkunst beschränkte sich nicht nur auf die Venezianer. Jean Carre aus Antwerpen erhielt 1565 in England unter Elizabeth I. eine ähnliche Lizenz zur Herstellung von Fensterglas, unter der Bedingung, daß er englische Glasbläser ausbildete. Seine Arbeiter etablierten ihr Gewerbe in Südengland, wahrscheinlich, um glänzende Mondgläser zu blasen. In dem Maße, in dem ihnen der Brennstoff für die Glasöfen ausging, zogen sie weiter nach Hampshire, Somerset und durch Gloucester hoch nach Staffordshire – sehr zum Leidwesen ihrer Konkurrenten, der englischen Glashandwerker. Paul Tyzack, einer von Carres Auftraggebern, gründete die

29

30

berühmten Glashütten von Stourbridge und hat wahrscheinlich als erster Kohleöfen betrieben.

Die Verbreitung der Glasmacherkunst in ganz Europa und der relativ freie Austausch von Waren und Handwerkern führte zu einem immer differenzierteren Marktgeschehen aufgrund allgemein besserer Qualität. Dies begünstigte aber auch die Expansion des Handels, da eine immer größere Anzahl weniger begüterter Menschen Glas für ihre Häuser benötigte. Ein bedeutender Aspekt für das neue Architekturvokabular des 17. Jahrhunderts – beim Bau eines Renaissance-Palastes oder eines bescheidenen Hauses – war der Bedarf an einfachen, qualitativ hochwertigen Glasscheiben als Ersatz für die bestehende Unterteilung des Fensters in kleine Scheiben von oft ungleichmäßiger und minderer Qualität.

Das Bemühen um Qualität beeinflußte auch die Glasbläser, und die Glasmanufakturen des 16. und 17. Jahrhunderts unternahmen neue Anstrengungen, ihre Erzeugnisse zu verbessern. Im 16. Jahrhundert gab es beim Fensterglas nur die Wahl zwischen gedrehtem Glas (Mond-, Butzenglas) und dem Walzenglas (Tafelglas). Obwohl die Herstellungstechniken komplizierter geworden waren, handelte es sich im wesentlichen um die gleiche Alternative wie im 11. und 12. Jahrhundert. Von beiden galt das Mondglas allgemein als das überlegene Produkt. Mitte des Jahrhunderts wurde es aus der Normandie zur Verglasung der Fenster im Escorial von Madrid gewählt und schlug damit die Konkurrenz aus Spanien, Burgund und Lothringen. Wie erwähnt, lag der Vorteil des gedrehten Tafelglases gegenüber dem

32

31

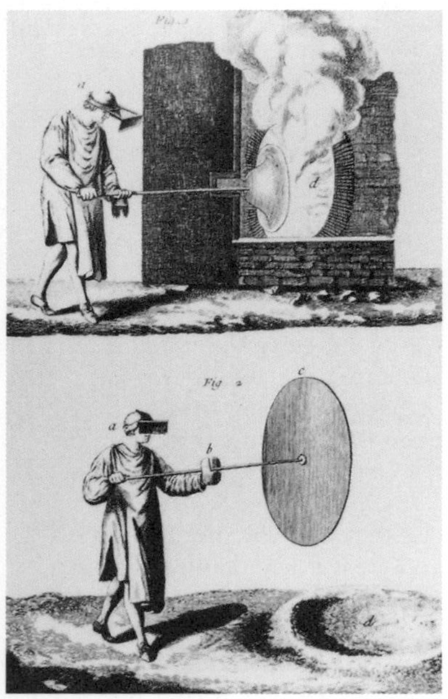

31. Mondglas-Drehverfahren im 18. Jahrhundert. Im oberen Bild wird die geblasene Kugel kurz nach ihrer Öffnung gezeigt. Der Glasbläser steht vor dem Beobachtungsloch und dreht die Schale weiter im Feuer. Die untere Abbildung zeigt die durch Zentrifugalkraft abgeflachte Scheibe. Da das Mondglas die ganze Zeit im Feuer gedreht wurde, erhielt es seine typische glasierte Oberfläche.

32. Glasgießerei im 18. Jahrhundert. Glasschmelze wird aus dem Tiegel in eine rechteckige Gußwanne gegossen. Die Breite der Scheibe wird von den seitlichen Eisenlatten definiert. Im Hintergrund schieben zwei Männer den Wagen, auf dem der Schmelztiegel vom Ofen zum Gußtisch gefahren wurde. Mit der Walze wurde die Glasmasse innerhalb von einer Minute flachgewalzt. Die noch heißen Scheiben kamen dann in einen der Kühlöfen in der linksseitigen Wand, wo sie zehn Tage lang abgekühlt wurden. Danach wurden die Scheiben geschliffen und poliert.

33. Venezianische Glasmacherkunst brachte zum Beispiel diesen Spiegel hervor und war unabdingbare Voraussetzung für die Herstellung von vollkommen ebenen Glasscheiben, und zwar bis zur Erfindung des Kristallspiegelglases in Frankreich um 1680.

geblasenen Walzenglas in seinem Glanz und seiner Glätte.

Geblasenes Walzenglas wurde weiterhin so hergestellt, wie Theophilus es im frühen 12. Jahrhundert beschrieben hatte. Mondglas, wie das im Escorial eingesetzte normannische, wurde ebenfalls mit der über Jahrhunderte überlieferten Technik gefertigt. Wie beim Tafelglas war der erste Arbeitsgang das Blasen. Die zähflüssige Glasmasse wurde mittels einer Glaspfeife aufgeblasen, dabei in ständigem Drehen gegen eine Mulde aus Stein, Eisen oder nassem Holz gedrückt (gemarbelt). Dadurch entstand eine Birnenform und schließlich die Form einer großen Schiffsdekantierflasche. Im Zuge des Blasens und Marbelns bildete sich in der Mitte eine zipfelförmige Verdickung und wurde mit einem Eisenstab aufgenommen. Das andere Ende am Pfeifenansatz wurde mittels eines kalten Eisenstabs abgesprengt, die entstandene Öffnung durch Drehen erweitert und abgeflacht, indem der Rand so lange in die Flammen gehalten wurde, bis er plötzlich umschlug und eine Ebene mit dem flachen Mittelteil bildete.

Erstaunlicherweise verwandelte diese Technik das Glas in eine runde Scheibe von ziemlich ebenmäßiger Stärke. Noch wichtiger war vielleicht (im Hinblick auf die Konkurrenz der Walzglasscheiben) ihre charakteristische *glasierte* Oberfläche, die durch den praktisch konstanten Kontakt mit den Flammen, und das heißt den fehlenden Kontakt mit Marbelsteinen oder flachen Tafeln, entstand. Nach dem Formen wurden die Scheiben in einem Kühlofen langsam abgekühlt, wobei sie hochkant mit Abstand aufgestellt wurden, damit Luft hindurchströmen konnte. Im 19. Jahrhundert war diese Technik bereits so weit entwickelt, daß Mondglasscheiben mit Durchmessern von fast 2 m hergestellt werden konnten, wobei erstaunlich wenig Ausschuß produziert wurde – etwa zehn Prozent. Die Scheibenformate waren naturgemäß kleiner als die Walzenglasscheiben, aber wegen seiner glänzendglatten, unzerkratzten Oberfläche wurde das Mondglas oft bevorzugt verwendet, besonders in England.

Diese beiden gegen Ende des 16.Jahrhunderts gängigen Herstellungsverfahren von Scheibenglas hatten jeweils Vorzüge und Nachteile. Das hochglänzende Mondglas konnte nur bis zu einer bestimmten Größe gefertigt werden, was keine Rolle spielte, da man an große Fenster aus kleinen bleigefaßten Scheiben gewöhnt war. Die größeren

33

Glastafeln (bis zu 13 cm lang), im Zylinderwalzverfahren hergestellt, waren uneben und ungleichmäßig stark, und ihre Oberfläche war matt und manchmal zerkratzt.

Die wachsende Nachfrage nach Fensterglas für Kutschen und nach Spiegelglas konnte mit keiner der beiden Techniken mühelos befriedigt werden. Das bewirkte jedoch im Fall der Spiegel eine Stärkung der Vormachtstellung venezianischer und italienischer Hersteller. Die Fertigung großformatiger Spiegel überforderte die Glasbläser, deren Geschicklichkeit die Grundlage der Herstellung von gedrehtem und gewalztem Glas war. Mit der Zylinderwalzmethode konnten zwar in etwa die benötigten Formate produziert werden, die Scheiben wiesen jedoch nicht die hohe Qualität auf, die den wachsenden Ansprüchen der reichen und edlen Bauherren genügt hätte. Es war extrem schwierig, mundgeblasenes Glas zu polieren, da es zu zerbrechlich war. Wegen des Materialgewichts war es praktisch unmöglich, dickere Scheiben mit der Mundblastechnik herzustellen. So kam es, daß in einem so hochentwickelten Markt wie dem englischen zwar im Jahre 1620 in Vauxhall in London Spiegel von relativ guter Qualität gefertigt wurden (in der fünf Jahre zuvor von Sir Edward Zouche gegründeten Glashütte), daß es aber venezianische Glasmacher waren, die dort arbeiteten. Zouche hatte 1611 ein Monopol für die Glasherstellung mit Kohleöfen erhalten. Sir Robert Mansell kaufte dieses Monopol im Jahre 1618, und Fensterglas wurde daraufhin in vielen Produktionszentren in England gefertigt (Tyneside, Stourbridge, Südschottland und in Broad Street, wo weiterhin *venezianisches* Glas geblasen wurde).

34

34. Der Palast von Versailles bei Paris, 1669–1685, Le Vau und J. H. Mansart. Der Bau dieses Palastes war eine einzige Verherrlichung der Macht Ludwigs XIV. Mit dem Bau des Spiegelsaals verlängerte Mansart die Gebäudefront um das Dreifache und nutzte das neu erfundene französische Kristallspiegelglas auf eindrucksvolle Weise. Das Tageslicht, das durch die großen Fenster hereinströmte, wurde von den gleich hohen Spiegeln an der gegenüberliegenden Wand reflektiert und verstärkt.

Die Verbreitung von Glasfenstern und die sich daraus ergebenden Qualitätsanforderungen brachten eine zunehmend anspruchsvolle Kundschaft mit einer Vorliebe für großflächige, widerstandsfähige schöne Glasscheiben hervor, denen nun weder das dünne Mondglas genügen konnte noch das großformatigere Tafelglas mit seinen Verzerrungen und mangelhaften Oberflächenstrukturen.

Die neue Herstellungsart wurde schließlich um 1670 entwickelt. 1665 gewährte Ludwig XIV., König von Frankreich, Nicholas du Noyer das Monopol der Glastafelproduktion in Orléans. Zum Unglück für dieses Unternehmen hing sein Schicksal von den handwerklichen Fähigkeiten der Glasbläser ab, die aus Venedig *importiert* worden waren. Als diese beschlossen, nach Murano zurückzukehren, bedeutete dies das Ende der Firma. Die Venezianer waren in Orléans jedoch nicht die einzigen Glasmacher. Dort lebte auch Bernard Perrot, dessen Familie aus Ligurien stammte, der aber selbst französischer Bürger war.

Im Jahre 1676 unterstützte die französische Regierung ein anderes Unternehmen, das starke polierte Glasplatten herstellte, wahrscheinlich, weil sie es müde war, entweder das Glas oder die Glasmacher zu importieren. Bis zum Jahre 1687 entwickelte Perrot Guß- und Polierverfahren für Flachglas, die ein Jahr später von Frankreichs Académie des Sciences veröffentlicht wurden.

Trotz Perrots Urheberschaft gewährte der König seinem Günstling, dem Anwalt Abraham Thevart das exklusive Herstellungspatent. Thevart holte den Glasmacher Louis Lucas de Néhou aus Tourlaville bei Cherbourg in der Normandie nach Paris, und die erste Glashütte des neuen Unternehmens entstand auf dem Gelände des heutigen Musée d'Orsay. Schon 1693 wurden jedoch die Glasgießtische ins Château de St. Gobain verfrachtet, was der Geschichte der Glasfabrikation einen neuen Namen eintrug. Im Jahre 1695 war die Glashütte dann bereits die Manufacture Royale des Glaces de France und besaß die Lizenz König Ludwig XIV., für den das neue Schloß von Versailles erbaut wurde, vielleicht der größte und prunkvollste aller Paläste.

Die neue Technik, die erste Innovation der Glasmacherkunst seit Jahrhunderten, revolutionierte die zur Tafelglasherstellung erforderlichen handwerklichen Techniken. Ein großer Gußtiegel wurde im Ofen erhitzt und das geschmolzene Glas hineingegossen. Der Tiegel wurde dann mittels eines Krans über den Gießtisch gehoben und die flüssige Glasmasse in den vorbereiteten Glashafen gegossen. Das Format jeder Glastafel wurde speziell mittels eines Rahmens aus Flacheisen bestimmt, deren Höhe die Glasstärke definierte. Die sirupartige Glasmasse wurde mit einem schweren Kupfer- oder Eisenzylinder darin ausgerollt. Die erstarrte, noch heiße Glasplatte kam dann für mehrere Tage in den Kühlofen, dessen Temperatur allmählich gesenkt wurde, bis die Glastafel auf Raumtemperatur abgekühlt war. Dieses einfache und sehr wirtschaftliche Verfahren erzeugte Platten jeder gewünschten Größe und Stärke ohne die für das gedrehte Mondglas oder das mundgeblasene Walzenglas typischen Beeinträchtigungen. Ihre Oberfläche wies jedoch Spuren der Reibung mit dem Kupfertisch und dem Rollzylinder auf, und dies machte den komplizierteren Teil der Fabrikation erforderlich: das Schleifen und Polieren.

Schon die Walzenglasmacher kannten die Poliertechnik und wandten sie an, um Walzspuren zu beseitigen. Die Herstellung einer Gußglasplatte mit glatter Oberfläche erforderte dagegen viel kompliziertere Arbeitsgänge und dauerte erheblich länger. Die Gußglasplatte wurde auf einer Unterlage, die Steintafeln stützten, in ein Gipsbett eingelegt. Darüber brachte man einen runden Schleifblock an, dessen Unterseite mit Glassplittern gespickt war. Der Schleifblock mußte genau über der Platte positioniert werden, damit sichergestellt war, daß beider Ebenen exakt parallel zueinander lagen. Wenn sich der Schleifblock kreisend über die Platte bewegte, wurden Wasser und Sand dazwischengegossen, wobei im Verlauf des Schleifprozesses immer feinerer Sand verwendet wurde. Das Polieren erfolgte danach mit Hilfe von Englischrot (hydrathaltiges Eisenoxidpulver). Wenn die eine Seite fertig war, wurde die Glasplatte gewendet und die andere Seite bearbeitet.

Man kann sich denken, wie lange dies dauerte und welch hohes handwerkliches Können nötig war, um das Glas nicht zu zerbrechen oder die Oberfläche nicht zu beschädigen.

Man interpretiert vielleicht eine Gesetzmäßigkeit falsch, wenn man behauptet, daß die Erfindung der polierten Glasplatte die Reaktion auf die Forderung der Kunden nach einem Produkt war; aber man kann zu Recht sagen, daß in Versailles Ludwig XIV. das neue Material hervorragend eingesetzt wurde. In Versailles sehen wir die französische Version der englischen Landhäuser von Smythson. Nur wurde diese von einem höchst ehrgeizigen und mächtigen Monarchen erbaut. Hier – anders als in Hardwick oder Longleat – ist der Bau der ordnenden Disziplin der italienischen Renaissance unterworfen, zeigt aber sehr viel Glas. Christian Norberg-Schulz hat Versailles als Glashaus beschrieben, das die Verbindung der transparenten Konstruktionen der Gotik zu den großen Eisen-und-Glas-Häusern des 19. Jahrhunderts herstellt. Symptomatisch für Ludwig XIV. Persönlichkeitsstruktur war die Tatsache, daß die meisten Glastafeln in diesem prunkvollsten aller Paläste als Spiegel im Spiegelsaal verwendet wurden. Ludwigs Minister Colbert versuchte erfolglos, venezianische Glasmacher ins Land zu holen, welche die Spiegel herstellen sollten; zwei dieser Männer starben auf mysteriöse Weise. Dennoch kam es zur Vollendung dieses bemerkenswerten Glasraums, der mit seinen riesigen Fenstern (die Ausblick auf Le Nôtres Gartenanlagen geben) und seiner langen Reihe von Spiegelbögen sicherlich einer der eindrucksvollsten Innenräume in Europa ist.

Im Jahre 1692 annoncierte die im Jahr zuvor gegründete englische Company of Glassmakers *alle Arten exquisite Guckglasplatten, Wagenfenster, Glasscheiben und erstklassiges Glas für Fenster und anderes.* Ihre Spezialität waren die neuen Gußglastafeln. Obwohl sehr teuer, fanden sie doch Abnehmer, genau wie die Spiegel in Chatsworth, die dort 1687 installiert wurden. Seine Qualität machte Gußglas zu einem Statussymbol, und Christopher Wren verwendete es für die größeren Fenster der neuen Gemächer in Hampton Court, die von 1689 bis 1696 eingerichtet wurden. Die größten Fensterscheiben, viele von ihnen noch erhalten, messen 75 × 24,5 cm. Die hohen Preise der neuen Scheiben führten dazu, daß sie nur in 84 Fenster von Hampton Court eingesetzt wurden, was £ 4600 kostete. 250 Fenster waren aus dem viel preiswerteren Mondglas und kosteten insgesamt nur £ 600. Der große Preisunterschied für beide Glassorten zeigt, wie teuer das neue Glas war und welchen Wert man ihm beimaß.

Sicherlich waren Versailles – von Le Vau 1669 entworfen und 1678 von J. H. Mansart erweitert – und Christopher Wrens Hampton Court-Anbau Beispiele für den Nutzen, den eine verbesserte Glasfertigungstechnik bringen konnte, und zeigten außerdem wie die italienische Renaissance in Nordeuropa Fuß gefaßt hatte.

35

35. Der neue Flügel von Hampton Court, 1689–1696, Christopher Wren. Die Fensterung des Neubaus wurde in Übereinstimmung mit traditionellen Hierarchien gestaltet, mit den größten Fenstern im Mittelteil und kleineren in der restlichen Fassadenfläche. Die großen Mittelfenster zeugen von den architektonischen Möglichkeiten des Spiegelglases, während die kleineren dem hohen Preis des Materials Rechnung tragen.

Damals waren die Reichen und die Adligen Englands schon nicht mehr die einzigen, die von der zunehmenden Verfügbarkeit des Baustoffs Glas profitierten. Fortschritte in der Fabrikation, zum Beispiel der kohlegefeuerte Strahlungsofen, trugen zur flächendeckenden Expansion des Glasmarktes in England zwischen 1670 und 1700 bei. In dieser Zeit wurde Glas zum für alle sozialen Schichten fast allseits verfügbaren Material und wurde in verschiedenen Preisklassen angeboten. Im Jahre 1700 gab es zwölf unterschiedliche Glasarten.

Am oberen Ende der Marktskala stand immer noch das normannische Mondglas, das zusätzlich zu Gußglastafeln in die Hebe- und Senkfenster von königlichen Palastneubauten eingesetzt wurde. Im Hinblick auf seinen Wert und sein Prestige ist es nicht erstaunlich, daß englische Glasmacher so gründlich ausgebildet wurden. 1679 ging Henry Richards zum Beispiel nach Frankreich, um dort die Kunst der Mondglasfabrikation speziell für die gerade aufkommenden Hebe- und Senkfenster zu erlernen, und 1684 produzierte die Glashütte von John Bowles an der Bankside, Southwark, in London englisches Mondglas auf kommerzieller Basis.

Zu jener Zeit wurde auch schon qualitätvolleres Walzenglas in England hergestellt, und John Evelyn berichtete über einen Besuch, den er den Vauxhall Glaswerken im September 1676 abstattete. Er behauptete, die geblasenen Walzglasplatten, die er dort gesehen habe, seien den aus Venedig importierten überlegen. In den ersten Jahren nach 1690 ging die Vauxhall Glashütte zum neuen französischen Gußverfahren über und belieferte den englischen Markt mit jeder Art von Glasplatten.

Im 18. Jahrhundert nahmen die neuen verbesserten Glasscheiben ihren natürlichen Platz in der Architektur ein. Verglasungen und Glasfenster wurden selbstverständliche Elemente im Gesamtgefüge der Außenfassade, und zwar als Wandöffnungen, nicht als Membranen, die den Raum zwischen tragenden Bauteilen überspannen. Noch wichtiger wurde in technischer Hinsicht, daß das Fenster nicht nur groß genug, sondern auch zu öffnen sein mußte. Größe war eine Funktion des Bedürfnisses nach Licht und Aussicht.

Die Erfindung des Hebe- und Senkfensters löste das Gewichts- und Scharnierproblem für seitlich angeschlagene Fensterflügel. Das Gewicht war erst durch die neuen Glasscheibentypen problematisch geworden, besonders durch die Gußglastafeln. Das Hebe- und Senkfenster erlaubte den Nordeuropäern große Fenster aus widerstandsfähigen, großflächigen Glasscheiben, die zu öffnen waren. Genauso wichtig war vielleicht, daß man das neue Fenster bei schlechtem Wetter nur einen Spalt weit zum Lüften öffnen konnte und dabei nicht riskierte, den Regen hereinzulassen.

Die Größenfrage war wesentlich, und Sir William Chambers beschrieb in seinem *Treatise on Civil Architecture* (1759) die Probleme, wie er sie sah: *Was Fenster betrifft, so ist die erste Frage die nach ihrer Größe, die vom Klima abhängt und dem Volumen der Räume, die sie belichten sollen.* Chambers bezog sich auf Palladios Regel, daß die Breite der Fenster zwischen einem Fünftel und einem Viertel der Raumbreite betragen sollte, und die Höhe zweieinsechstel mal der Fensterbreite. Palladio hatte natürlich die Probleme unterschiedlicher Raumvolumen erkannt und schlug für alle Fenster eines Stockwerks die gleiche Größe vor – und als Kompromiß für die Belichtung, daß Fensterformate sich auf Räume beziehen sollten, deren Längen- und Breitenverhältnis 5:3 betrug (eine seiner bevorzugten Proportionen). Raumtiefen sind also die Basis für Fensterdimensionierung.

Nachdem er die Fensterbreiten abgehandelt hatte, erklärte Chambers Palladios Auffassung des Abstands zwischen Fenstern: Dieser sollte in Wohnhäusern entweder so breit wie die Fenster oder höchstens zweimal so breit sein, zum Teil, um zu gewährleisten, daß die Räume *genügend ausgeleuchtet werden*, zum Teil, um zu verhindern, daß das Haus *wie ein Gefängnis aussieht*. Diese Proportionen sollten auch auf die Anordnung der Glasscheiben angewandt werden: drei Tafeln in der Breite des Fensters und fünf in der Höhe. Raymond McGrath hat darauf hingewiesen, daß die Probleme palladianischer Fensterung sich aus der Tatsache ergeben, daß sie für das italienische Klima besser geeignet war als für das in Nordeuropa, wo Licht höher im Kurs stand. Die Glasflächen in Palladios Fenstern waren teilweise ziemlich klein und erforderten eine gestalterische Kompensation in Form großer Architrave und Umrahmungen, um großzügige Fassaden zu schaffen. In England wurden in jener Zeit die strengen Regeln der Palladianer von den Georgianern gelockert, die – in echt englischer Manier – viel entspannter und pragmatischer waren. Sie verbesserten das Hebe- und Senkfenster, und in der Regency-Periode zu Beginn des 19.Jahrhunderts war die Fenstersprossenbreite von ursprünglich 50 mm bereits auf 12 mm reduziert worden.

Die gestalterischen und manchmal praktischen Schwierigkeiten mit den Hebe- und Senkfenstern bezogen sich auf die notwendige horizontal in der Mitte geteilte, doppelte Rahmung. Wenn das Fenster zum Lüften geöffnet wurde, bestand es effektiv aus zwei Fenstern, die aneinander vorbeigeschoben wurden, und einem horizontalen Mittelpfosten, *Trefflinie* von Hebe- und Senkfenster, die oft in Augenhöhe unterhalb der Türsturzhöhe auftrat. Das Hebe- und Senkfenster eignete sich nicht für Türen, was Probleme bei den Zugängen zu Erdgeschossen oder Balkonen in oberen Etagen bereitete – kein allzu großer Nachteil in einem kühlen und oft regnerischen Klima. Die Franzosen lösten es, indem sie das Hebe- und Senkfenster meist vernachlässigten und sich für *croisé*-Fenster entschieden. Diese bestanden aus zwei nach innen zu öffnenden Fensterflügeln und einem festen oder zu öffnenden Oberlicht. Ein Paar Jalousiefensterläden ermöglichte das Öffnen der Fenster bei Hitze und diente gleichzeitig als Blend- und Sonnenschutz.

Diese beiden Fenstertypen bildeten ab dem frühen 18. Jahrhundert die Basis der Fensterung in der europäischen Architektur, mit Vor- und Nachteilen, aber jeder Typus wurde dem Klima bis zu einem gewissen Grad angepaßt und profitierte von der stetigen Verbesserung der Glasqualität und den in unterschiedlichen Größen herstellbaren Scheibenformaten.

Im 18. Jahrhundert gab es große Schwankungen in der Beliebtheitsskala von Mondglas, Walzenglas und Gußglas. In England zum Beispiel war der Einsatz des Hebe- und Senkfensters verbunden mit der zunehmenden Marktbeherrschung des Mondglases. 1730 war das Walzen-*Flachglas* das meist verwendete Material. Trotz technischer Fortschritte, die auf dem europäischen Festland erzielt wurden, wurde im Jahre 1780 in England nur noch halb so viel Walzenglas wie Mondglas produziert, dessen Vorherrschaft sich auf das örtliche Können der Glashandwerker gründete und vor allem auf die Einführung einer Akzisesteuer im Jahre 1746. Diese Steuer beeinträchtigte hundert Jahre lang die Verwendung von Fensterglas in England. Den vielleicht größten Einfluß auf die Entwicklung hatte jedoch die Tatsache, daß die Glasgießerei bis 1750 praktisch verschwunden war, was der Glasbläserei von Fensterglas wieder Aufschwung verlieh. Es wurde in immer größeren Formaten gefertigt. Zu der Zeit galt ein Quadratmeter allgemein als das größtmögliche Format (aus einem Zylinder mit 30 cm Durchmesser). 1773 stellte die Cookson Company in Tyneside aber schon 2,135 × 1,32 m große Tafeln her, die extrem teuer waren: Eine Tafel von 1,53 × 1,01 m kostete 1775 £ 35 und zehn Shilling oder etwa £ 24 pro Quadratmeter.

Da es sehr schwer war, mit der Zylinderwalzmethode über ein Quadratmeter große Scheiben herzustellen, ging man in England dazu über, die Glasgießerei wiederzubeleben – 25 Jahre nach ihrem nahezu völligen Verschwinden –, um den Import französischen Glases zu vermeiden, der sich 1770 landesweit auf insgesamt bis zu £ 100 000 pro Jahr belief. Die Fensterglasmanufaktur *British Cast Plate Glass Manufacturers* wurde 1773 in Ravenhead, Lancashire, gegründet. Man ließ gut ausgebildete Glashandwerker aus Frankreich kommen, die – zum zweiten Mal in hundert Jahren – beim Aufbau einer heimischen Fensterglasfabrikation helfen sollten.

Diesmal faßte die Technik wirklich Fuß. Es ist aber eine der größten Ironien der Glasarchitekturgeschichte, daß die Verglasung von I. M. Peis Louvre-Pyramide in Frankreich gegossen wurde, aber nur in St. Helens, Lancashire, geschliffen und poliert werden konnte, da nur dort noch die alten automatischen Schleif- und Poliermaschinen aus den dreißiger Jahren standen.

Eine Dampfmaschine zum Schleifen und Polieren der Glasplatten wurde 1789 eingeführt, und 1792 baute eine neue Leitung die Manufaktur in großem Maßstab aus. Schon 1794 gab es für die Briten ein reichhaltiges Angebot von polierten Glastafeln in vielen Formaten, von etwa 15 × 13 cm bis 1,9 × 3 m. Die Preise reichten von 5 Pence bis £ 404 120 pro Tafel. Letzterer zeigt, wieviel die gebildete, anspruchsvolle englische Oberschicht zu zahlen bereit war, wahrscheinlich nicht für eine Fensterscheibe, sondern eher für ein hochwertiges Stück Spiegelglas.

Im 18. Jahrhundert gab es in Europa große Fortschritte in der Technik der Glasfabrikation, der Fensterentwicklung und der Spiegelarbeiten auf der Basis von Glas. Die Architektur des Jahrhunderts wurde allerdings nicht so sehr von der Technologie und der Art der Baustoffe bestimmt, sondern zu einem großen Teil von der Beschäftigung mit den Formen der italienischen Renaissance, deren unterschiedliche Ausformungen so vielfältig waren wie die Kulturen und klimatischen Bedingungen, aus denen sie sich nährte. In all dem war das Fenster als Hauptfassadenelement natürlich von größter Bedeutung, und deshalb hatte es in Palladios Regelwerk auch einen so großen Stellenwert. Die Fensterung muß sich jedoch dem Gesamtentwurf unterordnen und wird zum Gestaltungsmittel für den Aufriß. Im Wort Fensterung liegt der Schlüssel zur Bauauffassung von Architekten und Bauherren des 17. und 18. Jahrhunderts. Die Fensterung war eines der Hauptelemente der Fassadengliederung, zusammen mit dem hierarchischen Aufbau von Bossenquadern und glatteren Quadern und der Anordnung von Säulen, Portikus und Giebelfeld.

Den Begriff Fensterung kann man für die Verglasungen des King's College Cambridge oder die Kathedrale von Chartres nicht verwenden, während das Werk Smythsons in höchstem Maße von der Fensterung bestimmt wurde.

Zu der Zeit, als der Baustoff Glas perfektioniert und in die Ordnungen und den Formenkanon der Renaissance Eingang fand, wurde er in Nordeuropa einer anderen Nutzung zugeführt, die unseren Umgang mit Glas völlig verändern sollte.

36. Das Palmenhaus im Royal Botanical Garden in Kew, London, 1845–1848, von Richard Turner und Decimus Burton.

Das Gewächshaus

Die Entwicklung des Glasgewächshauses (vom Ende des 16. bis zur Mitte des 19. Jahrhunderts) ist ein bedeutender Teil der westlichen Architekturgeschichte. Das Glashaus führte zwei unterschiedliche gärtnerische Zielsetzungen zusammen: erstens die Pflanzen zu überwintern und zweitens die botanischen Trophäen von Übersee-Expeditionen zu erhalten und auszustellen. Der Unterschied zwischen beiden Zielen ist fundamental. Mißerfolg beim Überwintern führte dazu, daß im nächsten Winter größere Anstrengungen unternommen werden mußten. Mißerfolg der *Gastfreundschaft* für Exoten konnte dagegen einen unwiederbringlichen Verlust an wissenschaftlichen oder prestigeträchtigen Investitionen bedeuten. Die Errichtung der großen Glasbauten als Heimstätten für Pflanzen wurde als Ereignis zelebriert und veränderte in der Folge die Baukunst.

Der Gedanke, Pflanzen außerhalb der Saison oder fern von ihrer natürlichen Heimat zu züchten, ist sehr alt. Schon die Römer praktizierten dies. Auf jeden Fall war die Verwendung von Treibhäusern zur Förderung des Pflanzenwuchses schon im Mittelalter üblich. McGrath zitiert einen Brief von 1385, in dem es heißt: *in Bois le Duc ... züchten sie Blumen in gen Süden gewandten Glaspavillons.* Doch erst im 16. Jahrhundert, als Hardwick Hall und das Antwerpener Rathaus entstanden, kam in Italien, England und den Niederlanden die Idee auf, empfindliche Pflanzen unter Glas zu überwintern. Berühmte Forschungsreisende wie Sir Walter Raleigh brachten von ihren Expeditionen Pflanzen mit. Raleigh selbst, der seine Reisen zwischen 1580 und 1590 unternahm, importierte Orangenkerne nach England, wo sie auf dem Landgut von Sir Francis Carew in Surrey gesetzt wurden. Da die Bäume jedoch ungeschützt waren, erfroren sie im bitterkalten Winter von 1739/40. 36

1587 wurde in den Niederlanden der Botanische Garten der Universität Leyden angelegt, der Pflanzen und Samen aus Ostindien zur Heimat werden sollte. Leider war sein verglaster Wintergarten nach Norden ausgerichtet – man wußte noch nichts von passiver Solarenergie und dem *Glashauseffekt.* Dennoch markierte er die Wiederbelebung des beheizten Gewächshauses, dessen Konzept in den römischen Treibhäusern von Martial und Columella wurzelte. Im 17. Jahrhundert entstanden nach dem Leydener Vorbild viele holländische Treibhäuser, oft richtige Glashäuser.

Eßbare Trophäen waren besonders begehrt, und an der Orangerie zeigt sich, wie wichtig das Bewahren von Exotika genommen wurde. Die europäische Aristokratie entwickelte eine merkwürdige Faszination für die Orange. Im Jahre 1620 entstand in Heidelberg die Orangerie des pfälzischen Kurfürsten nach dem Entwurf von Salomon de Caus. Im späten 17. und frühen 18. Jahrhundert entwickelten die Holländer wichtige Neuerungen in der Planung von Glashäusern. Die Hauptelemente eines Glashauses mit passiver Nutzung von Solarenergie waren bereits zu Beginn des 18. Jahrhunderts in Holland üblich: massives Mauerwerk, hohe Ther-

37

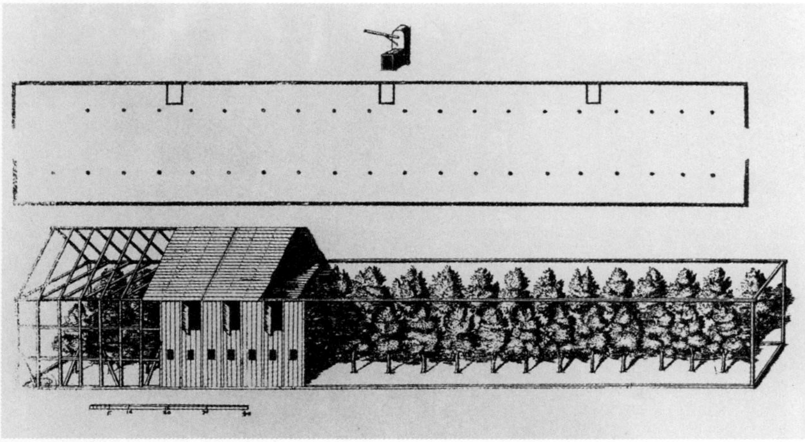

37. Orangerie für den pfälzischen Kurfürsten in Heidelberg, 1620, von Salomon de Caus. Die Kälteempfindlichkeit der Pflanzen gab den Anstoß zum Bau dieses tragbaren Bauwerks, das ein frühes Beispiel für das Bauen mit vorgefertigten Teilen darstellte.

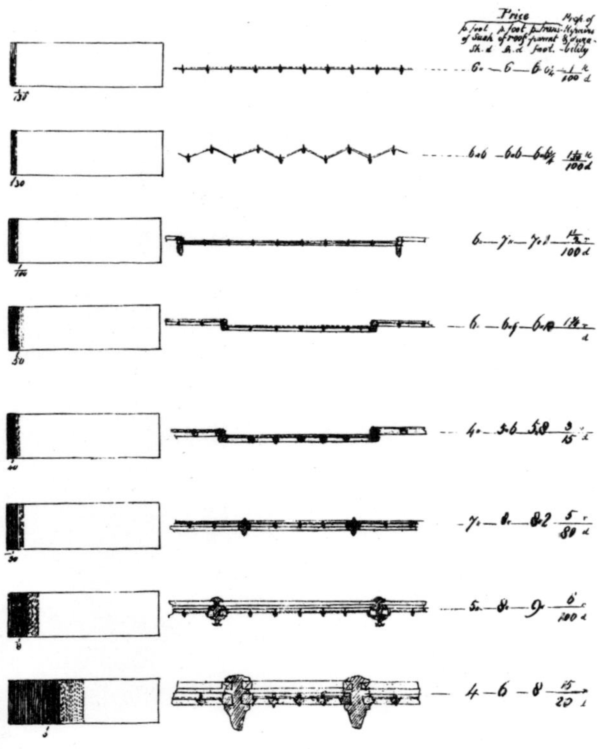

38. Zeichnungen aus J. C. Loudons Remarks on the Construction of Hothouses (1817). Loudon bewies damit, daß Bedarf an Gewächshausarchitektur bestand, die nach anderen Kriterien gestaltet werden mußte als andere Bauwerke. Aufgrund der ingenieurwissenschaftlichen Aufarbeitung der konstruktiven Merkmale von Glas sind die Gewächshäuser in der Architekturgeschichte des 19. Jahrhunderts und darüber hinaus von großer Bedeutung.

malspeicherkapazität der Rückwand mit eingebauten Wärmeschächten und geneigte Glasflächen nach Süden. Man konnte sie öffnen, um Pflanzen hinein- und herauszutragen oder im Fall von Überhitzung zu lüften. Primitive Doppelverglasungen hatten einen innenliegenden, mit Ölpapier bespannten Rahmen. George Clifford baute derartige Glashäuser in den klimakontrollierten Gärten in Hartekamp in Holland, wo der große schwedische Botaniker Linnaeus wirkte.

Die frühen Orangerien oder Wintergärten waren keineswegs immer dem Gartenbau vorbehalten. Dem Modell von Salomon de Caus folgend, entwarf Christopher Wren, assistiert von Nicholas Hawksmoor und John Vanbrugh, für Königin Anne 1704 die Orangerie des Kensington-Palastes. Etwa zur gleichen Zeit ließ der Herzog von Devonshire eine Orangerie in Chatsworth errichten.

Andere berühmte Wintergärten und Orangerien des 18. Jahrhunderts sind zum Beispiel die von Wye House in Maryland, USA, und Richard Bradleys Entwürfe von 1718 für ein *architektonisches Gewächshaus* mit korinthischen Säulen in Cambridge. Bradley lehrte an der dortigen Universität Botanik und war aufgeschlossen genug, um die Nutzung des Bauwerks für sommerliche Gartenfeste zu fördern.

Im Zuge der Weiterentwicklung des Gartenbaus erkannte man den Vorteil der geneigten Glaswand. Bei den frühen holländischen Treibhäusern experimentierte man mit fast vertikalen Glaswänden und mit Neigungen von 30° und weniger. Flachere Neigungswinkel ließen mehr Licht (direktes oder diffuses) einfallen und boten viele Vorteile, obwohl sie größeren Sonnenschutz erforderten. Allmählich erkannte man die Bedeutung und Vorteile dieser Glashäuser, die eigentlich nur Glasdächer waren. Mitte des 18. Jahrhunderts initiierte und vollendete Philip Miller den Wiederaufbau des Glasgewächshauses in den Chelsea Apothecaries Gardens, das bereits 1720 von Sir Hans Sloane gefördert worden war. Miller versah das Gewächshaus mit vertikalen Glasumfassungswänden und einem Glasdach mit einer Neigung von 45°. Als der berühmte J. C. Loudon 1817 sein Werk schrieb, konnte er bereits die verschiedenen Gewächshaustypen in Kategorien einteilen und sich über Verglasungen und deren Ausrichtung auslassen.

Es hätte genausogut passieren können, daß dieses Interesse am Gartenbau und an exotischen Pflanzen ohne Wirkung auf die Architektur blieb, tatsächlich aber bestimmte es ganz entscheidend die Veränderungen in der Bauauffassung Nordeuropas im 19. Jahrhundert. Die Intensität dieses Einwirkens resultierte aus der glücklichen Verbindung von Bauherrenschaft und Technologie. Im Zeitalter vor der Blütezeit von Universitätsfakultäten für Botanik und öffentlich finanzierten Botanischen Gärten waren die Bauherren der frühen Gewächshäuser meist reiche Landedelleute.

200 Jahre nach Bess of Hardwick hätte eine Adelige wie sie wohl eher einen Renaissancepalast errichten lassen oder eine Villa mit anschließender Glasorangerie. Aus diesen eleganten Anbauten an große Häuser entwickelte sich später die hervorragende Glasarchitektur der

41

39

40

42

39–43. Die internationale Entwicklungsgeschichte des Glashauses ist Ergebnis einer faszinierenden Mischung aus gärtnerischen Interessen, Sammlereifer in bezug auf Exotika, überlagert mit den unterschiedlichen Zielen individueller Begeisterung und öffentlicher Freizeitangebote. Im 18. Jahrhundert etablierten sich der Gartenbau und die botanische Wissenschaft vor allem im holländischen Gewächshaus. Der Anspruch der Orangerie auf den Status eines Architekturwerks wird deutlich am hier vorgestellten Beispiel des Glashauses von Wye House, Mills River Neck in Maryland, USA (39). Der Jardin des Plantes in Paris (40) von 1833 und das große Gewächshaus von Chatsworth von 1836 (42) belegen den internationalen Charakter des Wettstreits um die größten und schönsten Glashäuser des folgenden Jahrhunderts. Turners Glasnevin Gewächshaus im Botanischen Garten von Dublin von 1847 (41) gibt einen Vorgeschmack künftiger Konstruktionen, zum Beispiel des Palmenhauses in Kew (42) und Hector Horeaus Wintergarten, Jardin d'Hiver (43), der 1848 gebaut wurde. Alle zeigen, daß das öffentliche Interesse an Freizeitvergnügen höher bewertet wurde als die Botanik an sich, und diese Konstruktionen sind allgemein anerkannte Vorläufer des Kristallpalasts, der 1851 entstand.

43

zweiten Hälfte des 19. Jahrhunderts. Als die Glashäuser erst einmal aus dem Bereich der reinen Botanikwissenschaft herausgenommen und in die Welt der *Gesellschaft* gestellt worden waren, gewann ihre äußere Gestalt im Entwurf an Bedeutung.

Die Ausbildung der Gewächshausarchitektur im späten 18. und im 19. Jahrhundert war eine Mischung aus allmählich wachsenden fachlichen Erfahrungen und Design-Intuitionen, die nach und nach durch Erfolg bestätigt wurden. Ein typischer früher Entwurf von Sir Georg Mackenzie wurde 1815 der Horticultural Society in London vorgelegt: eine Viertelkugel mit einem Durchmesser von 4,5 m und einer Giebelwand aus Ziegelmauerwerk. Loudon sagte zwar, ihm gefiele das Erscheinungsbild, kritisierte den Entwurf aber systematisch und entwarf einen 15 m hohen glockenförmigen Alternativbau.

Loudon ging es nicht nur um die Technik der Gewächshäuser, er interessierte sich auch dafür, wie sie gebaut wurden, und für ihre Bedeutung in der Architektur. Sein 18pfündiger schmiedeeiserner Fensterpfosten, der auch gekrümmt werden konnte, trug wesentlich dazu bei, der neuen Glasarchitektur einen richtungweisenden Anstoß zu geben. Loudon erkannte die Bedeutung der Fabrikanten für sein Schaffen und benutzte sein eigenes Bayswater House in London, um seine neuen Erfindungen zu vermarkten. Das Gewächshaus von Bayswater House war somit ein Katalog in Bauform. Loudon verfügte über Originalität im Umgang mit der Wissenschaft und Bautechnik von Glashäusern, gepaart mit der richtigen Einschätzung ihres Potentials

44

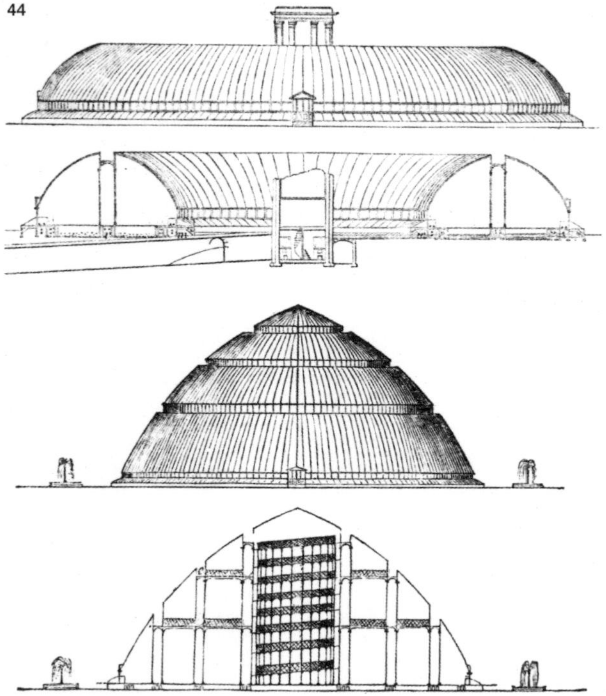

44. Glashaus-Projekt (1831) von J. C. Loudon für den Birmingham Botanical Horticultural Garden. Zum Unglück für die Geschichte von Glashäusern sind viele der hervorragendsten Projekte entweder nie ausgeführt oder später zerstört worden. Das Gewächshaus in Birmingham wurde nicht realisiert. Der Entwurf sah einen riesigen, über 30 m hohen konischen Dom vor.

als Architekturwerke. Er war auf der Suche nach einer neuen Baukunst, die schön ist, ohne irgendwelche griechischen oder gotischen Ordnungen aufzuweisen. ... Sollte man Glasdächer daher nicht eher so gestalten, daß sie höhere, dienlichere Vorstellungen zum Ausdruck bringen als es bloße Schuppen oder eine verglaste Arkade tun?

In der ersten Hälfte des 19. Jahrhunderts erlebte Nordeuropa die Blüte des Gewächshauses als Bautypus von großer Schönheit und auch als Bedeutungsträger für die Zukunft der Architektur.

Berühmte Architekten wie Nash und Soane in England, Schinkel in Deutschland, Percier und Fontaine in Frankreich schufen, was man traditionell *Baukunstwerke* nannte. Dies war die Zeit der Londoner Reihenhäuser (terraces), der Rue de Rivoli und der Ecole des Beaux Arts in Paris. Es war jedoch auch die Zeit, in der Architekten/Gärtner wie Loudon und Henry Phillips in England, Mackenzie in Schottland sowie Rohault de Fleury und Hector Horeau in Frankreich Meisterwerke der Glasarchitektur schufen, welche die formalen und technischen Grundlagen für Generationen neuer Bauwerke legten. Diese dienten nicht nur dem Gartenbau und der Erholung, sondern – viel wichtiger – deckten auch den Bedarf an großen, überdachten, natürlich belichteten Räumen, die von den neuen Fabriken und Handelsgesellschaften zu Beginn des Eisenbahn-Zeitalters verlangt wurden.

Viele frühe Gewächshäuser waren Privatbauten, von Enthusiasten errichtet, welche die Aussicht verlockte, ihre exotischen Pflanzen darin zur Schau zu stellen und sich glasgedeckte Wintergärten für kleine Spaziergänge und Feste zu verschaffen. Im frühen 19. Jahrhundert waren Gewächshäuser beliebte Wohnhausanbauten.

Die gebildete Elite des Volkes machte sich eine neue Architektur zu eigen, und dies führte zu vielen unglücklichen Stilehen. Ein Architekt, der den Konventionen folgte, assoziierte Baukunst instinktiv mit der etablierten, vielfach klassizistischen Formensprache. Deshalb wurden die frühen Glashäuser häufig im üblichen Stil der Zeit errichtet. In Alton Towers etwa beauftragte der Earl of Shrewsbury Robert Abraham damit, ein großes (und ein kleineres) Gewächshaus zu bauen, das wie eine verglaste Kopie des klassischen Entwurfs von Bradley aussah, der hundert Jahre zuvor realisiert worden war. Das Kamelienhaus unterhalb von Smythsons Wollaton Hall enstand nach einem ähnlichen Entwurf, ebenso Jeffry Wyatvilles Belton House-Orangerie in Grantham von 1820.

Diese *architektonischen* Glashäuser waren weit entfernt von Loudons Glasbauten mit ihrer eher wissenschaftlichen Gestaltungsbasis. Ein 1827 in Bretton Hall, Yorkshire, erbautes großes Gewächshaus demonstrierte die Möglichkeiten von Loudons Entwurfs- und Konstruktionsprinzipien. Es wurde 1832 abgerissen, aber Loudon beschrieb es in *An Encyclopaedia of Cottage, Farm and Villa Architecture* (1832). Darin erläutert er kurz, aber präzise die Hauptelemente des Entwurfskonzepts: Außer dem üblichen schmiedeeisernen Fensterpfosten gab es weder Sparren noch Hauptträger zur Festigung des Daches... Dies gab Anlaß zu einiger Besorgnis, denn als die Eisenkonstruktion fertig war, aber noch unverglast, genügte der geringste Windstoß, um sie von unten bis oben in Bewegung zu versetzen... Sobald jedoch das Glas eingesetzt war, war es ganz fest. Dies wird Anklang finden bei allen, die sich entweder für die Entwicklungsgeschichte von Tragwerken oder von Glas interessieren. Loudon beschreibt eine gespannte Hülle, deren Konstruktion erst durch die scheinbar zerbrechliche transparente Membrane Stabilität erhält. Die tiefere Bedeutung von Loudons Aussage ist leicht zu verstehen, wenn sie im Zusammenhang mit der Zeichnung gesehen wird, in der er die Vorzüge der neuen Verglasungssprossen aus Metall in bezug auf Lichtdurchlässigkeit darstellte. Am einen Ende sehen wir Bauten, die das Licht aussperren; am anderen zeigt die Zeichnung die sehr feingliedrig eisengefaßte Glasmembran. Zusammen ergab das eine neue Architektursprache: Der dünne, lichtdurchlässige Rahmen basierte auf dem Konzept der gespannten Haut und zeugte vom Potential der neuen Glasarchitektur, die vom Ballast konventioneller Bauformen befreit war.

In den zwei Jahrzehnten von 1820 bis 1840 veränderte sich, beeinflußt von Neuerern wie Loudon, die Vorstellung von *achtbaren* und erfolgreichen Gewächshäusern. Es besteht Unsicherheit über das Entstehungsdatum des Palmenhauses im Bicton Garden, das zu Beginn dieser zwei Dekaden bei Budleigh Salterton in Devon erbaut wurde. Das Datum ist jedoch unwichtig im Hinblick auf seine Eleganz und Bedeutung als ein vielleicht unbewußter gestalterischer *Test* für das große Palmenhaus in Kew.

Der Bau ist eine Glashülle mit einer Ziegelmauer am Nordende, die dem Dachprofil folgt. Extrem kurze, schmale Sprossen sind im Abstand von 18 cm über die ganze Dachfläche verteilt und halten die sich überlappenden Glasschuppen. Erst das Glas stabilisiert die Konstruktion. Die kleinen Scheibenformate verhindern den Eindruck einer facettierten Fläche und ermöglichen deren ungebrochene Krümmung. Die Konstruktion und alles, was bislang zur sichtbaren *Architektur* gehört hatte, war nirgends zu sehen. Extrem dünne Säulen stützen ebenso filigrane Bögen aus Eisen, und das ganze Tragwerk ist praktisch unsichtbar. Der Entwurfsge-

45. Das Palmenhaus von Bicton bei Budleigh Salterton, Devon, ca. 1820–1840 erbaut. Der Architekt ist nicht bekannt. Dieses kleine Glashaus mit dem erstaunlich feingliedrigen Metalltragwerk demonstriert die Möglichkeiten der neuen Glasarchitektur und die bereits existierende große Kunstfertigkeit der Konstrukteure im Errichten von verglasten Minimalstrukturen, ohne daß Architekten hinzugezogen werden mußten.

45

danke ist eine Glasblase, errichtet mit Loudons Verfahren, welche die gekrümmte Eisensprosse nutzte und von den Erbauern (W. & D. Bailey und deren Nachfolgern, D. & E. Bailey) zu einer wunderschönen Hülle geformt wurde. Die Klarheit der Form und Konstruktion liest sich wie ein gestutzter Prototyp des späteren, viel größeren Palmenhauses in Kew. Es ist ein, wenn auch bescheidenes, vorzüglich proportioniertes und konstruiertes Meisterwerk.

Die Konstrukteure des Glashauses haben einen entscheidenden Beitrag geleistet. Die Bauhandwerker sollten einen wesentlichen Einfluß auf die Entwicklung von weitgespannten Leichtbauwerken ausüben, die diesen frühen Prototypen folgten. Ob nun mit oder ohne Loudon – Baileys bauten die ersten wirklich bedeutenden vollverglasten Umfassungen. Dazu gehörte das im Durchmesser 33 m messende Kuppelgewächshaus in Bretton Hall, Yorkshire, von 1827.

Im Jahre 1831 setzte sich Loudon selbst in seinen (leider ungebauten)

46

46. Das große Gewächshaus des Chatsworth Landguts in Derbyshire, 1836–1840. Entwurf: Joseph Paxton. Das historische Foto des im Bau befindlichen Glashauses verdeutlicht die riesigen Dimensionen des Projekts.

Projekten für den Botanischen Garten der Birmingham Horticultural Society in Edgbaston für die großen Glashäuser ein. Die Gartenbaugesellschaft hatte sehr ehrgeizige Pläne: Der Garten sollte sich mittels einer eigenen Pflanzschule, die den erwarteten Bedarf der Besucher an Pflanzen befriedigen sollte, teilweise selbst finanzieren. Loudon legte zwei alternative Entwürfe vor. Der preiswertere sah einen großen Glasring vor; der ehrgeizigere schlug eine phantastische große Spitzkuppel vor, deren Durchmesser 61 m betragen sollte und deren Höhe (30,5 m) genügte, um einen zentralen Glaszylinder (Durchmesser 9 m) einzufügen, in dem hohe tropische Bäume stehen konnten. Das Kuppelgewölbe wollte Loudon mittels radialer Trennwände vierteilen, um vier verschiedene Klimazonen zu schaffen.

Während Birmingham seinen Botanischen Garten vorantrieb, entstand in London eine ähnliche Anlage: der neue *Themenpark* der Royal Zoological Society. Edward Cross, der Bauherr, beauftragte Henry Phillips mit der Gestaltung des Gartens, der 1831 eröffnet wurde. Das Projekt umfaßte ein Glashaus, das als größtes Gewächshaus Englands angekündigt wurde. Leider gibt es den Garten nicht mehr. Das Glashaus wurde 1856 abgerissen, und das sich ausdehnende südöstliche London hat mit seinen Bebauungen auf das Gelände übergegriffen. Henry Phillips arbeitete auch in Brighton im Süden Englands. Nach einem unterfinanzierten Fehlstart in Brighton im Jahre 1827 wurde Phillips' *Antheum* schließlich 1832 in Hove gebaut. Es war ein elliptischer Kuppelbau (18,3 m hoch) mit gußeisernen Rippen, die 51,8 m überspannten. Das Antheum ist in die Geschichte eingegangen als einer der bedeutenden Punkte der *Lernkurve* der neuen großräumigen Konstruktionen (ähnlich wie die Abtei von Cluny im 11. Jahrhundert).

Im Hinblick auf seine Festigkeit war es unzureichend bemessen; Stabilität und Form hingen von den Längsrippen und von leichten gußeisernen Aussteifungen ab, die als seitliche horizontale Verbindungen dienten. Die Konstruktion war nur so lange stabil, wie sie vom Holzbaugerüst gestützt wurde, benötigte aber offenbar Diagonalverstrebungen, um ein Torsionsversagen zu vermeiden. Dies war dem Architekten damals offenbar ebenso klar wie dem heutigen Ingenieur, aber die Konstruktion war nicht darauf angelegt, das Gewicht der zusätzlichen Diagonalstreben zu tragen, und der Bauunternehmer weigerte sich, die Kosten dafür zu übernehmen. Die Entfernung des Baugerüsts führte zum sofortigen dramatischen Versagen. Als der dreißigjährige Paxton (in Chatsworth bereits seit fünf Jahren tätig) die Baustelle im Juli 1832 besuchte, war das Glashaus fast vollendet und muß inspirierend gewirkt haben. Zwei Monate später war es eingestürzt und stellte ein unseliges Beispiel für die Gefahren der neuen weitgespannten Leichttragwerke dar.

Neue Ideen zur Gestaltung von Wintergärten gab es natürlich nicht nur in England. Die Bauform war international in Mode, und Architekten und Bauherren reisten kreuz und quer durch Europa, behielten die Konkurrenz im Auge und stellten sicher, daß ihr nächstes Bauprojekt auf den Erfahrungen mit dem letzten aufbaute. Parallel zu dem mißlungenen Glashaus in Hove entstand das Gewächshaus im Jardin des Plantes in Paris. Sein Architekt, der passend Rohault de Fleury hieß, begann die Planung 1833. Er wußte genug von den Schwierigkeiten der Konstruktion, um ein Jahr später, als das Haus bereits im Bau war, eine Studienreise nach England zu unternehmen. Zur gleichen Zeit besuchte Paxton zusammen mit seinem Arbeitgeber, dem Herzog von Devonshire, den Jardin des Plantes.

Sigfried Giedion nennt das Haus (in *Raum, Zeit, Architektur*) den Prototyp aller großen Gewächshäuser mit Eisenrahmen und die erste große Konstruktion, die hauptsächlich aus Eisen und Glas bestand. Diese Vorteile beachteten die älteren englischen Glashäuser nur wenig, aber das Pariser Glashaus scheint ziemlichen Einfluß auf nachfolgende Bauwerke des gleichen Typs in Liège und Gent gehabt zu haben. John Hix nennt ein anderes Projekt im Jardin des Plantes, das beispielhaft für die herausragende Bedeutung des Gewächshauses für die Architekturgeschichte des 19. Jahrhunderts ist. Niemand anders als Gottfried Semper, der berühmte deutsche Architektur-Vordenker, schlug ein riesiges versetzbares Glasdach für den Jardin vor.

Drei Jahre nach seiner Parisreise schuf Paxton 1836 sein erstes großes Gewächshaus in Chatsworth. Wie so viele dieser frühen Glasbauten besteht das Hauptgewächshaus nicht mehr: Nachdem sein Betrieb sich als zu kostspielig erwies, wurde es 1920 beklagenswerterweise gesprengt. Zu seiner Zeit war es jedoch eines der ehrgeizigsten und schönsten Glashäuser mit einer Fläche von 84,4 × 37,5 m und einer Dachhöhe von 20,4 m. Es beherbergte verschiedene mikroklimatische Zonen, exotische Vögel, in den Wasserbecken tropische Fische und diente für Gartenveranstaltungen. Der mikroklimatische Aspekt eines solchen Glashauses und der zur Erhaltung notwendige Aufwand an Ingenieurtechnik waren die Schlüssel zu seinem Erfolg und Voraussetzung für seine Bedeutung als Bautyp. Es vermittelt uns einen Eindruck von den Phantasien der großen Gärtner/Produktdesigner/Konstrukteur-Ingenieure und ihrer Bauherren. Im Dezember 1843 besuchten Königin Victoria und Prinz Albert das Gewächshaus in Chatsworth, dies kann Paxtons Sache bei den Intrigen, die sich um seinen Entwurf für den Kristallpalast gegen Ende des Jahrzehnts anbahnten, nicht geschadet haben.

Ein Vergleich zwischen Bicton und Chatsworth oder zwischen den von Loudon und Paxton betriebenen Techniken zeigt, wie verschieden die Konstruktionen dieser Gewächshäuser sein konnten. Anders als Loudon baute Paxton seine Traggerüste aus Schichtholz; anders als Bicton (glatte Glasmembran) hatte Chatsworth die First-und-Kehle-Verglasung, die von Loudon selbst zwanzig Jahre zuvor befürwortet worden war. Er wollte damit sicherstellen, daß das Sonnenlicht die meiste Zeit des Tages mehr oder weniger senkrecht auf wenigstens eine Glasfläche traf. Die Kehlen dienten außerdem zum Auffangen von Regen- und Kondenswasser und waren daher auch in Paxtons späterem, größerem Bauwerk im Hyde Park ein wichtiges Element.

47. Jardin des Plantes, Paris, erbaut ab 1833, Rohault de Fleury.

47

In den zehn Jahren nach Vollendung des großen Gewächshauses in Chatsworth entstanden weitere schöne Beispiele der Glashausarchitektur des 19. Jahrhunderts. Nachdem der Einfluß der neuen verglasten Bauten sich ausgebreitet hatte, leisteten neue Erbauer einen wichtigen Beitrag zur Architektur des Jahrhunderts.

Paxton selbst entwarf und baute Gewächshäuser in Capesthorne Hall in Cheshire und auf dem Darley House-Gut bei Chatsworth. Beide waren für ihn Vorläufer und Probestücke seiner Ideen für den Kristallpalast, an denen er Erfahrungen und Selbstvertrauen gewann. Sein Bauher, der Herzog, war 1838 Präsident der Royal Horticultural Society geworden. Da er Paxtons großes Gewächshaus in Chatsworth hatte bauen lassen, schlug er einen neuen Glashauskomplex auf dem Gelände vor, das er der Society 1821 verpachtet hatte. Mit dem Bau wurde 1840 begonnen, er wurde jedoch nie fertiggestellt, da die Kosten aufgrund der Glassteuer zu hoch wurden.

Trotz dieser finanziellen Hürde erlebte man um 1845 die Perfektionierung des Glashauses; neue Projekte entstanden auch in Irland, England und Frankreich, da jedes Land seinen eigenen Meister der neuen Glasarchitektur hervorbrachte. In Paris wurden an den Champs-Élysées zwei Wintergärten errichtet. Der erste erwies sich als zu prosaisch und bescheiden für die Pariser, und der Architekt Hector Horeau entwarf einen Ersatzbau, der 1848 fertiggestellt wurde: 91,4 m lang, 54,8 m breit und 18,3 m hoch mit einem erhöhten umlaufenden Wandelgang, Wasserspielen, Cafés und wunderschöner Bepflanzung. Horeau entwarf zur gleichen Zeit ein ähnliches Projekt für Lyon. In Irland schuf der berühmte Ingenieur Richard Turner seine ersten bedeutenden Bauten, das Material lieferten seine Dubliner Eisenwerke. Nachdem er die Gußeisenteile für Charles Lanyons Palmenhaus in Belfast (1839) gefertigt hatte, entwarf er selbst ein Palmenhaus, das 1842 in Glasnevin, Dublin, erbaut wurde. Es war nach dem einfachen Bicton-Vorbild verglast: Die Scheiben wurden in kontinuierlich gekrümmter Ebene eingesetzt, anstatt nach dem von Loudon und Paxton bevorzugten First-und-Kehle-Prinzip.

1840 beauftragte die (nun *Royal*) Botanical Society Decimus Burton mit dem Entwurf eines Wintergartens auf ihrem neuen, 18 Morgen großen Gelände mitten im Regent's Park in London. Burton hatte unter Nash an den Regent's Park Terraces mitgewirkt und bereits Erfahrungen mit dem Bau von Gewächshäusern, da er an den Detail- und Ausführungszeichnungen von Paxtons großem Glashaus in Chatsworth beteiligt gewesen war. Burton entwarf ein riesiges Glashaus (96 m lang, 50,3 m breit) mit Holzskelett und der First-und-Kehle-Verglasung nach der Art von Chatsworth. Nach fünf Jahren, in denen das Projekt ruhte, tauschte er das Holzgerüst gegen eine Eisenkonstruktion und schrieb die Arbeiten aus. Cubitt machte ein Angebot für ein Holzskelett, Turner dagegen ein günstigeres für eine Eisen-und-Glas-Konstruktion. Nach Verhandlungen über die endgültige Form wurde Turners Angebot akzeptiert; das Regent's Park Conservatory wurde im Mai 1846 vollendet.

Inzwischen hatte sich Bedeutendes ereignet, das sich entscheidend auf die Entwicklung der Glasarchitektur in England auswirken sollte: Die Glassteuer wurde aufgehoben. Dies beeinflußte natürlich allmählich die Verwendung aller Glasarten in Gebäuden. Zwei Projekte waren in den folgenden fünf Jahren unmittelbar davon betroffen. Beide waren für die Architekturgeschichte von großer Bedeutung. Das größte und in der Architekturgeschichte wichtigste war Paxtons Kristallpalast, lag zeitlich aber hinter dem ebenso wichtigen Palmenhaus in Kew.

Die Kew Gardens im Westen Londons waren damals bereits seit hundert Jahren ein Zentrum des Gartenbaus mit Verbindungen zum Königshaus. Als ein neues Palmenhaus beschlossenen war, wandte man sich an Decimus Burton, der 1844 einen Entwurf vorlegte. William Hooker, Direktor, und John Smith, Kurator des Gartens, erhoben Einwände gegen die Anzahl der Säulen und lehnten den Entwurf ab. Turner aus Dublin legte ein Modell und einen detaillierten Kostenvoranschlag vor. Das Bauherrenteam war so beeindruckt, daß es ihn bat, Detailzeichnungen anzufertigen. Burton, dessen Position offenbar so gefestigt war, daß er seinen Einfluß geltend machen konnte, schlug Verbesserungen vor, insbesondere der inneren Säulenreihe, der Proportionen und *Stilüberarbeitung im Kirchenbau- oder gotischen Stil*. 1844 fertigte und signierte er eine Skizze zum von ihm bevorzugten Querschnitt des Glashauses. Turner hatte aber bereits den Auftrag erhalten und mit der Arbeit begonnen. Er schrieb dem Direktor großmütig, er nehme die Änderungen gerne vor, wobei er Burton pflichtschuldigst die Urheberschaft zuschrieb. Als die Gesamtgliederung des Baus feststand, fertigte Turner die Detailzeichnungen an und führte den Bau aus. Das Ergebnis stellt bis heute

48. Das *Temperate House* [gemäßigtes Klimahaus] in den Royal Botanical Gardens von Kew, London, erbaut ab 1860 von Decimus Burton. Die riesige Glashalle bedeckte eine Fläche von über 5000 m². Die Grundrißform, die orthogonale Geometrie und die Einbeziehung konventioneller Steinbauweise im Erdgeschoß unterscheiden sich deutlich von der geschwungenen Virtuosität des Palmenhauses.

49. Das Palmenhaus der Royal Botanical Gardens in Kew, London, 1845–1848, von Richard Turner und Decimus Burton.

eine der wundervollsten Gebäude der Glasarchitektur dar – ein Zusammenwirken von Maßstab, schlichter Form und fein gearbeiteten, harmonischen Details.

Der Bau ist riesig (Gesamtlänge 99,5 m; Mittelteil 41,9 × 30,5 m mit einer Höhe von 19,2 m). Wie bei solchen Bauwerken üblich, war die so wesentliche Klimatechnik unsichtbar. Zwischen den Heizkesseln unter dem Fußboden und dem Kohlelagerplatz gab es eine Lorenbahn zum Heranbringen der Kohle und zum Abtransport der Asche, und Kaminschächte führten den Rauch zum 167,6 m hohen Schornstein ab. Das Palmenhaus ist zwar groß, aber nicht seine Größe prägt die schöne Gartenlandschaft in Kew. Während der von Burton vorgelegte Schnitt die Apsisform des großen Gewächshauses von Chatsworth zeigt, steht der Bau auf kreuzförmigem, axialsymmetrischem Grundriß, hat niedrige *Haupt- und Querschiffe* und ein längliches zentrales Kuppelgewölbe, das den höchsten Bäumen Platz bietet. Der niedrige, größere Gebäudeanteil führt zu dem Eindruck, daß das Glashaus die Gartenlandschaft *umarmt*.

Die Konstruktion besteht aus gekrümmten schmiedeeisernen Rippen, getragen von gußeisernen Säulen und Streben. Das Tragwerk wird mit vorgespannten gußeisernen Zugankern und gußeisernen Rohren, die durch die Vorspannung druckbelastet werden, ausgesteift. Regenwasser wurde in der (heute) üblichen Weise durch die Gußeisenstützen abgeleitet. Die Verglasung war glatt und bestand aus einfach konkaven Flächen anstelle der First-und-Kehle-Struktur. Das Glas wurde über die Sprossen geführt, dazwischen entstand ein natürlich wirkendes *Hängeprofil*. Dies verleiht dem Palmenhaus seine Klarheit der Form: First-und-Kehle-Verglasung hätte eine Zickzacksilhouette ergeben. In seiner jetzigen Form stellt das Glashaus ein perfektes Modell für alle derartigen Konstruktionen dar und verwendet den Baustoff Glas in höchster Ausdruckskraft.

Turner war sowohl Ingenieur als auch Konstrukteur. Es wäre wohl eine Unterstellung zu behaupten, er habe bei der Wahl der glatten Gebäudehaut seines besten Bauwerks in Bicton ästhetische Absichten verfolgt. Sein Palmenhaus in Kew steht noch immer, und wir können es begutachten. Neu verglast ist es die Apotheose des Glasgewächshauses und vielleicht die schönste Glaskonstruktion der Welt. Wie bei vielen dieser Bauten ist die Urheberschaft komplex und baut auf einem älteren Projekt auf, das zwei Baumeister gemeinsam schufen, dem Wintergarten im Regent's Park. Ein Vergleich zwischen dem Palmenhaus und Burtons späterem *Temperaturhaus*, das zweimal so groß ist und eine viel konventionellere *architektonische* Form hat, zeugt von Turners starkem Einfluß. Turner produzierte später auch einen der drei Entwürfe für den Kristallpalast-Wettbewerb, bei dem Paxtons Projekt dann als Sieger ausgewählt wurde.

Der Kristallpalast mit der berühmten Ausstellung war die große Manifestation der industriellen Vormachtstellung Großbritanniens Mitte des 19. Jahrhunderts. Ehe wir auf den Bau und seine Nachfolger eingehen, lohnt es sich, die bedeutenden Veränderungen in der englischen Glasindustrie zusammenzufassen, die sich in der Zeit von 1800 bis 1850 vollzogen.

In dieser Periode eröffneten sich nicht nur neue Gestaltungs- und Konstruktionsmöglichkeiten in Form der weitgespannten, verglasten Gewächshäuser. Es ist behauptet worden, diese Epoche der britischen Tafelglasfabrikation sei ebenso bedeutend in der Geschichte der Glasarchitektur in England wie die elisabethanisch/jakobinische und die späte Stuart/Barock-Ära etwa 200 Jahre zuvor. Das Aufkommen von Eisen als Baumaterial (vom 18. bis ins 19. Jahrhundert) und die Auswirkungen der Industrialisierung in England - Ursprungsland der industriellen Revolution - spiegelten sich auch in den Aktivitäten der Glasindustrie. Die Industrie, die das Material für ein Projekt wie Paxtons Kristallpalast liefern konnte, sah grundlegend anders aus als die von 1800.

Die Veränderungen betrafen Organisation und Technik und vollzogen sich in einer ständig wechselnden Steuerlandschaft, die ihrerseits die Art der Glasfabrikation und des Vertriebs entscheidend beeinflußte. Zudem fanden sie zu einer Zeit statt, in der wissenschaftliche Fortschritte und Klärungen erzielt wurden, und zwar nicht nur in bezug auf Glas, sondern auch in allen anderen Bereichen der Chemie. 1612 arbeitete der berühmte Glasmacher Neri in Pisa, Antwerpen und Florenz und konnte sehr klares Kristallglas herstellen. Er kannte die Bedeutung von Mangan als Entfärber. Doch selbst er verstand die Wirkung von Kalk und Magnesium nicht. Bradshaws englisches Rezeptbuch von 1778/79 gab

48

49

die typische Zusammensetzung für Flintglas an: 20 Pfund gereinigte Pottasche aus Holzasche, 70 Pfund rotes Blei, 60 Pfund gewaschener Sand aus Lynn, eine halbe Unze Magnesiumoxid und vier Unzen Arsenoxid. Das waren immer noch empirische Werte. In den folgenden fünfzig Jahren wurde die Inhaltsformel revolutioniert. 1787 hatte die Chemie nach Lavoisiers Arbeit eine systematische Nomenklatur der Inhaltsstoffe, die in Symbolen angegeben wurden. Darauf folgte J. J. Berzelius' Arbeit von 1808, die chemische Formeln einführte. 1826 konnte Samuel Parkes in seinem *Chemical Catechism* schon eine wichtige Feststellung machen: Die Glasmacherkunst ist rein chemischer Art; Glas besteht aus Kieselerde, Laugensalz und Bleioxiden. Der Glasmacher ist in der Lage, die für jede festgelegte Portion Kieselerde exakt nötigen Mengen nach chemischen Formeln zu ermitteln. Diese Aussage legte den Grundstein für die weitere Glasfabrikation. Dumas schrieb 1830 in einem Text, der die im Hinblick auf Dauerhaftigkeit und leichte Herstellung bevorzugten Proportionen für den Glassatz auflistete: nach Gewicht ein Teil Natrium oder Kaliumoxid, ein Teil Kalziumoxid, sechs Teile Kieselerde. Dies entspricht molekular sechs Teilen Kieselerde und je einem Teil Natrium-, Kalzium- und Magnesiumoxid. So wurde die moderne Glasmixtur festgelegt.

Nicht nur die Chemie, auch die Fabrikation wurde entwickelt. In England entstanden zum Beispiel drei große Glashütten – die notwendige *kritische Masse* zur Durchführung von Neuerungen in der Produktionstechnik: Chance (Stour-

51

bridge), James Hartley (Sunderland) und Pilkington-Greenhall (St. Helens, Lancashire).

Die größte technische Veränderung bestand im allmählichen Übergang von der Mond- zur Walzenglasfabrikation in Umkehrung des Trends vom Ende des 18. Jahrhunderts. Dies ergab sich nicht nur aus der Technologie, sondern wesentlich aus der zeitgleichen Herabsetzung der Akzisesteuer und der Rezession zwischen 1840 und 1850. Die Akzisesteuer (nach Gewicht) war vom 17. Jahrhundert an eine wichtige Einnahmequelle der englischen Regierung und versiebenfachte sich zwischen 1776 und 1808, als der amerikanische Unabhängigkeitskrieg und die Napoleonischen Kriege finanziert werden mußten. Die Steuer bezog sich vor allem auf das dünnere Mondglas, wurde aber von 1819 bis zur völligen Aufhebung im Jahre 1845 allmählich reduziert. Dies machte geblasenes Walzenglas zunehmend wettbewerbsfähiger. Hinzu kam, daß sich die Mondglasfabrikanten noch so sehr mühen konnten, die Scheibenformate zu vergrößern, das Herstellungsverfahren setzte ihnen enge Grenzen. Mitte des Jahrhunderts konnten Scheiben bis zu einem Durchmesser von fast 1,7 m und mehr gefertigt werden. Doch das lieferbare Standardformat kam nicht über etwa 1,1 bis 1,4 m hinaus. Zeitgenössische Glasschnitt-Handbücher (wie William Coopers von 1835) zeigen, daß Scheibenformate auf 55,9 × 36,8 cm beschränkt waren.

50–52. Das Palmenhaus der Royal Botanical Gardens in Kew, London, 1845–1848, von Richard Turner und Decimus Burton. Das Gewächshaus ist Mitte der neunziger Jahre neu verglast worden. Die ursprünglichen Scheiben waren aus gelblich-grünlichem Kupferoxidglas, das die Pflanzen vor der Sonne schützen sollte.

Das für georgianische Senk- und Hebefenster bevorzugte Mondglas litt also unter der Formatbegrenzung in einem Markt, der zunehmend nach großen Scheiben verlangte, und sein künstlicher Preisvorteil, von der Akzisesteuer verzerrt, bröckelte ab. 1845 wurden schon keine Mondglasöfen mehr in England gebaut, und Pilkington, die letzte bedeutende Manufaktur, stellte 1872 die Produktion von Mondglas ein.

Die Verbesserung der Tafelglasherstellung in Deutschland im 18. Jahrhundert trug wesentlich zu diesem Wechsel bei, ebenso wie wichtige Weiterentwicklungen in ganz Europa im 19. Jahrhundert. Nach der Erfindung der Gußglasplatten in Frankreich (17. Jahrhundert) bemühten sich Glasfabrikanten ständig, die Qualität von geblasenem Glas zu verbessern, um die Probleme von Gewicht, Preis und Politur der gegossenen Platte zu meiden. Was als *deutsches Tafelglas* bekannt wurde (tatsächlich kam es im letzten Viertel des 18. Jahrhunderts aus Böhmen), war dünner als das konventionell geblasene Tafelglas und wurde nach dem Abflachen nicht geschliffen oder poliert. Daher war es billiger als das dickere, polierte Walzenglas, aber auf einer Seite sah es aus wie gehämmert, was zu verständlichen Vorbehalten führte.

1830 gab es neues Tafelglas, bei dessen Produktion ein größerer Glaszylinder als vorher verwendet wurde. Es wurde in Lothringen und in Deutschland gefertigt. Dazu mußte die Glaskugel in einem tiefen Graben hin- und hergeschwenkt werden. Der Zylinder verlängerte sich auf bis zu 1,2–1,8 m mit einem Durchmesser von 30–50 cm. Die Walzglasplatte konnte 1,5 m² groß sein, eine Schenkellänge eventuell sogar noch größer.

Trotz der mangelnden Akzeptanz in England begannen die Glashütten Chance und Hartley 1832 mit der Fertigung von großformatigen geblasenen Walzengläsern, vor allem für den Export nach Kontinentaleuropa. 1838 erfand J. T. Chance dann sein *Patent Plate* (Kristallspiegelglas), bei dem das Walzenglas poliert wurde, das dünn genug war, um unter die Steuergesetzgebung für *geblasenes Glas* zu fallen. Chances Technik war einfach, aber effektiv und verwendete beim Schleifvorgang starkes nasses Leder als Unterlage. 1845 produzierte Chance bereits 929 m² Glas für Spiegel, Kutschfenster und Bilder pro Woche.

Chances Konkurrent Hartley entwickelte in den vierziger Jahren des 19. Jahrhunderts eine andere Art Kristallspiegelglas, bei dem die französische Glasgußtechnik durch einen Walzarbeitsgang erweitert wurde. Die Tafeln konnten bis zu 3 mm dünn ausgewalzt werden, was Hartley in die Lage versetzte, sich um den Auftrag für Paxtons Kristallpalast zu bewerben. Sein Angebot lag nur unwesentlich über dem von Chance älterer Kristallglasart aus weiten Zylindern.

Indem er sein neues Glas Kristallspiegelglas nannte, setzte Chance es in Beziehung zu dem kostspieligeren Gußglas, das in England auf die Gründung der British Cast Plate Glass Manufacturers in Ravenhead zurückging (1773). Die Glasgießerei war im frühen 18. Jahrhundert immer noch die einzige Methode zur Fertigung von großformatigen Scheiben. In Ravenhead wurden unter anderem Formate bis zu 3,6 × 1,8 m gefertigt. Dies ist mit den größtmöglichen geblasenen Scheibenformaten von bis zu etwa 1,2 × 0,68 m vergleichbar. Bis zum Niedergang des englischen Mondglases und bis zur zunehmenden Akzeptanz des Kristallspiegelglases war Gußglas das einzig geeignete Material für sehr große Scheiben. Es war größer als die 55,9 × 36,8 cm Mondglaszuschnitte oder Walzenglasplatten, die doppelt so groß sein konnten, aber dennoch keinen großformatigen Spiegel ergaben. Der Kristallpalast wurde schließlich aus Kristallspiegelglas erbaut, darin aber wurde eine Gußglasplatte ausgestellt, die 5,8 × 3 m maß, was dem heute verfügbaren größten Floatglasformat entspricht.

52

Handelskathedralen

Die Geschichte des Kristallpalastes ist eine der bekanntesten in der westlichen Bauhistorie. Sein Stellenwert in der Entwicklungsgeschichte der Glasarchitektur ist von zentraler Bedeutung. So wie das Palmenhaus die Macht des innovativen a-priori-Denkens in der Architektur verkörpert, befreit von Stilballast, so beruht die Schaffung eines der schönsten modernen Gebäude der Welt auf Joseph Paxtons Einfallsreichtum, seiner einflußreichen Stellung und seinen Fähigkeiten.

Die Royal Society for the Encouragement of Arts, Manufacture and Commerce (heute Royal Society of Arts) mit Prinz Albert als Vorsitzendem faßte 1845 den Plan zu einer Weltausstellung von Handelswaren und Industrieerzeugnissen. 1850 wurde eine königliche Organisationskommission berufen und ein offener Architekturwettbewerb ausgeschrieben. Im April 1850 wurden 245 Entwürfe eingereicht. Da die Eröffnung der Ausstellung auf den 1. Mai 1851 festgelegt war, warfen die meisten Entwürfe Probleme bezüglich der Schnelligkeit der Ausführung und der leichten Demontierbarkeit des Bauwerks auf.

Paxton war nicht nur ein hervorragender Gärtner, sondern auch ein ausgezeichneter Politiker und Geschäftsmann. Bevor er am 11. Juni seinen eigenen Entwurf vorlegte, wies er *an höherer Stelle* darauf hin, daß der Bau in eine Krise geraten könnte. In den nächsten zehn Tagen publizierte die *Illustrated London News* das massive Mauerwerk-und-Eisen-Projekt von Brunel; Paxton zeigte seinen Entwurf derweil Charles Fox (die

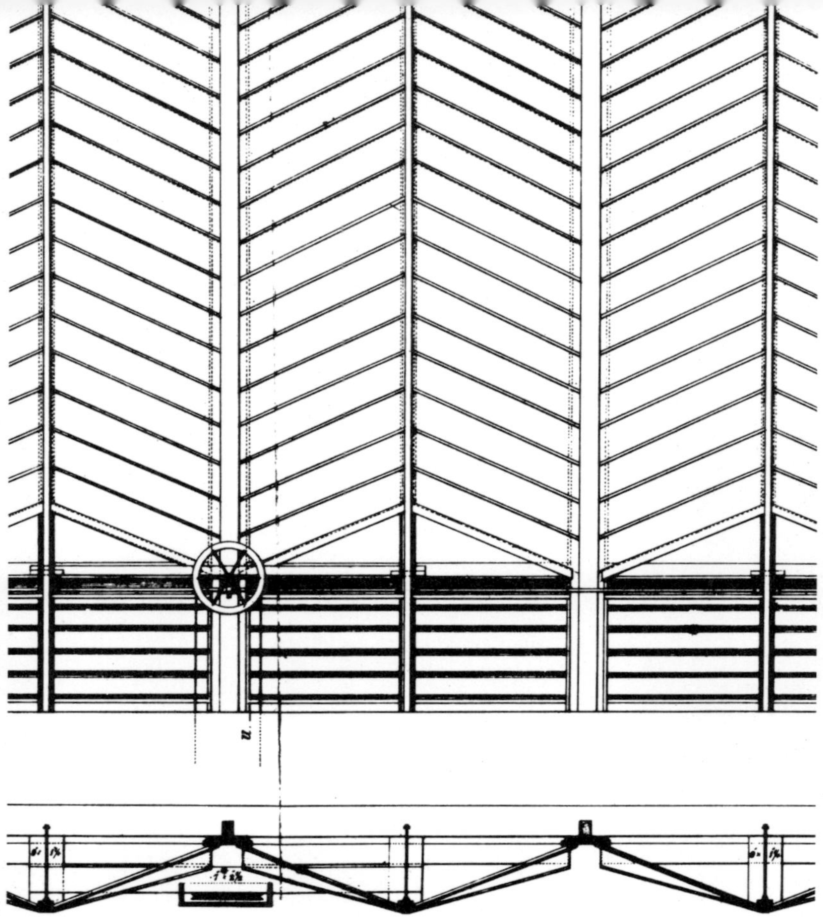

53

53. Aufsicht und Schnitt der Dachkonstruktion vom Querschiff des Londoner Kristallpalastes.

54. Die große Ausstellungshalle des Kristallpalastes im Hyde Park, London, 1851. Erbaut von Joseph Paxton mit Fox und Henderson.

Firma Fox and Henderson produzierte vor allem Eisenbahn-Rollmaterial) und Robert Lucas Chance, dessen Glas für das Chatsworth-Gewächshaus verwendet worden war. Privat hatte er seinen Entwurf auch während einer Eisenbahnfahrt Robert Stephenson gezeigt, einem Kommissionsmitglied, der ihn *admirabel* nannte. Am 29. Juni kamen Paxton, Fox und Chance überein, am 11. Juli (letzte Frist für Angebote) eine gemeinsame Offerte einzureichen.

Brunels Vorschlag war schon von der Presse schlecht beurteilt worden, als Paxton am 24. Juni Prinz Albert seine Pläne vorlegte. Dieser war beeindruckt. Fünf Tage später sah die Kommission die Pläne erneut, die meisten taten sich jedoch schwer, zu so später Stunde noch *auf ein anderes Pferd zu setzen* und plädierten für Brunels Entwurf. Paxton spielte eine weitere gute Karte aus und publizierte sein Projekt in der *London Illustrated News*. Die Öffentlichkeit reagierte darauf so positiv, daß die Kommission Paxtons Plan unter der Bedingung akzeptierte, daß das Konsortium ein offizielles Angebot unterbreitete.

Die Planer erweiterten das Jochfeldmaß entsprechend der Ausschreibung von 20 auf 24 Fuß und machten ihr Angebot: £ 150 000 oder £ 79 800 falls die Baumaterialien ihr Eigentum blieben. Das Angebot war so günstig, daß es nicht gut abgelehnt werden konnte, und die Kommission war aufgrund von Paxtons Erfolgen und Erfahrungen bei früheren Glasbauten mit ähnlicher Technologie positiv gestimmt. Das war Paxtons großer Vorteil. Die First-und-Kehle-Verglasung kam aus Chatsworth, und die Schichtholzbögen stammten direkt vom Capesthorne Gewächshaus. Außerdem erklärten sich Fox und Henderson bereit, auf dem Grundstück eine Gruppe beliebter Ulmen mit einem großen Querschiff zu überdachen - in der Höhe eines *Chatsworth-Bogens*, den Paxton eilfertig entwarf. So konnte Paxton seiner Frau am 15. Juli, etwa fünf Wochen nach seiner ersten Löschpapierskizze, telegrafieren, die Kommission habe seinem Plan zugestimmt.

Was diesem Beschluß folgte, war noch erstaunlicher als die Leistung, die das Angebot darstellte. Der Baukomplex bedeckte eine Fläche von 71 793 m², war 564 m lang und 139 m breit und mußte innerhalb von neun Monaten bis zur Eröffnung fertiggestellt werden. Das war nur möglich aufgrund von großer Erfahrung, Vorfabrikation und erheblicher Mehrarbeit, welche von Ingenieuren und Arbeitern der viktorianischen Zeit bereitwillig geleistet wurde.

Die Zusammenstellung des Bauteams und der notwendigen Maschinerie geschah praktisch sofort. Henderson beschäftigte zwei Firmen aus Dudley, Cochrane & Co. und Jobson, die Gußeisensäulen und Träger lieferten. Er beauftragte die Phoenix Sägemühle mit der Herstellung des Gebälks. Chance, als Partner, steigerte die Produktion in seinem Glaswerk, um die erforderlichen etwa 83 600 m² Walzenglasscheiben (jede 16 Unzen schwer) zu fertigen. In der dritten Septemberwoche wurde die erste Säule aufgestellt. Charles Fox, Hendersons Partner, mußte alle Komponenten und Einzelteile gestalten und überwachte den Bau. Er war auch der eigentliche Architekt und unterbreitete dem Kommissionsmitglied William Cubitt sämtliche Entwürfe und Kalkulationen. Cubitt selbst fungierte als sehr *entfernter* technischer Kunde.

54

Außer dem Konzept, dem politischen Verhandlungsgeschick und der Position, die zum *Verkauf* der Idee nötig war, trug Paxton vor allem zur Gestaltung der Verglasung bei. Seine Erfahrungen im Gewächshausbau waren wesentlich für den Erfolg. Phantasiebegabtes Entwurfsgeschick zieht sich durch das ganze Bauwerk: Typisch war die Idee des Glaserwagens, der auf den Bindern der Dachverglasung lief: Vier Männer konnten darauf sitzen, und die sich darüber wölbenden Metallbögen konnten bedeckt werden, so daß die Arbeit auch bei Regen weitergehen konnte.

Der Schlüssel zum technischen und terminlichen Erfolg lag jedoch in der Serienherstellung von Standardelementen und einer sorgfältigen Koordination von Einzelmodulen, die eine erfolgreiche Baustellenmontage der Fabrikteile sicher-

55

stellte. Die zwei Hauptmaßeinheiten waren 7,3 m (von der Kommission geforderte Breite der Ausstellungsstände) und 1,25 m (Länge der von Chance herstellbaren Kristallglasscheiben). Der Gebäudekomplex umfaßte eine abgestufte Halle (124,3 m breit) mit fünf Hauptabteilungen, die äußeren davon einstöckig, die Zwischenräume zweistöckig und das *Mittelschiff* dreistöckig wie in der ersten Lösch-

56

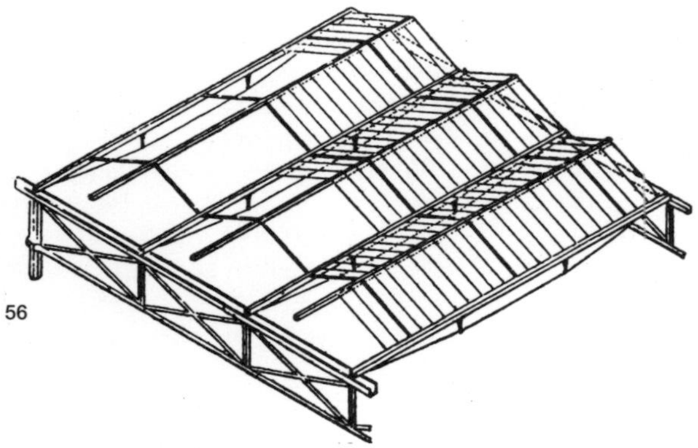

55. Arbeitswagen, der bei den Glaserarbeiten am Kristallpalast genutzt wurde.

56. Isometrische Darstellung eines typischen Dachfeldes.

57. Die Zuschneidemaschine für die Spezialsprossen.

58. Schnittprofile (Mittel- und Endstück) der Binder mit Hohlkehlen, genannt *Paxtons Rinne,* mit zentraler Regenrinne und seitlichen Rinnen für Kondenswasser.

papierskizze. Jedes Jochfeld basierte auf dem 2,4 m-Modul, Maßeinheit der Kamm-und Kehren-Verglasung – in Abwandlung des von der Kommission gegebenen Maßes von 7,2 m –, und erzeugte eine Hauptfassade mit einem 36,5 m breiten Mittelfeld. Die anderen Felder waren 21,9 m breit. Das Tragwerk des Mittelschiffs hatte eine Spannweite von 21,9 m, die übrigen Spannweiten betrugen 7,3 und 14,6 m.

Alle Hauptmaße der Montage basierten auf einem Raster von vier Fuß (ca. 1,2 m). Die größten Träger zum Überspannen des Hauptschiffs waren 21,9 m lang und bestanden aus Schmiedeeisen wie die nächst kleineren mit 14,6 m Länge. Die seriell gefertigten, 7,3 m langen Träger waren aus Gußeisen. Alle Träger waren 91,4 cm dick, was die Geometrie der Dachkonstruktion vereinfachte.

Während Tragwerk und Gebäudeform eine Gemeinschaftsleistung aller Partner waren, stammten Konzept und Gestaltung der Verglasung, das heißt der Gebäudehaut, von Paxton. Vom Sekundärrahmen abgehängte Glas- oder Holztafeln bildeten Wandpaneele oder Türen und hatten Streifen galvanisierter Eisenblechjalousien als obere Abschlüsse und zusätzliche niedriger angesetzte Streifen, die als Lüftungsschlitze dienten. Die Jalousien wurden auf einer Länge von 32,9 m mittels eines Seilradmechanismus bewegt, der so angebracht war, daß von einer Stelle aus insgesamt eine doppelt so lange Reihe von Paneelen umgestellt werden konnte.

Hauptelement von Paxtons Dachverglasung war eine Regenwasserrinne aus Holz und Eisen. Regenwasserablauf und Hohlkehlen für Kondenswasser wurden aus einem 12,7 × 15,24 cm großen Holzbalken gefräst. In diese Rinnhölzer setzte man die Verglasungssprossen ein, die mit Paxtons bereits in Chatsworth betriebener Dampfmaschine produziert worden waren, was den Preis der Sprossen erheblich reduzierte. Der ganze Holzbalken wurde an einem Ende hineingeschoben und dann mit einer Reihe von Kreissägen und Sägeblättern bearbeitet. Jeden Tag entstanden so etwa 4500 Meter Sprossen, die – typisch für Paxtons Einfallsreichtum – nicht gestrichen, sondern in Farbkübel getaucht und dann durch Pinselkissen gezogen wurden, um überschüssige Lackfarbe zu entfernen. Der Fußboden des Gebäudes bestand

57

aus Dielen mit etwa 1,2 cm breiten Fugen, die zuvor den Bauzaun um das Gelände gebildet hatten.

Das Gebäude muß einen herrlichen Anblick geboten haben, schon bevor die Exponate eintrafen. Das Tragwerk war nach einem Farbschema des Architekten Owen Jones *farbverschlüsselt* worden. Die Primärstruktur war hellblau, die Diagonalverstrebungen waren gelb, die Stützen blau und gelb, und die

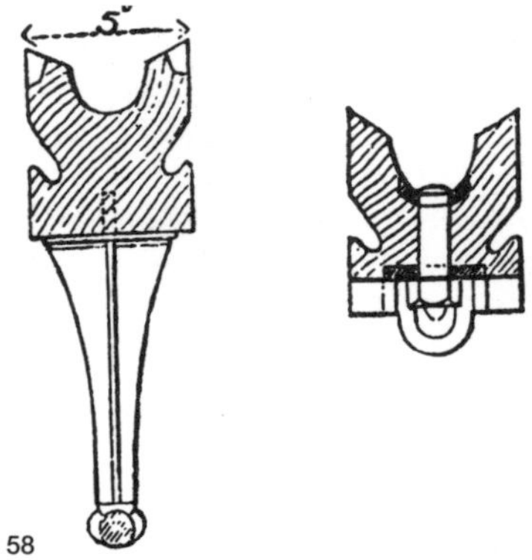

58

Unterseite der Träger rot. Die konstruktive Innovation des Kristallpalastes war ein direktes Ergebnis der Verbindung zwischen einer Methode des *kritischen Wegs* und der im wesentlichen nicht-architektonischen Sachkenntnis, die eine Umsetzung des Programms ermöglichte. Zum Glück können wir dies anhand von ausgezeichneten Detailplänen nachvollziehen, die in zeitgenössischen Publikationen reproduziert wurden, z. B. in Charles Downes' *The Building for the Great Exhibition* (1852) und zuvor in der *London Illustrated News*, die im November und Dezember 1850 wöchentlich Zeichnungen und

59

Lithographien über den Fortschritt der Bauarbeiten veröffentlichte. Kalotypien zeigen, wie der Bau bei seiner Vollendung aussah.

Die Bedeutung des Kristallpalastes liegt jedoch nicht nur in seiner Architektur und Konstruktion. Inhalt und Zweck waren ebenso bedeutungsvoll – nicht zuletzt im Hinblick auf die unterschiedlichsten Reaktionen der Betrachter. Vielen britischen Besuchern war der Gedanke an das neue Maschinenzeitalter verhaßt. Für mindestens einen deutschen Besucher war er jedoch von großer Bedeutung: Gottfried Semper besuchte die Weltausstellung und verfaßte 1852 seinen Essay *Wissenschaft, Industrie und Kunst*, in dem er sich mit dem Design im Maschinenzeitalter auseinandersetzte. Semper entwarf ein erstes Gebäude (nicht ausgeführt) für das *Museum of Practical Art* (später Victoria and Albert Museum) in London. Semper verachtete die britische Rückwendung zur Handwerksgestaltung und Manufaktur vorindustrieller Zeiten. In Deutschland hatte man sich bereits der neuen Technik zur Hervorbringung architektonischer Formen zugewandt, zum Beispiel beim Bau von Schinkels Berliner Bauakademie (1835).

59. Der Kristallpalast: Das kurz vor dem Abbau aufgenommene historische Foto gibt einen Eindruck von den gewaltigen Dimensionen des leeren Innenraums.

60. Diagonalverstrebungen des Kristallpalastes.

61. Die Rekonstruktion des Kristallpalastes in Sydenham Hill.

Die Briten waren eher skeptisch, was die Auswirkungen des Kristallpalastes auf die Architektur anging. In *Seven Lamps of Architecture* (1853) äußerte Ruskin vorsichtig, man könne vielleicht neue Architekturordnungen zum Metallbau etablieren, aber eigentlich war er der Meinung, der Kristallpalast beweise, daß echte Schönheit im Eisenbau unmöglich sei. Pugin ging noch weiter und nannte den Bau ein *glass monster*. Die führenden Kritiker in England und Deutschland glaubten nicht an die neuen Möglichkeiten von Metall und Glas, geschweige denn an die Idee einer Maschinenästhetik. Dem Kristallpalast konnte das alles nichts anhaben.

Das Gebäude wurde der Ausstellungskommission nur vermietet, nicht verkauft, und nach Ausstellungsende wurde beschlossen, es zu demontieren. Paxton verhandelte über ein Weiterbestehen im Hyde Park als Wintergarten, gab aber auf, als das Parlament im April 1852 für den Abbau stimmte.

60

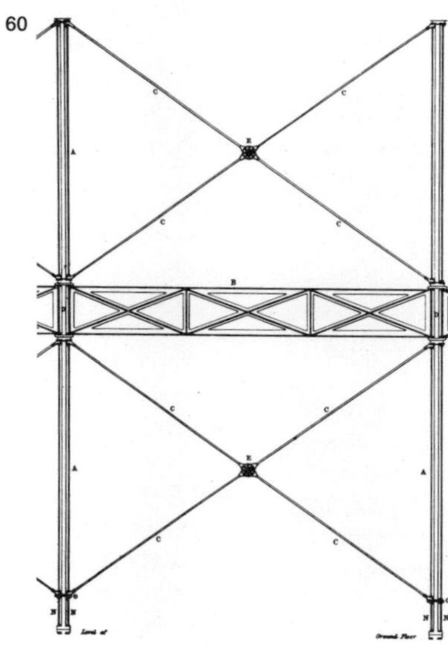

Innerhalb eines Monats hatte Paxton eine Firma gegründet (Kapitalbasis £ 500 000), zu deren Vorstandsvorsitzenden er Samuel Laing von der London, Brighton and South Coast Railway berief. Und richtig fand sich nahe der Brightonlinie in Sydenham das passende Gelände von 349 Morgen. Die Verbindung zur Eisenbahn, so dachte man, würde die Besucherzahlen erhöhen, und Paxtons Erfindungskraft schwang sich auf zu neuen Höhenflügen.

Der Kristallpalast von Sydenham war noch größer als der im Hyde Park und verwendete viele der gleichen Komponenten. Das Gebäude war 490 m lang und hatte ein verglastes Tonnendach. Die Gesamtglasfläche wurde verdoppelt; der Bau beherbergte hohe Bäume, Innenhöfe im Stil verschiedener Bauepochen und ein riesiges, von Sitzrängen umgebenes Konzertpodium. Die Glasscheiben wogen nun 21 statt der ursprünglichen 16 Unzen. Das rekonstruierte Gebäude war umgeben von ausgedehnten landschaftsgärtnerisch gestalteten Anlagen und Lustgärten. Die Notwendigkeit zu heizen machte ein großes Heizwerk erforderlich (das es im Hyde Park nicht gab). Wasserspiele wurden entworfen, für die man zwei große Wassertürme benötigte (Entwurf von Brunel), die den für die – pro Minute 120 000 l Wasser speienden – Fontänen erforderlichen Wasserdruck produzierten.

Das Bauwerk war beliebt, aber die enormen Betriebskosten führten zu ständigen finanziellen Schwierigkeiten. Die Höhe der Kapitalinvestition für Gärten und Gebäude erschwerte die Finanzierung trotz ihres Erfolgs als Ort großer Konzerte und anderer Veranstaltungen.

Das Ende des Bauwerks kam am 30. November 1936, als – wie man annahm – jemand eine brennende Zigarette in eine der Holzdielenfu-

61

gen fallen ließ. Der Schein des Großfeuers konnte noch im etwa 100 km entfernten Cambridge beobachtet werden.

In seinen beiden Ausformungen setzte der Kristallpalast Maßstäbe für viele äußere Merkmale der in den folgenden fünfzig Jahren aufkommenden neuen Architektur und noch späterer Bauten. In bezug auf Konstruktion, Baustoffe, Formensprache und Materialbeschaffung betraten die Erbauer Neuland. Konrad Wachsmann hat die historische Bedeutung des Baus im Eingangskapitel seines Buchs *Wendepunkt im Bauen* (1961; 1989) auf den Punkt gebracht: »Aber, was er [Paxton] baute, demonstrierte nicht

neue Einsichten, sondern wurde geradezu ein Symbol eines neuen Zeitgefühls. Aus Vernunft und Logik, den Gedanken des neuen technologischen Zeitalters intuitiv erfassend, entstand eine neue Schönheit, wie sie nie vorher erkannt, gewertet und empfunden wurde. Der Kristallpalast war ein Kunstwerk.« Als Vorläufer der neuen Industrie-Kathedralen aus Glas war er jedoch nur ein Anfang.

Mitte des 19. Jahrhunderts waren Gußeisensäulen und schmiedeeiserne Pfosten, verbunden mit modularer Verglasung, zum Standard in der schnellen Vorfabrikation und Errichtung neuer großer Warenhäuser, Markt- und Bahnhofshallen geworden.

Die Handelswaren und technischen Produkte der industriellen Revolution erzeugten einen Bedarf an Bauformen, die in der traditionellen Architektur der Zeit nicht vorkamen. Eine Reihe neuer Nutzungen forderte ein neues Bauprogramm: riesige freitragende Hallen, häufig mit großer lichter Höhe (zur Steigerung des Raumerlebnisses und, bei Bahnhöfen, Rauchfang für Dampflokomotiven) und Tageslichteinfall. Viele Neubauten machten ein solches Programm erforderlich: das Eisenbahnnetz mit seinen Kopfbahnhöfen in Europa und Amerika, die weltweite Expansion des Handels mit den dafür notwendigen Großmarkthallen, das Konzept der verglasten Einkaufspassage (inklusive Wetterschutz) für den städtischen Konsumenten, die Weltausstellungen, die den Fortschritt des Handels und technischer Erfindungen in der zweiten Hälfte des 19. Jahrhunderts zelebrierten. Wie Konrad Wachsmann schon sagte: Das neue Glas-und-Eisen-Zeitalter erzeugte seine eigene, dem Zeitgeist entsprechende Architektur.

Nach dem Erfolg der Großen Weltausstellung im Hyde Park organisierten andere große Städte in der westlichen Welt ihre eigenen. 1851 plante New York eine derartige Messe und lud zu einem Architekturwettbewerb ein, den die New Yorker Architekten Carstensen und Gildemeister gewannen. Die Angst vor zu großen Schneelasten bewog sie, kein Glasdach zu planen, aber die Außenmauern waren komplett verglast. 1853 errichtete John Benson in Dublin ein größtenteils aus Holz gefertigtes Tragwerk, etwas größer als der Kristallpalast. Das Gegenstück zum New Yorker Bau entstand mit dem Palais de l'Industrie 1855 in Paris (Entwurf: Cendrier und Barrault). Hier waren die Außenwände aus Backstein; das Dach war jedoch voll verglast.

Paxton enwarf 1861 eine Messehalle für St. Cloud bei Paris, die noch kühner geworden wäre als sein Kristallpalast. Sie wurde nicht gebaut, aber sechs Jahre danach gab die Zweite Weltausstellung in Paris Anlaß zu einer weiteren Demonstration der Eisen-und-Glas-Architektur, und zwar in einem von J. B. Krantz gebauten Komplex. Dieser bestand aus sieben konzentrischen Gallerien in Form eines *ausgezogenen* Kreises.

Ausstellungshallen waren (damals und heute) Bauten, die den Städten und Staaten Prestige im Welthandel verschaffen sollen. Die historischen sind zum größten Teil entweder abgerissen oder durch Brand zerstört worden; viele Entwürfe gelangten nie zur Ausführung. Die realisierten Bauten waren Manifestationen des Handelsaufkommens und der Industrieproduktion, wie sie aufgrund des sich damals ausdehnenden Eisenbahnnetzes möglich wurden. Eisenbahningenieure gehörten schon bald zur expandierenden Architekturszene, und Designer wie Turner bewegten sich in ihrer beruflichen Tätigkeit ganz selbstverständlich zwischen Gewächshaus und Bahnsteighalle.

Die neuen Eisenbahnnetze prägten die Städte nachhaltig. In London veränderte sich im Zuge des Eisenbahnbaus das Stadtbild radikal und schnitt große Schneisen in städtische Bebauungsstrukturen. Am Endpunkt jeder Linie standen die neuen Kopfbahnhöfe, gewöhnlich begleitet von einem Hauptwerk der viktorianischen Architektur (oft ein Hotel) und meist mit einer riesigen glasgedeckten Bahnsteighalle.

63

64

62. Entwurf von Joseph Paxton für das Ausstellungsgebäude in St. Cloud, Paris, 1861. Der Glasbau sollte eine Wiederholung des Kristallpalastes sein, ergänzt durch Kuppelbauten. Die größte Kuppel im Mittelteil sollte knapp 110 m hoch sein. Leider wurde der Entwurf nie ausgeführt.

63. St. Pancras Station, London, 1865–1867, W. H. Barlow und R. M. Ordish.

64. Galerie des Machines, Paris, 1889, von Dutert, Contamin, Pierron und Charton. St. Pancras und die Galerie zeigen verschiedene Lösungen für freitragende Konstruktionen. Sie dienten verschiedenen Zwecken, stellten jedoch beide die gleiche Anforderung: große stützenfreie Räume mit Tageslicht.

1852 vollendete Lewis Cubitt die Doppelbogenform der King's Cross Station in London, jeder Bogen mit einer Spannweite von 32 m und 244 m lang. Ein Jahr später befand sich eine weitere Station im nördlichen Teil Londons im Bau, in Paddington. Brunel, der berühmte Ingenieur der Great Western Railway und Kommissionsmitglied der Londoner Weltausstellung, leitete die Entwurfsarbeiten. Das Dach der Bahnsteighalle überspannte drei Hallenteile mit einer Gesamtfläche von 73 × 213 m. Die Verglasung folgte Paxtons First-und-Kehle-Konzept, und Fox und Henderson konstruierten die Halle.

1866 entstand die St. Pancras Station neben King's Cross, als Endbahnhof der Konkurrenz-Eisenbahngesellschaft, in deren Vorstand Paxton saß. Das neogotische Midland Hotel von George Gilbert Scott stand vor dem gewaltigen einfachen Glastonnengewölbe der Bahnsteighalle von William Henry Barlow. Barlow hatte in den frühen Tagen des Kristallpalastes unter Paxton gearbeitet. Ursprünglich beabsichtigte er, die Bahnsteige mehrfach zu überwölben, entschied sich jedoch schließlich für eine einzige Spannweite von 74,8 m, um unter der Bahnhofshalle noch Gewölbe bauen zu können.

Paris erlebte erneut das wahrscheinlich letzte Meisterwerk dieses Bautypus des 19. Jahrhunderts, und zwar die Galerie des Machines des Architekten Dutert und der Ingenieure Contamin, Pierron und Charton. Paxtons Konstruktionen waren in ihrer Gesamtwirkung großartig, basierten jedoch auf relativ kleinen Spannweiten und stellten eigentlich keine Hauptwerke der Ingenieurkunst dar. Im Gegensatz dazu betrug die größte Spannweite der Galerie des Machines 115 m über eine Länge von 240 m. Diese Spannweite war wiederum nur halb so groß wie die der Bögen von St. Pancras (1866) und wurde aus paarweise angeordneten gekrümmten Trägern gebildet, die oben und unten angelenkt waren. Das Glasdach war aus transluzentem, blauem und weißem Glas. Es ist ein Jammer, daß die Galerie 1910 demontiert wurde und nur ihr *Gefährte*, der Eiffelturm, noch steht.

Fünfzig Jahre später, als die Pennsylvania Station gebaut wurde (1905–1910), bestand noch immer die gleiche Spaltung zwischen der alten und der neuen Baukunst, die man an King's Cross und St. Pancras ablesen konnte.

Hier in New York lieferten McKim, Mead und White eine mit Kolonnaden versehene Hauptfassade im neoklassizistischen Stil, daher war die große verglaste Bahnsteighalle überflüssig. Die Bahnhofshalle bot einen beeindruckenden Anblick von Glas und Stahl, drei gewaltige Kreuzgewölbe aus Glas fluteten die Halle mit Tageslicht.

Die neuen verglasten Dächer konnten für die Eisenbahnen mehr bieten als natürlich belichtete Bahnhofshallen. Sie lieferten auch die erforderliche Technik für Ladenpassagen, die ab Mitte des 19. Jahrhunderts an Beliebtheit gewannen. Die glasgedeckten Ladenzeilen als Bautypus befanden sich am anderen Ende der Verteilerkette, an deren

66
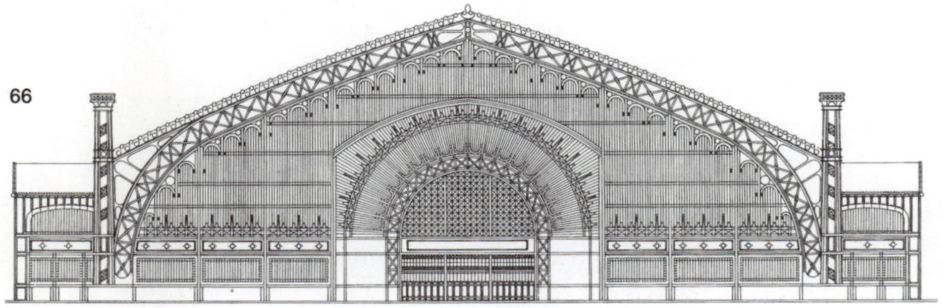

65

65, 66. Galerie des Machines. Die Fassade zur Avenue de la Bourdonnaise. Bei der großen Bewunderung für die enormen Ausmaße und die Pracht dieser Konstruktionen übersieht man leicht die Sorgfalt, mit der jedes kleinste Detail behandelt wurde.

68

67
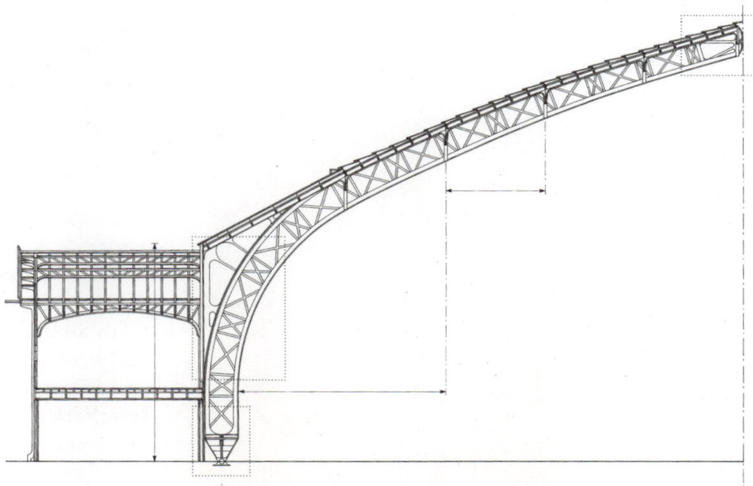

67. Querschnitt des Hauptträgers der Galerie des Machines.

68. Pennsylvania Station, New York, 1905–1910, McKim, Mead und White.

Anfang die Bahnhöfe standen: Sie boten dem Endverbraucher Wetterschutz und Wegebeleuchtung. Das architektonische Konzept der Ladengalerie war einfach, aber grundlegend. Sie war kein Innenraum mit einem Glasdach, sondern eine innere Straße mit richtigen Straßenfassaden auf jeder Seite und einem Glasdach.

Die erste bedeutende Passage wurde 1829 in Paris gebaut: die von einem Tonnengewölbe überdachte Galerie d'Orléans von Fontaine. Sie

69

wurde leider 1935 während der Restaurierung des Palais Royal abgerissen. Die hervorragendste Passage ist jedoch die Galleria Vittorio Emanuele II in Mailand (1865–1867), die etwa zur gleichen Zeit entstand wie die St. Pancras Station in London. Die Galleria ist sowohl als Städtebauprojekt als auch als Bauwerk besonders gelungen und brachte die Eisen-und-Glastechnologie vom Norden Europas in das wärmere Klima Italiens, wo sie

69. Galerie d'Orléans, Palais Royal, Paris, 1829, Fontaine.

70. Galleria Vittorio Emanuele II, Mailand, 1865–1867, Giuseppe Mengoni. Die Galleria ist ein international bekannter und beliebter Treffpunkt und bietet bei jedem Wetter einen angenehmen Aufenthalt.

71. Die Postsparkasse in Wien, 1904–1912, Otto Wagner.

72. Das Gage Building, Chicago, 1898/99. Architekten: Holabird und Roche, mit Louis Sullivan. Sullivan entwarf nur die Fassade des höchsten von drei Gebäuden (rechts im Bild). Die anderen beiden Fassaden sind schlichter und entsprechen mehr dem neuen, praktischen Architekturstil Chicagoer Prägung.

auch zum Schutz vor der Sonne eingesetzt werden konnte. Zudem wurden nicht nur die Entwurfsideen, sondern auch das unternehmerische Geschick und die Eisen- und Glasteile aus England importiert. Hier wölben sich Glastonnen und eine zentrale Glaskuppel über einer kreuzförmig angelegten Fußgängerzone. Die Längsachse verbindet die Piazza vor der Kathedrale mit dem Platz vor der Mailänder Scala. Der Architekt Giuseppe Mengoni entwarf die Galleria im Jahre 1861.

Die Galleria in Mailand wurde zum Vorbild für ganze Generationen künftiger Bauten dieser Art. Die Entwicklung kulminierte in den Einkaufs-Malls in der zweiten Hälfte unseres Jahrhunderts. Die innenräumliche und stadträumliche Qualität der Galleria ist den mit Raum geizenden modernen Einkaufspassagen (an denen man den Einfluß heutiger Kostenkalkulationen ablesen kann) jedoch weit überlegen.

Otto Wagner schuf fünfzig Jahre später (1905) einen verglasten Innenraum anderer Art in der Postsparkasse in Wien, in dem die Ästhetik des frühen 20. Jahrhunderts mit dem Glasdach und dem

70

71

Fußbodendekor vollkommenen Ausdruck findet. Wagner ging mit der Philosophie und den ästhetischen Prinzipien des großen Architekten an den Entwurf der Glashalle heran und war der Auffassung, daß modernes Leben sich in modernen Materialien spiegeln sollte. Die Postsparkasse steht baugeschichtlich am Übergang von der glasgedeckten Galerie zum modernen Atrium und bezieht sogar Glas im Fußboden mit ein, so daß das Untergeschoß Tageslicht erhält. Die Wiener Bauten dieser Zeit, unter anderem von Wagner und Loos, waren zukunftsweisend für die europäische Architektur der folgenden vierzig Jahre. Wagners Stahl- und Glashalle verdeutlicht die Bedeutung des Baustoffs Glas in dieser Architektur.

Rahmen und Haut: die neue Formensprache

Parallel zum Bau dieser Glashallen mit ihren wunderbar durchsichtigen Wänden und Dächern entwickelte sich eine andere Form der Eisen- und-Glasverbindung: der Eisen-, dann der Stahltragrahmen mit Glasausfachung. Wieder waren es die Erfordernisse von Funktion und Kommerz, welche die Technik vorantrieben, da nun offene, nur von Stützen unterbrochene Innenräume gefragt waren. Dies wiederum öffnete auch die Fassade, nur daß diesmal – anders als in der Gotik – der Rahmen aus Metall und nicht aus Stein bestand.

Die ersten Bauten, in denen die Rahmenkonstruktion genutzt wurde, waren Warenhäuser, Fabriken und andere Zweckbauten, bei denen es nicht auf *Architektur* ankam. James Strike hat auf den Unterschied zwischen der Gebäudequalität einer typischen Fabrik in den letzten Jahren des 18. Jahrhunderts hingewiesen (mit 6% Verglasung) und der Stanley Mill in Stonehouse von 1813, deren Rahmentragwerk 40% Verglasung der Fassade ermöglichte. Strike sagt: »Erst als der Eisenrahmen den Zwang aufhob, die ganze Last der Konstruktion von der Umfassung tragen zu lassen, konnten die Möglichkeiten großer Glasfenster voll ausgeschöpft werden.« In diesem Prinzip wurzelten die Konzepte der Vorhangfassade und der Außenhaut, die hundert Jahre später aufkamen.

Bauten dieses Typs tauchten Mitte des 19. Jahrhunderts in Europa und Amerika auf. Im Schaffen von James Bogardus in New York kann man zum Beispiel die

72

73

Vorzüge der neuen *feuerfesten* Gußeisenrahmen ablesen. Sein Fabrikbau von 1848 an der Ecke Duncine Street/Centre Street ist ein hervorragendes Beispiel für den gußeisernen Rahmen und eine vorgehängte Fassade aus Metall und Glas. Bogardus entwarf 1848 das Harper Brothers Kaufhaus in New York mit seinem reichverzierten außenliegenden Gußeisenrahmen. Harpers weist die Gliederung eines Renaissance-Palastes auf, mit einer Art Säulenordnung, Bögen und Pilastern. Konstruktion und Erscheinungsbild sind jedoch die eines Eisen-und-Glas-Gebäudes. 1856 verfaßte Bogardus seine Schrift *Cast-Iron Buildings*.

Mitte des 19. Jahrhunderts (Bauzeit des Palmenhauses in Kew, des Kristallpalastes und der Mailänder Galleria) manifestierte sich die in diesen Bauten verkörperte Architekturauffassung in den städtischen Hauptstraßen. In Glasgow errichtete John Baird 1855/56 das Kaufhaus Gardner's Store, ein schönes

73. Kaufhaus Carson Pirie Scott von Louis Sullivan, Chicago, 1899–1904. Eines der größten Meisterwerke der Eisen-Stahl-und Glasarchitektur der Chicagoer Schule.

74. Gardner's Kaufhaus, Glasgow, 1855/56, John Baird.

75. Oriel Chambers, Liverpool, 1864/65, Peter Ellis.

76. Reliance Building, Chicago, 1894, D. H. Burnham and Company. Die Fenstererker erzeugen wechselnde Lichtreflexionen der einzelnen Glasflächen, die von Terrakottaplatten gerahmt werden.

Beispiel dessen, was damals machbar war. Die *Illustrated London News* (März 1856) berichtete, es sei *vollständig aus Gußeisen und britischem Kristallspiegelglas*. Das Gebäude steht immer noch als Belegstück für die Meisterschaft seines Erbauers. Ebenso eindrucksvoll waren die 1864/65 vom Architekten Peter Ellis gebauten Oriel Chambers in Liverpool. Hier sind Erkerfenster und eine Detailbehandlung zu sehen, die man heute, 150 Jahre später, guten Gewissens wiederholen könnte. Anklänge an die Oriel Chambers zeigt Michael Hopkins' 1992 vollendetes Bracken House in der City von London.

Der eigentliche Ursprungsort der neuen Eisen- oder Stahlrahmenkonstruktion lag weit außerhalb Europas – im mittleren Westen Nordamerikas. Im Jahre 1871 wütete ein Großbrand in der Downtown von Chicago und zerstörte sie fast vollständig. Dieser Brand offenbarte die Anfälligkeit von Gußeisen und anderen Baustoffen, bot andererseits aber einer ganzen Architektengeneration eine einzigartige Chance. Darüber hinaus verfügten sie nun auch über den gerade erfundenen Personenaufzug. Elisha Graves Otis

74

75

hatte diesen Aufzug auf der New Yorker Messe von 1853/54 erstmals vorgestellt. Im Jahre 1880 entwickelte Siemens den elektrischen Aufzug. In Baltimore, USA, wurde 1887 der erste elektrische Aufzug in Betrieb genommen.

Die Architekten nutzten die städtische *tabula rasa* in hervorragender, historisch bedeutender Weise. In den siebziger und achtziger Jahren des 19. Jahrhunderts entstand in Chicago eine Reihe von Gebäuden, bei denen die Leistungsfähigkeit des Tragrahmens genutzt wurde, indem Verglasungen allmählich immer größeren Fassadenraum einnahmen. Eine Vorahnung künftiger Entwicklungen gibt William Jenneys siebenstöckiges Leiter Building von 1879 (jetzt als 208 West Monroe Building bekannt), für das ein System dreiteiliger Fensterpfosten entwickelt wurde, um so viel Licht wie möglich in die Büros zu bringen. Die gleiche Absicht läßt das neunstöckige Willoughby Building erkennen, dessen Entwurf dem selbsternannten *Erfinder des Wolkenkratzers*, Leroy S. Buffington, zugeschrieben wird. Bereits 1890 entwarf William Jenney das sechzehnstöckige Manhattan Building, das als eines der ersten in Chicago in Skelettbauweise errichtet wurde. Als 1894 das Burnham & Co. Reliance Building enstand, hatte sich der *Glaswolkenkratzer* bereits durchgesetzt. 1894 wurde auch die Chicagoer Börse von Adler und Sullivan gebaut.

In *The Autobiography of an Idea* erläuterte Louis Sullivan ausführlich die Grundlagen der neuen Hochhaus-Ästhetik; er hatte die Wechselwirkung und unmittelbare Verbindung von Hochhausbau und Stahlskelett erkannt und wies auf das kritische Fassadenproblem hin: »Es zeigte sich, daß das große Bürohaus aus Backstein naturgemäß unwirtschaftlich war, da die Bodenpreise stetig stiegen. Seine dicken Außenmauern nehmen nicht nur Raum – das heißt Einkommen – weg, seine unvermeidlich kleinen Fensteröffnungen können auch nicht das gewünschte Verhältnis von Glasfläche zu vermietbarer Fläche herstellen.«

Sullivan war kein kommerziell denkender Architekt, und seiner Ästhetik entsprach reiche Ornamentierung. Wir brauchen nur seinen Teil des Gage Buildings in Chicago (1898/99) und die benachbarten Bauten von Holabird und Roche zu vergleichen, um den Unterschied zwischen der *nackten Zweckmäßigkeit* der letzteren und Sullivans *verzierter Architektur* zu erkennen. Dennoch wußte er ganz klar von der wesentlichen Triebkraft hinter der neuen Bauform. Die rasante Entwicklung des neuen Typs kann am Cable Building von Holabird und Roche (1899 erbaut) abgelesen werden, einem kraftvollen zehnstöckigen Bau, der leider 1961 abgerissen wurde, und an der ein-

76

maligen Ausdruckskraft des Carson Pirie Scott Department Stores von Louis Sullivan, das 1899–1904 errichtet wurde. Mit seinen horizontalen Bändern von Fenstern im Doppelquadratformat und den zwei abgesetzten unteren Geschossen stellt es eine elegante Ecklösung an der Madison Street/State Street dar und weist so der Architektur den Weg ins 20. Jahrhundert.

In der zweiten Hälfte des 19. Jahrhunderts wurde die großmaßstäbliche Glashülle als wesentlicher Teil der Architektur entwickelt, entweder als Dach oder als Umfassungsmauer. Natürliche Konsequenz dieser Entwicklung war die Nachfrage nach qualitätvolleren, größeren Glasscheiben, die von den Glashütten allerdings kaum befriedigt werden konnte.

Das, was man heute den *Massenmarkt* nennen könnte, wurde gut versorgt. Der Kristallpalast etwa war nicht nur Schaukasten für die Exponate in seinen Innenräumen, sondern auch selbst Exponat der größten Einzelleistung im Glasbau mit geblasenem Scheibenglas. Chance Brothers bekam den Auftrag aufgrund des Angebots von Walzenglas und reduzierte so weiter die Nachfrage nach Mondglas. Von Juli 1850 bis Februar 1851 produzierte Chance etwa drei Millionen Scheiben, jede 16 Unzen schwer und 1,244 × 0,254 m groß. Das waren insgesamt etwa 89 000 m². Chance gab an, diese Mengen zusätzlich zur normalen Produktion gefertigt zu haben.

Doch was für den Kristallpalast gut genug gewesen war, war es nicht notwendigerweise für zunehmend anspruchsvolle Fensterglaskunden. Ein Artikel im englischen Blatt *The Builder* vom 14. April 1860 beklagte das Fehlen qualitätvollen Fensterglases ... *für den heute üblichen Baustil mit Scheibenformaten von* 46 × 30 oder 40 × 32 *inches*. Das Problem mit dem geblasenen Flachglas in solchen Formaten war »... ob das Glas nun in diesem oder einem anderen Land gefertigt wird, es ist alles gleich mit einer wie gehämmert aussehenden Oberfläche, was uns dazu treibt, die Kosten für Gußglasplatten auf uns zu nehmen. ... Können die Manufakturen den Glasscheiben nicht das glatte Aussehen der Mondglasscheiben geben?« Die Glastafeln, von denen *The Builder* hier spricht, waren Walzengläser aus geblasenen Zylindern mit Durchmessern von 81,3 bis 91,4 cm.

77. Hyam's Kaufhaus, Birmingham, 1859, J. J. Bateman. Die Architektur dieses Gebäudes mag mißgestaltet und unbedeutend erscheinen, aber das Schaufensterglas war hier in Birmingham genauso qualitätvoll und widerstandsfähig wie bei den berühmten Kaufhäusern von Chicago. Solches Glas wurde für die Bauten des folgenden Jahrhunderts unerläßlich.

Die Marktbedingungen in England ergaben sich aus der Struktur und Arbeitsweise der Glasindustrie.

77 Mitte des 19. Jahrhunderts kamen 75% des in England produzierten Fensterglases aus drei Glashütten. Pilkington, eine der drei, verkaufte ebensoviel Walzenglas wie Mondglas; bis 1872 hatte die Firma die Mondglasfertigung jedoch vollkommen eingestellt. Die mindere Qualität des geblasenen Tafelglases führte jedoch dazu, daß anspruchsvolle, zahlungskräftige Kunden Kristallspiegelglasplatten kauften, deren Größe für die meisten Bauvorhaben kein Problem darstellte.

Franzosen und Engländer waren bereits Mitte des 19. Jahrhunderts in der Lage, sehr große Scheibenformate herzustellen, wie das erwähnte Ausstellungsstück im Kristallpalast. Zwischen 1820 und 1840 expandierte der englische Spiegelglasmarkt erheblich, was zu Preissenkungen von etwa 60% (auf 5 Shilling für etwa 30 cm²) führte.

Diese Expansion setzte sich in den fünfziger und sechziger Jahren des 19. Jahrhunderts fort. 1866, zehn Jahre nach dem Bau von Gardner's Store in Glasgow, war die wöchentliche Spiegelglasproduktion gegenüber den 4 267 m² von 1847 bereits verdoppelt worden. Hinzu kam der Verbrauch an französischem und belgischem Spiegelglas. Die Preise fielen zu der Zeit um weitere 50%. In der Zeit von 1852–1854 installierte Paxton sehr großformatige Glasscheiben im Erdgeschoß der Mentmore Towers in Buckinghamshire, aber Spiegelglas blieb nicht länger nur den wohlhabenden privaten Kunden vorbehalten, und besonders die große Schaufensterscheibe war bei Ladenbesitzern in Haupteinkaufsstraßen sehr beliebt. Auch Charles Dickens äußerte sich zur Kristallspiegelglas-Mode in London. Ein Stich von 1859 zeigt in Birmingham etwa 6 m hohe Spiegelglasfenster. Damals waren schon 2,44 × 1,22 m große Formate üblich.

78

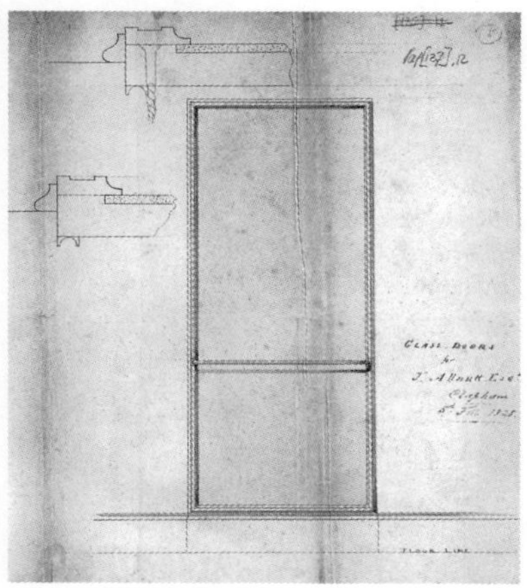

78. Dieser frühe Entwurf für eine Spiegelglastür von J. B. Papworth ist auf 1828 datiert und setzt Maße von ca. 1,14 m Breite und 2,13 m Höhe fest. Die Möglichkeiten großflächiger Glasscheiben sind hier voll ausgeschöpft.

Zudem mußte Kristallspiegelglas nicht unbedingt völlig eben sein. Wie bereits zuvor erkannt, konnte es auch gekrümmt sein – zum großen Vorteil des Schaufensters.

Als das Jahrhundert zu Ende ging, waren die Bedingungen für die Entstehung einer neuen Architektur, in der Metall und Glas eine zentrale Rolle spielen sollten, weitgehend erreicht. Weitgespannte Konstruktionen in Eisen und Stahl mit vollverglasten Dächern und Fassaden waren bereits entwickelt worden, um die Anforderungen neuer Bauformen zu erfüllen: Hallen, mikroklimatische Umfassungen und mehrstöckige kommerzielle Bauten zur Nutzung für den Bürger einer schönen neuen Industriewelt.

Dies alles konnte nicht erreicht werden ohne eine Weiterentwicklung der Herstellungsverfahren von Flachglas, aber auch diese war im Kommen.

Glasarchitektur und die Moderne

Die Jahrhundertwende bildete zwar nicht wirklich die *Initialzündung* einer Erneuerung, dennoch markierte sie eine revolutionäre Entwicklung in Kunst und Kultur, wie sie seit der Renaissance nicht aufgetreten war, noch dazu über einen sehr kurzen Zeitraum.

Anders als die romantische Revolution des 19. Jahrhunderts war diejenige zu Beginn des 20. Jahrhunderts ikonoklastisch und ungestüm, im Grunde von großer Ernsthaftigkeit, aber oberflächlich gesehen provokant und häufig ironisch und aufsässig. Es war das Zeitalter der Raum-Zeit, der Bewegungsästhetik, der Desorientierung und Maschinenbegeisterung.

Veränderungen in der Architektur spiegelten diese kulturelle Revolution wider, am auffallendsten vielleicht in Deutschland. Auf die zur Zeit der Großen Weltausstellung von 1851 bestehenden Unterschiede in den britischen und deutschen Auffassungen von Architektur, Industrie und Maschinentechnik ist

79

80

79. Faguswerk, Alfeld an der Leine, 1911/12, Walter Gropius und Adolf Meyer.

80. AEG Turbinenfabrik, Berlin, 1909, Peter Behrens. Behrens nutzte Glas als wichtiges Material in seiner abstrakten Formenkomposition, die auf traditionellen Vorstellungen von massiven Gebäudeecken und konstruktiver Umfassung beruht. Beim Werkbund-Pavillon verkehrten Gropius und Meyer dieses Prinzip ganz unbekümmert ins Gegenteil.

bereits eingegangen worden. Von den Schriften von Gottfried Semper führte ein *roter Faden* konsequent entwickelter architektonischer Denkart zu den Ursprüngen des Deutschen Werkbunds. Zum Beispiel nahm Friedrich Naumann in seiner Schrift *Die Kunst im Maschinenzeitalter* (1904) eine Position ein, die im direkten Widerspruch stand zu William Morris' *Arts-and-Crafts-Bewegung*, die sich gegen die Maschinenkultur wandte. Die Gründung des Deutschen Werkbunds durch Peter Behrens und andere im Jahre 1907 schuf eine Institution, die sich der Einheit von Kunst, Design und Produktion verschrieben hatte. Im gleichen Jahr wurde Behrens zum Architekten und Designer der Allgemeine Elektrizitätsgesellschaft, AEG, ernannt. Behrens baute für die AEG mehrere Fabrikgebäude, kraftvolle Monumente einer neuen Industriekultur. Er war für die Firma aber nicht nur als Architekt tätig, sondern als das, was man heute *Produktdesigner* nennt.

Der Werkbund selbst verfolgte eine neue Vision, die sich in der Kölner Werkbund-Ausstellung von 1914 manifestierte. Zwei Gebäude dieser Bauausstellung waren zukunftsweisend und setzten Glas als Hauptelement des Bauwerks ein: die Musterfabrik von Walter Gropius und Adolf Meyer sowie Bruno Tauts Glaspavillon.

Die Musterfabrik stellte die bis dato übliche Baukörperkonfiguration auf den Kopf: Die Gebäudeecken waren nicht aus Ziegelmauerwerk, statt dessen wurde die Verglasung um eine innenliegende Wendeltreppe herumgeführt, so daß sich die Gebäudekanten sozusagen auflösten. Dieser Bau war eine Fortführung von Gropius' und Meyers Faguswerk in Alfeld/Leine von 1911, bei dem große, leicht vorspringende Fensterflächen zwischen Ziegelmauerpfeilern eingesetzt wurden – in Umkehr des normalen Verfahrens, bei dem die Fenster seitlich angeschlagen wurden (was von der gotischen Kathedrale bis zum englischen Schiebefenster üblich war). Die Verglasung als Fassadenprojektion bildete also die Hauptfassadenfläche: Behrens' AEG-Turbinenfabrik in der Umkehrung.

Tauts Glaspavillon war dagegen extravagant, nahezu expressionistisch, verkörperte aber in fast noch großartigerer Weise als das Faguswerk die Bedeutung des Baustoffs Glas. Ein Spruchband zog sich um den Pavillon, wie um sicherzustellen, daß die ästhetische Botschaft des Bauwerks auch verstanden wurde. Seine geistige Grundlage war der Glaube, daß Glas das wichtigste Baumaterial sei, welches die Architektur der Zukunft symbolisiert. Führender Verfechter dieser Überzeugung war Paul Scheerbart, ein böhmischer Lyriker und Romancier. 1914 (Jahr der Kölner Werkbundausstellung) veröffentlichte er seine *Glasarchitektur*, die in 111 Kapiteln (einige davon nur vier oder fünf Zeilen lang) ein Programm zur Nutzung von Glas in der neuen Architektur aufstellte. Wenn man es heute liest, so erscheinen die dargelegten Zukunftsvisionen und Einsatzmöglichkeiten des Materials immer noch wie ein außerordentlicher Höhenflug der Einfallskraft, mit einer enormen Bandbreite: von Mehrfachverglasungen zur Glasfaser.

Die Kapitel I und CXI verdeutlichen die wesentlichen Aussagen dieses Buches. In Kapitel I wird die Philosophie erläutert:

»Wir leben zumeist in geschlossenen Räumen. Diese bilden das Milieu, aus dem unsre Kultur herauswächst. Unsre Kultur ist gewissermaßen ein Produkt unsrer Architektur. Wollen wir unsre Kultur auf ein höheres Niveau bringen, so sind wir wohl oder übel gezwungen, unsre Architektur umzuwandeln. Und dieses wird uns nur dann möglich sein, wenn wir den Räumen, in denen wir leben, das Geschlossene nehmen. Das aber können wir nur durch Einführung der Glasarchitektur, die das Sonnenlicht und das Licht des Mondes und der Sterne nicht nur durch ein paar Fenster in die Räume läßt – sondern gleich durch möglichst viele Wände, die ganz aus Glas sind – aus farbigen Gläsern. Das neue Milieu, das wir uns dadurch schaffen, muß uns eine neue Kultur bringen.«

Wie man sehen wird, teilten viele nachkommende Architeken Scheerbarts Vision von der einzigartigen Bedeutung des Baustoffs Glas als

81

Vertreter und Förderer sozialer und spiritueller Veränderungen. Im neuen sozial denkenden Zeitalter war die Versuchung groß, Transparenz mit Aufgeschlossenheit gleichzusetzen. Kapitel CXI zitiert erneut den Optimismus der neuen Kultur:

»Nach dem Gesagten können wir wohl von einer ›Glaskultur‹ sprechen. Das neue Glasmilieu wird den Menschen vollkommen umwandeln. Und es ist nur zu wünschen, daß die Glaskultur immer weniger Gegner findet.«

Tauts Glaspavillon zelebrierte diese Möglichkeiten mit seiner klar ausgedrückten Polemik und verwendete soviel Glas wie damals konstruktiv machbar.

Nach dem Ersten Weltkrieg lebte diese Begeisterung fort, und der Architekt Adolf Behne bemerkte 1918, es sei nicht die verrückte Laune eines Poeten, daß die Glasarchitektur eine neue Kultur hervorbringen werde, sondern dies sei eine Tatsache. So wirkte der Geist des Werkbunds weiter im von Behne, Gropius und Taut gebildeten Arbeitsrat für Kunst. Zur *Ausstellung unbekannter Architekten* von 1919 schrieb Gropius einen Einführungstext, der als Entwurf zum

81. Werkbund-Pavillon, Köln, 1914, Walter Gropius und Adolf Meyer.

82. Büroturm in Berlin, 1919, Ludwig Mies van der Rohe. Mies mißachtete die Wettbewerbsausschreibung und legte einen kühnen Entwurf zu einem voll verglasten Hochhaus vor.

83. Modell des Glas-Wolkenkratzers für Berlin, 1922, Ludwig Mies van der Rohe. Dieses Entwurfsprojekt auf amöbenartig ausladendem Grundriß stellte einen architektonischen Exkurs in die ästhetischen Möglichkeiten von Glas dar.

84. Bruno Tauts Glashaus auf der Kölner Werkbundausstellung von 1914.

Weimarer Bauhausprogramm des gleichen Monats gelten kann.

Im November 1919 wurde aus Briefen, Notizen und Skizzen einer Gruppe in Berlin lebender Künstler und Architekten ein Manifest zusammengestellt. Dieser Kreis nannte sich *Die gläserne Kette*. Er bestand nur kurze Zeit und löste sich schon ab 1920 allmählich auf, doch der Geist der Bewegung – mit Glas als zentralem Anliegen – wirkte fort.

Glas prägte zunehmend die Auffassungen vom *Neuen Bauen*. Im Jahre 1914 baute Mies van der Rohe die klassizistisch-volkstümelnde Villa Urbig. Nach dem Ersten Weltkrieg dagegen begann er, wie viele deutsche Architekten, sich nach den neuen Schönheitsidealen zu richten und wurde ein führendes Mitglied der radikalen Novembergruppe, zu der auch Arthur Korn, der Maler Hans Richter und der Holländer J. J. P. Oud zählten. Die Verbindung zur Gläsernen Kette vermittelte Mies eine völlig neue ästhetische Sicht, und so legte er 1919 einen Wettbewerbsentwurf zu einem Bürogebäude für die Friedrichstraße in Berlin vor: ein winkliges Glas-

83

82

hochhaus, das für Mies selbst und für die Architektur allgemein eine erstaunliche Wendung darstellte.

In einem Interview von 1968 erläuterte Mies sein Konzept: Da er Glas verwendet habe, sei er bestrebt gewesen, tote Oberflächen zu vermeiden, die zuviel Licht reflektierten, daher habe er die Fassadenebene leicht gebrochen, so daß Licht in verschiedenen Winkeln darauf treffen konnte, wie bei geschliffenem Kristall. Der Büroturm war eine Verkörperung von Scheerbarts Architektur-Philosophie.

1922 entstand ein ähnliches Projekt: das Glashochhaus. Nach Mies' eigener Aussage versuchte er mit kleinen Glasflächen zu arbeiten, richtete die schmalen Glaspaneele nach dem Lichteinfall aus und setzte sie dann in den einzelnen plastisch ausgeformten Geschoßebenen ein. Dabei hegte er keine expressionistischen Absichten, sondern wollte nur das Gebäudeskelett zeigen. Den Bau einfach mit einer Glashaut zu überziehen, sei die beste Lösung gewesen, äußerte Mies einmal. Der Grundriß des Glashochhauses ist ebenso *amorph* wie die Form des Glassatzes und wurde diesmal im Modell dargestellt. Die für die Bauausführung erforderliche Glasbautechnik stand weitere fünfzig Jahre nicht zur Verfügung, es ist jedoch Beweis für die Kraft des Entwurfs, daß er immer noch aktuell war, als Foster Associates Mitte der siebziger Jahre das Bürohaus für Willis Faber & Dumas planten und bauten.

Die Kombination von Gestaltung, Theorie und Flugschriften gehörte damals sozusagen endemisch zur

84

Entwicklung der Moderne. Die Berliner Zeitschrift *G* (Untertitel: Material zur elementaren Gestaltung) war typisch für dieses Phänomen. Das erste Heft erschien 1923, und Mies van der Rohe gehörte zu den Autoren. Kenneth Frampton hat *G* eine Philosophie zugeschrieben, die *konstruktivistische Objektivität mit dem Dadaistischen Gefühl für den Zufall* verband. Auf jeden Fall gab sie sich anti-künstlerisch und verwendete das Wort *Kunst* nur in bezug auf bildende Kunst. In ihrem Bemühen um eine neue Kunst stimmte *G* mit dem Tenor der holländischen Zeitschrift *De Stijl* überein. Wenn ursprüngliche De Stijl-Mitglieder (außer Theo van Doesburg) ausschieden, nahmen meist Mitglieder der G-Gruppe ihre Plätze ein. Ein typischer Mies'scher G-Gruppen-Slogan hieß: *Wir lehnen jede ästhetische Spekulation, jede Doktrin und jeden Formalismus ab.* Angesichts der G-Gruppe erschien das Bauhaus fast künstlerisch, und wahrscheinlich hat das Denken der G-Gruppe auch Arthur Korn inspiriert, als er die Fortsetzung zu Scheerbarts Buch schrieb, *Glas im Bau als Gebrauchsgegenstand* (1929). Korn wiederholte Scheerbarts fünfzehn Jahre zuvor verfaßtes Loblied auf den Baustoff Glas folgendermaßen:

»Eine neue Welt des Glases wurde eröffnet, die der alten Welt gotischer Glasfenster an Schönheit nicht nachsteht. Darüber hinaus jedoch gewannen wir einen entscheidenden Erfolg, indem es gelang, aus dem beigeordneten Glas... eine selbständige Glashaut zu machen. Nicht mehr Wand und Fenster, wobei das Fenster der alles überragende Teil sein mag, sondern die Wand ist dieses Fenster selbst, das Fenster ist diese Wand selbst. ... In diesem neuen Zustand tritt die Außenwand nicht mehr in Erscheinung... Und damit zeigt sich die große Eigenart des Glases allen andern bisher angewandten Materialien gegenüber: Es ist da, und es ist nicht da. Es ist die große geheimnisvolle Membrane, zart und stark zugleich.«

Korn machte aber nicht nur Propaganda für Glas. Als Architekt hegte er eine hohe Wertschätzung für das Material und verwendete nicht-reflektierende Schaufensterscheiben in einer Ladenfront.

Mies van der Rohes Entwürfe aus dieser Zeit waren im wesentlichen und unvermeidlich rhetorischer Natur, da es die für seine Glasprojekte mit den obersten Hängegeschossen erforderliche Technologie nicht gab. Die Vorhangfassade als abgehängtes System konnte noch nicht ausgeführt werden. Drei Jahre zuvor war jedoch in San Francisco bereits eine großflächige Vollglasfassade über mehrere Geschosse möglich: Willis Jefferson Polks Hallidie Building, eine Konstruktion aus armiertem Beton mit einer in den etwa 90 cm über die Stützenlinie vorkragenden Geschoßdeckenplatten verankerten Vorhangfassade. Die Architektur des Mies'schen Glasturms von 1922 und die Technik der Vorhangfassade des Hallidie-Gebäudes sollten erst über dreißig Jahre später zusammengeführt werden, aber die Ursprünge vieler Bauten nach 1945 waren bereits in den frühen zwanziger Jahren erkennbar.

Die wesentlichen Unterschiede zwischen der *pragmatischen* Vorhangwand (konstruktive Lösung eines technischen Problems) und seiner konzeptuellen Entsprechung (Ergebnis einer abstrakteren, metaphorischen Auffassung) waren grundlegend und lagen miteinander im Widerstreit. Die Ausarbeitung ihrer programmatischen Bedeutung ist wesentlicher Teil der Architekturgeschichte nach dem Zweiten Weltkrieg.

85

85. Hallidie Building, San Francisco, 1918, Willis Jefferson Polk.

Die ästhetischen und polemischen Aussagen in Verbindung mit der Glasarchitektur wären auch nur das geblieben, wenn nicht gleichzeitig eine technische und produktionstechnische Revolution stattgefunden hätte. Bis zur Jahrhundertwende war Flachglas für Bauten nur in drei Grundtypen lieferbar: geblasene und dann gewalzte Scheiben (Walzenglas), Mondglas und polierte Gußglasplatten.

Im neuen Jahrhundert wurde ein letzter Versuch gemacht, das Walzenglas zu verbessern: Die amerikanische Window Glass Company führte hierfür ein maschinelles Verfahren ein, bei dem John Lubbers' Erfindung von 1896 zur Anwendung kam. Hierbei wurde die für einen Zylinder erforderliche Menge Glasschmelze aus dem Ofen in einen geheizten Tiegel gegossen. Ein Blasrohr mit einem scheibenförmigen Endstück wurde hineingetaucht, und das Glas erstarrte im Bereich des Scheibenrands. Unter Blasen wurde das Rohr angehoben. Durch sorgfältige Beherrschung des Luftdrucks, der Ausziehgeschwindigkeit sowie der ganzen Maschineneinstellung erreichte man die benötigte Glasstärke und den gewünschten Umfang der Zylinder. Diese waren zwar nicht immer makellos, konnten aber etwa 9 m lang sein mit Durchmessern bis zu 60 cm, was einen Walzenumfang von 1,8 m erforderte, um Flachglasplatten zu produzieren. Das Verfahren zur Herstellung von Kristallspiegelglas wurde von Pilkington im Jahre 1910 in England eingeführt und noch bis in die dreißiger Jahre angewendet.

Die Mechanisierung von Walzenglasscheiben konnte das Ende dieser in der Geschichte der Glasmacherei so lange üblichen und so wichtigen Technik nur um kurze Zeit hinausschieben. 1904 meldete der belgische Glasmacher Fourcault sein erstes Patent zur Herstellung von Flachglas an, das Senkrechtziehverfahren: die Glasschmelze wurde durch eine Schamottedüse in einen senkrechten Schacht gezogen und dazu mittels einer Reihe von Walzen in die Glasschmelze geschoben. Am Anfang des Herstellungsprozesses mußte man ein *Lockmittel* einsetzen, um die Glasschmelze herauszuziehen, doch dann floß sie beständig, solange der Glassatznachschub nicht aussetzte und die Walzen liefen. Am oberen Ende des Zieh- und Kühlschachts befand sich die Schneidbühne. Diese erstaunliche Erfindung war das erste neue Verfahren in der Glasfabrikation seit 250 Jahren, mit dem man dünnere Glasscheiben erzeugen konnte, das war ihr Vorteil gegenüber dem Kristallspiegelglas. Die Anlage erzeugte zwischen 1,9 und 2,3 m breite Scheiben, deren Stärke von der Ziehgeschwindigkeit abhing: 36,6 m pro Stunde für 680 g Glasschmelze. Probleme des Verfahrens bestanden darin, daß das Glasband an den Walzen kleben blieb, was ein häufiges Unterbrechen und Säubern der Anlage vom entglasten Glas erforderlich machte.

Im Jahre 1905 wurde in den USA das Colburn- oder Libbey-Owens-Waagrechtziehverfahren patentiert, bei dem ein Ziehkanal mit Rändelwalzen statt eines Ziehschachts eingesetzt und die Glasplatte sofort nach dem Herausziehen in horizontale Lage gebracht wurde. Wieder war die maximal erreichbare Scheibenbreite etwa 1,3 m. Diese Technik war auch nicht unproblematisch, da die Walzen die Glasscheiben auf einer Seite leicht zerkratzten. In einem später von der Plate Glass Company in Pittsburgh, USA, entwickelten Verfahren, das der Libbey-Owens-Methode ähnelte, jedoch das vertikale Ausziehen des Fourcault-Verfahrens beibehielt, wurde Tafelglas mit erheblich glatterer Oberfläche produziert. Auch Spiegelglas profitierte von Techniken, die unmittelbar nach dem Ersten Weltkrieg entwickelt wurden. Bicheroux erfand als erster einen Fabrikationsprozeß, bei dem das Glas erst zwischen zwei Walzen flachgepreßt und dann geschliffen wurde. Dadurch entstand weniger Ausschuß, und eine ebene, glatte Oberfläche war wesentlich müheloser herzustellen, obwohl die Platte bis zur Hälfte abgeschliffen werden mußte, um eine Stärke von 6 mm zu erreichen. Die Ford Motor Company tendierte schon frühzeitig zur Massenproduktion und brauchte Autofensterscheiben. Sie verbesserte den Fabrikationsprozeß, indem sie eine automatisierte Dauerzufuhr des Glassatzes in die Schmelze (statt Gußtiegeln) einführte. Ford automatisierte auch das Schleifen und Polieren in einem kontinuierlichen Arbeitsgang – typisch für das neue Fließbandkonzept. Der Gedanke der Automation wurde auch in England aufgegriffen, wo bereits 1923 mit der Anwendung der Ford-Methoden bei der Flachglasfabrikation experimentiert wurde, wobei man versuchte, breitere Scheiben zu erzeugen, um die Nachfrage der Bauindustrie zu befriedigen. Pilkington entwickelte 1938 die hauseigene automatische Schleif- und Poliermaschine für Bauglas. In dem Maße, in dem Tafel- und Spiegelglas in den zwanziger und dreißiger Jahren perfektioniert wurden, setzte sich auch das Konzept des Sicherheitsglases als Baumaterial durch. Aufgrund glücklicher historischer Umstände beherrschte man in den späten Zwanzigern auch endlich die Produktionstechnik für wärmedämmendes Glas, das nicht nur für Schaufensterscheiben und großflächige Verglasungen äußerst wichtig war, sondern auch für die Architektur und Bauweise folgender Zeiten.

Um 1870 hatte De la Bastie versucht, ein *temperiertes* Glas herzustellen, indem er rotglühende Glasklumpen in ein Bad aus Leinöl und Talg tauchte, aber das Erzeugnis war meistens verzogen, wenn es überhaupt gelang. Ein Siemens-Verfahren aus späterer Zeit verwendete gekühlte Gußeisenplatten zum Halten des Glases bei dessen Kühlprozeß. Dies erzeugte eine Art Sicherheitsglas, aber erst 1928 entwickelten die Franzosen das Sicherheitsglas, das wir heute kennen.

Die Compagnies Réunies des Glaces et Verres Spéciaux du Nord de la France produzierten *Securit*-Glas, indem sie eine abgehängte Spiegelglasplatte in einem elektrischen Ofen bei hohen Temperaturen wiedererhitzten und dann per Kaltluftgebläse rasch auf beiden Seiten härteten. Wie bei allen früheren erfolglosen Techniken werden durch die Kaltluft die beiden Oberflächen rascher verdichtet als die mittlere Glasschicht, deren allmählicher Abkühlungsvorgang aber zur Kompression der Oberflächen führt. Eine so hergestellte Platte ist viermal so widerstandsfähig wie eine natürlich ausgekühlte Glastafel; wenn sie zerbricht, dann in kleine, stumpfkantige, also *sichere* Stückchen.

Dieses Glaserzeugnis kam in der Zeit zwischen den beiden Weltkriegen auf, als das Interesse für Bauglas seinen Höhepunkt erreicht hatte. Es bot nicht nur die Grundlage für starke, sichere Türen und Schaufenster, sondern auch für alle Entwicklungen auf dem Gebiet der konstruktiven Verglasung (structural glazing), die in der Folge des Zweiten Weltkriegs stattfanden. Es ist das Material, das die Ausführung von Mies van der Rohes Glashochhausentwurf aus dem Jahre 1922 ermöglichte, ebenso wie Foster Associates Willis Faber & Dumas Building von 1975.

In den zwanziger Jahren wurden

86

neue Baustoffe erfolgreich zur Verwirklichung der neuen Ästhetik eingesetzt. Die von Mies van der Rohe in diesem Jahrzehnt realisierten Bauten zeugten von der veränderten Architekturauffassung, die nach dem Krieg in Europa und Amerika an Boden gewann. Die architektonischen Formen des Tugendhat-Hauses (1928–1930) und des Barcelona-Pavillons (1929) basierten auf dem Gedanken des frei fließenden Raums. Das einzige Material, mit

86. Der Deutsche Pavillon auf der Weltausstellung in Barcelona, 1929, Ludwig Mies van der Rohe.

87. Haus Tugendhat, Brünn, Tschechien, 1928–1930, Ludwig Mies van der Rohe.

88. Cité de Refuge, Paris, 1930/31, Le Corbusier.

87

dem man sowohl diesen freien Raum als auch eine umschließende Raumhülle verwirklichen konnte, war Glas, und zwar mit so wenig Rahmenunterbrechungen wie möglich. Der einigermaßen bourgeois anmutende Begriff *Bildfenster* ergibt sich aus diesem Verglasungskonzept, das im Haus Tugendhat exemplarisch realisiert wurde. Dort konnten einige deckenhohe Glasscheiben elektrisch vollständig im Boden versenkt werden. Das Haus verfügte auch über eine rudimentäre Klimaanlage, die so viel kostete wie acht Luxusappartements. Jedenfalls belegte sie, was machbar war.

Mit dem Barcelona-Pavillon (heute auf dem ursprünglichen Gelände rekonstruiert) griff Mies die freistehenden Wandkonfigurationen des Backstein-Landhauses auf, das er sechs Jahre zuvor gebaut hatte, als er noch Häuser *mit Lokalkolorit* entwarf (zum Beispiel die Villa Mosler, 1924). Heute, über siebzig Jahre später, zeigen sie uns, wie Mies innerhalb von etwa fünf Jahren eine völlig neue, eigenständige Architektur entwickelte, selbst wenn diese in räumlicher Hinsicht Frank Lloyd Wright viel zu verdanken hat.

Damals plante Walter Gropius das Bauhaus, das dem Geist der Großherzoglichen Kunstgewerbeschule in Weimar entstammte, deren Direktor Henry van de Velde war. Für den Neubau in Dessau schuf Gropius 1925/26 eine Architektur der Glaswände und der freien Form.

Am Ende dieser Dekade gestaltete jedoch ein Zeitgenosse von Mies in Peter Behrens' Büro eine ganz andere Glasarchitektur: Le Corbusier, 1887 geboren, arbeitete 1910 fünf Monate lang bei Peter Behrens. Auch er hatte 1929 ein kleinmaßstäbliches Meisterwerk geschaffen, die Villa Savoye in Poissy, deren *Bildfenster* mit ihren riesigen Glasscheiben im rein geometrischen Gesamtkonzept als ein Stück plastischer Formalismus eine untergeordnete Rolle spielten. Le Corbusiers Formenkanon ähnelte dem von Gropius' Dessauer Bauhaus (Fassaden aus weißen Putzflächen und langen horizontalen Fensterbändern), aber er mußte nicht (wie Gropius) eine Schule leiten, und so gingen aus seinem Büro zahlreiche große Projekte hervor.

Eines von Le Corbusiers Hauptwerken verarbeitete einige von Scheerbarts fünfzehn Jahre zuvor geäußerten Ideen. Die Cité de Refuge in Paris war ein Obdachlosenasyl. Mit dem für ihn typischen Mangel an Bescheidenheit, gepaart mit Geschäftssinn, bekam Le Corbusier den Auftrag, weil er darauf hinwies, er sei *Führer der Moderne in der Architektur*, und einen Gebührenrabatt von 40% anbot. Hilfreich war dabei, daß die Fürstin de Polignac, für die er ein Haus entworfen hatte, für die Kosten des Asylbaus aufkam.

Le Corbusiers Ziele waren sehr ehrgeizig. Er wollte eine *mur neutralisant* schaffen. Dieses Konzept hat Reyner Banham in *The Architecture of the Well-Tempered Environment* einprägsam erläutert. Diese Mauer bestand aus einer Mehrfachverglasung mit Zwischenräumen, in denen temperierte Luft zirkulierte

88

89

89, 90. Maison Dalsace, *Maison de Verre*, Paris, 1931, Pierre Chareau und Bernard Bijvoët. Eines der hervorragendsten Glashäuser des 20. Jahrhunderts.

90

und so äußere Kälte oder Sonnenhitze ausglich. Leider war Le Corbusiers Kostenkontrolle nicht so gut wie sein gestalterisches Konzept, und so wurden die innere Glashülle und die Klimaanlage nicht ausgeführt. Das Ergebnis war eine *Klimakatastrophe*, und 1933 mußten gezwungenermaßen zu öffnende Fenster eingebaut werden. Das ursprüngliche Konzept ist erst in den achtziger Jahren beim Lloyd's Building (Architekten: Richard Rogers Partnership) richtig angewandt worden, diesmal aufgrund von fünfzigjähriger Erfahrung mit dieser Technik.

Le Corbusiers *mur neutralisant* war vielleicht ein technischer Fehlschlag, aber zugleich wegweisend für künftige Architekturentwürfe mit all ihren Risiken. Das Konzept einer Bauhülle mit Mehrfachfunktion (Ausblick, Abschirmung, Durchlaß, Bedeckung) nutzte den Baustoff Glas innovativ und in hervorragender Weise, ganz anders als

Mies' verführerische, schimmernde Ästhetik zehn Jahre zuvor. Da die frühen Glashüllen jedoch den Glashauseffekt, das heißt die Überhitzung der Innenräume zur Folge hatten, stellten sie auch eine frühe Warnung vor den Folgen von Glasvorhangfassaden ohne gleichzeitige kompensatorische technische Maßnahmen dar.

Zeitgleich mit der Entstehung von

91

Le Corbusiers mangelhaftem Meisterwerk in Paris wurde auch ein Gebäude in einem völlig anderen Maßstab in einer kleinen Gasse im Quartier Latin gebaut, das jedoch technisch äußerst virtuos war. Das Maison Dalsace wurde 1931 fertiggestellt. Sein Architekt, Pierre Chareau, war vier Jahre älter als Le Corbusier und hatte sich als einer der größten Architekten seiner Zeit profiliert. Seine Lochblechwände und Metalltreppen der zwanziger und dreißiger Jahre würden gut zur Detailbehandlung der heutigen High-Tech-Avantgarde passen. Chareau führte den Auftrag in Zusammenarbeit mit Bernard Bijvoët aus. Das Haus ist als *Maison de Verre* bekanntgeworden und stellt eines der innovativsten zukunftsweisenden Bauten des 20. Jahrhunderts dar.

91, 92. Van Nelle-Fabrik, Rotterdam, 1927–1929, Brinkman und Van der Flugt.

93. Boots Pharmazeutische Fabrik, Beeston, Nottingham, 1930–1932, Owen Williams.

94. S. C. Johnson & Son, Racine, Wisconsin: Verwaltungsbau, 1936–1939; Forschungshochhaus 1947–1950, Frank Lloyd Wright.

95. Peter Jones Kaufhaus, London, 1936, Slater und Moberly mit Reilly und W. Crabtree.

92

Kenneth Frampton meinte, es belege des Architekten *obsessive und exzessive Verwendung von Glas*, Chareau hat das Material tatsächlich in beispielhafter Weise eingesetzt. Das Baugelände war ein für Paris typisches kleines Hofgrundstück, und der Auftrag lautete: Wohnräume für einen Arzt zu schaffen und gleichzeitig eine Einliegerwohnung für eine ältere Dame im zweiten Obergeschoß zu erhalten. Chareaus Entwurf, ein Stahltragwerk und eine transluzente Glasbausteinwand bot die perfekte Lösung. Die Glaswand schirmt die Privatsphäre ab und belichtet die Innenräume; abends wird das ganze Haus zur *Hoflaterne*. Sie ist als Vorläufer des fünfzig Jahre später errichteten Lloyds Building aus hochglänzendem Glas, das im Projektteil dieses Buches ausführlich beschrieben wird, zitiert worden und war die Verkörperung des großen, ambivalenten Genius seines Erbauers.

Das Glas gab dem Haus seinen Namen, Maison de Verre, aber es ist auch sehr aufschlußreich, es an Le Corbusiers Vorstellungen vom Wohnhausbau zu messen. Le Corbusiers *Wohnmaschine* war eher metaphorisch als buchstäblich gemeint; das Maison de Verre ist jedoch wirklich eine Maschine.

Sowohl Mies' Büroturm von 1922 und Le Corbusiers Cité de Refuge waren Statements großartiger Ambitionen in bezug auf eine neue Glasarchitektur. Andere zeitgenössische Glasbauten demonstrierten aber eine neue Glasarchitektur mit buchstäblich mehr *Glaubwürdigkeit für die Straße*. Erich Mendelsohn war Mitglied im Arbeitsrat für Kunst, dem Vorläufer der Gläsernen Kette. 1927 entwarf er das Kaufhaus Petersdorff in Breslau, dessen große horizontale, geschoßhohe Verglasungen die Fassade umgreifen – dazwischen die leicht hervortretenden Geschoßdeckenkanten als expressive horizontale Gliederungselemente. Die gebogenen verglasten Gebäudeecken prägen das typisch expressionistische, imposante Erscheinungsbild.

Die Glasarchitektur wurde nicht nur in Form eines großen Kaufhauses öffentlich, sie zog auch in die Industrie ein mit dem herausragenden Van Nelle-Fabrikbau in Rotterdam (1927–1929) von Brinkman und Van der Vlugt. Mart Stam zeichnete verantwortlich für das Projekt. Die Glas-und-Metall-Fassade inspirierte Le Corbusier, dessen Cité de Refuge danach entstand. Mit seiner offenen Zurschaustellung der Konstruktion durch die Glaswände der Packhalle und ihren dynamischen glasverkleideten Förderbandbrücken was das Bauwerk nicht nur ästhetisch gewagt und engagiert, sondern verkörperte auch den sozialen Standpunkt, der im Völkerbund-Gebäude von Hannes Meyer (1926/27) zum Ausdruck kommt. Wie Meyer sagte: »Keine mit Säulen bewehrten Räume für müde Monarchen, sondern hygienische Arbeitsräume für die geschäftigen Vertreter ihrer Völker. Keine rückwärtigen Korridore für Hintertreppen-Diplomatie, sondern offene verglaste Räume für die öffentlichen Verhandlungen aufrichtiger Männer.«

93

94

96

96. Der Glaspavillon von George William Keck auf der *Century of Progress*-Ausstellung, Chicago (1934) – eine erstaunliche Demonstration architektonischer Virtuosität in Stahl und Glas. Für die Verglasung wurden im Erdgeschoß transluzentes Rippenglas, im mittleren Stock getönte Scheiben und im oberen Geschoß Klarglas eingesetzt.

Die Verbindung zwischen der Transparenz von Glas und der gesellschaftlichen Transparenz in der Demokratie prägte die ethischen Aspekte und den *ehrlichen Ausdruck* der Funktion. Entsprechend war Mies van der Rohes Büroturm eine ästhetische Determinante, und Le Corbusiers *mur neutralisant* eine technische. Die sozio-symbolischen, ästhetischen und technischen Möglichkeiten der Gestaltung mit Glas stellten eine kraftvolle Kombination dar und inspirierten die Bauten einer breiten Gruppe lose miteinander in Verbindung stehender internationaler Architekten, die in ganz Europa lebten und arbeiteten.

In den USA führten die Möglichkeiten der neuen Technologie im allgemeinen und des Glases im besonderen zu neuer Kreativität parallel zu den Entwicklungen jenseits des Atlantik. Der folgende Auszug aus einer der *Kahn-Vorlesungen* Frank Lloyd Wrights in Princeton, *Style in Industry* (gehalten 1930) verdeutlicht Wrights Auffassung des Baustoffs Glas:

»Glas bietet nun den völlig ungehinderten Durchblick, dünne Scheiben kristallisierter Luft, die Luftströmungen entweder aussperren oder innen halten. Man kann Glasflächen auch verändern, um den Blick so weit wie möglich völlig frei schweifen zu lassen. Die Tradition hat keine Regeln überliefert, die dieses Material als Mittel zur Erzeugung perfekter Sichtverhältnisse betreffen: Daher hat die Bedeutung von Glas als Kristall, als Poesie, noch keinen Eingang in die Architektur gefunden. Die ganze Würde der Farben und der Rohstoffe in allen anderen Baumaterialien kann fortan unberücksichtigt bleiben. Schatten waren die ›Pinselstriche‹ der historischen Baumeister. Laßt die modernen Architekten nun mit Licht malen – diffuses Licht, reflektiertes Licht, Licht um seiner selbst willen, die Schatten sind unentgeltlich. Die Maschine erst macht die vortrefflichen neuen Möglichkeiten des Glases ›modern‹.«

95

Für das Verwaltungsgebäude der Johnson Wax Company in Racine, Wisconsin (1936–1939) schuf Wright einen *Kraftakt* der Glastechnologie: Eine Verglasung aus Borosilikatglas-Röhren, die eine hervorragende Lichtdurchlässigkeit aufwiesen. Wright beschrieb selbst seine technische Lösung: »Glasröhren wie Backsteine in einer Mauerwand bilden alle lichtdurchlässigen Flächen. Licht dringt an der Stelle ins Gebäude, wo früher das Gesims war. Innen verschwindet die kastenförmige Konstruktion vollständig. Die Fassadenmauern, in die die Glasbänder eingelassen sind, bestehen aus hartem rotem Backstein und rotem Kasota-Sandstein. Das ganze Tragwerk ist aus Stahlbeton mit kaltgezogenem Gitternetz als Armierung.«

In dem Maße, in dem das neue Material den Markt eroberte, wurde Glas in jeder Hinsicht Teil der neuen Architektur. Das *Bildfenster* aus Mies van der Rohes Haus Tugendhat und Le Cobusiers Villa Savoye wurde dem Vokabular der Wohnarchitektur einverleibt; und das Schaufenster aus Spiegelglas (ohne Sprossenunterbrechung) wurde zum natürlichen Instrument des Warenvertriebs. Die Vorhangfassade war das Mittel der Wahl zur *Einkleidung* der neuen mehrgeschossigen Handelsbauten.

Glas nahm im architektonischen Schaffen der großen Designer der Vorkriegszeit einen hervorragenden Platz ein. Mit neuen Erzeugnissen und Techniken wurde Qualitätsglas zu einem Schlüssel für die Entwicklung schlichter, guter städtischer Bauten, damit war die Architektur vorbereitet, um nach den Erschütterungen des Zweiten Weltkrieges neue Aufgaben zu übernehmen.

2 Glastechnologie

1–3. Glaserzeugnisse wurden auch in den fünfziger Jahren so gefertigt wie seit Jahrhunderten überliefert: Gehilfen beim Aufnehmen der Glasschmelze zur Fertigung von Hochspannungsisolatoren in Ravenhead, 1945 (1). Ein Klumpen Glasschmelze wird zunächst mundgeblasen und gemarbelt, bevor er per Gebläse zur Isolierhülle geformt wird. Ravenhead 1953 (2). Eine fertig geformte Glashülle wird in den Kühlofen gebracht. Ravenhead 1957 (3).

Die Technologie des Grundstoffs Glas

Einer der zentralen Grundsätze der Architekturtheorie besagt, daß Materialkenntnis und ein feines Gespür für Materialqualitäten das Wesen erfolgreicher künstlerischer Kreativität ausmachen. Ebenso richtig ist, daß Produkt- und Industriedesign und ein präziser Bauplan auch ein gründliches Materialverständnis erfordern: wie die Materialien hergestellt werden, wie sie sich verhalten und warum so und nicht anders.

Die einzigartigen physikalischen Eigenschaften von Glas, die sich aus dessen chemischer Zusammensetzung und dem Herstellungsprozeß ergeben, haben zu einer Vielzahl von Formen und Verwendungen geführt. Für den Architekten sind es seine Licht- und Wärmestrahlendurchlässigkeit, seine Härte und Widerstandsfähigkeit, die Glas zu einem so zentralen Element in der Architekturgeschichte machen. Glas ist jedoch ein sehr trügerisches Material. Seine offensichtliche Ambiguität und Schönheit und die Assoziationen, die es weckt, haben dazu geführt, daß es unpassend und oft unüberlegt eingesetzt wurde, besonders in diesem Jahrhundert.

Bemerkenswerterweise ist die chemische Zusammensetzung von Glas seit zweitausend Jahren fast gleich geblieben. Herstellungsverfahren und im besonderen Bearbeitungs- und Veredelungstechniken sind jedoch weiter entwickelt und verbessert worden, was in unserem Jahrhundert die Anwendung von Glas revolutioniert hat. Und dieser Prozeß hat auch die Architektur verwandelt.

Wenn wir insbesondere die bemerkenswerte Beziehung von Glas zum Licht untersuchen, werden wir in der Lage sein, Glastransparenz zu analysieren und zu manipulieren und können auch erkennen, wie wir die Architektur-Palette erweitern können, indem wir Glas mit anderen Materialien kombinieren und vielfältige, vielschichtige Variationen schaffen, die für die Zukunft vielversprechend sind.

1

2

3

Struktur, Chemie und physikalische Eigenschaften von Glas

Glas ist ein anorganisches Schmelzprodukt, das erstarrt ist, ohne Kristalle zu bilden. Diese technische Definition ist weniger attraktiv als die übliche Beschreibung von Glas als unterkühlte Schmelze: Seine Molekularstruktur ist amorph wie bei einer Flüssigkeit, es ist jedoch fest.

Normalerweise wird ein Element oder ein chemisches Gemenge bei seiner Erstarrung mikro-kristallin und opak. Zum Glück für den Menschen und seine Bauten verhalten sich nicht alle Rohstoffe so. Die Oxide von Silizium, Bor, Germanium, Phosphor, Arsen und bestimmten anderen Rohstoffen (Glasbildner genannt) behalten typischerweise beim Erhitzen bis zum Schmelzen und beim anschließenden sorgfältigen Abkühlen eine amorphe, nicht-kristalline, transparente Struktur. Die verschiedenen Glassorten sind nicht die einzigen uns bekannten durchsichtigen, festen Materialien. In unserem Jahrhundert sind viele transparente Kunststoffe hinzugekommen. Glas ist jedoch einzigartig, da es hart wie Stein ist und nicht verwittert.

Nur mit den Glasbildnern allein konnten zu keinem Zeitpunkt die gewünschten Glasarten zu einem akzeptablen Preis hergestellt werden, denn sie wurden meist aus stark verunreinigten Rohmaterialien gewonnen. Zudem erforderten die Herstellungstechniken von Glas bereits in früheren Zeiten den Zusatz anderer Stoffe, die ihrerseits die Eigenschaften der Glassorten mitbestimmten.

Diese Eigenschaften hängen letztlich von den verwendeten Glasbildnern ab, von deren Verunreinigungen und anderen Beimischungen, welche die Herstellung erleichtern und die Qualität des Endprodukts verbessern. Die Entwicklungsgeschichte von Glas ist geprägt von der Suche nach geeigneten Mischungen. An erster Stelle stand bis zum 20. Jahrhundert der Quarzsand, das heißt das Siliziumdioxid. Silizium in Form von Quarzsand ist ein in der Erdkruste sehr häufig auftretendes Element. Wie bei den meisten Rohstoffen, die durch Extraktion gewonnen werden, ist Siliziumdioxid aus normalem Sand sehr unrein, es ist vermischt mit anderen Oxiden wie Eisen- oder Erdalkalimetalloxiden. Während die Photonen-Absorption (das heißt die effektive Hemmung der Lichtdurchlässigkeit) bei reinem Kieselglas nahezu keine Rolle spielt, weisen die Verunreinigungen für bestimmte Teile des Lichtspektrums extrem hohe Photonenabsorptionswerte auf. Nur ein Gramm Eisenoxid in einem Kilogramm Siliziumdioxid verleiht Glas den charakteristischen grünlichen Schimmer. Dieses eine Gramm zu entfernen, ist kostspielig, was erklärt, warum *wasserweißes* Glas – absolut klar ohne die grünliche Färbung von normalem Kalknatronglas – nicht gebräuchlich ist. Eisenoxid erhöht zusätzlich die Absorptionsfähigkeit des Glases für Infrarotstrahlen. Dies fördert den Schmelzvorgang, da ein Gemenge mit diesem Zusatz Hitze besser absorbiert. Deshalb wird dem Gemenge manchmal Eisenoxid zugesetzt, um eine gleichmäßige Färbung zu erreichen und die Schmelzkosten zu reduzieren.

Während der Glashersteller die Verunreinigungen im Quarzsandextrakt zwar für bedauerlich, aber unvermeidlich hält, ist er sehr darauf bedacht, gewisse andere Stoffe zuzusetzen, die den Herstellungsprozeß fördern und bestimmte Qualitätsaspekte verbessern. Zunächst einmal braucht er Flußmittel, welche die Schmelztemperatur herabsetzen. Der Schmelzpunkt reinen Siliziumdioxids liegt bei 1705°C, wenn man jedoch Rohmaterialien wie Natrium-, Kalium- oder Boroxid hinzufügt, reduziert er sich auf 1600°C. Die geringere Temperatur stellt erheblich niedrigere Anforderungen an die technischen Installationen und verursacht weniger Energiekosten. Außer diesen Chemikalien sind Glasscherben ein ausgezeichnetes Flußmittel und bilden einen normalen Bestandteil aller Glassorten. Andere Materialien werden als Schmelz- und Veredelungsmittel zugesetzt und tragen dazu bei, Luftblasen und andere Mängel in der Blankschmelze zu entfernen. Eines der Probleme der Glasmacher in früheren Zeiten war die Vermeidung der Kristallisation. Dies wurde durch Zusatz von Aluminiumoxid, das die Schmelze zähflüssiger macht, erreicht. Andere Beimischungen waren Stabilisatoren zur Erhöhung der chemischen Festigkeit.

5

4

4,5. Glasschmelze: Die Grundlage jeder Glasfertigung ist das Schmelzen von Quarz oder quarzähnlichen Bestandteilen mit Zusätzen verschiedener anderer Substanzen und das anschließende sorgfältig kontrollierte Abkühlen des Glasklumpens beim Formen zwecks Viskositätskontrolle und Vermeidung von Kristallbildung.

6
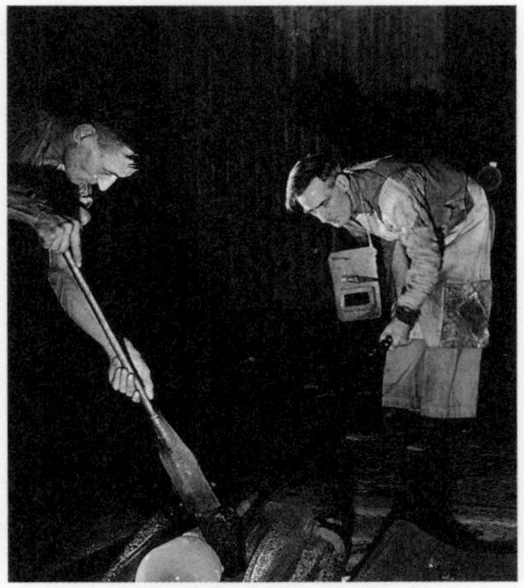

8

7

9

6–8. Die Formgebung: Zur Herstellung von farbigen Glastafeln wird die Glasschmelze unter Drehen in einer Form zum Zylinder aufgeblasen (6). Die Zähflüssigkeit des abgekühlten Glases erlaubt das Formen bei Raumtemperatur (7). Eine Mondglasscheibe klebt am Ende der Glasbläserpfeife und wird gedreht (8).

9. Gußglasherstellung: Viele Jahrhunderte lang wurde Flachglas durch Auswalzen erzeugt; das maschinelle Walzverfahren wird auch heute noch angewandt, um Struktur- und Spezialglasscheiben herzustellen.

Glasherstellung

Glas ist nicht nur das Ergebnis der richtigen chemischen Mischung. Die Glasherstellung ist ein Sieg der Technik über die Viskosität und über die technische Schwierigkeit, während des Herstellungsprozesses die chemischen Strukturen zu beherrschen.

Zu sagen, Glas sei *ein anorganisches Schmelzprodukt..., das erstarrt ist, ohne Kristalle zu bilden*, heißt einen Prozeß beschreiben, der die Erfindungskraft des Menschen seit Jahrhunderten auf eine harte Probe gestellt hat. Wie schon gesagt, unterscheiden sich Glasbestandteile von anderen Rohstoffen dadurch, daß sie leichter gekühlt werden können, ohne dabei Kristalle zu bilden, welche die Durchsichtigkeit beeinträchtigen. *Leichter* heißt jedoch noch lange nicht *leicht*, und die Vermeidung der Kristallisation ist ein Hauptmerkmal der Handwerkskunst und Geschicklichkeit des Glasmachers.

Die Glasherstellung ist im wesentlichen sehr einfach und erfolgt in drei Schritten: Schmelzen, Formen und allmähliches, kontrolliert-gleichmäßiges Abkühlen. Beim Schmelzvorgang entsteht eine flüssige Masse, in der die verschiedenen Rohstoffe völlig geschmolzen und vermischt sind. Das Formen geschieht, während die Temperatur der Glasschmelze sinkt, die dadurch immer zähflüssiger wird, bis sie formbar ist. Der dritte Arbeitsgang ist das Kühlen des Glasstücks; in der Glasindustrie bedeutet dies das kontrollierte Wiedererhitzen und Abkühlen zur Erzielung der gewünschten physikalischen Beschaffenheit. Für den Glasmacher bedeutet der Kühlvorgang das allmähliche Senken der Temperatur im Kühlofen bis zu dem Temperaturgrad in der Kühlkurve, bei dem das Glas endgültig erstarrt, ohne kristallin zu werden. Die Geschicklichkeit des Glasbläsers besteht darin, sein Glasstück durch alle drei Arbeitsgänge hindurch rasch, gleichmäßig und ohne Unterbrechung zu bewegen.

Die Herstellung von Glaserzeugnissen für andere Industriezweige als die Bauindustrie erlebte Ende des 19. Jahrhunderts einen Aufschwung. Damals wechselten die Herstellungstechniken von der aus Erfahrung schöpfenden Handwerkskunst zur industriellen Produktion auf der Basis von Ingenieurwissenschaften und erweitertem Wissen über die Chemie und Physik der Materialien.

Preßglas (Grundlage der Herstellung von Glasbausteinen) war Gegenstand eines amerikanischen Regierungsberichts von 1884. Damals entwickelte sich auch die automatisierte Flaschenproduktion von Herstellern wie Michael Owens, der 1888 Partner in der W. L. Libbey & Son Co. wurde und einen der großen Firmennamen der Glasindustrie begründete, Libbey-Owens. Ende des 19. Jahrhunderts wurde auch die Walzmaschine für Glasscheiben erfunden. Mason und Conquerors Glaswalzmaschine wurde 1884 patentiert. Bereits zehn Jahre später wurden Drahtglas- und beidseitig geprägte Ornamentglasscheiben im Einfach- oder Doppelwalzverfahren gefertigt.

Im späten 19. Jahrhundert führten Versuche mit dem Ausziehen von dünnem Flachglas schließlich zur erfolgreichen Entwicklung mehrerer konkurrierender Verfahren, in Belgien besonders der Fourcault-Technik, in Amerika der Colburn-Libbey-Owens-Methode und des von der Pittsburgh Plate Glass Company (PPG) entwickelten sogenannten Pittsburgh-Verfahrens, das eine Kombination der beiden anderen darstellte.

Die erste Hälfte des 20. Jahrhunderts war eine Blütezeit der Glasarchitektur. Technik und industrielle Produktion wurden kontinuierlich weiterentwickelt, ohne daß eine völlig neue Technologie hinzukam. Mitte des 20. Jahrhunderts wandte die Glasindustrie bereits drei verschiedene Flachglas-Produktionsmethoden an: Dünne Scheiben wurden im Ziehverfahren gefertigt, dickere (für größere, widerstandsfähigere Flächen) im Gußverfahren; Drahtglas- und Ornamentglasscheiben wurden im Walzverfahren hergestellt.

Nach dem Zweiten Weltkrieg kamen Neuerungen auf, welche die Glasherstellung und damit deren Produkte völlig verändern sollten. Noch 1950 war Tafelglas das vorherrschende Material zur einfachen Gebäudeverglasung, wovon etwas über 70% im Fourcault-Verfahren, 20% im Libbey-Owens-Verfahren und der Rest im Pittsburgh-Verfahren gefertigt wurden. Im Oktober 1952 begann Alastair Pilkington, mit Metallschmelzen als Unterlage, für das aus der Maschine kommende Glasband zu experimentieren.

Das Prinzip war einfach und bestechend: das Glasband sollte auf der Metallschmelze schwimmen (float), anstatt auf harten Walzen geführt zu werden. Dadurch, so dachte man, würde man beidseitig völlig ebene, glatte und wie polierte Oberflächen erzielen, die nicht weiter bearbeitet zu werden brauchten. Alastair Pilkington meinte: »Da die Metalloberfläche absolut eben ist, werden die Glasplatten ebenfalls absolut eben. Die natürlichen Kräfte von Eigengewicht und Oberflächenspannung verleihen ihm außerdem eine perfekte Gleichgewichtsdicke.« Man mußte nur noch ein Metall mit dem geeigneten Schmelzpunkt finden, der vorzugsweise unter dem Schmelzpunkt von Glas lag (damit die Materialien sich gegenseitig flüssig hielten), und von einer ausreichend hohen Dichte, damit das Glasband nicht in der Metallschmelze versank, sondern darauf schwamm. Idealerweise sollte das Glas soviel flüssiges Metall verdrängen wie eine Fensterglasscheibe, die dick genug war, um bei einer Fläche von wenigen Quadratmetern ihr Eigengewicht zu halten, und dünn genug, um in bezug auf Materialeinsatz wirtschaftlich effizient zu sein.

10

11

12

13

10. Hier wird das fortlaufende Glasband zu großen Glasscheiben geschnitten, die dann poliert werden. Cowley Hill, 1957.

11. Eine fertige Glasscheibe wird vom Poliertisch gehoben.

12. Ein Floatglaswerk. Der hohe Turm steht am Anfang der Produktionsstraßen und enthält das Glasgemenge.

13. Computertechnik ist für den Herstellungsprozeß unerläßlich. Sie steuert die Glasstärke, das Aussortieren von defekten Scheiben und den endgültigen Zuschnitt des Glasbands in Standardgrößen zur Lagerhaltung.

Zinn wurde als das ideale Metall gewählt: Es hat einen Schmelzpunkt von 232°C und eine Dichte von 7285 kg/m³ gegenüber den 1725°C und 2650 kg/m³ von Siliziumdioxid, dem Haupt-Glasbildner. Die Erfinder erkannten, wie wichtig es war, die Temperaturen und das Gasgemisch, das zur Vermeidung von Oxidation von oben auf Glas und Metallbett geblasen wurde, strikt zu kontrollieren. Ihnen war auch die Bedeutung der äußeren Bedingungen der Fabrikanlage für eine derartige Glasproduktion bekannt. 1954 ging die erste Pilotanlage in Betrieb, und 1962 war die Floatglasproduktion wirtschaftlich erfolgreich.

Die natürliche Verdrängungstiefe – 6 mm – des flüssigen Glasbands in der Zinnschmelze führte dazu, daß die ersten Floatglasplatten in dieser Stärke lieferbar waren und dem Spiegelglas Konkurrenz machten.

Nach fünf Jahren – in denen man Techniken entwickelte, um die Ziehgeschwindigkeit des Glases im Zinnbad zu variieren – waren Floatglasscheiben in verschiedenen Stärken zu haben. Das Floatverfahren ersetzte bald das Gußverfahren in der Produktion von dickeren Scheiben, und Mitte der achtziger Jahre produzierte Pilkington damit ausreichend dünne Glasscheiben, um sie als Ersatz für die von der Autoindustrie gefertigten Scheiben anzubieten. Dadurch schrieb die Firma sozusagen das Todesurteil für die Flachglasherstellung per Ziehverfahren in den Industrieländern.

Das Floatverfahren bietet nahezu perfekte Fertigungsbedingungen. Als es auch zur Herstellung von dünnen Scheiben (4 mm oder weniger) angewandt werden konnte, ersetzte es das frühere Tafelglas bei der Verglasung von relativ kleinformatigen Flächen. Floatglasscheiben haben nicht die bei anderen Flachglasverfahren entstehende, wie glasiert wirkende glänzende Oberfläche, die Berührungsfläche mit der Zinnschmelze ist unvermeidlich etwas matter. Dennoch überwiegen die Vorteile variabler Glasstärken und der kontinuierlichen Produktion, so daß Floatglas heute bei der Flachglasherstellung überwiegt.

Floatglas wird in einem voll automatisierten, elektronisch gesteuerten Werk produziert und verwandelt einen der billigsten und in Unmengen überall in der Welt verfügbaren Rohstoff in eine fast makellos durchsichtige Platte. Obwohl der hohe Kapitaleinsatz für ein solches Werk (etwa 240 Millionen DM) die weltweite Verbreitung der Floatglasherstellung zunächst hemmte, ist das Verfahren jetzt so erfolgreich, daß in vielen Ländern derartige Werke entstehen.

Die Technik hat jedoch auch Nachteile. Die Anlage muß rund um die Uhr an sieben Tagen die Woche während des ganzen Jahres unaufhörlich arbeiten. Eine Unterbrechung bedeutet, daß das Zinn erstarrt und die Anlage sich »festfrißt«. Von noch größerem Nachteil ist die zeitraubende Veränderung der Glasmasse, wenn man verschiedene getönte Gläser herstellen will. Die Fertigung von getönten Glasscheiben im Floatverfahren erfordert die Beigabe von weniger als einem halben Prozent des Gesamtgewichts einiger weniger Zusätze,

14

15

16
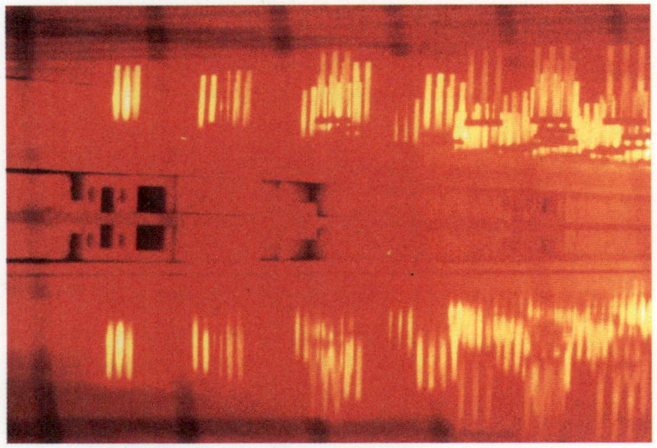

14–17. Das Floatglasverfahren revolutionierte die Flachglasherstellung und ist heute weltweit vorherrschend: die Rohstoffe in der *Hopperschute* (14). Die Schmelzwanne erhitzt das Gemenge auf bis zu 1600°C (15). Die Glasschmelze fließt auf das Zinnbad; mittels Computersteuerung kann die Glasdicke bis auf winzige Toleranzgrößen gleichmäßig gehalten werden (16). Das Glas wird dann im Kühlkanal langsam und kontrolliert gekühlt, bevor es maschinell zugeschnitten wird (17).

so daß eine neue Farbeinstellung der Produktionsanlage mehrere Tagesleistungen kosten kann, bis eine gleichmäßige Tönung erreicht ist. Die einzige Alternative ist, für jede Tönung eine eigene Floatlinie zu betreiben, was an die Produktionsplaner in bezug auf die Absatzprognosen für jede Tönung große Anforderungen stellt. Diese Schwierigkeiten bedeuteten für ein Bauwerk wie die Louvre-Pyramiden in Paris (s. S. 128), daß deren *wasserweiße* Glasscheiben wieder im alten Gußverfahren gefertigt werden mußten.

Es gab andere Versuche, die Farbpalette von Floatglas zu bereichern, zum Beispiel die sogenannte *Elektro-Float-Technik*, bei der Strom durch das Glas in das Zinnbad abgeleitet wird, wobei Metallpartikel in das Glasband eindringen. Der differenzierte, oder sollte man sagen launische Charakter des Markts verhinderte jedoch, daß sich diese Glasarten durchsetzten.

Die schwer zu definierenden Bedarfsmengen an getönten Glasscheiben haben in Verbindung mit den zunehmenden Ansprüchen in bezug auf deren spektrale Eigenschaften die Anzahl der bestellten und eingebauten Scheiben begrenzt. In den sechziger und siebziger Jahren erkannten Architekten zum Beispiel, daß getönte Gläser einen unerwünschten Lichtausschluß verursachen. Zudem beklagten Gebäudenutzer bei grau- oder bronzegetönten Scheiben die *Gewitterstimmung*, die diese in die Räume brachten. Das Argument, getönte Scheiben würden die Sonneneinstrahlung reduzieren, war nicht überzeugend, besonders nicht in gemäßigten Klimazonen.

Die Flachglasproduzenten mußten sich also nach anderen Möglichkeiten umsehen, wenn sie umsatzsteigernde und bedarfsgerechtere Erzeugnisse anbieten wollten. So setzten sich die vergleichsweise neuen Beschichtungstechniken schon bald erfolgreich durch. Die Flachglasindustrie befaßt sich daher zunehmend mit der Erzeugung von farblosem Glas in hoher Qualität – ein Basisprodukt für den Gestalter von Verglasungen, das er in immer raffinierter konzipierten Glasgebäudehüllen einsetzen kann. Es ist

17

zugleich ein Substrat für hauchdünne Beschichtungen. Für die Produzenten von Glas als Baustoff ist es jetzt Zeit, sich um flexible Produktionsweisen zu kümmern und um die Verbesserung der mechanischen Eigenschaften von Glas. Die Entwicklung von Online-Beschichtungen, das heißt von Beschichtungen, die auf das noch heiße Glasband aufgebracht werden, und die Herstellung von Borosilikat-Glasscheiben im Floatverfahren weisen darauf hin, daß diese Produktionsmethode in eine neue Phase eintritt.

Physikalische Eigenschaften

Im Hinblick auf die ungewöhnliche chemische Struktur und die Herstellungstechnik von Glas verwundert es nicht, daß Glasprodukte selbst bemerkenswerte Eigenschaften haben. Dieses Buch beschäftigt sich mit Glas als einem Baustoff, der wie jedes andere Material am Bau bestimmte Leistungen erbringen muß. In der Architektur interessieren besonders die thermischen und

18

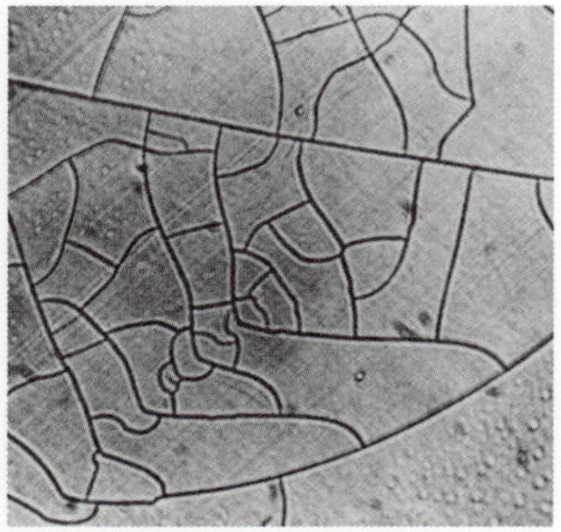

mechanischen Eigenschaften, und hier vor allem die Festigkeit.

Die thermischen Qualitäten von Glas im allgemeinen und Kalknatronglas im besonderen bilden die Grundlage seiner Leistung – und seines Versagens. Es hat einen linearen Wärmeausdehnungs-Koeffizienten von etwa 10×10^{-6} K^{-1}; Kohlenstoffstahl hat dagegen $11 x 10^{-6}$ K^{-1} und eine typische Aluminiumlegierung 22×20^{-6} K^{-1} bei 20°C. Die Zusätze im Glas sind hochwirksam: Reines Siliziumdioxid hat einen zwanzigfach niedrigeren Wärmeausdehnungs-Koeffizienten als Kalknatronglas.

Während der Ausdehnungsgrad von Kalknatronglas dem anderer

18. Griffithsche Risse: Die kleinsten Glasbeschädigungen können Oberflächenrisse verursachen, die sich meist negativ auf die Festigkeit auswirken.

19. Oberflächenrisse in Borosilikatglas. Derartige Haarrisse kommen in fast allen Glasarten vor und sind für deren relativen Mangel an Festigkeit verantwortlich.

20. Eine Glasfaser unter Belastung. Wie schwach Glas auch immer für konstruktive Zwecke erscheinen mag, fein ausgezogen ist es in Wirklichkeit äußerst widerstandsfähig. Deshalb zerbrechen Glasfaserkabel auch unter Belastung nicht.

19

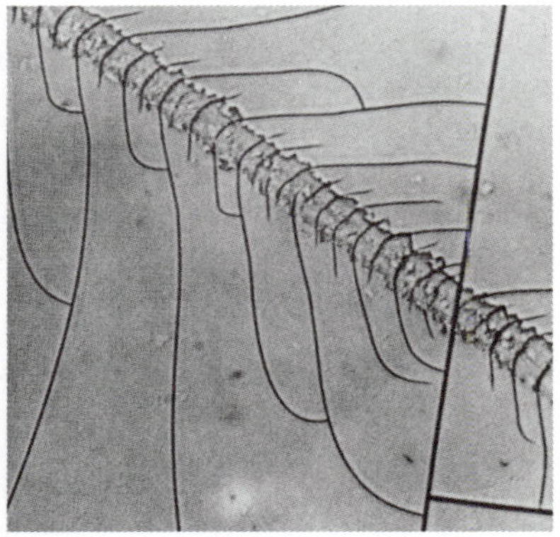

Baumaterialien einigermaßen ähnelt, liegt seine Wärmeleitfähigkeit sehr niedrig: zwischen 0,8 und 1,3 w / (m · K); der einer typischen Aluminiumlegierung beträgt über 200 und der eines normalen Kohlenstoffstahls 60–70. Somit liegt die Wärmeleitfähigkeit von Glas der von Wasser näher: 0,6 w / (m · K).

Das Verhalten von Glas unter rasch wechselnden Temperaturen wird bestimmt vom Wechselspiel dieser beiden Eigenschaften in einem Material, dessen Struktur nicht kristallin ist und das im allgemeinen unter dem Mikroskop eine unregelmäßige Oberfläche mit Mikrorissen (sogenannte Griffithsche Risse) zeigt. Die Sprödigkeit von Kalknatronglas macht es zusammen mit seinen thermischen Eigenschaften zu einem Material, das als Baustoff viel zu wünschen übrigläßt. Wenn man ein Stück Glasscheibe erhitzt, dehnt sich das Glas in üblicher Weise aus, die Wärme greift aber nicht auf angrenzende Flächen über, die Wärmeausdehnung bleibt also lokalisiert. Aufgrund seiner geringen Oberflächenspannung geht es leicht zu Bruch. Man muß allerdings zugeben, daß die Leichtigkeit, mit der es geritzt und gebrochen werden kann, die Produktion und das Zuschneiden sehr erleichtert.

Die andere wesentliche thermische Eigenschaft, die spezifische Wärme, stellt Glas in eine Reihe mit den anderen Baumaterialien. Spezifische Wärme bezeichnet die für den Temperaturanstieg eines Stoffes erforderliche Wärmemenge. Ihr Wert liegt in Kalknatronglas bei etwa 0,85–1,0kJ / (kg · K)$^{-1}$, in Aluminium bei 0,9, ungefähr 0,5 in Flußstahl und bei 4,19 in Wasser. Daraus ersieht man, daß Glas ungefähr die gleiche Wärmemenge aufnimmt wie viele Metalle.

Viele der mechanischen Eigenschaften von Glas sind wesentlich komplexer als die thermischen und Ergebnis seiner Molekularstruktur. Festigkeit ist ein komplexes Phänomen, das man nicht auf nur ein Kriterium festlegen kann. Ein Material, das einer Art von Belastung standhält, kann bei einer anderen Art von Beanspruchung versagen. Daher haben Bauingenieure verschiedene Materialien miteinander kombiniert und gemischt, und deswegen ist Stahlbeton ein so beliebtes Tragwerkmaterial. Glas wird traditionell als druckfest eingestuft, aber als schwach gegenüber Zugbelastung. Eingehende Untersuchungen zeigen, daß seine Festigkeitsmerkmale nicht so einfach zu definieren sind.

Das Wort Festigkeit in Verbindung mit Baustoffen ist uns geläufig, aber in bezug auf Belastbarkeit oder Versagen ist sie in der Welt des Materialprüfers eine hochkomplizierte Angelegenheit. Im Fall von Glas ist sie auch noch ziemlich spekulativ, denn sie zeigt eben nicht das für Baumaterialien übliche *nützliche* Verhalten.

Bauingenieure, die sich am meisten mit Festigkeit und Versagen befassen, gründen ihre Beurteilung von Baumaterialien und deren Bestandteilen auf Wahrscheinlichkeitsbetrachtungen und statische Berechnungen. Einige Baustoffe haben sich aufgrund ihrer Beschaffenheit den Ruf erworben, *konstruktiv fest* zu sein, andere nicht. Dies liegt ebenso in der Architekturgeschichte, in Konvention und Gewohnheit begründet wie im tatsächlichen Verhalten. So werden Stahl und Beton heute als konstruktiv eingestuft, während Naturstein – Tragwerksgrundlage einiger der größten Bauten, die jemals errichtet wurden – in der Bauingenieur-Liste der *echt* konstruktiven Materialien herabgesetzt worden ist.

Bei der Tragwerksplanung ist es erforderlich, zunächst eine Konfiguration von Materialien mit *bekannten* Eigenschaften anzunehmen und sie dann zu berechnen und aufeinander abzustimmen, oft in Iterationsreihen. Wesentlich bei diesem Prozeß ist die Einarbeitung von Leistungskriterien, die sich meist auf

20

21
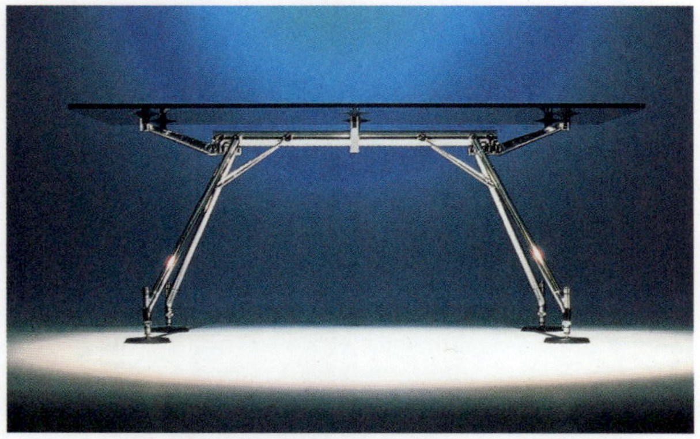

Spannungsfestigkeit beziehen. Der Bauingenieur interessiert sich für die Fähigkeit eines Bauteils, Belastungen standzuhalten, und zwar in einer vorher zu berechnenden Weise. Das Wissen um das Verhalten von Materialien ist im wesentlichen im 19. Jahrhundert entwickelt worden.

Ein Hauptwert der Festigkeit ist der Elastizitätsmodul, im Englischen *Young's Modulus* genannt nach Thomas Young, der auch die Wellentheorie des Lichts aufstellte. Young war ein mathematisches Multitalent und veröffentlichte 1807 seine Schrift über Materialfestigkeit. Da er sich jedoch nicht verständlich ausdrückte, blieb es dem französischen Ingenieur Claude Navier vorbehalten, Youngs Theorie 1826 auf eine einfache mathematische Formel zu bringen: E (Elastizitätsmodul) = Spannung/Dehnung. Der E-Modul eines Materials spielt bei der Tragwerksberechnung in Verbindung mit dem entsprechenden Konzept der Steifigkeit einer Form eine Rolle.

Außer diesen beiden Werten (Spannungsfestigkeit eines Baustoffs, und Steifigkeit eines Bauteils) muß auch die Möglichkeit des Materialversagens berücksichtigt werden, das heißt der Punkt, an dem ein Material aus irgendeinem Grund seinen Dienst versagt.

Steifigkeit, Festigkeit und Haltbarkeit beziehen sich alle auf die innere Struktur eines Materials und – wie schon festgestellt – auf die Beschaffenheit seiner Oberfläche. Die Komplexität des Problems und der Vorstellung von einem *starken* Material wird um so deutlicher, wenn es etwa um eine Metall-Legierung oder um Stahlbeton geht. Es ist dann nicht länger von Nutzen, sich Festigkeit als Manifestation molekularer Verbindungen vorzustellen; der Bauingenieur muß sich auf Versuche, Tabellen, Sicherheitswerte und andere im wesentlichen empirische Daten stützen.

Ganz wichtig für den Entwurf und die Planung von Tragwerken ist der Sicherheitsbeiwert (vorhergesagte Zuverlässigkeit). Und gerade in diesem Bereich hat der Baustoff Glas trotz seiner bekannten Druck- und Zugfestigkeit die Versuche der Architekten vereitelt, ihn konstruktiv einzusetzen. Seine Sprödigkeit hat verständlicherweise verhindert, daß sein statisches Verhalten untersucht wurde. Daher rührt auch seine niedrige Bewertung in bezug auf den *Weibull-Modul*, der die Festigkeit und Beständigkeit bezeichnet und Variationen der Probenstärke berücksichtigt. Aufgrund eines Zufallstreffers in der Technikgeschichte hat Glas jedoch eine zentrale Rolle bei der Untersuchung von Material- und Tragwerkseigenschaften gespielt, und zwar als Baustoff, dessen Verhalten ganz allgemein Aufklärung über die Eigenschaften von tragenden Strukturen geben kann.

Die erwähnten feinen Risse in der Glasoberfläche (aufgrund von Hitzeeinfluß entstanden) entdeckte A. A. Griffith, als er nach dem Ersten Weltkrieg seine klassischen Testreihen zu Festigkeit und Bruch an Glas am englischen Royal Aircraft Establishment durchführte. J. E. Gordon hat darauf hingewiesen, daß Griffiths Studie zur Glasfestigkeit die Grundlagen des späteren Wissens um das Versagen großer Konstruktionen legte. Griffith war bekannt, daß die meisten Materialien nicht endlos belastbar sind, sondern irgendwann versagen, und untersuchte daher die Schadensursachen und die Beziehungen zwischen Oberflächenenergie, Oberflächenspannung und -dehnung. Im Zentrum seiner Studie stand die Hauptquelle aller Kräfte: die Interaktion von Atomen.

Die Zugfestigkeit aller Materialien hängt schließlich von der Adhäsion der Atome ab, und für Glas ist typisch, daß große Proben bei weitem nicht so fest sind wie kleine, und auch weniger fest als theoretische Berechnungen auf der Grundlage der inneren Kräfte vermuten lassen. Griffith testete Glasstäbe von 1 mm Durchmesser und fand heraus, daß sie bei einer Zugspannung zerbrachen, die hundertfach niedriger war als in der theoretischen Berechnung. Er machte den gleichen Versuch mit Glasfasern bis zu einem Durchmesser von 0,002 mm und stellte fest, daß sie immer widerstandsfähiger wurden, je dünner sie waren.

Griffith stellte die These auf, die Schwäche von Glasteilen beruhe darauf, daß es feste Stücke mit inneren Fissuren seien. Er meinte, diese entstünden vielleicht dadurch, daß die Moleküle beim Kühlungsvorgang nur unzureichend assoziierten. Forschungsarbeiten von E. N. da C. Andrade aus dem Jahre 1937 zeigten die Muster dieser Griffithschen Risse in Glas, möglicherweise waren es aber auch Natriumätzspuren. John Morley, der 1952 in England tätig war, demonstrierte zwar, daß sorgfältig hergestellte dicke Glasstäbe und -fasern von hoher Festigkeit sein konnten, aber die Wissenschaftler erkannten, daß die Festigkeit von Glas durch Oberflächenkratzer deutlich abnahm. Dieses Phänomen trat nicht auf,

22
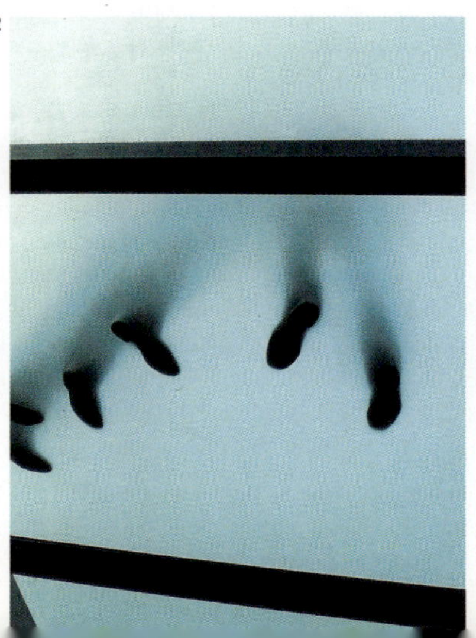

23

21–23. Glasfestigkeit: *Nomos* Glastisch von Foster Associates (21). Trotz Sprödigkeit ist Glas als Tischplattenmaterial sehr beliebt. Glasrampe, Cresent Wing, Sainsbury Centre for The Visual Arts, Norwich, 1988–1991 (22). Glasbrüstung der Queen's-Tribüne auf der Epsom Pferderennbahn von Richard Horden Associates, 1992 (23). Bei dieser Brüstung werden die Festigkeitseigenschaften von Glas genutzt, unterstützt durch die geschwungene Konfiguration. Sie bietet Schutz bei minimaler Sichtbehinderung. Vor dem Einbau wurde die Brüstungskonstruktion einem extremen Belastungstest unterzogen, wobei praktisch keine Verformung auftrat.

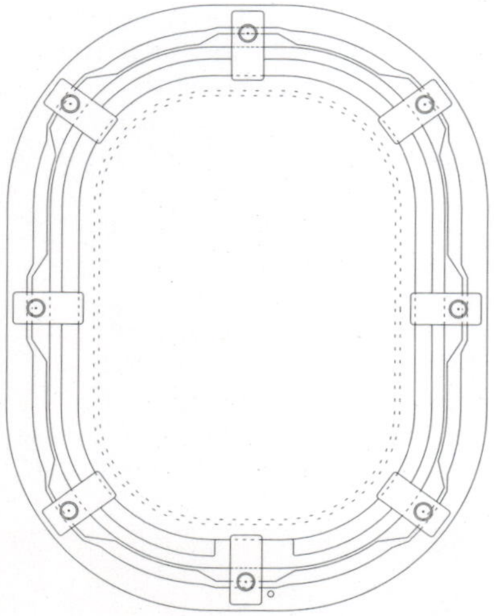

Aufriß

24

Schnitt

24. Flugzeugfenster von Hawker Siddeley Aviation, 1975. Im Flugzeugbau müssen extrem leichte Materialien mit hoher Festigkeit, insbesondere Stoßfestigkeit, verwendet werden. Die Suche nach Alternativen zu Glas ist hiervon bestimmt worden.

25. Glasverwitterung an der Kathedrale von Chartres. Die Glasfenster zeigen, daß die matte Außenfläche die von innen sichtbare Leuchtkraft Lügen straft und sich dem Erscheinungsbild des langlebigen Steinrahmens anpaßt.

25

wenn die Oberfläche durch Beschichtung geschützt wurde, und Griffithsche Risse werden seither mit Oberflächenschädigungen in Verbindung gebracht.

Glas verliert nicht nur aufgrund der Oberflächenschädigung an Festigkeit, sondern auch durch lokalisierte Kristallbildung. Wenn sie stattfindet, und sei es auch nur in winzigen Bereichen, verdichtet sich die Molekularstruktur des Materials an diesen Stellen und zieht das Glas zusammen. Diesen Prozeß nennt man *Entglasung*. Sowohl die Griffithschen Risse als auch die Entglasung führen zu der Annahme, daß Glas eine relativ geringe Zugfestigkeit besitzt. Es erstaunt daher nicht, daß die Stabilisierung von Glas mittels chemischer oder anderer Mittel die Glashersteller schon immer stark beschäftigt hat, besonders aber in der zweiten Hälfte des 20. Jahrhunderts.

Bei den Besonderheiten und den offensichtlichen Schwächen von Glas wäre es leicht, es als konstruktives Material zu verwerfen. Tatsächlich kann Glas aber trotz seiner Sprödigkeit durchaus tragende Funktionen übernehmen, und Architekten wie Tragwerksplaner nutzen zunehmend sein konstruktives Potential. Von vorkragenden Balustraden zu tragenden Wänden, Dächern und Balken: Sie werden alle schon in Glas ausgeführt, immer natürlich in Form von Sicherheitsglas, bei dem die Oberflächenfehler meist dadurch kompensiert werden, daß die gesamte Fläche unter erhöhte Druckspannung gesetzt wird.

Im Hinblick auf die Verwendung von Glas in der Architektur und im Produktdesign ist Festigkeit mit einem anderen glaseigenen Problem verbunden: Gewicht. Glas wird allgemein als schweres Material angesehen. Hierin liegt Ironie, wenn man bedenkt, daß es gleichzeitig für schwach und spröde gehalten wird, was teilweise ja auch stimmt.

Die Dichte von reinem Kieselglas beträgt 2200 kg/m³, die von Kalknatronglas (mit Beigaben) liegt 12% höher bei 2470–2490 kg/m³. Zum Vergleich: Aluminium und Marmor haben eine Dichte von 2700, Flußstahl von 7900 kg/m³. Bei Hölzern schwanken die Werte, gewöhnlich zwischen 500 und 900 kg/m³, bei transparenten Kunststoffen liegen sie zwischen 1100 und 1200, nur etwas höher als bei Wasser. Aus diesen Zahlen ist ersichtlich, daß Glas *leichter* ist als Aluminium, und Stahl dreimal so *schwer* wie Glas. Das eigentliche Problem bei Bauglas ist aber das Verhältnis zwischen Festigkeit und Gewicht. Da Glas leicht zu Bruch geht, muß es in ausreichender Stärke eingesetzt werden, ob als Tischplatte oder als Baumaterial. Das ist, gelinde gesagt, bedauerlich. Sein Elastizitätswert liegt auf etwa gleicher Höhe wie der von Aluminium, aber alle Architekten wissen, daß sie bei großen Glasflächen ausreichend dicke Scheiben verwenden müssen. Eine 10 mm oder 15 mm dicke Aluminiumplatte ist im Bau äußerst selten, eine derart starke Glasplatte jedoch ganz normal.

Wenn es uns gelingt, Glas widerstandsfähiger zu machen, werden wir auch seinem Ruf der Schwere ein Ende bereiten, besonders wenn wir durchsichtige Kunststoffe mit Glas kombinieren können. Die Flugzeugindustrie hat diese Lektion bereits gelernt, wie jeder Flugreisende feststellen kann. Flugzeugfenster stellen den klassischen Ausgleich der Vor- und Nachteile von Glas und transparenten Kunststoffen dar. Die Fenster in der Passagierkabine sind viel leichter als ein konventionelles Gebäudefenster, ihre Oberfläche kann aber auch viel leichter zerkratzt werden. Die Windschutzscheiben im Cockpit sind dagegen sehr komplizierte, schwergewichtige Verbundfenster mit Beschichtung.

Trotz Festigkeits- und Gewichtsproblemen gibt es Grund zu der Annahme, daß die konstruktiven Eigenschaften von Glas jetzt besser genutzt werden können, ohne katastrophales Versagen. Mit zunehmender Regelmäßigkeit werden heute vielerorts Glasbauten errichtet (siehe die Fallbeispiele in Kapitel 3).

Festigkeit ist bei einem Baumaterial wichtig und konfrontiert Bauingenieure und Architekten beim Bauen mit Glas mit interessanten Berechnungs- und Ausführungsproblemen. Einige der mechanischen Eigenschaften von Glas sind jedoch leicht zu definieren und von allgemein anerkanntem Wert für die Verwitterungsbeständigkeit: Härte und Säurebeständigkeit.

Glas ist sehr hart und hat ähnliche Härtegrade wie Stahl. Bei einem Material, dessen größter Vorzug Transparenz ist, hat Härte eine grundlegende Bedeutung. Die Sauberkeit transparenter Materialien ist ebenfalls wesentlich für ihre *Lei-*

stung, die darin besteht, Aussicht zu gewähren und Licht hereinzulassen. Das Fensterputzen bedeutet jedoch Abrieb, und die Hauptschwäche von transparenten Kunststoffen besteht in ihrer fehlenden Abriebbeständigkeit. Glas ist also einerseits schwach – aufgrund der Oberflächenfehler –, andererseits aber sehr hart; und wenn es regelmäßig gesäubert wird, bleibt seine Oberfläche über Jahrhunderte intakt. Die Glasfenster der Kathedrale von Chartres haben mehr als 800 Jahre lang ihre Leuchtkraft behalten. Sie wurden in den siebziger Jahren dieses Jahrhunderts zuletzt gesäubert, restauriert und neu verbleit.

Von gleichem Wert für seine Leistung wie die Durchsichtigkeit ist die Resistenz von Glas gegen chemische Angriffe. Glas entspricht so ziemlich dem *Heiligen Gral* der Chemie – es ist ihr Universalgefäß: Es kann praktisch jede Chemikalie aufnehmen, ohne angegriffen zu werden und (genauso wichtig) ohne daß seine eigenen Bestandteile in die im Gefäß enthaltenen Substanzen abgegeben werden. Nach längerer Zeit wird auch Glas verwittern, und unter langanhaltender Umweltverschmutzung leidet schließlich selbst eine Fensterscheibe, die nie geputzt wird.

Aus all dem, was hier zu den mechanischen Eigenschaften von Glas gesagt wurde, ist ersichtlich, daß dieses Material zugleich hervorragend und unzulänglich ist, es ist dauerhaft durchsichtig und zerbrechlich.

Glas muß zur Verbesserung seiner mechanischen Leistungsfähigkeit behandelt werden, sonst bleiben als Alternativen nur andere Chemieerzeugnisse.

26. *Les Serres* in der Wissenschafts- und Industriestadt des Parc de la Villette, Paris, von 1980 bis 1986 vom französischen Architekten Adrien Fainsilber entworfen und gebaut. Die konstruktiven Glasfassaden stammen von Rice Francis Ritchie. In den letzten Jahren haben Architekten, vor allem aber Bauingenieure und Tragwerksplaner, die konstruktiven Eigenschaften von Glas mit Vorliebe genutzt.

26

27

Licht und Lichtdurchlässigkeit – das Geheimnis des Lichts

Historisch war für die Architektur die Lichtdurchlässigkeit von Glas von größter Bedeutung. Eine von Le Corbusiers Hauptthesen lautete, daß Architektur *das meisterhafte, präzise und großartige Zusammenspiel der Baumassen im Licht* sei. Licht ist das eigentliche Rohmaterial der Baukunst, ebenso wie die Töne der Rohstoff der Tonkunst, der Musik, sind. Und das Wunderbare am Glas als Baumaterial ist, daß es nicht nur Licht durchläßt, sondern dieses auch reflektiert. Auf ästhetischer Ebene bietet es dem Architekten einmalige Gestaltungsmöglichkeiten. Technisch und in der ästhetischen Behandlung von Gebäuden sind die Qualitäten von Glas vielleicht noch wichtiger und erst seit kurzem voll erfaßt worden.

Die Art und Weise, in der Glas sich in bezug auf Licht und Energie verhält, ist entscheidend für seinen Erfolg – und manchmal sein Versagen. Um Glas als Baustoff zu verstehen, müssen wir daher erfassen, wie es mit Licht umgeht. Zwei Theorien werden herangezogen, um die Eigenschaften von Licht zu erklären. Zusammen helfen sie uns, Licht richtig einzusetzen und seine Wirkung vorauszuberechnen. Lichtdurchlässigkeit ist unterschiedlich definiert worden, einmal mittels der Teilchen-, zum andern mittels der Wellentheorie des Lichts, die über zwei Jahrhunderte miteinander konkurrierten. Heute, am Ende des 20. Jahrhunderts, leben sie in friedlicher Koexistenz fort und werden häufig unabhängig voneinander herangezogen, um verschiedene Aspekte des Lichts zu erklären.

Die Teilchentheorie war vor 1800 erfolgreich, sie wurde jedoch von dem Briten Young und dem Franzosen Fresnel zu Beginn des 19. Jahrhunderts verdrängt. Beide vertraten die Wellentheorie des Lichts, die auch von James Clerk Maxwell, dem großen schottischen Mathematiker und Physiker, untermauert wurde, der seine Theorie der elektromagnetischen Strahlung von 1864 bis 1873 entwickelte und veröffentlichte. Um die Jahrhundertwende erweiterte auch Max Planck das Wissen um die Natur von Energie und kam zum Schluß, daß sie in klar zu definierenden *Quanten* vorkam. Diese Idee führte schließlich zur Zusammenführung der alten Wellen- und Teilchentheorien und zur Feststellung, daß Licht und andere Formen elektromagnetischer Strahlung sich wie Teilchen und zugleich wie Wellen verhalten.

Die Wellentheorie des Lichts hilft uns zu verstehen, wie Beugung und Interferenz funktionieren, nämlich analog zu Wasserwellen. Die Teilchentheorie hilft uns zu erklären, wie Licht von unterschiedlichen Materialien absorbiert, geleitet oder durchgelassen wird. Energiewellen oder -teilchen werden von allen Körpern emittiert, deren

28

29

Temperatur über dem absoluten Nullpunkt liegt (0 K = –273°C), die Wärmestrahlen sind für den Menschen aber erst bei ziemlich hohen Temperaturen fühlbar. *Heiße* Körper (das heißt solche, deren Temperatur signifikant über dem absoluten Nullpunkt liegt) emittieren Wärme, die in charakteristischen Temperaturkurven meßbar ist. Die *Farbtemperatur* eines Körpers bezieht sich auf diese typische Kurve, die einen spezifischen Spitzenwert erreicht.

Die Sonneneinstrahlung erreicht ihre höchste Energiedichte bei etwa 500 nm (500 Millionstel eines Millimeters), was der Wärmestrahlung eines Körpers mit einer Temperatur von 5900 K oder 5627°C entspricht. Das menschliche Auge kann Lichtstrahlen mit Wellenlängen von ca. 400nm bis 750nm wahrnehmen, bei 400nm ist das Licht violett, bei 750nm ist es rot. Ein sehr *heißer* Glühkörper wie die Sonne sendet Wellen jeder sichtbaren Wellenlänge aus (und natürlich der darüber- oder darunterliegenden), die in ihrer Überlagerung mehr oder weniger weiß erscheinen.

Durch ein Wunder der Chemie ist die spektrale Durchlässigkeit von Glas der Sonnenstrahlungskurve recht ähnlich. Sein Spitzendurchlässigkeitswert liegt sehr nahe am solaren Spitzenstrahlungswert, und Glas ist auch dann noch relativ lichtdurchlässig, wenn die Wellenlänge im nahen Infrarot liegt, das wir Menschen als Wärmestrahlung wahrnehmen, nicht als Licht.

27. Konstruktive Glasprismen von James Carpenter, 1985–1987.

28. Die Sonne, wie sie oft in feuchten, gemäßigten Zonen sichtbar ist: Sie erreicht an der Erdoberfläche jedoch eine Leuchtkraft von 50W/m² oder mehr.

29. Die herrlichen Farben der Glasfenster in Chartres entstehen dadurch, daß die Zusammensetzung des Glassatzes und der Farbschichten Sonnenstrahlen und diffuses Tageslicht verändert.

30. In Abhängigkeit von ihrer Brechkraft reflektieren alle Glasarten das auf ihre Oberfläche treffende Licht unterschiedlich stark, es sei denn, sie sind beschichtet. Die Lichtintensitäten zu beiden Seiten der Glasscheibe wirken sich auf den Grad der sichtbaren Spiegelung aus. Auf diesem Bild ist links der Innenraum durch die Glasscheibe deutlich zu sehen; je mehr sich der Lichteinfallswinkel jedoch dem Rückstrahlungswinkel nähert, desto deutlicher wird das reflektierte Bild.

Elektrische Heizgeräte brennen rotglühend, denn bei Weißglut würden die Heizspiralen schmelzen.

Für den Architekten ist bei der Lichtdurchlässigkeit von Glas am wichtigsten, daß – egal ob Licht als Wellen oder Photonen interpretiert wird – die uns umgebenden Rohstoffe Lichtstrahlen weiterleiten oder absorbieren, und zwar in Abhängigkeit von der Art und Weise, in der ihre atomare Struktur einwirkende Photonen unterschiedlicher Energie-Intensität überträgt oder aufnimmt. Daß das traditionelle Kalknatronglas grünlich schimmert, ist das direkte Resultat des in ihm enthaltenen Eisenoxids, dessen Molekülaufbau rotes Licht absorbiert und blaues/grünes am anderen Ende des sichtbaren Spektrums durchläßt. Die Absorption des roten (und infraroten) Lichts erzeugt die gute Wärmestrahlungsabsorption von *grünem* Glas, und diese Wirkung ist die Basis für die Entwicklung von Wärmeschutzfiltern.

Während also ein perfekter Transmitter den Durchgang sämtlicher Energieströme über die angenommenen Wellenlängen ermöglichen würde, überträgt Glas in all seinen Formen und mit eventuell aufgebrachten Beschichtungen Licht unterschiedlicher Wellenlängen und Anteile, die zum Teil aufgrund seiner natürlichen chemischen Eigenschaften nicht veränderbar sind. Mit den Fortschritten in der Glas- und Fensterentwicklung sind Forscher und Ingenieure jedoch mehr damit beschäftigt, gewünschte Leistungen des Materials zu definieren und zu erzielen, ob nun bei Einfachverglasungen oder den komplizierteren Mehrscheibenfenstern.

Farbe und Lichttransmissionssteuerung

Die Transparenz als Hauptmerkmal von Glas ist nicht als absolut zu setzen. Wie bereits gesagt, absorbieren alle Materialien bis zu einem gewissen Grad auch Lichtstrahlen, und ihre Transparenzgrade sind wesentliche Indikatoren für ihre Funktion. Die Transparenz ist abhängig von chemischer Zusammensetzung und Dicke und verändert jeweils die Wellenlängen.

Die Lichtdurchlässigkeit einer Glasscheibe wird durch die Wirkung der Oberflächen beeinflußt, die das Material binden und definieren. Sogar das auf saubere Glasflächen in einem Einfallswinkel von 0° (in der Optik der *Normaleinfallswinkel*) treffende Licht wird zum Teil von der Oberfläche reflektiert, und zwar sowohl beim Eintritt als auch beim Austritt. Senkrechter (*normaler*) Sonnenlichteinfall auf Kalknatronglas ergibt einen Übertragungsverlust von 4% für jede Oberfläche. In dem Maße, in dem der Einfallswinkel vom Normalwinkel abweicht, verändert sich auch die Oberflächenreflexion: ab 40° nimmt sie deutlich zu, bei über 70° sogar dramatisch auf fast 100% im Rückstrahlungswinkel. Da Tageslicht in jedem nur erdenklichen Winkel auf eine Fensterscheibe trifft, ist die mathematische Berechnung von Transmissions-Koeffizienten als Teil des scheinbar einfachen Konzepts der Lichtdurchlässigkeit ziemlich komplex.

Die Kataloge der meisten Glashersteller zitieren zwar Lichtdurchlässigkeitswerte, aber ein Standardwert für Innentransmission kann herangezogen werden, um Glasarten ohne Berücksichtigung ihrer Oberflächenreflexion zu vergleichen. Innentransmission wird definiert als das Verhältnis des Strahlungsanteils, der die Austrittsfläche einer planparallelen, 25 mm dicken Glasscheibe erreicht, zum Strahlungsanteil, der die Eingangsfläche verlassen, mit anderen Worten: Dieser Wert ist ein Maß für die Lichtabsorption im Innern des Glaskörpers. Optische Gläser, bei denen Lichtbrechung und -streuung Haupteigenschaften sind, weisen unterschiedliche Innentransmissionswerte auf, von 80–90% für Wellenlängen von etwa 360 nm bis zu 99% bei 500nm (dies ignoriert den Oberflächenreflexionsverlust).

Transparenz im Sinne von Lichtdurchlässigkeit ist eine Eigenschaft, mit der Architekten vertraut sein sollten. Die kritische Frage bei der Beurteilung der Materialeigenschaften lautet: Wie werden sie vom Hersteller definiert oder vom Fachmann, der Angaben darüber macht? Es ist entscheidend zu wissen, ob die angegebenen Transmissionswerte nur das sichtbare Strahlen-

30

spektrum beziffern oder das gesamte solare Spektrum.

Der Brechungsindex, der die Lichtabschwächung durch das Material definiert, bezeichnet die zweite wesentliche optische Eigenschaft eines transparenten Materials. Lichtwellen werden beim Durchtritt durch Materialien immer verlangsamt. Daher wird ein auf eine Glasoberfläche treffender Lichtstrahl jeweils gebrochen, wenn er eine um die andere Materialkomponente durchstößt. Das Phänomen ist all denen wohlbekannt, denen man schon in der Schule zeigte, daß ein Glasstab beim schrägen Eintauchen in Wasser scheinbar durchschnitten und versetzt wird. Diese Brechungseigenschaften sind die Grundlage für den Aufbau optischer Linsen.

Es ist von geringem praktischen Nutzwert zu wissen, daß der Brechungsindex von Kalknatronglas 1,52 beträgt und daß die Werte für verschiedene handelsübliche Glasarten zwischen 1,47 und 1,56 schwanken, wenn man nicht versteht, was da eigentlich passiert. Das Verhalten von Lichtstrahlen, die auf die Grenzfläche zwischen Materialien unterschiedlicher optischer Dichte treffen, ist von großer Bedeutung und bildet die Grundlage der Glasfaseroptik, der Prismenoptik und anderer neu entwickelter Technologien.

Die Untersuchung der optischen Eigenschaften des sogenannten *Klarglases* ist allerdings nur ein Teilgebiet dieser Transmissionsstudien. Nachdem die Glasmacher das *klare*, praktisch farblose Glas geschaffen hatten, waren sie – schon in römischer Zeit – damit beschäftigt, farbige Glasarten zu produzieren, durch Bemalung oder Zusätze, wie die heute eingesetzten Strahlentransmissions-Modifikatoren.

31

31. Das Seagram Building an der Park Avenue, New York (1954–1958) von Mies van der Rohe. Die Wahl des rosa-graubraunen Selenglases für die Fassade ist eine wesentliche Ergänzung des bronzefarbenen Rahmenwerks und der Fensterbrüstungsbänder. Das Glas ist außergewöhnlich schön und wechselt die Farbe je nach Tageszeit und Sonnenlichteinfall. Das Hochhaus nutzt die Zweideutigkeit des Materials in einer Weise, die über dessen Kontrollfähigkeit von Sonnenlicht und -wärme hinausgeht, so daß das Gebäude bei Tageslicht praktisch wie ein Massivbau wirkt.

32. Lever House, Park Avenue, New York, 1951/1952, Skidmore Owings and Merrill. Eine frühe Verwendung von grünem Wärmestrahlung absorbierendem Glas am Bau.

Das älteste getönte Glas, das im 20. Jahrhundert eingesetzt wurde, war das in den dreißiger Jahren in den USA eingeführte blaßgrüne Scheibenglas, das eigentlich als Sonnenschutzglas für Autowindschutzscheiben entwickelt wurde. In ihrem Bemühen, gute Durchsicht sicherzustellen, war die American Standards Authority (US-Behörde für technische Normung) sehr darauf bedacht, die Minimalwerte für Lichtdurchlässigkeit festzuschreiben. Nach dem Zweiten Weltkrieg brachte man diese in der Masse gefärbten Glasarten im Zuge der Errichtung einer neuen Generation von Handelsbauten in den USA und Europa mit Glamour und ihrer angeblichen technischen Effizienz in Verbindung.

Die ersten in nennenswertem Umfang in Gebäuden eingesetzten getönten Glasscheiben bestanden aus grünen Glasarten, bei denen das in der ersten Läuterungsschmelze so mühevoll entfernte Eisenoxid bei der Blankschmelze wieder zugesetzt wurde, diesmal aber in exakt bemessenen Mengen. Eisenoxid leistet eine sehr gute Photonenabsorption im nahen Infrarot und reduziert so die Transmission von Wärmestrahlen.

Nach den grünen Glasarten, die beim Lever House an der New Yorker Park Avenue (1951/52) eingesetzt wurden, verwendete man für das Seagram Building (1956–1958) schräg gegenüber Bronzeglas. Während Skidmore Owings and Merrill für das Lever House eine getönte Glasart wählten, die bereits handelsüblich war, hatten Mies van der Rohe und Philip Johnson ehrgeizigere ästhetische Ansprüche und wollten eine Glasfarbe, die zum bronzefarbenenen Metallrahmenwerk der Vorhangfassade paßte. Das Selenglas, das speziell für dieses Hochhaus entwickelt wurde, war ein Vorläufer des in den sechziger und siebziger Jahren so beliebten Bronzeglases.

Zu den Grün- und Bronzetönen gesellte sich die Graupalette: Verschiedene Chemikalien erzeugten unterschiedliche Grautöne, je nachdem, wieviel Teile Kobaltoxid, Nickeloxid und Selen dem Eisenoxid zugesetzt wurden und die richtigen Photonen eliminierten. Die Hersteller lagen bei allen Glastönungen miteinander in einem heißen Wettbewerb, beobachteten den Erfolg oder Mißerfolg einer bestimmten Schattierung, und es kam zu einer Art *Tönungs-Mode* in der Glasherstellung. Etwa ein Jahrzehnt nach der Einführung getönter Glasarten trafen jedoch zwei Umstände zusammen, welche die Effizienz und weite Verbreitung dieser Gläser einschränkten.

Erstens war ihre Strahlendurchlässigkeit für das sichtbare Lichtspektrum unzulänglich, besonders für Bauten in nördlichen Breiten. In den USA sollten diese Glasarten vornehmlich Hitze abwehren und dadurch den Energiebedarf für Klimaanlagen reduzieren, was in weiten Teilen des Kontinents sinnvoll war, sogar am 41. nördlichen Breitengrad in New York. Allerdings bewegt sich 53% der gesamten Solarenergie im sichtbaren Spektrum, und es ist daher per definitionem unmöglich, die Wärmeeinstrahlung um mehr als 50% zu senken, ohne die Lichtdurchlässigkeit erheblich zu beeinträchtigen. In südlichen Klimazonen, wo das Licht blenden

32

kann, waren stark getönte Gläser vielleicht nützlich, allerdings auch nur im Sommer. In Nordeuropa dagegen (zwischen dem 48. und 60. Breitengrad) verkehrten sich die Vorteile des getönten Glases bald in ihr Gegenteil. Gegenüber dem kleinen Vorteil des Sonnenschutzes im Sommer überwog der Nachteil des Lichtverlusts, das heißt der düsteren Räume in den anderen drei Jahreszeiten. Die getönten Glasfassaden der erwähnten Bauten waren tatsächlich nicht viel mehr als *Glamourverpackungen*, die ihren

33

Reiz verloren, sobald vor allem die Nutzer deren Nachteile erlebten. Das Problem lag daran, daß das Eisenoxid die Hauptlast der Wärmeleitungsreduktion übernahm, während die anderen Zusätze die Lichtdurchlässigkeit im sichtbaren Spektrum beeinflußten. Dies trug natürlich zur Reduktion der Gesamtdurchlässigkeit bei, die Minderung des Lichtanteils ist jedoch nicht die richtige Art von Sonnenschutz, wenn möglichst viel Tageslichteinfall gewünscht wird.

33, 34. Das Willis Faber & Dumas-Bürohaus in Ipswich, 1973–1975, von Foster Associates. Die mehrfach geschwungene Grundrißform und das Konstruktionssystem der Glasvorhangfassade hat Mies van der Rohe bereits mit seinem Büroturmentwurf von 1922 vorweggenommen. Er stellte allerdings einen Glastransparenzversuch dar, während das Willis Faber & Dumas-Gebäude aufgrund der Glasfarbe wie ein massives Bauwerk erscheint - ähnlich wie das Seagram Building.

34

Der zweite Grund für die kurze Karriere getönter Gebäudeverglasungen war die Erfindung der Floatglasherstellung Die von Pilkington in England ab 1952 entwickelte Produktionsmethode war nicht nur die hervorragendste Innovation in der Geschichte des Flachglases, sondern machte auch dem Konzept einer *maßgeschneiderten* Gebäudehülle aus getöntem Glas praktisch ein Ende. Getöntes Spiegelglas konnte in kleinen Mengen aus jedem vom Glashersteller, Architekten oder Kunden gewünschten Glasmaterial gefertigt werden. Beim Floatprozeß dagegen ergießt sich das zähflüssige Glasband unaufhörlich und unerbittlich aus der Floatwanne und schwimmt auf dem Zinnbad zum Kühlkanal. Farbveränderungen und gleichmäßige Tönung werden erst nach drei Tagen dieses unaufhörlichen Floatglasflusses erzielt, was eine Unmenge Ausschuß bedeutet. Die Lösung der Glashersteller hieß Beschränkung auf einige wenige Tönungen und in vielen Fällen eine Produktionslinie pro Tönung. Sorgfältige Marktbeobachtung diente dazu, die Nachfrage zu bestimmen, aber wenn eine Tönung einmal in Produktion war, konnte man sie nicht mehr ändern. Außerdem war es für die Glashersteller extrem schwierig, die exakt identische Färbung für Ersatzscheiben zu erzeugen.

Daß die Glasarten mit strahlenmodifizierender Wirkung mancherorts nicht erfolgreich waren, lag am Unverständnis der Architekten für die Physik der Licht- und Strahlungsemission von Glas, an ihrer mangelhaften Ausbildung auf diesem Gebiet, wodurch sie das Material nicht gezielt einsetzen konnten. Gleiches gilt weithin für die Anwendung folgender Generationen strahlenmodifizierender Glasarten, das heißt von oberflächenbehandeltem und beschichtetem Flachglas.

Im Hinblick auf den schwierigen Markt für getöntes Flachglas erfanden die stets kreativen Glashersteller Methoden zur Änderung des Transmissionsverhaltens, ohne die Glasschmelze zu verändern, verschiedene Verfahren der Oberflächenbehandlung. Innerhalb weniger Jahre entwickelte Pilkington zwei davon: Das erste hieß Spectrafloat und trieb Metall-Ionen mittels Elektrizitätsbewegung in die Fläche des noch glühenden Glases. Das so gefertigte Flachglas hatte jedoch nur kurzfristig Erfolg, nicht zuletzt wegen der Perfektionierung der Produktion des erfolgreicheren Bronzefloatglases.

Das zwei Jahre später entwickelte zweite Verfahren (und Produkt) hieß Reflectafloat. Die Oberfläche des Floatglasbands wurde mit einem Gasgemisch beströmt (Hauptbestandteil Siliziumhydridgas, u. a. bekannt als Silangas) und siliziert. Die so erzeugte Oberflächenschicht ist silbrig reflektierend und bronzefarben in der Transmission. Das Verfahren wird derzeit noch weiter entwickelt. Man fertigt damit getöntes Flachglas für den Einsatz in heißeren Klimazonen.

Die sinkende Beliebtheit dieser beiden Produkte ist einerseits darauf zurückzuführen, daß Architekten und Bauherren nicht so recht von der Qualität und Leistung überzeugt werden konnten, und andererseits darauf, daß sie von einer aufkommenden neuen Generation von Flachglasarten überholt werden. In den sechziger und siebziger Jahren kamen beschichtete Glasscheiben auf den Markt, zunächst für den Einsatz in heißen Gegenden mit viel Sonnenlicht. Diese Gläser boten im wesentlichen Schutz vor Sonneneinstrahlung und Treibhauseffekt; sie wehrten unerwünschte Solarenergie ab. Von außen erschienen sie wie Spiegel, und so wurde das *Spiegelfassadengebäude* fast zu einem eigenständigen Bautyp.

Der Begriff »Spiegelndes Glas« bezeichnet nicht nur den visuellen Effekt der neuen Oberflächenbeschichtungen, sondern erinnert auch an die lange Entwicklungsgeschichte der Beschichtungsverfahren. Die Spiegelherstellung ist eine bereits von den alten Venezianern beherrschte Technik, die in bezug auf Planparallelität und Reinheit jahrhundertelang hohe Anforderungen an die Kunst der Glasmacher stellte. Bei der frühen Spiegelherstellung wurden die Glasplatten meist mit Silber beschichtet, was natürlich undurchsichtige Erzeugnisse ergab.

Ab Mitte der siebziger Jahre kamen jedoch neue Techniken zur hauchdünnen Beschichtung von Glasflächen auf, die deren eigentlich kristalline Undurchsichtigkeit transparent macht, und zwar lediglich aufgrund einiger weniger photonenabsorbierender Atome. In den sechziger und siebziger Jahren wurden Verfahren zur immer dünneren Beschichtung von Glas entwickelt. Zunächst war dieser Prozeß geleitet von den technischen Produktionserfordernissen, und nicht von anspruchsvollen Funktionskriterien.

Geforderte Parameter zu Erscheinungsbild und Leistung der Produkte waren: ungestörte Strahlentransmission, Sonnenschutzwirkung, neutral getönte äußere Oberfläche (Reflexionen sollten farbneutral wirken). Dies schloß die Verwendung zahlreicher neuer Handelsglasarten aus, die Metalle oder Metalloxide enthielten. Die betreffenden Metalle wurden nicht nur aufgrund ihres Verhaltens und ihrer Farbgebung gewählt, sondern auch wegen ihrer Stabilität und Bindung mit dem Glassubstrat, was vielfach goldene, kupferne und blaue Tönungen erzeugte, die für die reflektierenden Verglasungen jener Zeit typisch sind.

35. Intelligenter konzipierte hauchdünne Beschichtungen als die im Bau verwendeten dicken Metallschichten finden seit langem bei Kameralinsen Verwendung, wo sie Lichtreflexionen im Objektiv verringern und mehr Licht hindurchlassen.

36, 37. Das Hyatt Regency Dallas in Reunion, 1976–1988 von Welton Becket Associates (36), und die Skyline von Dallas gegen Abend (37). In den letzten 25 Jahren sind spiegelnde Beschichtungen entwickelt worden, die bei Bauten in Klimazonen mit viel Sonnenstrahlung eingesetzt werden. Der *Glamour*-Charakter des Materials hat dazu geführt, daß es auch unpassenderweise in kühleren Klimagegenden verwendet wurde, wo es wertvolles Licht ausschließt.

35

Die Sorge um die Langzeit-Stabilität der wenigen in Europa und Südafrika produzierten Flachglasarten mit Metallzusätzen, zum Beispiel Chromglas, das in bezug auf Transmissionswerte und Erscheinungsbild relativ neutral war, führte dazu, daß ein amerikanisches Produkt bevorzugt wurde, für das eine 20-Jahre-Garantie gegeben wurde. Der amerikanische Hersteller unternahm große Anstrengungen, sein Erzeugnis einzusetzen und die Wirkung der Konstruktionsart auf dessen Lebensdauer zu bestimmen. Die Detailgestaltung der Fassadenverkleidung mußte vom Hersteller beurteilt und genehmigt werden, was Vorrang hatte vor den Empfehlungen des niederländischen TNO, eines der angesehensten Bauforschungsinstitute in Europa.

Inzwischen hat es revolutionäre technologische Entwicklungen auf dem Gebiet dünner Glasbeschichtungen gegeben. Hier sollen nur zwei wichtige, zusammenwirkende Einflüsse auf die Anwendung von Beschichtungen hervorgehoben werden. Erstens die Entwicklung von Techniken, die immer dünnere Schichten erzielten. Die ersten Beschichtungen von Baumaterialien konnten, verglichen mit den heutigen, kaum dünn genannt werden und wirkten eher wie ein Verputz. Aufgrund ihres Metallcharakters wurden die so behandelten Flachglasscheiben zu Spiegeln. Das Verfahren beschränkte auch die Anzahl anwendbarer Schichten. Außerdem mußten die Bauglasproduzenten mehr auf das Reflexionsverhalten ihrer Produkte achten als Kameralinsenhersteller. Letztere kümmerten sich nicht um das Erscheinungsbild ihrer Linsen in der Reflexion. Der

36

charakteristische milchige Punkt in einer Kameralinse ist aber bei einer konventionellen Gebäudeverglasung inakzeptabel.

Der zweite Einfluß kam aus der Erkenntnis, daß die Leistung des Baustoffs die Herstellung des Produkts bestimmen sollte und nicht umgekehrt. Die Betrachtung von Kameralinsen ist ein Indikator für die Wirkung des Leistungsgedankens auf die Technologie der Lichttransmission, wenn die Leistung wirklich entscheidend ist. Aus einem der ersten Leica-Kataloge der Nachkriegszeit geht hervor, daß der Linsenhersteller um Lichtdurchlässigkeit bemüht war, was man von den Flachglasproduzenten erst mehrere Jahrzehnte später behaupten konnte. Es lohnt sich, den entsprechenden Abschnitt aus dem Leica-Katalog zu zitieren:

»Ein modernes Verfahren zur Verbesserung der Linsenleistung besteht in der Applikation einer mikroskopisch feinen Beschichtung der Oberfläche mit anorganischen Substanzen. Dies reduziert die Reflexionen zwischen den Glas- und Luftschichten der Linse. In einer Elmar z. B. beträgt der Lichtverlust aufgrund von Oberflächenreflexionen 35%. Mit Beschichtung kann dies auf 5% reduziert werden. Außer dem Geschwindigkeitsgewinn bei dieser Linse, die etwa eine halbe Blende betragen kann, ist es noch wichtiger, daß die Lichtstreuung, welche Bildkontraste beeinträchtigt, ausgeschlossen wird, wodurch ein helleres Negativ erzielt wird. Seit 1946 sind alle Linsen, die das Leica-Werk verlassen, beschichtet.«

Dies sind wichtige Informationen für alle, die mit Glasbeschichtungen arbeiten. Wir haben die Bedeutung des Verhaltens verschiedener Glasarten erkannt, und mit der Technologie hat sich auch die Effizienz von Verglasungen verbessert. Von besonderer Bedeutung ist dabei, daß die Linsen beschichtet wurden, damit sie mehr Licht durchlassen, und diese Funktion ist bei einem Linsenaufbau wesentlich.

Die wichtigste Neuentwicklung und -erkenntnis in dieser Hinsicht

37

ist wahrscheinlich die Kathodenzerstäubung. Diese ermöglicht Beschichtungen, die so hauchdünn sind, daß man sie unter Umständen gar nicht sieht. Der Anteil sichtbaren Lichts, der bei dieser Technik absorbiert wird (wobei mehrere, nur Nanometer *dicke* Schichten übereinander aufgebracht werden können), ist so gering, daß der Hersteller darangehen kann, die Leistung seiner Produkte *maßzuschneidern*.

Niedriges Emissionsvermögen war und ist schlicht ein typisches Verhalten von metallischen Oberflächen und heißt, daß spezifische Oxide oder Metalle in hauchdünnen Schichten sehr niedrige Strahlungsemissionen verursachen, so daß bei einem Glas mit niedriger Emission (Low-E-Glas), das von innen erwärmt wird, das Aufbringen einer Schicht auf die Oberfläche die Wärme-Emission nach außen hemmen kann. Die typischen Wärmedurchgangskoeffizienten werden bei Doppelverglasungen mit Low-E-Glas auf 1,9 W/m^2K und darunter gesenkt. Die Tatsache, daß Emissions- und Reflexionsvermögen sich umgekehrt proportional zueinander verhalten, führt auch zu einer gewissen Abstrahlung von Sonnenlicht. Allerdings ist dieser Vorgang komplex, da das Low-E-Glas sich bei lang- oder kurzwelliger Strahlung unterschiedlich verhält. Low-E-Beschichtungen werden derzeit in mehreren Versionen produziert. Zinndioxid-Silber-Zinndioxid-Schichten können für kurzwellige Strahlen vollkommen durchlässig sein; die Silberschicht kann aber auch dicker aufgedampft werden, so daß sie einen geringeren Anteil sichtbarer und infraroter Strahlen durchläßt und somit in einer einzigen Schicht sowohl einen niedrigen Wärmedurchgangskoeffizienten als auch Sonnenschutz bietet. Andere Beschichtungen verwenden mit Fluor dotiertes Zinndioxid, das härter ist als das aufgedampfte Zinndioxid-Silber-Zinndioxid-Gemisch. Diese neuen Low-E-Gläser sind eine wichtige Bereicherung des Flachglasangebots.

Auf Beschichtungen spezialisierte Firmen arbeiten jetzt nicht nur mehr für die Beleuchtungs- und Optikindustrie, sondern produzieren mittels Bedampfungs- und anderer Techniken auch beschichtete Glasscheiben mit bis zu 40 oder 50nm dünnen Schichten, deren Lichtransmissions- und -reflexionsverhalten für jedes Gebäude *maßgeschneidert* wird. Es gibt zwar auch harte Beschichtungen, aber alle Arten sind jedoch mehr oder weniger empfindlich gegen schädigende Einwirkungen und sollten daher besser auf diejenige Glasoberfläche aufgebracht werden, die in einem Hohlraum geschützt ist.

38

38. Haus der Wirtschaftsförderung, Duisburg, 1993, von Norman Foster and Partners. Europäische Architekten haben Werke der Glasarchitektur geschaffen, die dem Klima in ihren Breitengraden angepaßt und auf sparsamen Energieverbrauch angelegt sind. Das Haus der Wirtschaftsförderung in Duisburg gehört zu einer Reihe von neueren Gebäuden, bei denen der Gedanke der energiebewußten Fassade umgesetzt wurde.

39

Neue Entwicklungen

In den letzten zwanzig bis dreißig Jahren hat sich ein radikaler Wandel vollzogen, was die Einstellung von Architekten, Designern und Glasherstellern zum Bauglas angeht. Die meisten gebräuchlichen Flachglasarten werden immer noch in ihrer einfachen Form verwendet, das heißt in unkompliziert eingesetzten, einfachen Verglasungen. Raffiniertere Verfahren und Glaserzeugnisse mit der dazugehörigen Technologie und deren Durchsetzung am Markt haben aber dazu geführt, daß immer neue, leistungssteigernde Techniken hinzukommen.

Flachglas ist auch nicht die einzige Form von Glas, welche die Architektur wesentlich geprägt hat. Innovative Technologien und ein ständiger Technologietransfer haben eine reichhaltige und expandierende Produktpalette geschaffen.

Oberflächenbehandlung

Zum Glück für die Glasarchitekten ist das Floatglas nicht das Ende der Flachglasgeschichte. Wie die meisten anderen Rohstoffe kann Glas bearbeitet und veredelt werden, damit es seine Eigenschaften und Eigenart entfaltet oder modifiziert. Diese nachgeordneten Arbeitsprozesse können die Leistung des Endprodukts entscheidend mitbestimmen.

Ein Verfahren ist das Vorspannen bei hohen Temperaturen als Teilvorspannen, welches Glasscheiben hervorbringt, die zwei- bis dreimal so biegefest sind wie normales Floatglas. Vorgespanntes Glas (Einscheibensicherheitsglas) dagegen ist vier- bis fünfmal so widerstandsfähig wie unverspanntes Floatglas. Teilvorgespanntes Glas zerbricht in gleicher Weise wie normales Floatglas. Es kann also – im Unterschied zu vorgespanntem Glas – nicht als Sicherheitsglas eingestuft werden.

Die Entdeckung, daß Wiedererhitzen und der Einsatz von Schockkälte den Charakter von Glas verändern kann, war nicht mehr neu, als dieses Verfahren Ende der zwanziger Jahre schließlich perfektioniert wurde. Seither hat die technische Entwicklung dazu beigetragen, die Probleme der Glasfestigkeit zu lösen und neue Formen zu finden. Wie so viele Techniken der Glasherstellung ist das Verspannen ganz einfach und sehr effizient. Das kontrolliert ausgekühlte Glas wird auf etwa 625°C wiedererhitzt und dann rasch und kontrolliert abgekühlt, wobei die Kälte nur die Oberfläche erreichen darf und diese zunächst in Spannung versetzt, während sie sich über dem noch heißen Innern des

Glaskörpers zusammenzuziehen versucht. Während die Kernmasse sich abkühlt, zieht die applizierte Kälte die äußere Glasschicht zusammen und verdichtet sie (Druckspannung). Durch den langsamen Temperaturausgleich zwischen Kern und Oberfläche entsteht ein Gleichgewicht zwischen der stabilen äußeren Druckspannung und der inneren Zugspannung. Das so hergestellte

40

Glas soll fünfmal so fest sein wie normales Floatglas.

Aufgrund der Komplexität der im Material vorhandenen Spannungszustände ergibt sich eine wichtige Nebenwirkung: Materialversagen führt zu multiplen Rissen, die sich infolge des Nachlassens elastischer Energie ausbreiten, und das Glas zerbricht in kleine relativ ungefährliche (*sichere*) Stücke. Vor kurzem sind die Probleme der Glasmängel – zum Beispiel Nickelsulfid-

39. Glaseingangstür des *Now and Zen* Restaurants in London (1991) von Rick Mather mit Dewhurst MacFarlane. Der Bau verwendet konstruktive Verglasungen – von der rahmenlosen Drehtür bis zu den leuchtenden Fußbodenplatten.

40. Der Architekt dieses Regency Reihenhauses am Brunswick Square, Hove, war Purist genug, um zu erkennen, daß für die Runderkerfenster gekrümmte, statt grob facettierte Scheiben günstiger waren.

41. Die Krümmung im Verbund mit großer Festigkeit nach thermischer Verspannung gehört inzwischen zur Ästhetik von Kraftfahrzeugen wie diesem Daimler-Benz-Bus.

42. Die sphärische Biegung der Fensterscheiben der Eco Yacht von Francis and Francis ist sicher ein Ergebnis dessen, was Martin Francis bei seiner Entwurfsarbeit zur Willis Faber & Dumas-Fassade und als Partner von Rice Francis Ritchie gelernt hat.

41

Einschlüsse, die in einigen Fällen dramatisches Spontanversagen verursachten – größtenteils gelöst worden, und zwar mittels eines Wärmebehandlungsprozesses, bei dem Glasscheiben mit diesem Defekt aussortiert werden, so daß sie nicht auf den Markt kommen.

Seit das Einscheiben-Sicherheitsglas in den zwanziger Jahren in den Handel kam, hat es große Bedeutung für großflächige Verglasungen erlangt, und gläserne Vorhangfassaden sind heute eine Alltäglichkeit, obwohl man Einscheiben-Sicherheitsglas nach dem Vorspannen nicht weiter bearbeiten oder lochbohren kann.

Die Schwächen von Kalknatronglas sind zwar nicht völlig überwunden worden, dennoch haben wir heute ein viel widerstandsfähigeres Bauglas als früher. Von nicht geringerer Bedeutung für neue Formen der Architektur ist die neue Befestigungstechnik für Sicherheitsglasscheiben mit Ein- und Mehrpunkthaltern aus Metall, die eine rahmenlose Verglasung ermöglicht.

Der Gedanke, die Eigenschaften von Glas durch Wiedererhitzen zu verändern, beschränkt sich nicht auf das Ziel der erhöhten Festigkeit. Durch Wärme erweichtes Glas ist plastisch, und erhitztes Glas kann zu einfachen Formen gebogen werden oder sogar, in geringerem Maße, eine sphärische Biegung erhalten. Von den Regency-Bogenfenstern bis zur aerodynamischen Windschutzscheibe eines Autobusses ist die Herstellung gebogener Gläser ein wichtiger Zweig der Glasindustrie, besonders für die Autoindustrie. Ohne gebogene Glasscheiben, die der Stromlinienform eines Wagens folgen, wären Automobile im ausgehenden 20. Jahrhundert undenkbar. Das rasche Kühlen der erhitzten und dann gebogenen Scheiben spannt die Glasoberfläche automatisch vor, je nach Kühlungsgeschwindigkeit. Ein sehr gutes Beispiel ist die Motorjacht ECO der Firma Francis and Francis. Sie demonstriert das Potential von sphärischer Biegung und Vorspannung einer Verglasung mit einem Umfang von 1,6 m × 1,05 m bei 19 mm dicken Glasscheiben.

Das thermische Vorspannen ist nicht die einzige Methode, um Glasfestigkeit zu erzielen. Beim chemischen Vorspannen wird der Ionenaustausch genutzt, der beim Erhitzen von Natriumglas in einer Kalium- oder Lithiumsalzschmelze in der Glasoberfläche stattfindet. Die größeren Ionen dieser beiden Salze tauschen dabei ihre Positionen mit denen der kleineren Natriumionen, was zur Druckspannung führt. Bei einer Austauschzone von 0,1mm kann die Festigkeit des Glasmaterials fünf- bis sechsmal erhöht werden. Chemisch vorgespannte Gläser werden in der Flugzeug- und der Beleuchtungsindustrie verwendet und auch für harte Kontaktlinsen.

Transparenz kann ebenso wie Festigkeit durch nachgeordnete Bearbeitung modifiziert werden. Vollkommene Transparenz ist bei Glas nicht immer notwendig, und Verdunkelung/Verschattung ist oft gefragt.

Die Glasbeschichtung schließlich ist mehr eine Erweiterung als eine Behandlung. Erwähnt werden muß jedoch noch die üblicherweise *Emaillieren* genannte Technik, bei der spezielle keramische Farben auf die Glasfläche aufgebracht werden, meist im Siebdruckverfahren. Diese Methode schließt an die alte Kunst des *Überfangens* von Gläsern mit dünnen farbigen Glasschichten an.

42

43

43. Die Fenster von Stockley Park, London (1989) von Foster Associates sind mit emailbedruckten Scheiben verglast. Bei der Emaillierung wird eine Glasfläche mit einem Muster *bedruckt*, indem Spezialfarben in die Oberfläche eingebrannt werden.

44. Um hochleistungsfähige Glasarten zu finden, müssen wir den Bereich der sogenannten Baugläser verlassen. Diese kleine Wolfram-Halogenlampe (klein wie eine Briefklammer) erzeugt extreme Helligkeit mit hoher Korrektions-Farbtemperatur und entsprechend hoher Glühfadentemperatur.

45. Spezialhersteller liefern Borosilikate, die ursprünglich für die Produktion des Rohrglases verwendet wurden. Diese Röhren wurden von Schott in Deutschland hergestellt.

46, 47. Die Entwicklung der Glaskeramik führte zur Herstellung von Kochfeldern und zu Verschalungen von Raumfährennasen.

Andere Glasformen

Bei der Beschäftigung mit Bauglas geht man stillschweigend davon aus, daß es sich auf Kalknatronglas bezieht, das seit Jahrtausenden den Grundstoff aller Flachglasarten bildet. Einfaches oder dotiertes Kalknatronglas hat der Architektur beständig gedient, und tut dies immer noch, da es relativ einfach herzustellen ist und die Fertigungstechniken inzwischen so hoch entwickelt sind, daß Bauglas in hervorragender Qualität produziert werden kann. Mit dem Aufkommen der Floatglastechnik in den fünfziger und sechziger Jahren schien die Konzentration der Flachglashersteller auf das Kalknatronglas auf längere Zeit hin gesichert zu sein.

Kalknatronglas ist jedoch nur eine von Hunderten, wenn nicht Tausenden unter Fachleuten bekannten Glasarten. Viele werden in der Optik oder in anderen Technik- und Industriezweigen verwendet, zum Beispiel in der Beleuchtungsindustrie und für die Strahlungsabsorptionsanalyse. Einige dieser (für den Architekten) exotischeren Glasarten finden jetzt Eingang ins Bauwesen. Bei den Mängeln von Kalknatronglas (Sprödigkeit, niedrige Temperaturwechselbeständigkeit, Ausdehnungskoeffizient und mangelnde Festigkeit, um nur einige zu nennen) ist es klar, daß man das historische Erzeugnis entweder verbessern oder ersetzen muß. Aufgrund der immer höheren und spezielleren Leistungsanforderungen an Bauglas werden neue chemische Gemenge eingeführt.

Während Kieselerde in der Glasherstellung der routinemäßig verwendete Hauptglasbildner von Kalknatronglas ist, bildet reine Kieselerde (Quarz, Siliziumdioxid) ein fast noch schöneres Glas, wenn sie nicht durch Schmelzmittel und andere übliche Flachglaszusätze *verunreinigt* wird. Kieselglas ist fester und hitzebeständiger. Sein Erweichungsgrad und sein Schmelzpunkt liegen etwa zweimal so hoch wie bei Kalknatronglas, was seine

44

45

Herstellung erheblich kompliziert. Kieselglas, auch Quarzglas genannt, ist das Material, aus dem Wolfram-Halogen-Lampen hergestellt werden.

Andere *exotische* Glasarten haben sich jedoch als ein geeigneteres Flachglasmaterial im Bau erwiesen, das gebräuchlichste ist Borosilikatglas. Es gibt viele Glasbildner, das heißt Substanzen, die durch Kühlen erstarren, ohne zu kristallisieren, und dabei transparent bleiben oder werden. Dazu gehört Bor, und ein Bordioxid-Siliziumdioxid-Gemenge erzeugt eine der funktionstüchtigsten Glasarten, die wir derzeit haben. Borosilikatglas hat ähnliche Temperatur-/Viskosität-/Festigkeitseigenschaften wie Kalknatronglas, die Reduzierung seines Natriumgehalts von 13% auf 4% und der Zusatz von 12–13% Boroxid (B_20_2) und 2–3% Aluminiumoxid (Al_2O_2) bewirken hochsignifikante Veränderungen: Reduzierung der Wärmeausdehnung um mehr als die Hälfte von 7,9 auf 3,3, bessere Wärmeleitfähigkeit (um 10%) und eine um 20% niedrigere spezifische Wärme. Dadurch ist dieses Glas widerstandsfähiger gegen den *Temperaturschock*, der zum Beispiel beim Kochen oder bei Gebäudebränden entsteht. Aufgrund seines niedrigen Ausdehnungskoeffizienten ist es schwer durch Erhitzen vorzuspannen, da die erzeugte Vorspannung sich direkt proportional zum Ausdehnungskoeffizienten verhält.

Die Entwicklungsgeschichte des Borosilikatglases ist exemplarisch für den jahrzehntelangen internationalen Wissenstransfer in bezug auf Produktion und Marketing. Otto Schott (1851–1935) war erst fünfundzwanzig, als er mit Ernst Abbe, einem der beiden Besitzer von Carl Zeiss in Jena, Kontakt aufnahm, was 1884 zur Gründung des Glastechnischen Laboratoriums in Jena führte, dessen Leiter und Namensgeber Schott wurde. Zu Beginn des 20. Jahrhunderts produzierte Schott *Geräteglas*, und in den zwanziger Jahren brachte die Firma Kochgeschirr aus Borosilikatglas auf den

46

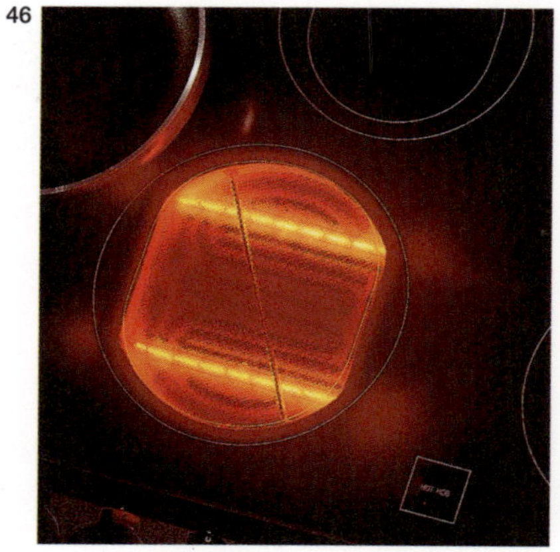

Markt. Der Schottsche Warenname *Duran* ging in den Alltagswortschatz ein, in den USA entstand zur gleichen Zeit das von Corning entwickelte *Pyrex*. Für die Bauindustrie wurde Borosilikatglas zunächst in Form von Glasbausteinen hergestellt, in den siebziger Jahren kam auch Borosilikat-Flachglas auf den Markt, womit ein neues und effektives feuerfestes Glas zu den etablierten Drahtglassorten hinzukam, dies wurde inzwischen um die Angebotspalette der neuen durchsichtigen Glaskeramik erweitert.

Glaskeramik ist eine Erfindung der siebziger Jahre. Eine ganz neue Glasfamilie ist seither entwickelt worden, sie besteht aus Schmelzen, in denen Materialien wie Lithium und Aluminiumoxide dem Glasbildner Quarz (Siliziumdioxid) zugesetzt werden, zusammen mit Titan oder Zirkonium. Diese außergewöhnliche Mischung, die in sorgfältigen Schmelz- und Kühlprozessen zu Glas wird, ergibt ein Material mit bemerkenswerten Eigenschaften, mit Wärmeausdehnungskoeffizienten von nahezu Null. Diese Eigenschaft ist von entscheidender Bedeutung für das Design von Cockpitfenstern von Raumfähren und für Kochfelder, die beide enorme Temperaturunterschiede aushalten müssen, ohne sich signifikant auszudehnen oder ihre Form zu verlieren. Ihre Widerstandsfähigkeit gegen Temperaturschocks und ihre Festigkeit bieten ein Leistungsprofil, das einzigartig ist und ein erhebliches Anwendungspotential birgt.

47

48

48. Die Pyramide des Louvre, Paris 1986–1988 von I. M. Pei. Wasserweißes Glas war nach dem Krieg nicht mehr handelsüblich, die Architekten bestanden aber darauf, daß die Pyramide farbechte Durchblicke auf die Steinfassaden des Cour Napoléon bieten müsse. Deshalb wurde das Glas nach alter Formel produziert. Inzwischen wird es von verschiedenen Herstellern wieder angeboten.

49. Spezialgläser für die verschiedensten Anwendungsbereiche mit unterschiedlichen optischen Eigenschaften.

Festigkeit und Haltbarkeit von Borosilikatglas und Glaskeramik werden ergänzt von den Transmissionseigenschaften der optischen Gläser. Diese müssen aus einem sehr reinen, makellosen Glas sein und kontrollierte Brechungsindices und Dispersion aufweisen. Ein hoher Brechungsindex steigert die in der Optik so wichtige Lichtbrechung, vor allem in Brillengläsern, bei denen ein hoher Brechungsindex es erlaubt, das Glas dünner zu schleifen. Ein solches Material ist sehr teuer, wie alle Brillenträger wissen. Die Dispersion definiert den Grad der wellenlängenabhängigen Brechung. Zwei historische Glasfamilien sind hier angesprochen: Mondglas mit einer niedrigen, und Flintglas mit einer hohen Dispersion. Kalknatronglas hat eine relativ niedrige Dispersion, während Blei-Alkali-Hartglas eine hohe Dispersion aufweist. Die Suche nach einem hohen Brechungsindex bei niedriger Dispersion hat zur Entwicklung von Dutzenden von Glasarten mit optischen Werten auf der gesamten Kurvenmatrix geführt, das heißt zur Produktion von *schweren* (hoher Brechungsindex) und *leichten* (niedriger Brechungsindex) Glasarten. Gemenge mit Bariumoxid oder Phosphor ergeben schweres Flint- oder Mondglas, und die Beimengung von seltenen Erden oder Aluminiumoxid, Fluor und vielen anderen Substanzen bietet dem Hersteller optischer Linsen eine riesige Auswahl an Gläsern. Die Voraussetzungen sind jetzt geschaffen, um in anderen Disziplinen verwendete Glasarten auch im Bereich der Bauindustrie einzusetzen. Von den optischen Gläsern mit ihrer großen Reinheit und ihrem exakt berechenbaren optischen Verhalten bis zur Glaskeramik gibt es ein großes Angebot an Erzeugnissen der chemischen Industrie, das bislang von der Architektur nicht genutzt worden ist. Darüber hinaus stellt sich die unvermeidliche Frage des Preis-Leistungsverhältnisses, aber Christopher Wren mußte bereits im frühen 18. Jahrhundert für das Kristallspiegelglas, das er verwendete, vergleichsweise exorbitante Preise zahlen. I. M. Pei baute seine Louvre-Pyramide (1986–1988) mit wasserweißem Glas, und Pilkington hat die eisenarme Glasart *Optiwhite* in Stärken von 4–10 mm am Markt eingeführt. Perspektiven für künftige Entwicklungen werden in Kapitel 4 diskutiert.

49

Glasfasern

Flachglaserzeugnisse sind inzwischen nicht die einzigen Glaselemente in der Architektur. Glasfasern und die für höchste Ansprüche entwickelten Lichtleitkabel, die nicht die Transparenz, sondern andere Glaseigenschaften nutzen, sind genauso wichtig. Dieses Buch konzentriert sich auf Flachglas und andere Glasbauteile. Die dem Glas eigene Haltbarkeit, kombiniert mit seiner hohen Bruchfestigkeit in Fadenform, macht es zu einem idealen Fasermaterial, und Glasfasern haben im Produktdesign und in der Architektur einen wichtigen Platz eingenommen.

Der Begriff *Glasfaser* bezeichnet gewöhnlich Fäden mit Durchmessern von weniger als 0,1mm. Glasfasern werden nach Glasart, Herstellungsart und Zweckbestimmung in zwei Hauptgruppen eingeteilt. Eine wichtige Unterscheidung muß zwischen den Glaswollfasern (deren Länge begrenzt ist) und sehr langen, ungebrochenen Fäden (die die Hochfestigkeit von Glas in dieser Form nutzen) gemacht werden. Die erste Form wird in Matten zu Isolierungszwecken verwendet. Isolierglasfasern sind üblicherweise aus Kalknatronglas und werden im Zentrifugalverfahren gesponnen oder im Düsenziehverfahren hergestellt; die flüssigen Glasfasern erstarren beim Luftkontakt. Die so entstandene *Glaswolle* ist ein Isolierstoff und kann in komprimierter Form auch für Platten und Paneele sowie für Zierprofile (mit Harz als Grundmasse) verwendet werden. Die Eigenschaften der Glaswolle leiten sich ab von der dem Glas eigenen Festigkeit, die ein Zerbröseln verhindert, und dem Luftgehalt der Matten, der ihr eine ausgezeichnete Isolierfunktion verleiht, ähnlich wie die vieler Schaumstoffe.

50, 51. Glasfaserkabel. Haarfeine optische Fasern werden zu Leitungskabeln gebündelt und umhüllt, sie haben das Telekommunikationswesen revolutioniert. Zunehmend werden sie auch als Lichtträger verwendet.

50

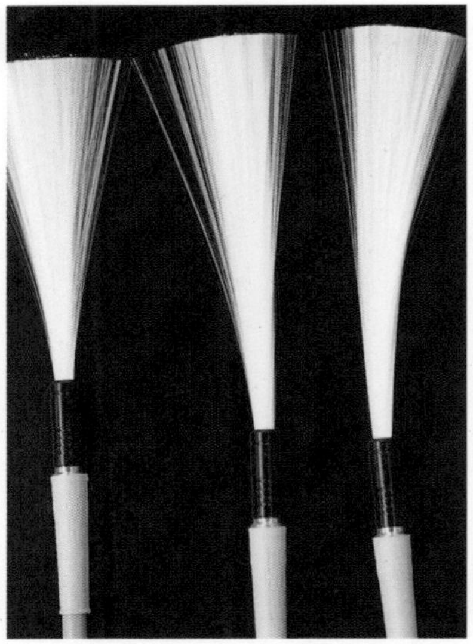

Die Produktion von feinen Glasfasern für Lichtleitkabel erfordert große Sorgfalt. Glasfasern haben eine Zugfestigkeit, die bis zu sechsmal größer ist als die von Flußstahl, und bieten den zusätzlichen Vorteil, inert und korrosionsfest zu sein.

Anders als Glaswolle werden Glasfäden und Glasfaserstapel aus Spezialglasarten hergestellt, die jeweils der Grundmasse angepaßt werden, die sie verstärken sollen.

Glasfaserverstärkte Kunststoffe tauchten Anfang der vierziger Jahre auf, in Form von Matten oder anderen Zusammensetzungen mit Glasfasern, die zur Verstärkung von Polyester und vielen anderen Kunststoffen eingesetzt wurden. Glasfaserverstärkter Beton kam zwanzig Jahre später auf den Markt, nachdem eine Glasart entwickelt worden war, die vom Zement-Alkali nicht angegriffen wurde. Im Hinblick auf die Langlebigkeit und konstruktive Unversehrtheit des drahtverstärkten Flachglases ist es verlockend, Spekulationen über das Potential glasverstärkten Glases anzustellen.

Die zweite Hauptgruppe der Glasfasern hat völlig andere Eigenschaften. Diese Glasfasern nutzen den Brechungsindex und die Oberflächenreflexion von Glas und haben das Telekommunikationswesen revolutioniert. Im Bereich der Lichtindustrie haben sie zum Entstehen einer bedeutenden Gruppe von Lichtwellenleitern geführt. Vereinfachend erklärt sind Lichtleitfasern Lichtrohre, die so kleine Durchmesser haben wie extrem dünner Draht. Vor über hundert Jahren begann die Suche nach einem leistungsfähigen *Lichtrohr*; die erste Patentanmeldung erfolgte 1880 in den USA. Erst in den sechziger Jahren verwirklichten zwei Ingenieure der britischen Post das Konzept eines Lichtwellenleiters, der das Phänomen der Innenreflexion von Glasarten mit exzellenter Lichtleitung nutzt. Von 1970 bis Mitte der achtziger Jahre wurde die Leitungsstrecke eines Lichtstrahls per Glasfaser von 600 m auf über 150 km verlängert.

Der Schlüssel zum Erfolg der Lichtleitfaser aus Glas liegt in ihrer enormen Festigkeit und Biegsamkeit, ihrem extrem transparenten Material und in der erstaunlichen Produktionstechnik. In einem Querschnitt von 120 Mikrometer wechseln verschiedene Glasarten; die Gradientenfasern haben einen Kern aus reinem Siliziumdioxid, umgeben von einem Glas mit abgestuftem Brechungsindex, der dafür sorgt, daß ein Lichtsignal als kohärenter Strahl von einem zum andern Ende des Kabels gelangt.

Ironischerweise wurde die Lichtleitung gewissermaßen von der Kommunikationsindustrie entführt, ist aber von neuen Entwicklungen der Lichttechnologie wieder zurückerobert worden. Zur Zeit arbeitet man erfolgreich an reinen Lichtleitern: Sie trennen die Lichtquelle von der Beleuchtung. Eine weißglühende Lampe kann an einem Ort sein, das heißt am einen Ende der Leitung, und der beleuchtete Ort in einiger Entfernung davon, so daß er von der Wärmestrahlung der Lichtquelle nicht tangiert wird.

Dies ist zum Beispiel in der endoskopischen Chirurgie und bei der Beleuchtung von Lebensmitteln entscheidend. Die Neuentwicklung hochintensiver Lichtquellen bietet Anwendungspotential zur Beleuchtung vieler Räume aus einer einzigen Quelle.

51

Alternative Materialien

Glas und seine Transparenz dienen uns also in mehr als einer Weise: als Flachglas zum Lichtdurchlaß von einer Seite zur andern, als Leitung mit Lichtgeschwindigkeit zur Signalübertragung von einem Ende der Welt zum andern.

Transparenz beschränkt sich jedoch nicht nur auf Glas, auch zum Thema Bauglas gehören Materialien, die der Architektur Transparenz liefern, allein oder im Verbund mit Glas.

Die Kombinationsmöglichkeiten von Kunststoffen und Glas sind außerordentlich vielfältig. Kunststoffe sind Materialien des 20. Jahrhunderts. Otto Rohm begann Anfang des Jahrhunderts seine Untersuchungen zu den Derivaten der Acrylsäure, die Redtenbach sechzig Jahre zuvor entwickelt hatte. Der Chemiker Bauer konnte erst in den zwanziger Jahren (im Labor von Röhm) die ersten kleinen Mengen von Methacrylsäuremethylester herstellen, dem Vorläufer des Polymethacrylester, heute als Acryl oder Plexiglas bekannt.

Weitere industrielle Kunststoffentwicklungen haben uns schließlich die vier wichtigsten transparenten Kunststoffe beschert: Polymethylmethacrylat (PMMA), Polyvinylchlorid (PVC), Polystyrol (PS) und Polycarbonat (PC). Sie haben die gleiche Molekularstruktur wie alle Kunststoffe: Es sind Polymere, häufig aus Kohlenwasserstoff-Derivaten. Alle vier sind außerdem leichtgewichtig und mühelos formbar. Ihr spezifisches Gewicht beträgt zwischen 1100 und 1400 kg/m³, wobei PVC am schwersten ist, PS am leichtesten und die Werte für

52. Der IBM-Wanderpavillon, 1982–1986 von Renzo Piano Building Workshop und Peter Rice. Die Entwicklung transparenter Kunststoffe hat die Palette der Baustoffe erweitert. Wenn diese Materialien als Ersatz für Glas verwendet werden, erweisen sie sich häufig als mangelhaft. Materialgetreu eingesetzt – als formbare, leichtgewichtige und lichtdurchlässige Membrane – ermöglichen sie ein ganz neues Formenvokabular.

52

Acryl und PC um 1200 kg/m³ betragen (Kalknatronglas hat ein spezifisches Gewicht von 2500 kg/m³). Die Lichtdämpfungswerte von Kunststoffen entsprechen in etwa denen von Glas. Der Brechungsindex von transparentem Acryl beträgt 1,49, der von klarem Polycarbonat 1,58 (Kalknatronglas: 1,52).

Aufgrund ihrer Eigenschaften werden Acryl und Polycarbonat von Architekten als transparente Baumaterialien bevorzugt. Sie haben einen relativ hohen Erweichungsgrad, sind fest und vergilben nicht. Dennoch können sie mit Glas nur bedingt konkurrieren. Ihre maximalen Betriebstemperaturen (80–90°C für Acryl und 120–135°C für PC) sind für die meisten ihrer Baufunktionen hoch genug; die Zugfestigkeit von Acryl liegt bei 55–75 N/mm², die von PC bei 62,5 N/mm². Ihre Ausdehnungs-Koeffizienten bewegen sich um 70×10^{-6} K^{-1}, das heißt um 20% höher als bei Glas.

Die Mängel von Kunststoffen, speziell der durchsichtigen, liegen für den Architekten in ihrer geringen Härte und Haltbarkeit im Vergleich zum Glas. Auch wenn diese transparenten Produkte bereits über 25 Jahre gehalten haben, ist das wenig im Vergleich zur jahrhundertelangen Haltbarkeit von Glas. Die Hersteller würden zu Recht sagen, daß das *jugendliche Alter* der Kunststoffprodukte ihnen noch keine Zeit gelassen hat, sich langfristig zu bewähren.

Da es jedoch organische Produkte sind, ist die Sorge um ihr langfristiges Verhalten (unter anderem in bezug auf Sprödigkeit und Farbveränderung) begründet. Aufgrund ihrer geringeren Festigkeit als Glas müssen sie viel sorgfältiger bearbeitet und instandgehalten werden. Beschichtungen haben zwar ihre Abriebfestigkeit erhöht, aber nur wenige Materialien können mit der Härte von Glas konkurrieren. Ihre Biegsamkeit, Unzerbrechlichkeit, niedrige Wärmeleitfähigkeit und ihr geringes Gewicht haben dennoch dazu geführt, daß transparente Kunststoffe ihren festen Platz in der Architektur gefunden haben.

Verbundbaustoffe mit Glas

Alternativen zu Glas sind für die Architektur wichtig – nicht so sehr als Ersatz, sondern eher zur Kombination. Deshalb schließt dieses Kapitel zur Glastechnologie mit einem kurzen Überblick über die Art und Weise, in der sich die Architektur einzelner Materialien und intelligent konzipierter Verbundbaustoffe bedient hat.

Paul Scheerbart (*Glasarchitektur, 1914)* erwähnt *doppelte Glaswände* (Kapitel IV und XXXIII), *Glashaare* (Kapitel XVII), *Stoffe, die dem Glase Konkurrenz machen könnten* (Kapitel LXXII) und *das nicht splitternde Glas..., in dem sich zwischen zwei Glasplatten eine Zelluloidplatte mit diesen verbindet* (Kapitel CX). Der wichtigste Verfechter von Glas in der Geschichte der Glasarchitektur wußte genau, daß der Baustoff Glas erst in seinen vielfältigen Verbindungen Ausdruckskraft und Bedeutung erlangte. *Doppelte Glaswände* ziehen sich durch die Architekturgeschichte, von Le Corbusiers gewagten *murs neutralisants* der Villa Schwob (1916/17) und den berühmteren der Cité de Refuge (1930–1933) bis zu den heute üblichen Verbundverglasungen, die in den zwanziger Jahren aufkamen.

Selbst die einfachste Verbundverglasung konfrontiert den Architekten mit enormen Problemen. Der Bau eines Fensters aus zwei Glasscheiben mit einem Lufthohlraum dazwischen wirft Fragen zur Beschaffenheit dieser Luft auf, das heißt zu Feuchtigkeitsgehalt und Reinheit. Feuchte und verschmutzte Luft, die entweder während der Produktion oder später eindringt,

53
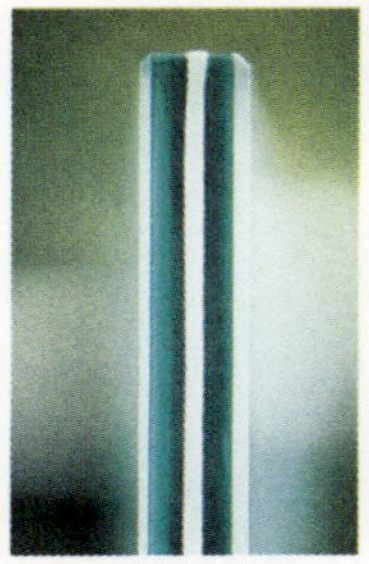

54

53, 54. Geländer im Postmuseum, Frankfurt/Main, 1990, von Günther Behnisch. Laminate bleiben oft verborgen und bieten sicheren, unauffälligen Schutz. Gelegentlich treten sie jedoch ins Rampenlicht.

55. Firmengebäude von *Apple Computer* in Stockley Park, London, 1990, von Troughton McAslan. Dieser Bau verwendet eine der erfolgreichsten modernen transluzenten Isolierverglasungen, Okalux. Die Elemente bestehen jeweils aus zwei Glasscheiben mit einer Zwischenplatte aus wabenartig angeordneten Acrylröhren. Die Innenscheibe ist mit Glasfasergewebe bespannt, das optische Verzerrungen eliminiert und diffuses Licht durchläßt. Dieses hochentwickelte System, das Acrylröhren mit einem Durchmesser von 3,5 mm verwendet, bietet angeblich eine Strahlungsdurchlässigkeit von 80% und K-Werte von 0,8 W/m² · K.

führt zur Trübung der Glasflächen durch Schmutz und Kondenswasser. Eine Lösung besteht darin, eine der Doppelscheiben zum Öffnen vorzusehen, das ist aber kostspielig und bedeutet auch, daß zwei Innenscheiben jeweils gereinigt werden müssen. Die augenfällige Lösung ist eine Ganzglas-Doppelscheibe mit einer verschmolzenen Glaskante oder aber eine perfekt abgedichtete Verbundverglasung. Ganzglas-Doppelscheiben gab es von Pilkington in den sechziger und siebziger Jahren; Produktion und Vertrieb wurden jedoch aufgrund von Problemen mit Größen, Bestellmengen und Lagerhaltung zugunsten der Verbundfenster eingestellt.

Selbst diese sind in der Fertigung nicht unkompliziert, und es ist erst im vergangenen Jahrzehnt gelungen, ein einigermaßen stabiles Verbundelement herzustellen, mit Abstandhaltern aus perforiertem Aluminiumhohlprofil, Trockenmittel und guter Versiegelung. Das Versagen einer solchen Verglasung nach etwa zehn oder zwanzig Jahren (meist weil feuchte, verschmutzte Luft durch eine undichte Versiegelung eindringt) gehört noch heute zu den *Alpträumen* von Herstellern und Architekten. Trotzdem haben Verbundverglasungen die Gebäudeverglasung revolutioniert. Ein trockener, sauberer, geschützter Zwischenhohlraum ermöglicht das Aufbringen relativ empfindlicher Beschichtungen und anderer optisch aktiver Beschichtungen und funktioniert aufgrund der Luftschicht auch wärmeisolierend. Die Hersteller sind derart vom Prinzip der Verbundfenster überzeugt, daß sie entweder mit Argon oder mit dem hochwertigeren Kryptongas gefüllte Elemente auf den Markt bringen, die die Leistung der Verglasung um etwa 15% steigern.

Verbundsicherheitsgläser bilden eine wichtige Gruppe von Verglasungen. Das verwendete Laminat ist nicht das Scheerbartsche Zelluloid, sondern Polyvinylbutyral, das als Folie auf Rollen geliefert wird. Das Material wird zwischen zwei Glasscheiben gelegt und unter hohem Druck und hoher Temperatur verpreßt. Dadurch wird es zu einer harten, klaren (oder getönten) Klebeschicht und zum Grundmaterial für einbruchhemmendes Glas. Wenn Basisglas damit laminiert wird, sorgt die Polyvinylbutyral-

55

schicht dafür, daß der Verbund bei Bruch erhalten bleibt – ein riesiger Vorteil gegenüber Einscheibensicherheitsglas. Wenn die Laminatschicht mit einer vorgespannten Glasscheibe verbunden wird (wie beim Glasdach) ist dieser *Zusammenhalt* von entscheidender Bedeutung. Andere Glaslaminate für Verbundglas sind Kunstharze, mit denen man weniger glatte Flächen verbinden kann. Mehrere Hersteller haben Mattgläser entwickelt, bei denen Zwischenlagen aus Glas-

56

fasern verwendet werden. Außerdem gibt es jetzt auch einige Mehrscheibenverbundsysteme mit Abstandhaltern, zum Beispiel winzigen Polyacrylröhren. Diese Flachglasererzeugnisse sind hochfest, leisten eine ausgezeichnete Lichtstreuung und haben einen günstigen Wärmedurchgangskoeffizienten.

Zu den Hohlraum-Verbundstoffen gehören Fertigteile, die lichtbrechende Materialien verwenden. Sie bestehen gewöhnlich aus den zwei Scheiben einer Doppelverglasung mit einer Zwischenlage lichtleitender Scheiben oder Ziegel (häufig aus Acryl). Diese verwenden präzisionsgefertigte Acrylprofile, die Licht aus dem gesamten sichtbaren Himmelsgewölbe bis in die Tiefe eines Raums lenken, ohne daß die Sicht verzerrt wird oder Licht verlorengeht.

Die genannten Verbundbaustoffe mit Glas sind die Materialien der Zukunft. Wie gut auch immer die Flachglasarten sein mögen, die wir in kommenden Jahrzehnten oder Jahrhunderten entwickeln, eine Einfachverglasung wird immer nur eine dünne Membran-Barriere zwischen Innen und Außen darstellen (das heißt bis es uns gelingt, die Abgrenzfunktion eines Gebäudes zu neutralisieren). Bei der Vielfalt an verfügbaren Glasarten, Bearbeitungs-, Veredelungs- und Beschichtungsverfahren kann der Architekt nun beginnen, die reichhaltige Glaspalette zu nutzen, und zwar nicht nur als simple lichtdurchlässige *Wind- und Wetterhaut.*

Für gemäßigte Klimazonen war die Entwicklung komplizierter Mehrscheibensysteme unvermeidlich. Deren Grenzen werden nur definiert durch unsere begrenzte Vorstellungskraft und die Gesetze der Physik. Kapitel 4 beschäftigt sich mit einigen Verbundkomponenten und -systemen, die zur Weiterentwicklung von Verglasungen und Gebäudehüllen im 21.Jahrhundert und später führen werden. Das High-Tech-Zeitalter für Glas hat gerade erst begonnen, und das letzte Kapitel dieses Buches zeigt, wohin es uns führen könnte.

Zunächst aber lohnt sich ein Blick auf die Art und Weise, in der Architekten seit dem Zweiten Weltkrieg die ihnen von der Industrie zur Verfügung gestellten Glasmaterialien nutzten oder gelegentlich nicht nutzten. Die Geschichte von Glas in der Architektur seit 1945 ist davon gekennzeichnet, daß die Architekten generell die von den Ingenieuren erzielten Fortschritte der Technik nur zögernd nachvollzogen. Dies ist aber entscheidend für die Entwicklung der Architektur des ausgehenden 20. Jahrhunderts, im Laufe dessen der verachtete *Glaskasten* sich wandelte zum reichhaltigen Architekturangebot der neunziger Jahre.

56. Swanlea Secondary School, London (1993) von Percy Thomas Partnership mit den Hampshire County-Architekten. Die Glasart Okasolar, hier als Dachverglasung, stammt vom gleichen Fabrikanten wie Okalux. Die Dachkonstruktion besteht aus Doppelverglasungselementen mit integrierten Reflektoren, die auch als Sonnenschutz fungieren. Die Dachneigung und die Innenreflektoren sind so konzipiert, daß sie im Winter 62% des Sonnenlichts durchlassen, im Sommer dagegen nur 25%.

57. Lloyd's Building, London (1986), Richard Rogers Partnership. Dieser Bau verkörpert nahezu das gesamte Bauglasspektrum: vom gewalzten Spezialglas mit brillianter Transluzenz bis zu den Verglasungen mit luftgefüllten Hohlräumen zur Wärmeregulierung und dem großen Hallenraum des glasgedeckten Atriums.

57

3 Glas in der Architektur

1, 2. Bibliothek und Verwaltungsgebäude des Illinois Institute of Technology, Entwurf 1942/43, Mies van der Rohe.

3. Das Farnsworth House, Plano, Illinois, 1946–1951, Mies van der Rohe.

Renaissance in Chicago

Die sozialen und wirtschaftlichen Ursachen des Zweiten Weltkriegs, seine Zerstörungen und seine Nachwirkungen veränderten nicht nur die meisten Bereiche menschlichen Lebens, sondern auch die Architektur.

In der Dekade vor dem Ausbruch des Krieges wanderten viele berühmte Persönlichkeiten der europäischen Kulturszene in die USA aus, da das Leben in Europa für sie unerträglich geworden war. Walter Gropius, Mitbegründer des Bauhauses, emigrierte 1934 nach England und übernahm 1937 eine Architekturprofessur in der Graduate School of Design der Universität Harvard. Mies van der Rohe bemühte sich noch vier Jahre lang, den Betrieb des Bauhauses aufrechtzuhalten, und schlug dann am 19. Juli 1935 dessen Schließung vor. Er und Ludwig Hilberseimer emigrierten 1938 in die USA und ließen sich beide in Chicago nieder.

Mies übernahm 1938 die Leitung der Architekturfakultät des Armour (ab 1940 Illinois) Institute of Technology. Im März 1936 hatte ihn John Holabird eingeladen, die Leitung des *wiederauferstandenen* Armour-Instituts zu übernehmen; die Berufung wurde schließlich während einer weiteren USA-Reise bestätigt, die Mies aufgrund einer Einladung von Stanley Resor und dessen Frau unternahm, die sich von ihm ein Ferienhaus in Jackson Hole, Wyoming, bauen lassen wollten. Dieses Haus, das einen Mühlgraben in einer zentralen freitragenden Konstruktion überbrückte, sollte voll verglast sein und griff den Entwurfsgedanken des Hauses in

1

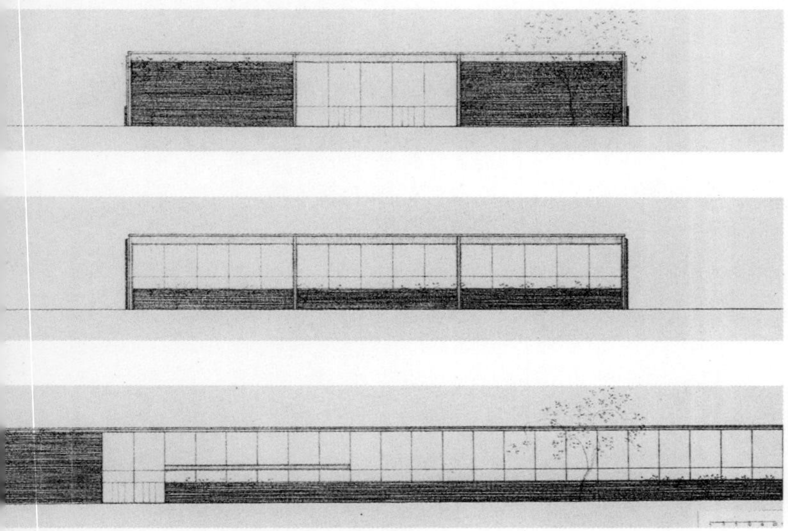

2

den Tiroler Bergen von 1934 auf. Als unmittelbare Wirkung des Kriegsbeginns in Europa (1939) wurde die Bautätigkeit zusammen mit vielen anderen Industrieproduktionen unterbrochen. Es gab nicht mehr genügend Neubauten. Amerika blieb davon jedoch zunächst unberührt, und Mies konnte seine Stellung am IIT mit einem Großauftrag untermauern, und zwar mit dem Entwurf und Bau des Universitätscampus selbst. Von 1939 bis 1949 entwickelte Mies seine besten Architekturwerke: einige der einflußreichsten Bauten des 20. Jahrhunderts, allesamt modellhafte Gebäude in Stahl, Glas und gelegentlich Ziegelmauerwerk, zugleich rational und poetisch. Sie waren der Tradition der Chicagoer Schule von Holabird und Roche, Adler und Sullivan vom Ende des 19. Jahrhunderts verpflichtet. Diese wurde im 20. Jahrhundert fortgesetzt von Christian Eckstroms Liberty Mutual-Versicherungsgebäude (1908) und George und William Kecks hervorragendem schlichten Universitätsgebäude von 1937, das so *modern* war, daß es ebensogut in einer späteren Epoche oder gar heute hätte entstehen können. 3

Mies reihte sich in den Hauptstrom der amerikanischen Architektur ein, zu dem Howe und Lescaze, Philadelphia, und Raymond Hood, New York, zählten. Das Savings Fund Building (1932) von Howe und Lescaze in Philadelphia demonstrierte die Möglichkeiten der Einfachrahmenfassade bei Wolkenkratzern, die man in Europa noch nicht kannte. Diese waren formal komplexer als diejenigen von Mies, dessen Hochhäuser sich durch formale Reinheit und Strenge und eine typische Formensprache auszeichneten (mit Glas als Hauptelement), die er in den folgenden vierzig Jahren weiterentwickelte.

Viele dieser bis 1950 entstandenen Bauten waren die Nachfolger seiner großartigen nicht ausgeführten Prototypen aus der Vorkriegszeit, besonders des Reichsbank-Projekts von 1933, des Glashauses in Hanglage von 1934 und des Resor-Hauses von 1937. Pavillons und glasumhüllte Turmbauten waren die Bautypen, die Mies bis zu seinem Tod unermüdlich variierte. Die Verwendung von Glas war für diese Hochhäuser ebenso wichtig wie für die gotische Kathedrale. Es sind Probestücke für das Potential reiner Transparenz sowie – ganz anders – für die formalen Möglichkeiten der Glashaut, mit der Mies 1921 zum ersten Mal experimentiert hatte.

Mies begann sofort mit der Arbeit am neuen IIT Campus, und das erste Vorprojekt wurde 1939 entworfen. Er übertrug die wesentlichen Merkmale der räumlichen Freizügigkeit des Barcelona-Pavillons und des Backstein-Landhauses von 1923 auf den Generalplan des

Universitätskomplexes. Beim IIT wurden die fließenden Freiräume von rechtwinkligen Blöcken moduliert, die sich um ein zentral-symmetrisches Geviert auf der Querachse des riesigen, südlich von Chicago gelegenen Geländes gruppierten. In diesem Vorprojekt standen die Bibliothek und ein freistehendes Verwaltungsgebäude einander gegenüber zu beiden Seiten des Platzgevierts. Beim revidierten Vorprojekt wurden Bibliothek und Verwaltung in einem einzigen Bau an einer Seite des Platzes untergebracht, auf der gegenüberliegenden Seite stand das Gebäude mit Auditorium Maximum und Studentenzentrum.

Mit dem Bau der verschiedenen Gebäude konnte auch die Entwicklung des konstruktiven Vokabulars verfolgt werden, so als stünden die Bauten im Fallstudien-Lehrplan der Architekturstudenten, die fünfzehn Jahre später in der Crown Hall ein- und ausgehen sollten. Zuerst entstand das Minerals and Metal Research Building (1942), dessen Entwurf auf einer sichtbaren, bündigen Stahl-und-Beton-Rahmenkonstruktion mit Ziegelausfachung beruhte. Das Gebäude hatte großflächige bündige Verglasungen und erinnert an die Detailbehandlung, die man aus den Zeichnungen zum Berliner Reichsbank-Projekt von 1933 ablesen kann. 1945 und 1946 entstanden das Alumni Building, das Metallurgy and Chemical Engineering Building und das Chemistry Building. Der architektonische Ausdruck hatte sich inzwischen gewandelt. In die Gebäudehaut und Verglasungen, die außerhalb des Haupttragwerks liegen, ist ein Sekundärrahmen-System von Fensterpfosten aus Stahl-Doppel-T-Profilen integriert, die jeweils zwei oder drei Geschosse hoch sind.

4

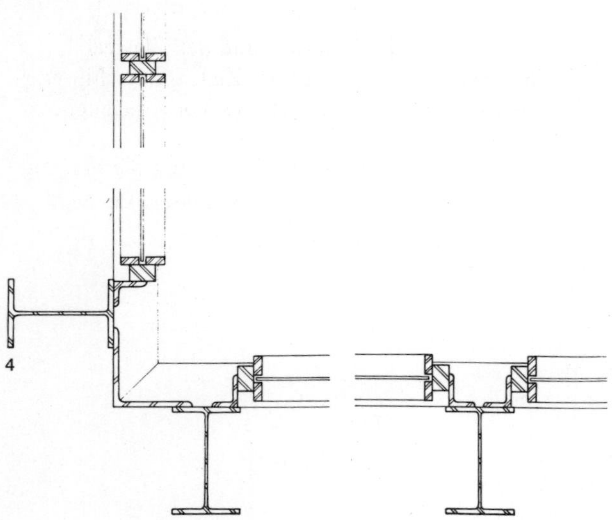

5

4, 5. Horizontalschnitt durch die Außenwand und Ansicht der Crown Hall des Illinois Institute of Technology, 1954–1956, Mies van der Rohe.

Die Details dieser drei Gebäude sind in den exzellenten Zeichnungen in Ludwig Hilberseimers *Mies van der Rohe*-Monographie von 1956 zu sehen. Die Metallprofile sind nicht die heute üblichen Walzprofile, sondern qualitätvolle Sonderanfertigungen. Anders als beim Minerals and Metals Building liegen sie außerhalb des konstruktiven Rasters und bilden somit einen Gebäuderahmen, der über die Fassadenfläche hinausragt. Die Eleganz dieser Details bleibt auch heute unübertroffen. In gewisser Weise sind sie vielleicht nicht *rational*, offenbaren aber eine innere Logik, die unvermeidlich und sehr ausdrucksstark erscheint. Außerdem verleihen sie der Fassade Tiefe und Würde. Mies setzte die gleiche Art von Ästhetik in seinen weiteren IIT-Bauten und in seinem ganzen folgenden Werk fort.

An der Projektzeichnung von 1994 für das Bibliotheks- und Verwaltungsgebäude (in Hilberseimers Monographie reproduziert) wird deutlich, wie unendlich schade es ist, daß dieses Projekt nie gebaut wurde. Die authentische *Glasarchitektur* kann ein solches Gebäude vielleicht nicht als *ihresgleichen* einfordern, aber Umfang und Ausdehnung der Verglasung nutzen das Material bis an die Grenzen seiner Möglichkeiten. Die sprossenlosen großen Glasscheiben (mit 5,5 × 3,6 m angeblich die bis dato größten in ganz Amerika) teilen sich die Außenfassade mit sorgfältig ausgeführtem Mauerwerk. Die Beeinträchtigung des architektonischen Ausdrucks, zu dem Mies sich 1933 in einem Spiegelglasprospekt äußerte, wird hier zur Befreiung, zum Wesen des Glases.

Auf die in den vierziger Jahren errichteten Campus-Gebäude folgten die Kapelle (1952) und das Studentenzentrum (1953). Die Kapelle in ihrer vollkommen elementaren Form erzeugt eine ideale Transparenz; der Altar befindet sich am einen Ende, und am andern öffnet eine Glasfront mit sehr großen Scheiben den Blick vom kleinen Innenraum nach daußen. Das zweistöckige Studentenzentrum greift die konstruktive Ästhetik der Bauten von 1945/46 wieder auf.

Wie zur Wiedergutmachung für den Verlust des Bibliotheks- und Verwaltungsbaus haben wir eine späte großartige IIT-Ergänzung bekommen: die Crown Hall von 1954–1956, unzweifelhaft eines der Meisterwerke der Architektur des 20. Jahrhunderts. Bei der kompromißlosen Durchführung seines formalen Gedankens ist es auch eines der umstrittensten. Mies entschied sich für einen Plan, der eine größere Version seines 50-mal-50-Hausprojekts von 1950/51 darstellte: Die Hauptfläche einer Glasbox mit einem von großen Trägern

abgehängten Dach, die die gesamte Tiefe des Hauses von 120 Fuß (ca. 36,6 m) überspannen, umfaßt 67 × 36,5 m. Auf diese Weise entsteht ein stützenfreier Raum, der nur unterbrochen wird von den für Mies typischen zentralen, symmetrisch angeordneten Trennwänden.
Sie folgen den raumschaffenden Regeln, die Mies in seinen früheren Werken entwickelt hatte: Sie dürfen sich nicht treffen, damit keine festen Raumecken entstehen; im Grundriß und im Raum müssen sie freistehende Abschlüsse haben. Zwei lange, parallel zueinander freistehende Wände bilden einen Ausstellungsraum und fassen die Treppe zum Untergeschoß ein. Es wirft ein aufschlußreiches Licht auf die überragende Bedeutung des Erdgeschosses, daß in Hilberseimers Buch (das kurz nach Fertigstellung der Crown Hall publiziert wurde) auch nur dieses eine Geschoß dargestellt wurde.

6

6, 7. Das Farnsworth House, Plano, Illinois, 1946–1951, Mies van der Rohe.

8. Das *50-mal-50-Haus,* Projekt, 1950/51, Mies van der Rohe.

Große konstruktive Verglasungspfosten (8,2 m hoch) ragen bis zur vollen Höhe des *Zimmers* auf. Die Gebäudehaut besteht rundherum aus 6 mm dickem Kristallspiegelglas und wird auf Türsturzhöhe horizontal geteilt. Darüber befinden sich 3 × 3,5 m große Glasplatten. Diese riesigen oberen Scheiben sind aus Klarglas, während die unteren aus transluzentem, sandgestrahltem Glas bestehen.

Während die reine Ausdruckskraft von Glas und Stahl etwas Archetypisches hat, erscheinen einige Design-Entscheidungen fragwürdig und verdeutlichen die durchgehende Zweiteilung des Hausinneren, wie sie auch für viele von Mies' späteren Pavillons typisch ist. Die Funktion wird in räumlicher Hinsicht der Form geopfert. Arbeitsräume und Büros werden in den Keller verbannt und durch Obergadenfenster belichtet, die wiederum aus 6 mm starkem sandgestrahltem, transluzentem Spiegelglas bestehen. Die Verwendung von sandgestrahltem Glas sorgt für ein optisch *ordentliches* Äußeres, blockiert aber auch die Aussicht. Obwohl die Raumkontinuität in den Hinterglasstudios absolut ist, wird der räumliche Fluß zwischen Gebäudeinnerem und Umgebung (dessen Bedeutung Mies in seinen Schriften so betont) dem Ziel einer absoluten Reinheit und Unversehrtheit des äußeren Erscheinungsbilds der Architektur geopfert. Während die Crown Hall also einerseits ein Musterbeispiel des Glaspavillons und ein perfektes Exemplar abstrakter Architektur darstellt, ist sie andererseits Ausdruck eines ambivalenten Verhältnisses des Architekten zum Glaspavillon und zu dessen Potential als Bautypus und daher in ihrer transluzenten Hülle weniger gelungen als die Gebäude, die Mies zur gleichen Zeit entwarf.

7

Mies' damalige Tätigkeit in Chicago beschränkte sich nicht nur auf seinen Posten am IIT. Sein erster Auftrag aus den USA war ein Wohnhaus, und sein Interesse an dieser Bauaufgabe als Prototyp war ungebrochen, als er nach Amerika übersiedelte. Als die ersten Hauptgebäude des IIT fast fertig waren, schuf er das vielleicht *minimalste* Wohnhaus der Architekturgeschichte bis zu jenem Zeitpunkt: das Farnsworth-Haus von 1946–1951.

Dieser Auftrag war für Mies ein glücklicher Umstand, da das Gelände am Fox River ideal war für ein harmonisches Zusammenkommen von Baugrund, Topographie und architektonischer Idee. Es lag in einem Wald und bot ideale Voraussetzungen für eine Privatsphäre. Da es aber im Überflutungsgebiet des Fox River lag, mußte Mies es aufständern. Die Formensprache des Wochenendhauses ist daher so elementar wie Architektur nur sein kann. Zwei identische rechteckige Ebenen – Dach- und Bodenplatte – werden mittels Stahlstützen in einem planparallelen Abstand zueinander gehalten. Nur diese beiden Platten begrenzen das Wohnhaus. Das Glas ist fast überflüssig und dient lediglich als Vermittler zwischen der äußeren Umgebung und dem Innenraum. Luftschleier hätten die gleiche Funktion fast ebenso gut erfüllt. Vorhänge und Lichtausschlußmechanismen schaffen eine geschützte Privatsphäre. Nichts berührt die Glasaußenwände.

Das Farnsworth-Haus ist aus vielen Gründen ein bedeutendes Werk der Architektur. Es bildet das idealisierte Minimum an umbautem Raum in einer Landschaft. Es paßt sich nicht nur dem Gelände an, sondern repräsentiert die rein geistige Idealisierung des Raums, der aus ebenen Flächen abgeleitet wird. Im Gebiet des 42. Breitengrads gelegen, nicht weit von Chicago, der *windigen Stadt*, ist es jedoch gelinde gesagt umweltbedingt benachteiligt und mit seiner Einfachverglasung nicht in der Lage, den Elementen wirklich zu trotzen. Es ist ein Produkt des begrenzten Umweltbewußtseins und der Glastechnologie seiner Zeit. Als Architektur-Vorbild bleibt es jedoch eminent wichtig.

1950/51 plante Mies die Version des Farnsworth-Hauses, die nicht

8

weniger schön ist: das 50-mal-50-Haus. Dieses nicht ausgeführte Projekt hatte in Wirklichkeit eine Fläche von 48 × 48 Quadratfuß und schlug einen ebenso elementaren Bau vor wie das Farnsworth-Haus, sowohl bezüglich des Tragwerks als auch der Umfassung. Vier Stützen sind jeweils in der Mitte jeder Außenwand angeordnet und setzten die Gebäudeecken somit frei. Das Modell wird in einer Fotomontage immer in einen Wald gestellt und verdeutlicht das Entwurfsziel. Es gibt keine Fensterpfosten oder -rahmen, nur jeweils zwei schlanke Vertikalpfosten, welche die Eingänge markieren. Die eingesetzten Glasscheiben messen 7,3 x 2,7 m und sind damit doppelt so groß wie die größten Scheiben der Crown Hall.

9

Dies ist auch heute noch ein für die Floatglasproduktion unerreichbares Format (wenn auch nur knapp). James Freed, der ab 1948 bei Mies am IIT studierte, hat uns an die Unterstellung erinnert, das 50-mal-50-Haus müsse aufgrund seiner vier einzelnen Stützen jeweils in der Mitte jeder Außenwand instabil sein. Freed meint jedoch, daß wegen der starren Dachplatte und der Schweißgelenke die Festigkeit der Konstruktion für einen Bauingenieur kein Problem dargestellt hätte, selbst ohne die dem Glas eigene Festigkeit zu berücksichtigen, die als vorgespannte Haut funktioniert.

9. Glashaus, New Canaan, Connecticut, 1949, Philip Johnson.

10. Eames House, Santa Monica, Kalifornien, 1949, Charles und Ray Eames. Ein Vergleich zwischen Johnsons Pavillon und dem Farnsworth House oder dem *50-mal-50-Haus* macht deutlich, warum Mies sich mit Johnson überwarf: Architekturauffassung und Detailbehandlung dieser beiden Architekten waren grundverschieden. Im Vergleich zum Eames House, das gleichzeitig entstand, erkennt man zwei absolut gegensätzliche Auffassungen der gebauten Form.

11. Das Seagram Building, Park Avenue, New York, 1954–1958, Mies van der Rohe.

Obwohl das 50-mal-50-Haus nie ausgeführt wurde, baute Mies' großer Bewunderer, Philip Johnson, schon 1949 eine kleinere Version für sich selbst. Dabei machte er keinen Versuch, den Kontrast zwischen Privatsphäre und *Zurschaustellung* aufzulösen, der zu einem Haus ohne sichtbare Trennwände zwischen Innen- und Außenraum gehört. Die Gebäudekerne sind beschränkt auf den Zylinder, der das Duschbad und den Kamin enthält, und die rudimentäre Küchenzeile, die aus einer Bar besteht. Das *Schlafzimmer* wird in einer Ecke nur durch ein Schrankwandsystem definiert. Das Gelände selbst schützt die Privatsphäre, und die Mahlzeiten werden auf Tabletts serviert. Anders als bei Mies' Entwurf ist Johnsons Haus eine regelmäßig gegliederte Konstruktion mit Eckstützen und einer nach außen verlegten Gebäudehülle.

Beide Häuser bilden einen faszinierenden Kontrast zum *Case Study House* von Charles und Ray Eames, das auf der anderen Seite des Kontinents, in Santa Monica/Kalifornien entstand. Man ist versucht, die Entwurfsprinzipien dieses Hauses in der unterschiedlichen Lebenseinstellung an der Westküste zu suchen, im entspannt-lässigen Umgang mit der Umgebung, den übrigens auch Soriano und Neutra pflegten und der im Kontrast steht zum idealisierten Klassizismus des Europäers Mies. Die Entwurfsprinzipien des *Glass House* – wie es in einem Dokumentationsfilm der späten fünfziger Jahre hieß, der damals die Runde durch die Architekturfakultäten machte – waren komplexer. Das Gebäude des Ehepaars Eames war als *Fertigteilmontage* konzipiert und verwendete kleine Stahlrahmenfenster, die 1949 handelsüblich waren. Der Entwurf fußt im wesentlichen auf einem von der Konstruktion abgeleiteten Raumprogramm und der Montage gut proportionierter und ausgesuchter seriell gefertigter Teile. Entstanden ist ein Stück Wohnarchitektur, das Leichtigkeit und Eleganz ausstrahlt. Die Unterschiede zwischen dem Eames-Haus und Mies' Glashäusern sind ebenso groß wie der zwischen Eames-Möbeln und Mies-Möbeln.

Während Mies, Johnson und das Ehepaar Eames ihre Glashäuser bauten und damit die Architekturpalette der Nachkriegsästhetik bereicherten, errichtete Mies auch Gebäude in Chicagos Innenstadt, die eine viel größere, wenn auch fragwürdige Wirkung entfalten sollten. Am Lake Shore Drive 860–880 baute er 1948–1951 seine ersten zwei *Wolkenkratzer*, beide 26 Geschosse hohe rechteckige Blöcke, die ersten einer ganzen Reihe dieser Glas-und-Metall-Türme, die Mies bis zu seinem Tod zwanzig Jahre später entwarf und ausführte. Die

10

11

für das IIT entwickelten Fensterpfosten aus Doppel-T-Profilen wachsen hier in den Himmel und betonen die Vertikalität des Bauwerks. Der Rest der Fassaden ist aus Glas, mit schmalen, bündig zur Fensterebene eingesetzten Brüstungsstreifen.

In gewisser Hinsicht konnten diese Bauten nicht verschiedener sein von den verwinkelten, spitzzackigen Formen der Miesschen Projekte für Deutschland von 1921 und 1922. Die Transparenz der Gebäudeecken ist allerdings geblieben und erlaubt dem Betrachter den Blick auf die von außen sichtbaren Geschoßplatten. Die Blöcke stellen die simple, repetitive Stapelung orthogonaler Geschoßebenen dar; sie sind perfekt detailbehandelt, großzügig proportioniert und eindrucksvolle Werke der Bautechnik. Außerdem stehen sie an einem wunderschönen Ort am Ufer des Michigan-Sees. Mies' Nachfolger, viele von ihnen seine Studenten am IIT, produzierten ähnliche Bauten (mit wechselndem Erfolg) und schufen ein neues Chicago aus Stahl und Glas.

Die von Mies im Nachkriegs-Amerika erstellten Glasfassaden waren gar nicht so überraschend neue *Einhüllungen*, sondern nur neu konzipierte technische Produktionen der alten Architekturidee der *Vorhangwand*. Als souveräner Designer setzte Mies die Idee in die Praxis um. Das Architekturpotential des glasversiegelten Büroturms hatte

12

Pietro Belluschi bereits 1948 in Portland, Oregon, mit seinem Equitable Savings and Loan Building demonstriert. Er verwendete dafür Doppelverglasungen aus grünem Glas.

Um Mies' Vorstellung einer Vorhangwand im Unterschied zu anderen Architekten zu beurteilen, reicht der Vergleich zweier New Yorker

12. Equitable Savings and Loan Building, 1948, Portland, Oregon, Pietro Belluschi.

13. Appartment-Häuser am 860–880 Lake Shore Drive, Chicago, 1948–1951, Mies van der Rohe. Mies soll einmal geäußert haben, daß er die I-Punkt-Fassadenelemente so konzipierte, weil ansonsten die Fassade nicht richtig ausgesehen hätte. Diese Fassadengliederung blieb allen weiteren Bauten von Mies erhalten.

13

Gebäude, des Lever House von Skidmore Owings and Merrill (1952) und des Seagram Building von Mies (1956–1958). Das sehr schöne Lever House bezog, so sagte man damals, seine Inspiration sowohl von Le Corbusier als auch von Mies van der Rohe. Es hat eine gut proportionierte Vorhangfassade und eine sehr eigenwillige, puristische und widersprüchliche Form in Beziehung zur Park Avenue. Die Vorhangfassade mit ihren blaßgrünen Fenstergläsern (wie beim Belluschi-Bau), dunkelgrünen Brüstungsstreifen und Edelstahl-Rahmenwerk gereicht dem Entwurfspartner Gordon Bunshaft und dem Team von SOM der fünfziger und sechziger Jahre auch heute noch zur Ehre.

Das von Mies auf Betreiben von Philip Johnson entworfene Seagram Building unterscheidet sich grundlegend vom Lever House bezüglich der Verteilung der Baumassen und der Plazierung an der Park Avenue sowie auch im Hinblick auf die Gebäudehülle. Die schon in Chicago gesehenen Doppel-T-Profile der Verglasungspfosten sind hier aus dem aristokratischsten aller Materialien, aus Bronze, geschoßhoch und ausschließlich vertikal orientiert. Die Verglasung besteht aus speziell angefertigten topasfarbenen Glasscheiben, für die außer Eisenoxid Selen beigemengt wurde. Die Glastönung erfüllt zwei wichtige Aufgaben in der Ästhetik des Gebäudes: Erstens erscheint es dadurch als massiver Baukörper; die Transparenz des eingeschossigen Pavillons verwandelt sich in eine reflektierende Fläche. Die Ziele der Glasarchitektur, die Mies 1920/21 dargelegt hatte, sind hier erreicht, aber als schlichte orthogonale Form

14. Lever House, Park Avenue, New York, 1952, Skidmore Owings and Merrill. Das Lever House entstand einige Jahre vor dem Seagram Building, hat aber von den Lake Shore Drive Apartments das Prinzip des massiven Baukörpers aus Metall und Glas übernommen. Das sowohl für die Fenster als auch die Fensterbrüstungen verwendete grüne Glas wurde später vielfach kopiert, aber selten so gelungen wie hier.

und nicht als die facettierten Prismen seiner damaligen Projekte. Zweitens ist die Tönung der Glashülle von hervorragender Qualität und verändert sich stündlich auf wunderbare Weise, von Rosa zu Blaubraun zu Bronze, je nach Tageslicht und Sonneneinstrahlung. Die Gebäudehülle des Seagram Building ist ungefähr so weit von den Vorhangfassaden im Investorenstil entfernt wie überhaupt vorstellbar, und die gleiche Art von Gestaltung hat Mies auch in seinen folgenden Turmbauten mit getönten Glasfassaden in Chicago und Toronto angewendet.

Die Vorhangfassade selbst – wie die des Lever House – machte eine völlig andere Entwicklung durch. Zunächst gehörten die amerikanischen und europäischen Glaswände häufig zum sich erweiternden Architekturvokabular der besten Architekten. In Amerika waren Skidmore Owings and Merrill nicht die einzigen, die Gebäude mit Glasfassaden versahen; 1951/52 entstand auch der Gebäudekomplex der Vereinten Nationen von Wallis K. Harrison. Die Tatsache, daß sein Turm und die übrigen niedrigen Baukörper, die an das Lever House erinnern, Le Corbusiers formale Anordnung des *Projekts 23A* von 1946 aufgriffen, war fatal. Es gibt eine aufschlußreiche und traurige Episode in der Entstehungsgeschichte dieses Komplexes mit dem voll verglasten Bürohochhaus. Obwohl Le Corbusier noch immer an die *mur neutralisant* glaubte, veranlaßten ihn seine Erfahrungen mit der Cité de Refuge dazu, am 4. Dezember 1947 an Senator Warren Austin, den Vorsitzenden des Bauplanungsausschusses der Vereinten Nationen, zu

14

15. General Motors Technical Center, Detroit, 1948–1956, Eero Saarinen and Associates.

16. Das Gebäude der Vereinten Nationen, New York, 1951/52, Wallace K. Harrison and Associates. Rechts ist das UN Plaza Hotel von Roche und Dinkeloo zu sehen.

16

15

schreiben: »Es ist meine starke Überzeugung, Mr. Senator, daß es unvernünftig ist, in New York zu bauen, wo das Klima im Sommer fürchterlich ist, noch dazu mit großen Glasflächen ohne brise-soleils. Ich halte das für gefährlich, für sehr gefährlich.« Aus eigener Erfahrung kannte Le Corbusier die Temperaturprobleme, die auf einen Bau zukommen konnten, der am 41. nördlichen Breitengrad stand, dem gleichen wie Madrid oder Neapel, verglichen mit den viel geringeren in seiner eigenen Stadt, Paris, am 49. Breitengrad.

Die Schwächen der Glasvorhangfassade waren also bereits zu Beginn ihrer Nachkriegsexistenz von einem der großen europäischen Architekten identifiziert und hinterfragt worden. Trotzdem hielt man sie im expandierenden Markt für kommerzielle Bürobauten schon bald für die ideale Lösung. Das Bürogebäude als Bautyp wurde in der Nachkriegszeit sozusagen erwachsen, teils infolge der wachsenden Nachfrage nach Büroräumen, teils aufgrund der Entwicklung des Immobilienmarkts (daraus ergab sich Bedarf an *universell verwendbaren* Flächen für verschiedene Nutzer) und in erheblichem Umfang durch Maßnahmen der Stadtsanierungsprogramme in einigen Großstädten Europas. Die Immobilienmakler in Europa und Amerika wurden in den meisten *hochentwickelten* Ländern zu Hauptwirtschaftsakteuren, mit Bürogebäuden als Haupthandelsware. Der Entwurf von Bauten für diesen Wirtschaftssektor war also an dessen finanzielle Ziele gebunden und ergab sich aus der dem Entwurfskonzept oder städtebaulichen Überlegungen gleichgesetzten sorgfältigen Berechnung der Investitionssumme.

17

17. Gebäude des Manufacturers Hanover Trust, New York, 1953/54, Skidmore Owings and Merrill. SOM lehnten das aufgrund der New Yorker Bebauungsvorschriften übliche Zikkurat-Profil ab (wie übrigens auch Mies für das Seagram Building). Sie entwarfen einen Glas-Aluminium-Kasten ohne den Kompromiß der zurückgesetzten oberen Geschosse – eine großzügige Geste auf einem wertvollen Baugrund. Das Format der größten Glasscheiben stellt auch heute noch die obere Grenze des Machbaren dar.

18. Pepsicola Hauptverwaltung, Park Avenue, New York, 1958/59, Skidmore Owings and Merrill. Dieses Gebäude steht in der Park Avenue als ein sehr ruhig wirkendes, in den Details ausgeklügeltes Meisterwerk seines Genres. SOM übersetzten Mies van der Rohes I-Punkt-Vertikale aus dunklem Stahl oder Bronze in Aluminiumsilberrahmen für das blaßgrüne Glas. Diese klare Ästhetik schuf eine der schönsten Materialkombinationen, die ihre Gültigkeit auch heute noch nicht verloren hat.

Die überall auftauchenden Vorhangfassaden der kommerziellen Gebrauchsarchitektur mit ihrer Fadheit und mangelhaften Funktion wurden zum ernsthaften Problem und in vielfältigen Ausformungen zum negativen Bestandteil der Nachkriegsarchitektur.

Zeitgleich mit dem Lever House und dem UN-Komplex in New York entstand im Mittleren Westen ein Meisterwerk Eero Saarinens, das General Motors Technical Center (1948–1956), eine andere Version der Glasmembrane, irgendwie pragmatischer und der Produktionstechnologie im Werk vollkommen angepaßt. Saarinens Gesamtwerk belegt große formale Freiheit und Flexibilität des Architekten. Offenbar entwarf er expressionistische Gebäude wie den TWA Terminal des Kennedy Flughafens ebenso gern wie die Projekte der Chicagoer Law School und des Studentinnen-Wohnheims der University of Pennsylvania (1957–1960), außerdem eigenartige Kompromisse wie die US-Botschaft in London (1955–1960). Er schuf aber auch einige hervorragende Glasfassaden; zuerst die für General Motors, sie war die erste, die mit Neoprenprofilen abgedichtet wurde (sehr passend für ein Werksgebäude der Autoindustrie).

Skidmore Owings and Merrills Arbeiten der fünfziger Jahre entwickelten die Glaskonzepte des Lever House weiter. Das Büro SOM war eines der ersten und vielleicht erfolgreichsten Architektenteams der Nachkriegszeit, das bewies, daß gute Architektur nicht unbedingt von einem einzigen Architekten geschaffen werden mußte.

Im New Yorker Büro schufen Gordon Bunshaft und nach ihm Roy Allen Glasbauten mit einer fast Scheerbartschen leidenschaftlichen Ausdruckskraft. Das Kaufhaus und die Essigfabrik für H. J. Heinz in Pittsburgh (1950–1952) hatten eine bündig in den Stahlrahmen eingefügte Außenhaut. Die Pfosten aus eloxiertem Aluminium schimmern hell und tragen die Gebäudehülle aus Spezial-Walzglas mit gehämmert wirkender Oberfläche, das zu Sonnenschutzzwecken blau getönt ist.

18

Zu öffnende gebogene Eckfenster sorgen für natürliche Belüftung. Bei der Gunners' Mates School in Great Lakes, Illinois (1952–1954), wurde das Erscheinungsbild noch verbessert, indem man die blaugetönten, wärmedämmenden Glasscheiben nach außen vor den Stahlrahmen verlegte. Die Manufacturers Hanover Trust Bank an der Fifth Avenue, New York (1953/54) bildet das *Glasgebäude als Bankhaus ab*. Die-

19

19. Bürohaus der Firma Jospersen, Kopenhagen, 1956, Arne Jacobsen.

20. Albright Knox Art Gallery, Buffalo, New York, 1958–1961, Skidmore Owings and Merrill. Ein bemerkenswertes Glaskonzept und beispielhaft für SOMs kompetente Kreativität und Kenntnisse der breiten Glasproduktpalette. Der Innenraum des Glaskastens ist ein Auditorium. Die dunkelgraue Glastönung erlaubt auch tagsüber den Betrieb von Dia- und Filmprojektoren, selbst bei offenen Vorhängen.

ser Bau ist nur vier Geschosse hoch und steht zwischen Wolkenkratzern. Der Entwurf basiert auf der Überzeugung, daß Transparenz die beste Sicherheitsmaßnahme ist. Starke Aluminiumpfosten rahmen große Spiegelglasscheiben, deren größte 6,7 × 2,7 m messen und 12 mm dick sind.

SOM setzte seine Glasarchitektur bis Ende der fünfziger Jahre fort. Auf die transparente Bank folgte die durchsichtige Werkshalle: Der Eingangsbereich zum heutigen Kennedy-Flughafengelände in New York wurde beherrscht von SOMs vollverglastem zentralen Heiz- und Kühlkraftwerk (1957/58). Zur gleichen Zeit bauten sie ihr Inland Steel Building in Chicago, das die hochaufragende Vorhangfassade des Lever House weiterentwickelte und verfeinerte. Außerdem hat es zugegebenermaßen einen viel eleganteren und geschickter gegliederten Grundriß: Ein freitragendes Bürohaus steht neben einem Versorgungsturm. Die Außenhaut besteht aus grüngetöntem Glas, das in Edelstahlrahmen gefaßt ist. Die Verbindung von Stahl und Glas und die schlichte Form machen es zu dem vielleicht elegantesten Hochhaus, das je gebaut wurde.

Die gleiche Ästhetik verwirklichten Gordon Bunshaft und Roy Allen im New Yorker SOM-Büro mit dem Pepsi-Cola-Building (1958–1960) an der Park Avenue, einige Blocks entfernt vom Lever House. Hier ist die Fassadengestaltung ein *reiner Mies*: Strangpreß-Doppel-T-Profile aus Aluminium ermöglichen eine Verglasung mit 3,9 × 2,7 m breiten und 12,7 mm dicken grüngetönten Kristallspiegelglasscheiben. Bemühungen, die Größe der durchsichtigen Glasflächen auf ein Höchstmaß zu steigern, führten zur Entwicklung einer Rahmen-Glasverbindung auf der Basis einer Neoprenprofildichtung. Die SOM-Bauten der späten fünfziger Jahre sind die Apotheose der amerikanischen Vorhangfassade, daneben und später entstanden andere, größere Werke des Büros, zum Beispiel das Union Carbide Building, und die Chase Manhattan Bankfiliale in New York (beide zwischen 1957 und 1961 erbaut).

Dieser kurze, selektive Überblick über die Glasarchitektur von SOM in den fünfziger und sechziger Jahren wäre unvollständig ohne die Erwähnung von zwei kleineren *Glasarchitekturjuwelen*: Die Albright Knox Art Gallery wurde 1958–1961 in Buffalo, Bunshafts Heimatstadt, gebaut. Der Entwurf sah einen eingeschossigen steinverkleideten Atriumbau vor, überragt von einem Glaskasten, dem Vortragssaal, dessen 12,7 mm dicke graue Verglasung ihn auf sublime Weise abstrahiert. Das Yale Computer Center von 1960/61 folgt der gleichen ästhetischen Auffassung und erzielt eine ebensolche heitere Leichtigkeit.

Europa erholte sich zu der Zeit allerdings auch von den Kriegseinwirkungen und erlebte ähnliche Entwicklungen. Egon Eiermann schuf einige der frühesten und besten Beispiele deutscher Nachkriegsarchitektur, unter anderem die Deutsche Botschaft in Washington, D.C. Seine Taschentuchweberei in Blumberg (1951) erhielt eine leichte Glasaußenhaut von fast skandinavischer Zartheit, die auch für seine nachfolgenden Bauten typisch ist.

In Skandinavien schuf der Däne Arne Jacobsen das Rathaus von Rødovre (1954–1956) und das Jospersen-Bürohaus in Kopenhagen (1956). Beide sind in saubere, höchst elegante Glasmembranen gehüllt. Transparentes und graugetöntes Glas wurden kombiniert und ergaben eine wunderbare Maschinenästhetik, sehr reduziert, aber sehr ausdrucksvoll. Auch in Italien hatten verschiedene Industriefirmen eine Vorliebe für die Aluminium-und-Glas-Ästhetik, so entstand zum Beispiel die Olivetti-Zentrale in Mailand von Bernasconi, Fiocchi und Nizzoli (1954).

Großbritannien erlebte leider eine häßlichere Interpretation der Stahl-und-Glas-Ästhetik und der Vorhangwand. Eine *New Brutalism*-Version der Miesschen IIT-Formensprache erschien in Form von Peter und Alison Smithsons Hunstanton School (1949–1954), die darauf folgende britische Metall-und-Glasarchitektur erscheint wie eine schlecht geratene Kopie der ausgezeichneten amerikanischen und skandinavischen Architekturwerke.

20

Blüte und Niedergang der Vorhangwand

Während diese sorgfältig geplanten und ausgeführten Bauten in Europa und Amerika von guten und manchmal großen Architekten erdacht und verwirklicht wurden, schlich sich eine andere Form der Glasarchitektur ein, die äußerlich ähnlich schien, aber in ihrer konzeptionellen Qualität grundlegend anders war. Die Wiederaufbauphase nach dem Krieg war auch eine Zeit des Neuaufbruchs am Immobilien- und Baumarkt, dessen Haupthandelsobjekt wiederum das Bürohaus war.

Als Architekturkonzept nimmt die Vorhangwand oder Blendwand eine historisch gesicherte Position im architektonischen Formenkanon ein. Diese Form der Gebäudeumfassung ist tatsächlich sehr alt, der Begriff wird auch auf die massiven Steinaußenmauern mittelalterlicher Burgen angewendet. Im neuen, industriellen Zeitalter wurde die Trennung der Lichthaut von der massiven Struktur zum Produktionsmittel einer Architektur, in der Rahmenstrukturen den ihnen gebührenden Platz einnehmen konnten, und zwar in einer Weise, die sie grundlegend von der Architektur der *durchlöcherten Wand* unterschied. Mit seiner vertikal strukturierten Glashülle, die der Konstruktion vorgehängt wurde, hat der Kristallpalast die Vorhangfassade vorweggenommen, ebenso die zahlreichen Gebäude der Chicagoer Schule des 19. Jahrhunderts mit ihrer Konzentration der Fassaden auf Rahmenwerk und Glasausfachung.

Im 20. Jahrhundert entwickelte sich langsam, aber sicher die Vorhangwand – zum einen in bezug auf die Technologie, zum anderen als Mittel des architektonischen Ausdrucks. Noch vor dem Zweiten Weltkrieg teilten sich die Gebäude mit Vorhangfassaden in zwei Gruppen: Die erste leitete sich aus der Architekturtheorie ab und beruhte auf dem Entwurfsprinzip der deutlich sichtbaren Trennung von Außenhaut und Tragwerk. Walter Gropius' Dessauer Bauhausgebäude (1926) ist hierfür exemplarisch, ebenso wie Mies van der Rohes Glasbauten. Derartige Bauwerke waren gründlich durchdachte Interpretationen einer besonderen Form des architektonischen Ausdrucks und integrierten daher stets die Architekturauffassung und die bewußt konzipierten Zielsetzungen des jeweiligen Architekten in Form und Detail. Gerrit Rietvelds Institut für Angewandte Kunst in Amsterdam (1956–1968) ist ein Beispiel hierfür. Die Einzelteile einer solchen Vorhangwand werden an dem Punkt, an dem die Geschoßdecke auf die zugehörigen Kämpferriegel trifft, auf das absolute Minimum beschränkt, und der konstruktive Teil wird soweit zurückgenommen, daß ein Maximum an optischer Wirkung erzielt wird.

Derartige Vorhangfassaden sollten bewußt wie Glasmembranen aussehen. Vor der Erfindung der Hängeverglasung waren sie wohl auch nur metaphorisch gesehen *Vorhänge*. Ebensooft waren es auch gestützte und verankerte Verglasungen, also eigentlich auf das Haupttragwerk aufgebolzte Metallrahmenwerke, in die dann Glasscheiben eingesetzt wurden. Das Konzept der *Vorhangwand* bestimmte jedoch

22

21. Das Bauhaus Dessau, 1926, Walter Gropius.

22. Das Institut für Angewandte Kunst, Amsterdam, 1956–1968, Gerrit Rietveld.

23. Der ursprüngliche *Kristallpalast* im Londoner Hyde Park, 1851, Joseph Paxton mit Fox und Henderson. In 100 Jahren Entwicklungsgeschichte der Glaswand wurde immer wieder die Reduzierung des Rahmenwerks angestrebt. In mehrstöckigen Bauten ist die Art des Anschlusses der Geschoßdecken zur Glaswand sehr wichtig für das endgültige Erscheinungsbild. Die Architekten bemühten sich sehr um eine Reduzierung der Verbindungspunkte. Dies wird an Rietvelds Institutsbau mit seinen reduzierten Details deutlich. Der Kristallpalast kann als früher Vorläufer der Vorhangwand des 20. Jahrhunderts angesehen werden.

die Detailgestaltung und Materialauswahl und letztlich das Erscheinungsbild.

Im Gegensatz dazu stand eine prosaischere Fassadenform, die nicht notwendigerweise von der Theorie der Trennung, Elementeigenständigkeit und Erscheinung bestimmt wurde, sondern lediglich die verfügbare Technologie nutzte.

In London folgte auf Sir Owen Williams vollverglastes Daily Express-Gebäude (1932) das Peter Jones Kaufhaus am Sloane Square (1936) der Architekten Slater und Moberly, mit Reilly und W. Crabtree als Fachberatern. Das Gebäude steht noch heute als das Wahrzeichen eines der angenehmsten Stadtplätze Londons und hat eine typisch *pragmatische* Vorhangwand mit 6,35 mm dicken Spiegelglasscheiben, mit in Preßstahlpfosten eingehängten verdeckten Haltern, die mit Bronzestrangpreßprofilen verkleidet sind.

In den fünfziger und sechziger Jahren veränderte sich die Vorhangwand gegenüber den in der Vorkriegszeit entwickelten. Die Gestaltungen unterschieden sich noch viel grundlegender von den schönen Fassaden von Mies van der Rohe, SOM, Jacobsen und anderen Architekten, die das Glück gehabt hatten, für Bauherren zu arbeiten, die wenigstens ahnten, was Architektur sein könnte. Die neuen Konstruktionen waren das Ergebnis der wirtschaftlichen Interessenübereinstimmung von Bauinvestoren und Bauunternehmen, für die Vorstellungen von Schönheit und *bedeutender Architektur* kaum eine Rolle spielten.

Auf die Ursprünge der kommerziellen Gebrauchsarchitektur, insbesondere des Nachkriegs-Bürohauses als *Bautypus*, ist bereits eingegangen worden. Die Devise für solche Aufträge hieß einfach und direkt: ein Maximum flexibel nutzbarer und vermietbarer Büroflächen mit größtmöglichen Fenstern zu den niedrigst-möglichen Kosten. Das äußere Erscheinungsbild war zwar wichtig, wurde jedoch eher in bezug auf die Akzeptanz seitens der Baubehörden kritisch beurteilt (um die Baugenehmigung zu erhalten), und weniger hinsichtlich des Ausdrucks irgendeiner Architekturaussage. Planer sind aus verschiedenen Gründen stets gezwungen, die im Bau verwendeten *Mengen* zu reduzieren, und legen maximale Bruttobebauungsflächen fest, deren Größe sich häufig aus dem Wertverhältnis zum Grundstück ergibt. Die dünne Außenhaut spielte deshalb eine wichtige Rolle, weil sie sich am Markt als die ideale Lösung der Anforderungen dieser Kunden und ihrer Architekten präsentierte.

Architekten wie Eames, Saarinen und die Partner und Mitarbeiter von SOM mögen hohe philosophi-

23

sche Ansprüche an Fertigteil-Architektur gehabt haben, sie konnten sie jedoch selten verwirklichen. Dennoch füllten immer mehr Bücher zum Thema *Verkleidungen* die Regale der Architekturbüros, vor allem in den sechziger Jahren, und zwar speziell zur Fertigteilmontage von (nicht immer sorgfältig) getesteten Wandverkleidungssystemen aus Aluminium-Strangpreßprofilen und Glas. So konnten sich die Architekten ihre *Architektur* per Katalog aussuchen. Für die Bauinvestoren waren diese Systeme deshalb so attraktiv, weil sie sehr dünn waren und rasch geliefert werden konnten und weil man mit ihnen die vermietbare Fläche bis auf 10 oder 15 cm vom Außenwandabschluß und von der Baulinie erweitern konnte. Gebäude, die nach diesen Vorgaben entstanden sind, kann man jetzt an der New Yorker Park Avenue in Augenschein nehmen. Sie bilden einen starken Kontrast zum Lever House und zum Seagram Building, da ihre Umrisse sich an die Vorschriften halten und zuerst vertikal in die Höhe steigen, um dann – dem City Code gehorchend – nach hinten auszuweichen und sich himmelwärts im Zikkuratgang pflichtschuldigst zurückzuziehen.

Beim Lever House und vielen anderen Gebäuden der fünfziger Jahre war die Vorhangwand noch ihren theoretischen Wurzeln und der Quelle ihrer Ausdruckskraft verpflichtet. Später herrschten die strengen Regeln der Wertanalyse, das Prinzip des niedrigsten gemeinsamen Nenners, der Druck der geforderten Markterweiterung und Bewerbung und die vielen anderen kommerziellen Zwänge, unter denen die Vorhangfassade etwas

24. London Wall, London, sechziger Jahre. Diese Bebauung steht für die verachtete *Millimeterpapierarchitektur,* Produkt der schlimmsten Art von Investorenbautätigkeit.

24

ganz anderes wurde, nämlich das, was im englischen Sprachgebrauch zu Recht verächtlich *graph paper architecture* genannt wird, Millimeterpapierarchitektur, womit die in den sechziger und siebziger Jahren überall verübten Bauschandtaten gemeint sind.

All das wäre ja noch nicht so schlimm, wenn diese Fassadengestaltungen in bezug auf Technik und Leistung nicht so zutiefst unzulänglich und schwach gewesen wären. Erstaunlicherweise sind alle bisher in diesem Kapitel erwähnten Bauten dieses *Jahrhunderts der Wissenschaft* einfach verglast. Daß dies offensichtlich ein Mangel ist, schien die neuen Bauinvestoren und ihre Architekten nicht zu kümmern. Reyner Banham weist in seinem Buch *The Architecture of the Well-Tempered Environment* (1969) darauf hin, daß die Einfachverglasung in den USA, dem Land der Niedrigenergiekosten und klimatisierten Innenräume kein Problem darstellte. Zum Gebäude der Vereinten Nationen in New York sagt er: »Hier in New York verwirklichte er (Le Corbusier, nicht Harrison) seinen Traum, einen großen Glasturm in städtischer Umgebung zu schaffen, und hier in New York traf er auch den wahrscheinlich einzigen Mann, der über die Möglichkeiten verfügte, ihm dazu zu verhelfen: Willis Carrier.« Erst mit Carriers *Conduit Weathermaster* Klima-Anlage war das UN-Gebäude überhaupt funktionsfähig, auch ohne Le Corbusiers *brises-soleil* und trotz der dünnen Glashaut.

Im Vergleich zu anderen gehörte die Vorhangfassade des UN-Hochhauses allerdings zur höheren Stufe der *als Architektur geltenden* Exemplare dieses Genres. Im Markt der Massenartikel war die Glasarchitektur nicht so erfolgreich; es entstand eine ganze Generation solcher *Glaskühlkörper* mit hohem Energieverbrauch, die im Winter oft kalt blieben, im Sommer überheizt waren und zu Kondenswasserbildung neigten. Meist waren sie schlecht gewartet und verschmutzt. Trotz der 400 Jahre technischer Fortschritte kontrollierten diese Gebäude ihr Innenklima nicht besser als die großen Häuser, die zur Zeit Jakobs I. Anfang des 17. Jahrhunderts gebaut wurden. Die Neubauten mit ihren Glashüllen waren nicht das Ergebnis eines sorgfältigen und engagierten Dialogs zwischen Nutzer/Bauherren und Architekten über die Art der architektonischen Gestaltung oder die Schönheit des Zusammenspiels von Design und Technologie. Die Auftraggeber waren vielfach Investoren mit kurzfristigen Renditeinteressen, die sie an eine Firma verkauften, deren Hauptinteresse wiederum ihren Anteilseignern und Anlegern galt. Die Nutzer, das heißt die Büroangestellten, standen ganz am Ende der Kette aus Interessen und Machtgebaren des Auftraggebers.

Die Architektur war in solchen Fällen das Ergebnis einer unausgesprochenen Verschwörung zwischen dem abwesenden Besitzer (institutioneller Eigner, das heißt eine Firma), gleichgültigen Architekten und trägen, ignoranten Planungsbehörden. Daher geriet die moderne Architektur im allgemeinen, und die Glasarchitektur im besonderen, in Verruf. Im Zeitalter der Technologie schaffte die Architektur es nicht, gute Leistungen zu vollbringen – und Glas war ihr Komplize. Wenn die Ölkrise von 1972/73 überhaupt etwas Gutes bewirkt hat, dann die Tatsache, daß die Menschen zunehmend erkannten, wie diese dünnen Glashüllen Energie verschwendeten und vor allem in hochentwickelten Ländern unangepaßt waren.

Glas und das Energiehaus

Genau in den zwanzig Jahren von 1940 bis 1960, in denen die Glasarchitektur uns einerseits das Farnsworth House, das Lever House und die Vorhangwand im Investorenstil beschert hat, allesamt einfachverglast und ökologisch mangelhaft, entwickelte sich aber auch das Interesse an einer umweltverträglichen und ökologisch bewußten Glasverwendung.

Der *Treibhauseffekt* von Glas entsteht aufgrund seiner Durchlässigkeit für Kurzwellenstrahlung und seiner Undurchlässigkeit für Langwellenwärmestrahlung mit niedrigen Temperaturen. Dies spielt eine wichtige Rolle in der Geschichte der Glasarchitektur (vgl. Kapitel 2). Gärtner und Obstbauer des 19. Jahrhunderts wie Loudon und Paxton wußten diesen Effekt zu nutzen (vgl. Kapitel 1).

Zu Beginn des 20. Jahrhunderts wurden erhebliche Anstrengungen unternommen, die Sonnenenergie in der Architektur zu nutzen, und 1931 konnte Martin Wagner in Deutschland sein Wettbewerbsprojekt des *wachsenden Hauses* vorlegen, bei dem eine Glashülle wie ein Futteral die Außenwände des eigentlichen Hauses vor Schlechtwetter schützte, die Wärme der Sonneneinstrahlung einfing und Wärmeverluste reduzierte. Der Gedanke, die Sonnenenergie mit Hilfe von Glas und Baumasse irgendwie in den Griff zu bekommen und zu nutzen, schlug Wurzeln, zum einen wegen der offensichtlichen Kostenvorteile und Entwurfsmöglichkeiten, zum andern aus Gründen des Komforts und der Gesundheit. Das Tuberkulose-Sanatorium mit großen

25. Sanatorium in Paimio, Finnland, 1928–1933, Alvar Aalto. Aalto interessierte sich wie Le Corbusier und andere für eine ökologische Architektur, er setzte sich jedoch auch leidenschaftlich für humane Kriterien ein. Mit dem Sanatorium in Paimio schuf er instinktiv eine passive Solararchitektur.

26. Das Peabody House, Dover, Massachusetts, 1947/48, Maria Telkes und Eleanor Raymond Peabody. Dieses Haus folgt der Tradition von Architekten wie den Gebrüdern Keck, ist jedoch das erste Wohnhaus mit den wesentlichen Elementen für passive Solarenergienutzung, inklusive angeschlossenem Wärmespeichergerät. Frau Dr. Telkes arbeitete als Metallurg am MIT, und die Gestaltung des Hauses ergab sich aus ihrer Überzeugung, daß Glaubersalz Sonnenenergie speichern könne. Das Haus war zwar in dieser Hinsicht kein voller Erfolg, auf jeden Fall gehört es aber zu den wichtigen Pioniertaten der neuen Architektur.

25 Fenstern gen Süden war eine der architektonischen Ausformungen einer Sonnenfalle. Eines der hervorragendsten Gebäude dieser Art ist Alvar Aaltos Sanatorium in Paimio, das 1933 fertiggestellt wurde. Es bildet die perfekte Synthese von Ausrichtung und Form sowie der sorgfältigen Planung des Sonnenlichteinfalls. Es ist charakteristisch für diesen größten Menschenfreund unter den großen Architekten, daß die Beziehung zwischen den Bauten und der Sonne mit so viel Liebe und Feingefühl behandelt worden ist.

1933 war auch das Entstehungsjahr der Cité de Refuge, wo Le Corbusier seine *mur neutralisant* erprobte in der Absicht, die Mängel der Umgebung mit seiner geliebten *pan de verre* (Glaswand) auszugleichen, die er auch schon im Pavillon Suisse von 1930–1932 eingesetzt hatte. Das Konzept der Glaswand als Sonnenkollektor unterschied sich jedoch grundlegend von dem der *mur neutralisant* und setzte sich erst nach dem Krieg durch. William Keck entwarf in den dreißiger Jahren Solarhäuser, und 1948 wurde das erste Haus, das diesen Namen wirklich verdiente, von Telkes und Raymond Peabody in Dover, Massachusetts, gebaut, bei dem Solarenergie 80% der Heizwärme lieferte.

Als Mies van der Rohe, Philip Johnson und Charles Eames in den späten vierziger und fünfziger Jahren ihre Glashäuser errichteten, deren Gestaltung aus Überlegungen zu Raum, Form, Konstruktionssystem und *architektonischen Prinzipien* erwuchs, und als zeitgleich die *kommerzielle* Vorhangwand sich ausbreitete, beschäftigten sich andere Architekten mit neuen Formen und Architekturkonzepten und legten den Grundstein von Gebäuden, die die Glasarchitektur vor den Unzulänglichkeiten der Vorhangwand retten sollten.

Nach dem Peabody House in Amerika wurden in England (kein sehr sonniges Land) 1956 die ersten europäischen Solarhäuser gebaut, und zwar von Gardner und Curtis. Darauf folgte 1961 eines der bedeutendsten Bauwerke dieses Typs, die St. George's School in Wallasey von A. E. Morgan. Die Fassade dieses Gebäudes besteht aus zwei Glaswänden im Abstand von 60 cm, durch welche die Klassenzimmer diffus belichtet werden. Einige der Innenscheiben sind aus Klarglas; dahinter befinden sich Wendescheiben, die auf der einen Seite schwarz und auf der anderen mit poliertem Aluminium beschichtet sind. Die Solarwand soll also mittels absorptiver oder reflektierender Scheiben

26

die Sonneneinstrahlung und Aufheizung des Gebäudeinnern kontrollieren.

Die nach Süden orientierte Solarfassade ragt hoch auf bis unter die Traufe des nach Norden schräg abfallenden Daches. Die Konstruktion ist massiv, mit einem wärmeisolierten Betondach und Betongeschoßdecken. Das Schulhaus wird ausschließlich von der Sonne, von der Abwärme der Beleuchtungskörper und menschlicher Verdunstungswärme beheizt. Als es im Winter 1962/63 auch eine lange, bitterkalte Frostperiode überstanden hatte, ohne daß die Heizungsanlage betrieben werden mußte, kam man endgültig zum Schluß, daß diese überflüssig war. Der geringe Luftaustausch führte gelegentlich zu schlechter Luft in den Innenräumen, aber die Wärmeleistung der passiven Solarkollektorwand (im Winter bis zu 90W/m^2 im 24-Stunden-Durchschnitt) macht deutlich, welches Energiepotential dieses System birgt. Veränderungen der Außentemperaturen brauchen aufgrund der hohen Wärmespeicherkapazität der Konstruktion etwa eine Woche, bis sie sich im Innern auswirken. Die Bedeutung dieses Gebäudes liegt in seiner Lage bei 53,5° nördlicher Breite und in seiner architektonischen Gestalt.

Das Konzept der Kombination von verglaster Solarkollektorwand und wärmespeicherndem Tragwerk bildete auch den Ausgangspunkt für das in Frankreich von F. Trombe und J. Michel entwickelte System, und das erste Solarhaus Frankreichs entstand 1962 in Odeillo in den Pyrenäen (43,5° nördlicher Breite). Das patentierte Trombe-Michel-System verwendete Doppelverglasungen vor einer schwarzgestrichenen Backsteinmauer. Durch oben und unten angebrachte Mauerschlitze strömte die erwärmte Luft im Winter in die dahinterliegenden Wohnräume. Im Sommer wurde der obere Teil der Verglasung geöffnet,

27

27. St. George's School, Wallasey bei Liverpool, 1961, A. E. Morgan.

28, 29. Wohnhaus in Odeillo, Frankreich, 1967, Jacques Michel und Félix Trombe. Die patentierte Trombe-Michel-Fassade besteht aus einer Außenverglasung, die sich 12 cm vor einer massiven, 60 cm dicken, schwarz gestrichenen Betonmauer befindet. Jeffrey Cook hat die drei verschiedenen Wärmeleistungen dieses Systems erläutert: Die Fassade ist ein passiver Wärmespeicher; der Hohlraum zwischen Betonwand und Verglasung fungiert als passive Konvektionsschleife, in der Luft zirkuliert und durch die Abluft entweicht; das Fassadensystem produziert Warmluft, die mittels Ventilatoren an anderer Stelle gespeichert werden kann. Durch diesen Fassadenaufbau wird allerdings die Sicht nach Süden behindert oder gar völlig versperrt.

damit die Solarwärme entweichen konnte. Beim 1961 erbauten Lof House in Denver (ca. 40° nördlicher Breite) waren die Verglasungen vom Wärmespeicher weiter entfernt. Eine einfach und eine doppelt verglaste Kollektorwand enthielten jeweils mehrere zum Teil schwarz beschichtete Sonnenschutzscheiben. Beim Lof-System wird die Wärme in Naturstein gespeichert.

Beide hier beschriebenen passiven Heizsysteme (St. George, Wallasey, und Odeillo, Frankreich) ließen im Hinblick auf die Architektur viel zu wünschen übrig. Beim Trombe-System (Verglasung vor schwarzer Mauer) wird dem Hausbewohner eine der Hauptleistungen von Verglasungen vorenthalten: die Aussicht. Desgleichen in Wallasey, wo die Glasscheiben meist transluzent und nicht transparent sind. So unattraktiv diese Bauten auch wirken mögen, sie bilden den Ausgangspunkt für eine Korrektur der zeitgleich entstehenden nachlässig konzipierten Vorhangfassadenarchitektur. Diese frühen Solarhäuser waren Ausdruck eines neuen Architekturansatzes und alternativer Formen, die dann verfügbar waren, als Ende der sechziger Jahre das neue Umweltbewußtsein entstand.

Im April 1968 traf sich eine Gruppe von dreißig Personen aus zehn Ländern auf Einladung von Aurelio Peccei an der Accademia dei Lincei in Rom. Auf ihrer Tagesordnung stand nichts weniger als die gegenwärtige Lage und die Zukunftsaussichten des Menschen auf dieser Erde. Die Gruppe wurde bekannt als *Club of Rome* und veröffentlichte im März 1972 ihren Zweijahres-Forschungsbericht, *Die Grenzen des Wachstums*. Zur gleichen Zeit erhöhten die arabischen Ölförderländer plötzlich die Rohölpreise, was die erste *Ölkrise* auslöste und die Bedeutung von Energiequellen in den Blickpunkt der Weltöffentlichkeit rückte. Die Energiekrise und die Tatsache, daß Ökologie zunehmend zu einem Thema wurde, mit dem sich Architekten beschäftigten, wirkten sich langsam, aber tiefgreifend auf die Architektur aus. Die unmittelbare Auswirkung der Ölkrise auf die Baukosten führte zu verminderter Bautätigkeit, die nachhaltigere Langzeitwirkung aber zu einem neuen Denken über die Energieleistung eines Bauwerks, und dies wurde zum entscheidenen Faktor, besonders in Klimazonen, in denen Gebäude beheizt oder gekühlt werden mußten, oder in Ländern, in denen Energiekosten nicht künstlich niedrig gehalten wurden.

In den sechziger Jahren entwickelten sich die beiden Formen der Vorhangfassade und der Solarfassade unabhängig voneinander, im Bereich der kommerziellen Gebrauchsarchitektur dadurch kompliziert, daß die neuen Flachglasarten allmählich den Markt eroberten. Verschieden getönte Glasarten ergänzten das Angebot, zu dem das von Pilkington 1952 erfundene Floatglas und ziemlich *exotische* Glasarten gehörten.

28

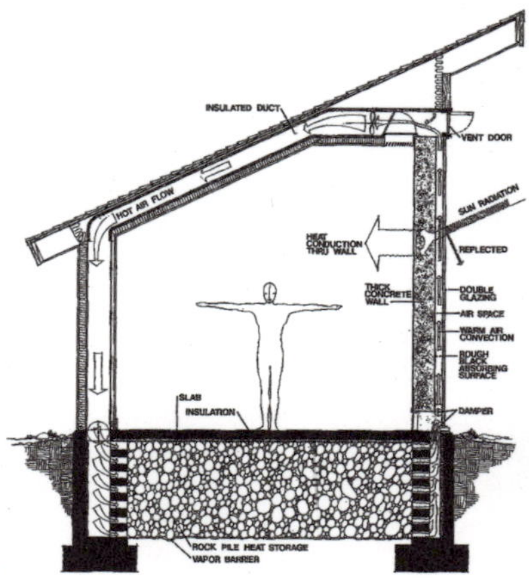

29

Neue Gebäudegenerationen

Während die unterschiedslose Gesamtverglasung von Neubauten vielerorts zur alltäglichen und unerquicklichen Erscheinung wurde, bot die Einführung neuer Glasarten in den sechziger Jahren den guten Architekten die Chance, wunderschöne Fassaden zu schaffen, die Anklänge an Mies van der Rohes 1921 formulierte Postulate aufweisen. SOM und die Architekten der Chicagoer Schule (viele von ihnen Absolventen des IIT unter Mies) bildeten die Avantgarde dieser neuen Architektur für Firmengebäude und öffentliche Großbauten.

Einer der berühmtesten dieser Architekten war Eero Saarinen, der praktisch eine eigene »Schule« begründete. Sein Projekt für General Motors (1948–1956) wurde bereits erwähnt. Saarinen versammelte in seinem Büro einige der begabtesten amerikanischen Architekten, unter anderem Gunnar Birkerts, Cesar Pelli und Anthony Lumsden; Kevin Roche leitete das Entwurfsteam von 1955 bis 1956. Auf das General-Motors-Werk folgte 1956–1960 das Gebäude der

30

30. Das Thomas J. Watson Research Center von IBM, Yorktown, New York, 1957–1961, Eero Saarinen and Associates.

31. Gebäude der College Lebensversicherung, 1969, Dinkeloo and Roche. John Dinkeloo und Kevin Roche übernahmen Saarinens Architekturbüro nach dessen Tod und führten dessen Reihe fein artikulierter Glasbauten fort.

32. Bell Telephone Corporation Forschungslabors, Holmdel, New Jersey, 1957–1962, Eero Saarinen and Associates.

31

juristischen Fakultät der University of Chicago. Danach entstanden das bemerkenswerte Forschungszentrum der Bell Telephone Corporation in Holmdel, New Jersey (1957–1962), das sicher einer der kühnsten und inspirierendsten Bauten dieses Jahrhunderts ist; sein Größenmaßstab erinnert an das Versailler Schloß. Seine Form und Erscheinung werden ausschließlich vom Glas bestimmt: Ein gewaltiger Spiegelglaskasten (213 m lang und fünf Geschosse hoch) bildet eine Klimamembrane und Umfassung für die im Innern sozusagen freistehenden Gebäudeteile. Saarinen und sein Team waren große Förderer der Glastechnologie, deshalb erprobten sie für die Verglasung zunächst unter anderem graugetönte Scheiben, bevor der Bau endgültig mit dem reflektierenden Flachglas verkleidet wurde, das sich damals noch in der Entwicklung befand.

Zeitgleich mit dem Bau des Bell-Forschungszentrums entstand auch das Thomas J. Watson Forschungszentrum von IBM in Yorktown, New York, mit seiner eindrucksvollen gekrümmten, mit Dichtungsprofilen versiegelten Glasfront (332 m lang), die mit dem Natursteinmauerwerk der am Hang ansteigenden Konstruktion kontrastiert. Ein weiteres Meisterwerk folgte in Des Moines, Iowa, das John Deere Building (1957–1963), bei dem Stahl und ein neues goldgetöntes Glas zu einem glänzenden Gitterwerk aus Metall und Glas verwoben wurden.

Saarinen starb 1961 im Alter von 51 Jahren und hat tragischerweise die Vollendung dieses Gebäudes, das er für sein bestes hielt, nicht mehr erlebt. Sein Architekturbüro wurde von Dinkeloo und Roche übernommen, die sein Baurepertoire zu neuen Höhen führten: Sie schufen Monumentalbauten, die im Detail aber sorgfältigst ausgeführt waren und in denen Glas eine Hauptrolle spielte, zum Beispiel das wegweisende Ford Foundation Building (s.u.) und die Maschinenfabrik der Cummins Engine Company in Darlington (GB) von 1965. Die kühnen Entwürfe des Büros gipfelten in weiteren Spitzenleistungen mit dem Projekt für die Federal Reserve Bank-Filiale in New York (1969) und dem Generalplan der UN Plaza im gleichen Jahr. Letztere umfaßte eine zentrale große und sehr hohe Glashalle und als eigentlichen Baukörper lediglich das UN Plaza Hotel, ein eleganter schlanker, hochaufragender Glasturm gegenüber Harrisons zwanzig Jahre älterem UN-Hochhaus.

Selbst in der Zeit, als die Vorhangfassade zur stumpfsinnigen und ökologisch inadäquaten Umhüllung zahlreicher Bauten »im Investorenstil« geformt wurde, besonders in Nordamerika und Europa, war eine junge Generation von Architekten dabei, neue Formen der Architektur

32

zu entwickeln. Die Hinterlassenschaften des Nachkriegs-Kommerzes wurden von typologisch klar definierten Glasbauten überragt, wo und wann immer es Architekten gelang, konzeptionelle Zielsetzungen mit den neu entwickelten Baustoffen und der neuen Einstellung zur Ökologie in Einklang zu bringen. Manchmal bezogen die Architekten ihre Inspiration aus ihrem Verständnis für Ökologie und Umgebung, gelegentlich aus dem

Material selbst oder aus der eleganten Kombination von beidem.

In den vergangenen rund 25 Jahren ist die typologische Ordnung für Glasbauten weiter ausgebaut worden. In den am gründlichsten und sorgfältigsten geplanten Neubauten überschneiden sich diese Elemente, sie zeigen jedoch auch, daß die Architekten die neuen technischen Möglichkeiten in drei Richtungen entwickelt haben: in bezug auf Umweltmanagement, neue Konstruktionsmittel und -methoden, und schlicht auf die Freude an der Oberflächenbeschaffenheit und *mehrwertigen* Materialqualität, die nur der Baustoff Glas bietet.

Es gibt verschiedene Mittel und Methoden des Umweltmanagements, die uns eine Reihe von neuen Bauformen und Bauweisen beschert haben, zunächst die einfachen Strukturen des glasgedeckten Innenhofs und des Glasgewächshauses. Im Zuge der technischen Weiterentwicklung, mit zunehmender Erfahrung und unter Hinzuziehung von fachkompetenten Umweltingenieuren sind in jüngster Zeit Atrien mit wärmespeichernden und -leitenden klimatisierenden Umfassungen – alle aus Glas – entstanden.

33

33. Regency Hyatt Hotel, Atlanta, Georgia, 1967, John Portman.

34. Universitätsgebäude, Trondheim, Norwegen, 1978, Henning Larsen.

Das Atrium als Bauform ist eine der wichtigsten architekturtypologischen Entwicklungen unseres Jahrhunderts und in der Literatur bereits gut dokumentiert. Die eindeutig identifizierbaren Vorläufer entstanden alle im 19. Jahrhundert: die großartigen Glasgewächshäuser von Loudon, Paxton, Turner und anderen, die als erste die Durchlässigkeit von Glas für Licht- und Wärmestrahlen in großen Konstruktionen nutzten; die großen Verglasungen städtischer Einkaufspassagen wie die Galleria in Mailand; die riesigen Bogendächer der Bahnsteig- und Ausstellungshallen.

Ende des 19. Jahrhunderts entstanden einige großartige Exemplare in Amerika: zum Beispiel 1885 das Chicago Rookery Building von John Root, 1893 das futuristische Bradbury Building in Los Angeles von George Wyman, 1893 das Brown Palace Hotel in Denver von Frank Edbrooke. 1889–1893 baute Pomeranzew in Moskau das Warenhaus GUM, 1903 folgte in Amerika das Larkin Building von Frank Lloyd Wright, und Berlage entwarf das Gebäude der Amsterdamer Börse.

Nach dem Zweiten Weltkrieg setzten sich das Atrium und die Einkaufspassage, die Shopping Mall, vermehrt als Bautypus durch. Zu frühen amerikanischen Projekten, wie der Midtown Plaza in Rochester, New York, von Victor Gruen (1956–1962) gab es Entsprechungen in Skandinavien, zum Beispiel die zwei Zentren in Rødovre (wo Jacobsen den eleganten Glasbau des Rathauses errichtet hatte) und Lyngby in der Nähe von Kopenhagen. Die Breitengrade von Rochester/New York und Kopenhagen liegen ziemlich weit auseinander (ca. 43° und 58°), ihr Winterklima ist jedoch ähnlich, daher war für diese Bauten der Temperaturausgleich durch Glasumfassungswände wichtig.

34

In der Folge entstanden zahlreiche Atriumgebäude und verglaste *Malls,* unzweifelhaft ebensosehr aufgrund kommerzieller Interessen und Modetrends in der Architektur wie als Ausdruck einer wohldurchdachten Lösung des Energieproblems. Die Berücksichtigung von Energieeinsparmöglichkeiten und der Gedanke der Klimaregulierung, vor allem in Städten mit Luftver-

35. Gebäude der Ford-Stiftung, New York, 1967, Roche and Dinkeloo. Dies war der erste große New Yorker Atriumbau.

schmutzung und hohen Lärmpegeln, legitimierte die neuen Formen jedoch noch zusätzlich.

Während sich das verglaste, klimaregulierte Atrium zwar in nördlichen Breiten zur bedeutenden Bauform entwickelte, war es jedoch John Portman in Atlanta, im warmen Süden der USA, der dessen räumliches und architektonisches Potential zu voller Wirkung entfaltete. Portman machte sich das Konzept des Glasatriums der sechziger Jahren zu eigen, einmal als Element im öffentlichen Wohnungsbau und als Bauform für Hotels: Sein Regency Hyatt Hotel in Atlanta wurde 1967 fertiggestellt. Das Konzept war ansteckend. Noch während sich das Hyatt im Reißbrettstadium befand, entwarf Colin St. John Wilson 1965 ein riesiges zentrales Atrium für das leider nie gebaute Liverpool Civic Centre. Zwei Jahre später hatten Kevin Roche und John Dinkeloo ihren Neubau für die Ford-Stiftung in New York vollendet.

In den siebziger und achtziger Jahren wurden Atriumbauten zunehmend zu einem wichtigen Gegenstand des architektonischen Diskurses rund um den Globus, besonders dann, als deren umweltschützende, energiesparende Wirkung ein zusätzlicher Bonus ihrer offensichtlichen Beliebtheit wurde. Die gesellschaftlichen (ergo kommerziellen) Vorteile des Atriums – das hatte schon Portman in Atlanta erkannt – waren von großer Bedeutung: Die nach diesen Entwürfen entstandenen Innenräume waren häufig die einzigen Räume des 20. Jahrhunderts, die das gleiche Gefühl von Erhebung und hochaufragender Großartigkeit vermittelten wie die gotischen Kathedralen. Mit der zunehmenden Bedeutung von energiebewußtem Achitekturdesign kam jedoch auch eine neue Art verglaster Raum auf.

Dafür boten natürlich die nördlichen Klimazonen den größten Anreiz. In Skandinavien erfreute sich die glasgedeckte Straße großer Beliebtheit. Das Gymnasium in Sonderberg in Dänemark von A5 Tegnestuen und Henning Larsens

36. Wintergarten, Niagara Falls, New York, 1975, Victor Gruen mit Cesar Pelli.

Gebäude der Universität Trondheim, Norwegen, von 1978 sind weitere schöne Beispiele der Glasatriumarchitektur. Ihr Konzept basierte ursprünglich auf dem Bemühen um Klimaschutz und Energie-Einsparung, sie ermöglichten jedoch auch in natürlich belüfteten Gebäuden den Einbau von glasgedeckten, sonnenerwärmten Plätzen. Außerdem konnte die Konduktions- und Konvektionswärme der genutzten Innenräume in diese Räume abgeleitet werden.

Die nordamerikanischen Shopping Malls dieser Zeit entstanden aufgrund anderer Anforderungen, sie boten allerdings den gleichen Raumkomfort. Das Eaton Center in Toronto von Bregman, Hamann und Zeidler Roberts Partnership ist eine der größten Malls, und es dauerte lange Jahre vom Entwurf (1967) bis zur Vollendung Anfang der achtziger Jahre. Das *Hauptschiff* dieser Handelskathedrale des 20. Jahrhunderts ist 274 m lang und von angemessener Großzügigkeit.

In Nordamerika wurde das Atrium in verschiedenen Ausformungen – Gewächshaus, Innenhof oder Mall – in zahlreichen verschiedenen Bauten und Baukomplexen eingesetzt, von I.M. Peis Kennedy Library in Boston Anfang der siebziger Jahre bis zu Arthur Cotton Moores Glasüberdachung des Innenhofs der alten Post in Washington D.C. In Europa entstanden zum Beispiel die von den Architekten des Hampshire County entworfene Volksschule in Yateley Newlands, das Haus Martin im bayrischen Heggbach von Mann und Partner, die City Bank Paris von Saubot und Jullien, das Civic Centre in Chester-le-Street, County Durham, von Faulkner-Brown, Hendy, Watkinson und Stonor.

Viele der hier näher beschriebenen Bauten entziehen sich der Einordnung in eine einzige Kategorie, aber das Konzept des *Gewächshauses* liegt allen zugrunde. Einige waren tatsächlich einfach Gewächshäuser, zum Beispiel der Wintergarten, den Cesar Pelli und Gruen Associates in Niagara Falls schufen – für die Bewohner dieser Stadt ein Garten, in dem sie selbst in ihren kalten Wintern spazierengehen können. Edward Larrabee Barnes baute Glashäuser für die Chicago Horticultural Society; Ulrich Franzen and Associates errichteten diejenigen des

37. Newlands Volksschule, Yateley, 1979, Bauamt des Hampshire County.

Boyce Thompson Institut für Pflanzenforschung am New York State College – beide eher Treibhäuser für Gartenbauforschung, aber auch Wintergärten.

Viele der frühen *Wintergärten* waren schlicht Abkömmlinge einer jahrhundertealten Familie botanischer Bauten oder der Atrien des ausgehenden 19. Jahrhunderts, andere bezogen ihre Inspiration eher aus der Wissenschaft der Energie-Einsparung und aus dem *Treib-*

38

hauseffekt, das heißt der Art und Weise, in der man Glas einsetzen kann, um Wärme aufgrund seiner *selektiven* Durchlässigkeit für Kurz- oder Langwellenstrahlung in Innenräume zu ziehen und dort zu halten. Mehrere dieser Systeme entstanden nach einem Plan, der speziell auf Solarenergie-Kollektion ausgerichtet war, wobei die Wände genausoviel dazu beitrugen wie das Glas. Ein Gebäude dieses Typs ist die Program Support Facility der Energieabteilung der Argonne National Laboratories in Joliet, Illinois, von Murphy Jahn. Es war ein Pilot- und Demonstrationsprojekt, an dem passive Sonnenenergienutzung, der Einsatz von Sonnenkollektoren und eine effiziente Tageslichtlenkung untersucht und erprobt werden sollten. Ähnliche Ziele wurden mit dem *Prudential at Princeton*-Projekt verfolgt, auch bekannt als *Enerplex,* das in Plainsborough, New Jersey, vom New Yorker SOM-Team realisiert wurde. Wie in Joliet repräsentierten die beiden Bauten in Plainsborough eine von Verantwortung geprägte Designhaltung im Zusammenspiel von Bauherrenwünschen und einem insgesamt neuen Architekturansatz. Das vom Auftraggeber aufgestellte Bauprogramm erforderte allerdings eine sorgfältige, funktionsorientierte Auswahl von Systemen und Materialien. Bemerkenswerterweise war die gesamte Außenhaut des *Nordhauses* von Enerplex aus Glas, ein Drittel davon grün und zwei Drittel Klarglas. Die innere Wand war zu 50% aus Glas und zu 50% aus Gipskarton. Gen Süden wurde ein Atrium angefügt, das zu 100% mit Klarglas gedeckt wurde, damit es im Winter Sonnenenergie tankt. Das *Südhaus* wurde mit Fenstern versehen, deren Größe und Beschattungssystem auf den Sonnenlichteinfall ausgerichtet ist. Das Atrium im nördlichen Teil dieses Baus erhielt Glaswände mit nach Süden orientierten Oberlichtern. Das ganze Projekt war so konzipiert, entworfen und konstruiert, daß ein Maximum an Energie erhalten werden konnte, das Ganze mit der für SOM typischen raffinierten Eleganz.

Der große japanische Konzern Obayashi-gumi entwickelte in den achtziger Jahren ein ähnliches Projekt für seine technischen Forschungslaboratorien in Kiyose, Tokio. Das ehrgeizige Ziel war, das Gebäude mit dem international geringsten Energieverbrauch pro Quadratmeter zu konstruieren. So kamen die großflächige aktive Solarkollektoranlage auf dem Dach des Bauwerks und die doppeltverglaste Südfassade zustande, die so geneigt ist, daß sie die passive Sonnenkollektion optimiert.

In den achtziger Jahren entstand eine Vielzahl von intelligent konzipierten Glasbauten, deren Verglasungen so konstruiert sind, daß sie das Innenklima gezielt steuern. Das Solargebäude für die Indre Ostfold Meiri (Molkerei) in Mysen bei Oslo von Arkitektkontoret GASA ist ein ausgezeichnetes Exemplar dieser Architektur, ebenso das Occidental Chemical Center in Niagara Falls von Cannon Design (vgl. S. 156).

Die Schaffung energiebewußter Glashäuser ist natürlich nicht nur Großbauprojekten vorbehalten. Zahlreiche der innovativsten Neubauten sind Ein- oder Mehrfamilienhäuser. Diese bieten hervorragende Möglichkeiten zu prototypischem Design aller Art, und davon ist in den siebziger und achtziger Jahren in der ganzen Welt viel geschaffen worden. Zu den *Gewächshäusern* in oder an privaten Wohnhäusern der siebziger Jahre gehörten auch diejenigen, die aufgrund der neuen *grünen* Bewegung in Deutschland entstanden, typisch hierfür die vielen von Dieter Schempp und seinem Büro LOG ID erbauten Häuser, deren Entwurfsziel mit dem von Schempp geprägten Oberbegriff grüne *Solararchitektur* eindeutig definiert wird. Typische *grüne Solarhäuser* sind auch das Wohnhaus in Fluy, Frankreich, von Ian Ritchie, mit Jocelyne van den Bossche Chrysalis Architects, die vom Glasdach belichtete Trombe-Wand im Haus in San Juan Islands im US-Bundesstaat Washington von Morgan und Lindstrom, das Wohnhaus mit Trombe-Wand für Douglas Kelbaugh in Princeton (Architekten: Kelbaugh und Lee), Harto Helpinens Häuser in Lirislati, Finnland, und Thomas Herzogs Haus Richter in München.

Ironischerweise war es nicht die mit der Produktion und dem Vertrieb von Vorhangfassadensystemen befaßte Bauindustrie, welche die Realisierung der großartigsten Architektur dieser Art hervorbrachte, sondern eine neue Generation von Architekten und Designern, die einfach technologiebegeistert war und in der Technik Möglichkeiten zur Verwirklichung ihrer Entwurfsideen sah. Der Schlüssel zur Ausbeutung

38. *Solarmolkerei,* Gebäude der Indre Ostfold-Molkerei in Mysen bei Oslo, 1980/81, Arkitektkontoret GASA. Ein sehr schönes Beispiel eines Niedrig-Solarenergie-Gebäudes. Messungen über einen längeren Zeitraum haben den Nutzwert der Glaswand bewiesen.

39. Solarhaus auf der Landesgartenschau Baden-Baden, 1981, Entwurf von LOG ID. Nach der Gartenschau wurde das Haus abgebaut. Das Architekturbüro LOG ID hat seither mehrere ähnliche Projekte ausgeführt.

40. Meripolku Einfamilienhäuser, Espoo, Finnland, 1978, Harto Helpinen.

39

40

41

41. ***Les Serres*** **Glasfassade in der Wissenschafts- und Industriestadt Parc de la Villette, Paris, entworfen zwischen 1980 und 1986 von Adrien Fainsilber; Glaskonstruktion: Rice Francis Ritchie.**

42

dieser Technik lag darin, daß gehärtete Glasscheiben selbst dann intakt bleiben, wenn ziemlich dicht am Rand Löcher hineingebohrt werden. So können sie dann mittels Metallstiftbolzen befestigt und aufgehängt werden, was wiederum die Montage großer Flächen aus vielen Scheiben in vielen verschiedenen Konfigurationen ermöglicht. Die einfachste Montage ist die von in einer Ebene nebeneinanderliegenden Scheiben. Bei den ersten Glasfassaden dieser Art wurden Klemmplattenhalterungen aus verbindenden Glasplättchen verwendet. Bald erweiterten Architekten und Glashersteller jedoch das Formenvokabular der Glashalterungen.

Das Firmengebäude für Willis Faber & Dumas in Ipswich, England, von Foster Associates (1973–1975; vgl. S. 110) ist ein ausgezeichnetes Beispiel für das geradezu besessene Bemühen eines Entwurfsteams, ein bautechnisches Ziel mit den neuen Technikmethoden zu erreichen. Das Ziel war in diesem Fall eine ununterbrochene Glasebene, wie sie sich Mies van der Rohe schon 1922 erträumt hatte. Fosters frühe Skizzen belegen die Entwicklung des Entwurfs vom Metalltragwerk zur Glaswand bis zum schließlich ausgeführten echten

42. Bahnsteigüberdachung der Seilbahnstation Montmartre in Paris von François Deslaugiers, mit Marc Malinowsky aus dem Büro Alto.

43. Wohnhaus, London, 1976, Michael und Patti Hopkins. Eine subtile Nachschöpfung des Glashauses - zwanzig Jahre nach Mies, Johnson und dem Ehepaar Eames.

44. Broadfield House Glasmuseum, Glaspavillon in Dudley, Großbritannien, 1993–1995, Dewhurst MacFarlane mit Design Antenna.

45. Haus Ishihara, Osaka, 1978, Tadao Ando.

Glasvorhang, der von der Dachkonstruktion abgehängt wurde, wobei jede Scheibe an der oberen befestigt und die ganze Glasfläche mittels innenliegender Glasfinnen ausgesteift wurde. Das von Hahn für eine Scheibe verwendete Befestigungssystem diente nun zur Montage einer ganzen Wand aus vielen Scheiben. Foster verwendete die damals gebräuchlichen Klemmplattenverbindungen von Pilkington, 16,5 cm im Quadrat und in Messing gefaßt, und schuf eine völlig neuartige Fassadenform. Einer der Hauptentwerfer des Baus im Foster-Büro, Michael Hopkins, schuf 1976 – so nebenbei – eine wunderschöne neue Version dieses Glashauses, in dem er und Patti Hopkins ihr eigenes Architekturbüro unterbrachten.

Nun begann die Suche nach immer *unscheinbareren* Befestigungssystemen für die Glashaut. 1980 nahm Adrien Fainsilber Kontakt mit dem Bauingenieur Peter Rice auf, als es um die Konstruktion der riesigen Glasumfassung des

43

Wissenschaftsmuseums im Parc de la Villette ging, das Fainsilber entworfen hatte. Peter Rice war mit Francis und Ritchie eine Partnerschaft (RFR) eingegangen, in der sein eigenes herausragendes Geschick als Bauingenieur sich mit der Entwurfserfahrung zweier Architekten verband, die schon am Entstehen der Glaswand in Ipswich beteiligt gewesen waren. RFR ersetzten die kombinierte Klemmplattenhalterung und Glasfinnenaussteifung durch Vierpunkthalter, bei denen die Glasscheiben allein von den Stiftbolzen gehalten werden. Ein System von Kugellagern und federnden Aufhängungen verbindet die Glaspaneele mit Seilversteifungselementen, die so konzipiert sind, daß ein möglichst reduziertes Tragwerk entsteht.

Diese Konstruktion revolutionierte das Konzept der Hängeverglasung mittels Punkthaltern, und seit dem Bau des Parc de la Villette sind unzählige konstruktive Glaswände auf der Grundlage von Stiftbolzensystemen entstanden. Pilkington hat ein eigenes System entwickelt, und Glastragwerksplaner wie Mick Eekhout in Holland, Marc Malinowsky in Frankreich und das Büro RFR haben inzwischen immer filigranere Konstruktionsmethoden und Befestigungssysteme von Glaswänden und -dächern konzipiert. Inzwischen sind diese Systeme so perfektioniert worden, daß sie auch für Mehrfachverglasungen verwendet werden können und sogar Halterungen haben, die in Mehrscheibenisolierglas eingelassen sind.

Es mag pervers erscheinen, Glas für Funktionen einzusetzen, für die andere Materialien mit verläßliche-

44

rer konstruktiver Vorhersagbarkeit viel geeigneter sind, aber das Bestreben nach Transparenz und Buckminster Fullers *ephemeralization* waren ein großer Ansporn. Von der Glasfinne als Aussteifung zur Glassäule ist nur ein einfacher Schritt; man kann ihn in Benthem und Crouwels Sonsbeek Skulpturenpavillon von 1986 nachvollziehen. Von gleicher konstruktiver Eleganz war Jan Benthems eigenes Wohnhaus, dessen Glaswände das Dach stützen. In beiden kleinen Bauten sind Stahlbinder für die Dachkonstruktion verwendet worden.Bei Weiterentwicklungen ist der Dachbinder aus Stahl durch einen Glaslaminatbinder ersetzt worden, und zwar aus Mehrschichtenglas, weil dies die bei Glaskonstruktionen notwendige Überzähligkeit herstellt. Der Ingenieur Tim MacFarlane von Dewhurst Macfarlane hat eine Glaszapfenverbindung geschaffen, für die er Dreischichtenglas verwendete. Zusammen mit dem Architekten Rick Mather hat er sie für ein Gewächshaus in London eingesetzt; zusammen mit Design Antenna beim Glaspavillon des Broadfield House Glasmuseums in Dudley, das 1995 vollendet wurde. Der Autor hat selbst in Zusammenarbeit mit den Ingenieuren Whitby und Bird einen Pavillon aus konstruktivem Glas für den Stag Place in London entworfen, in dem Edelstahlträger mittels Bolzenverbindung an den tragenden Glaswänden befestigt sind und ein verbolztes Glasdach tragen.

Das Aufblühen der Glasarchitektur in den letzten zwanzig Jahren hat jedoch nicht nur mit den wichtigen Fragen der Energiekonservierung und Klimakontrolle zu tun oder mit der Entwicklung von Glas als konstruktivem Baustoff. Die geradezu berückende Eigenschaft des Glases, besonders in seinen neuen, beschichteten Formen, hat auch das ästhetische Feingefühl einer ganzen neuen Generation von Architekten angesprochen, das nicht länger vom begrenzten Baustoffangebot der fünfziger oder sechziger Jahre eingeengt wird. Das Erscheinungsbild eines Glasbaus ist seit langem eine Inspirationsquelle für den Entwerfer, der stärker an den gestalterischen Möglichkeiten von Glas als an seinen technischen Eigenschaften interessiert ist. Die Baustoffindustrie produziert ein immer reichhaltigeres Angebot an Gestaltungen mit Glaserzeugnissen.

In Japan und Nordamerika ist der Glasbaustein auch in qualitätvollen Architekturwerken verwendet worden. Die Japaner gestalten in einer faszinierenden Fusion aus hochmodernem, westlich inspiriertem Stil und dem traditionellen Umgang mit Architektur und Licht, insbesondere mit Transluzenz. Le Corbusiers Feststellung, die Geschichte der Architektur sei *die Geschichte des Fensters* hat besondere Bedeutung in Gegenden, in denen keine Flachglastradition besteht. Japan liegt in

45

46

etwa auf der Höhe des Mittelmeers (zwischen 30° und 45° nördlicher Breite), deshalb bestand für Fenster aufgrund des Klimas und der Umweltbedingungen keine Notwendigkeit. Das entsprechende Element in der traditionellen japanischen Architektur ist die durchscheinende Shoji-Trennwand, und es ist daher gar nicht verwunderlich, daß die Glasbausteinwand für viele japanische Architekten so attraktiv ist. Man ist versucht zu sagen, daß die *Ursache* für die Glaswand des Maison de Verre von 1931, nämlich das Bedürfnis nach Lichtfülle und gleichzeitig nach Wahrung der Privatsphäre, die gleiche ist wie für viele japanische Bauten. Was auch immer die richtige Begründung sein mag, jedenfalls verwendete Tadao Ando in seinen zwei Wohnbauten der späten siebziger Jahre, dem Haus Ishihara und dem Haus Matsumoto, das Prinzip der Shoji-Trennwand in Form von Glasbausteinwänden. Das Haus Ishihara hat einen von Glasbausteinen umfaßten Kern, und das gesamte Haus Matsumoto ist eine bedeutende Studie in Glasbausteinen, wobei diese Wesentliches zur räumlichen Struktur des Hauses beitragen.

In größerem Maßstab hat Fumihiko Maki in seinem Zentralgebäude der Sport- und Kunstfakultät der Tsukuba-Universität von 1974 Glasbausteine wirkungsvoll eingesetzt. Arata Isozaki verwendete die von der Nippon Electric Glass Company produzierten Glasbausteine im Neubau des Dienstleistungszentrums für die Angestellten der Firma für transluzente Wände in der Kantine, der Sporthalle und in anderen Bereichen, und in der Eingangshalle baute er außerdem das firmeneigene Glasprodukt *Neoparie* ein, ein Kristallglas, das aufgrund seiner Härte und robusten Schönheit besticht.

46. Haus Matsumoto, Wakayama, 1980, Tadao Ando.

47. Café Ingot, Kita-Kyushi City, 1978, Shoei Yoh.

Glasbausteine wurden schon in den siebziger und frühen achtziger Jahren in mehreren Neubauten in Amerika effektvoll eingesetzt, nicht zuletzt dank der neuen Produktentwicklungen von Firmen wie PPG. Der Wateridge Marketing Pavillon in San Diego, Kalifornien, des Konzerns WZMH hat eine Wand aus Solar-Reflektor-Glasprismen, die im Dialog mit einer spiegelnden Wasserfläche eine lebendige, stets wechselnde Spiegelung erzeugt. Riesige Glasbausteinwände bilden auch die glänzende Außenhaut der Alfred C. Glassell Jr. School of Art am Museum of Fine Arts in Houston von Morris Aubry Architects, das – wie alle Glasbauten – nachts besonders schön ist. Das Innere ist tagsüber zwar hell beleuchtet, bietet aber keinen Ausblick. Unter den europäischen Beispielen guter Architektur mit Glasbausteinen gehört das Kultur- und Freizeitzentrum von Ferrari in Maranello, Italien, bei dem eine langgestreckte, wellenförmige Glasbausteinwand einen Eingang der *freien Form* in einem ansonsten streng geometrisch gestalteten Bauwerk bildet.

In Japan hat man im Unterschied zu Europa und Amerika, wo die »Glashaut« betont wird, einen anderen Ansatz verfolgt: Die Arbeit von Shoei Yoh demonstriert die typische Faszination des Materials. Mit seinem Ingot Café (1978) in Kita-Kyushi City schuf er einen *Glaskristall* aus verchromtem Mehrscheibenisolierglas, der tagsüber metallisch schimmert und nachts durchsichtig wird. In dem Haus, das er für Dr. Shizo Matsushita in Nagasaki baute, sind Glas und massive Baumaterialien auf höchst intelligente Weise miteinander verwoben worden. Shoei Yoh nannte das Projekt *Edelstahlhaus mit Lichtgitterwerk,* da er graugetöntes Glas verwendete, um ein Rahmenwerk aus Licht für die wärmeisolierten Edelstahlplatten zu schaffen: Das Licht ist eine *Negativmetapher* für die Fugenfüllung.

47

Die Glasarchitektur der achtziger und frühen neunziger Jahre ist geprägt durch die Verwendung weiterer neuer Glassorten und Tragkonstruktionen. Glasverkleidungen als Folien zum *Einschrumpfen* von Bauformen, geliefert von einem immer leistungsfähigeren, auf Vorhangfassadensysteme spezialisierten Zweig der Bauindustrie, sind immer noch überall zu sehen. Sie sind zwar eleganter und besser ausgeführt, aber Architekten in Europa, Nordamerika und Japan haben sich fachlich und gerade auch in technischer Hinsicht weiterentwickelt und sind daher in der Lage, Glasbauten oder Glaslösungen für Bauprogramme zu entwickeln, für die sie die lieferbaren Glaserzeugnisse effektiver einsetzen.

Die Bauten, die auf den folgenden Seiten beschrieben werden, stehen beispielhaft für diese neue Glasarchitektur. Der Werkstoff Glas steht am Beginn eines neuen Kapitels seiner architekturgeschichtlichen Entwicklung, und diese Bauten und Projekte vermitteln eine Ahnung davon, welche großartigen Zukunftsaussichten er hat.

Fallstudien

rechte Seite: Überdachung des Waterloo International Terminal, London, 1992/93, Nicholas Grimshaw and Partners.

Nur zwanzig Bauten zur Darstellung und Untersuchung der Glasarchitektur eines Vierteljahrhunderts mögen Anlaß zu Verärgerung geben. Eine Erklärung darüber, wie die Auswahl zustande kam, ist daher angebracht.

Seit Anfang der siebziger Jahre ist zum Glück sehr viel gute Glasarchitektur entstanden. Bei Vorarbeiten zu diesem Buch, die schon in den frühen achtziger Jahren erfolgten, habe ich 150 Gebäude ausgemacht, die Glas auf neue oder einzigartige Weise einsetzten und deren Gestalt und Gestaltung bis zu einem gewissen Grad auch vom Glas abhing.

Besonders in den vergangenen zehn Jahren haben Architekten in aller Welt Gebäude geschaffen, die neue Verwendungsmöglichkeiten für Bauglas erschlossen haben. Es ist gar nicht verwunderlich, daß die sogenannte *moderne* Schule Glas als Hauptmaterial erkannte und mit dem gleichen Enthusiasmus verbaute wie ihre Vorgänger in den zwanziger und dreißiger Jahren.

Die Architekten der hier vorgestellten zwanzig Bauten haben eine Vielzahl weiterer Glasarchitekturentwürfe verwirklicht, nur solche werden hier behandelt. Die Auswahl der zwanzig bedeutet keine besondere Auszeichnung. Durch die Darstellung von nur zwanzig Neubauten sollen lediglich einige der wichtigsten Aspekte bei der Verwendung von Bauglas hervorgehoben werden, und zwar sowohl im Hinblick auf seine bisherigen Einsatzmöglichkeiten als auch in bezug auf seine künftigen Entwicklungen. Dieses Buch soll zeigen, daß Glas ein wunderschönes, bestechendes Material ist, das in den richtigen Händen zu einer hervorragenden Architektur beiträgt. Außerdem ist es das Schlüsselmaterial für die ökologische Leistung eines Bauwerks, da es am besten in der Lage ist, Energie zu übertragen und nutzbar zu machen. Die zwanzig im folgenden beschriebenen Gebäude weisen spezifische Aspekte der Glasverwendung in der Architektur auf.

Die Bauten der ersten Gruppe haben eine *Haut* aus Glas und nutzen so dessen Formbarkeit. In technisch-konstruktiver Hinsicht wird Glas dadurch zum wesentlichen Teil des Gebäude-Designs. Anhand dieser Bauten kann man die Entwicklungen auf dem Gebiet der Befestigungssysteme verfolgen. Europäische Architekten werden neidvoll bemerken, daß konstruktive Verglasungen mit Silikondichtungen in den Vereinigten Staaten und in Kanada auf breite Akzeptanz stoßen.

Zur Gruppe der *Glashaut*-Bauten gehört auch das Beispiel eines großen Glasdachs. Natürlich gibt es jetzt weltweit bereits viele solcher Gebäude, das hier beschriebene zeigt jedoch in exemplarischer Weise die für die Errichtung derartiger Konstruktionen wesentlichen Qualitäten.

Ein Beispiel für die Verwendung von transparentem Kunststoff soll zeigen, wie die Formgebung mit Synthetika einen grundlegend anderen Typ Gebäudehaut ergeben kann, der die Leichtigkeit und sogar die Schwächen des Materials ausnutzt.

Die nächste Gruppe setzt die Glasfassade zur Temperaturregelung ein. Die drei ausgewählten Gebäude sind ganz verschieden und zeigen eine Architektur, bei der die Glashaut nach Umwelt- und ökologischen Kriterien konzipiert und konstruiert wird. Das bedeutet eine Abkehr von der in den sechziger und siebziger Jahren gehegten Überzeugung, Glas sei in bezug auf die Kontrolle von Umwelteinflüssen (das heißt im wesentlichen Licht und Wärme) ein schwaches Glied in der architektonischen Gestaltungskette. Die Baugesetzgeber Großbritanniens haben inzwischen akzeptiert, daß Glas tatsächlich erheblich zur Energieeinsparung beitragen kann, besonders wenn Tageslichteinfall eingeplant wird, dies sollte zunehmend der Fall sein. Sicher befinden sich zur Zeit viele Baupläne auf den Reißbrettern und Computerbildschirmen von Architekten, die das Prinzip der *mur neutralisant* weiter entwickeln und Glas gezielt formen und nutzen, um das Gebäude ökologisch zu betreiben, einschließlich natürlicher Belüftung.

Auf diese *umweltbewußten* Bauten folgen Projekte, die einen anderen Aspekt der neuen Glasarchitektur zeigen, nämlich die Befestigungsart. Hängeverglasungen gibt es seit 40 Jahren; wir müssen noch einmal auf das Hahn-System zurückkommen, das Henry Bernard am Maison de la Radio in Paris (1953–1963) verwendete: eine riesige ununterbrochene Glasfläche. Die Flachglashersteller haben viel dazu beigetragen, diese die Glasarchitektur revolutionierenden Systeme zu entwickeln, die jetzt in vielen Versionen verfügbar sind. Die hier beschriebenen Beispiele stellen ausgezeichnete Anwendungen dar, bei denen Konstruktion und Gestaltung auf der synergetischen Kombination des filigranen Stahltragwerks und der Zugfestigkeit von Glas beruhen.

Als nächstes folgen drei Gebäude, die Glas noch stärker konstruktiv einsetzen: Glasteile als tragende Elemente. Eine Glasscheibe ist naturgemäß sehr dünn, wenn sie die Transparenz des Materials voll nutzen soll. Dies hieß bislang, daß Glas für eine Stütze oder tragende Wand nur in Verbindung mit Aussteifungen verwendet werden konnte. Neue Klebstoffe und neues Wissen über die Festigkeitseigenschaften von Glas haben jedoch in letzter Zeit neue Möglichkeiten erschlossen. Die Mitarbeit des Bauingenieurs an derartigen Konstruktionen ist ebenso unerläßlich wie willkommen.

Schließlich werden in diesem Kapitel noch zwei Häuser gezeigt, die Glas kleinmaßstäblich einsetzen. Ihre Architekten haben einfach Freude an seiner Schönheit und Anpassungsfähigkeit; Paul Scheerbart wäre sicher erfreut gewesen über ihre Begeisterung für das Material.

Die Strichzeichnungen zu den zwanzig Gebäuden sollen es dem Leser erleichtern, ein möglichst umfassendes Verständnis der Konstruktion zu gewinnen, besonders im Hinblick auf die Logik des Entwurfskonzepts. Zum leichteren Vergleich sind alle im gleichen Maßstab gezeichnet, und zwar 1:5. Die ganze Geschichte eines Bauwerks kann jedoch nicht auf nur vier Seiten dargestellt werden, und der Verfasser bittet alle Architekten, deren Bauten hier gezeigt werden, um Nachsicht. Es mag wie ein Klischee und eine Binsenweisheit klingen, wenn ich sage, daß ich - der Verfasser - allein verantwortlich bin für die Auswahl der Bilder, aber wie alle Binsenweisheiten ist es eine Tatsache.

Willis Faber & Dumas Bürohaus

Ipswich
Großbritannien

Architekten
Foster Associates

Entwurf
1971–1972

Ausführung
1975

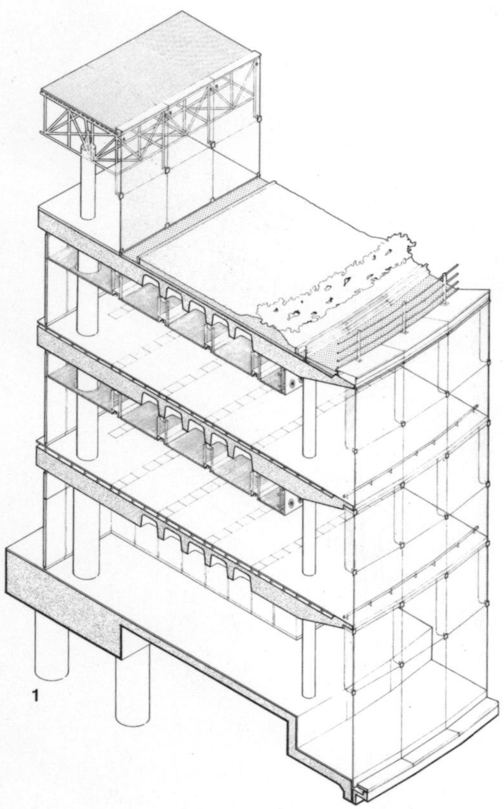

1

1. Isometrische Darstellung des Gebäudes.

2. Die Glaswand: Gebrochene Spiegelungen sind ein Haupteindruck, den der Bau vermittelt. Details sind praktisch nicht vorhanden, die Oberflächenstruktur beschränkt sich auf Spiegelung, Glasfarbe und Eckhalterungen der Glastafeln.

Das Willis Faber & Dumas Bürohaus, jetzt zwanzig Jahre alt, bleibt eine Architektur-Ikone des letzten Viertels dieses Jahrhunderts. Formal stellt es das Konzept eines Gebäudes mit Büroarbeitsplätzen dar, das sich radikal vom Konzept der Bürotürme, -riegel und anderer Monolithe unterscheidet, das heißt vom typischen Bürogebäude der Nachkriegszeit seit dem Entstehen des Lever House und des Seagram Buildings. Das Anderssein leitet sich darüber hinaus sehr aus der dem Entwurf zugrundeliegenden Firmenphilosophie ab. Wie bei Hertzbergers großem Verwaltungsbau für die Centraal Beheer in Apeldoorn (1972) zeigt Fosters Bau, daß Architektur die *Kultur* einer Firma darstellen kann und daß die Wahl des Architekten und die Mitarbeit des Bauherrn an der Gestaltung des Gebäudes ein wesentlicher Bestandteil des Firmenethos ist. Wenn der Architekt noch dazu von dem Baustoff Glas restlos fasziniert und überzeugt ist, dann ergibt das, wie in diesem Fall, eines der herausragenden Glasgebäude dieses Jahrhunderts.

Foster Associates hatten die Glaswand bereits in früheren Bauten eingesetzt, zum Beispiel bei der IBM-Hauptverwaltung in Cosham, dem Terminal der Fred Olsen Reederei in den Millwall Docks (beide 1971 fertiggestellt) und dem eigenen Architekturbürohaus an der Great Portland Street, London. Alle haben eine Vorhangfassade, ganz aus Glas und offenbar *nahtlos* konzipiert. Die Tatsache, daß Glas nur in Scheiben lieferbar ist, wird unbedeutend, die Verbindungsteile sind so klein und schmal wie möglich gehalten. Willis Faber & Dumas hat jedoch noch einen älteren Vorläufer; Mies van der Rohes Glasturmprojekt von 1922. Mies' winklige Glasfassade sollte die Lichtreflexion und die wechselnden Lichteinfallswinkel nutzen. Ein halbes Jahrhundert später machte die inzwischen entwickelte Technologie die Ausführung eines derartigen Entwurfs möglich.

Bei der für Foster Associates typischen Geradlinigkeit wurde die Grundrißform von den Grundstücksdimensionen bestimmt. Die Gebäudeumrisse liegen direkt auf der Baulinie oder so nahe daran wie möglich. Die so zustande gekommene Gebäudetiefe reflektiert auch das damals aufkommende Großraumbüro-Konzept. Der freie Innenraum wird nur unterbrochen von einem zentralen *Schacht* für die Rolltreppen. Das Fassadenglas ist graugetönt, das Gebäude vermittelt so den Eindruck von *Massivität*.

Das äußere Erscheinungsbild und die Bedeutung des Bauwerks im Stadtgefüge ergibt sich aus der Konstruktionsart der Hängeverglasung. Der Vorentwurf sah ein Befestigungssystem vor, das lediglich vertikale Halterungen aus polierten Stahlröhren verwendete, aber die Firma Pilkington bot ihre Hängeverglasung aus Sonnenschutzglas an, und Vergleichsangebote zeigten, daß Pilkingtons System etwas preisgünstiger war. Mit Martin Francis (später Partner von Rice Francis Ritchie) als beratendem Ingenieur geriet die Glaswand schließlich zu einem eigenständigen Bauprojekt.

Die hohe Zugfestigkeit von Glas wurde genutzt, um die gesamte Glasfassade vom Dachrand der dreigeschossigen Konstruktion abzuhängen. Jedes der 2 m breiten Fassadenbänder aus Glastafeln ist mittels einer verschraubten Hängestange von der Dachebene abgehängt. Die einzelnen Glasscheiben sind durch Klemmplatten miteinander verbunden. Bei Mies' Projekt von 1922 sieht man im Modell die Stangen, an denen die Glastafeln aufgehängt sind; es ist damit ein *grober* Vorläufer des hier in ausgeklügelter Technik verwirklichten Entwurfsgedankens. Konstruktive Festigkeit geben die 19 mm dicken, im rechten Winkel zur Fassadenfläche stehenden Glasversteifungen, und Verbindungselemente zu den Zwischengeschossen sorgen für seitlichen Halt. Verschiebbare Befestigungen ermöglichen Thermalströmungen und Gebäudeschwingungen in vertikaler Richtung. Das gesamte Fassadensystem ist auf eine konstruktive Toleranz von 50 mm angelegt. Aufgrund der Stringenz des Entwurfs mußten alle Glasscheiben exakt gleich groß sein, was bei einer mehrfach gekrümmten Glasfläche ohne Fugenabdeckungen eine Herausforderung darstellte.

Das Ergebnis dieses Fassadensystems ist die glänzende, wunderschön reflektierende Glasfläche. Die 12 mm dicken Sicherheitsscheiben aus bronzefarbenem Sonnenschutzglas verleihen der Fassade die Anmutung von Dichte und lassen sie tagsüber hauptsächlich als Spiegelfläche erscheinen. Die sehr schmalen Glas-auf-Glas-Silikondichtungen sorgen dafür, daß die Glashaut optisch wie eine ununterbrochene Fläche wirkt. Dieses Bürohaus ist eines der hervorragendsten Bauwerke seiner Zeit und ein schönes Beispiel guter Glasarchitektur.

2

WILLIS FABER & DUMAS LIMITED

3

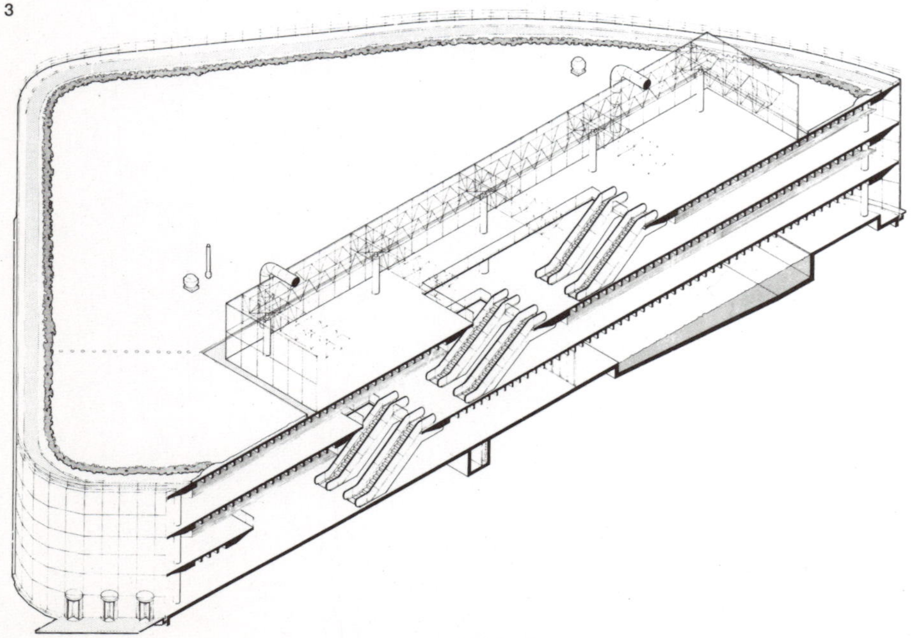

4

3. Diese Schnittisometrie zeigt die räumliche Kontinuität von der Eingangshalle bis zum Dachgarten.

4. Nachts verwandelt die Beleuchtungsinversion zwischen Innen- und Außenraum das Gebäude in einen Beleuchtungskörper – tatsächlich ein durchsichtiges Stück Architektur, das Leben in die Straße bringt.

5–7. Grundrisse, unten vom Erdgeschoß. Der mäandernde Gebäudeumriß folgt den Grundstücksgrenzen. Der Bau bietet daher eine optimale Flächennutzung und ist nicht so hoch. Mies van der Rohes Büroturmkonzept von 1922 wurde hier zusammengeführt mit dem Prinzip der Sparsamkeit, wobei die Architekten ihren Entwurf auf der Grundlage der in den siebziger Jahren verfügbaren Umwelttechnik entwickelten.

5

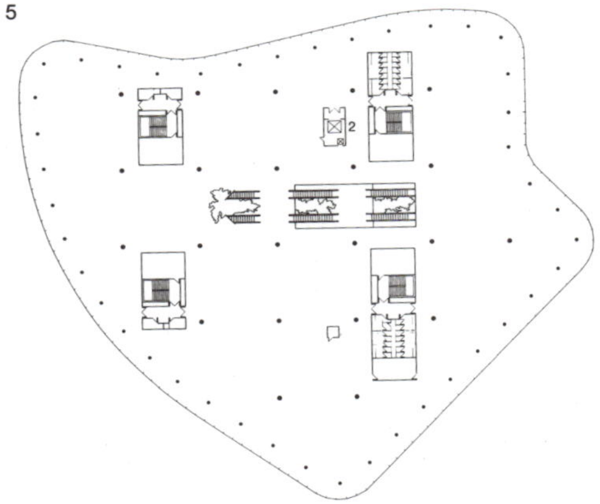

6

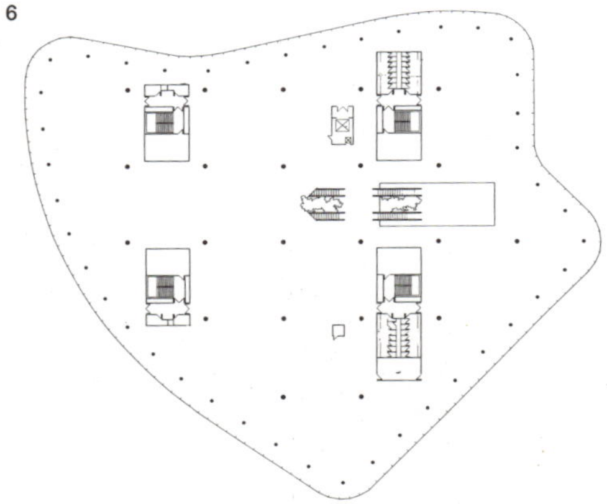

7

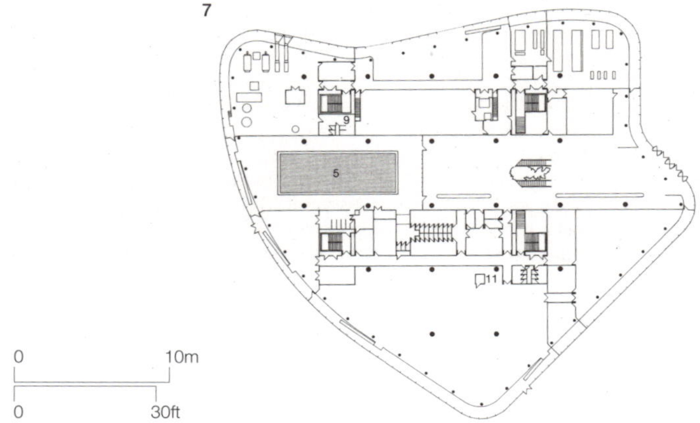

8

9

12
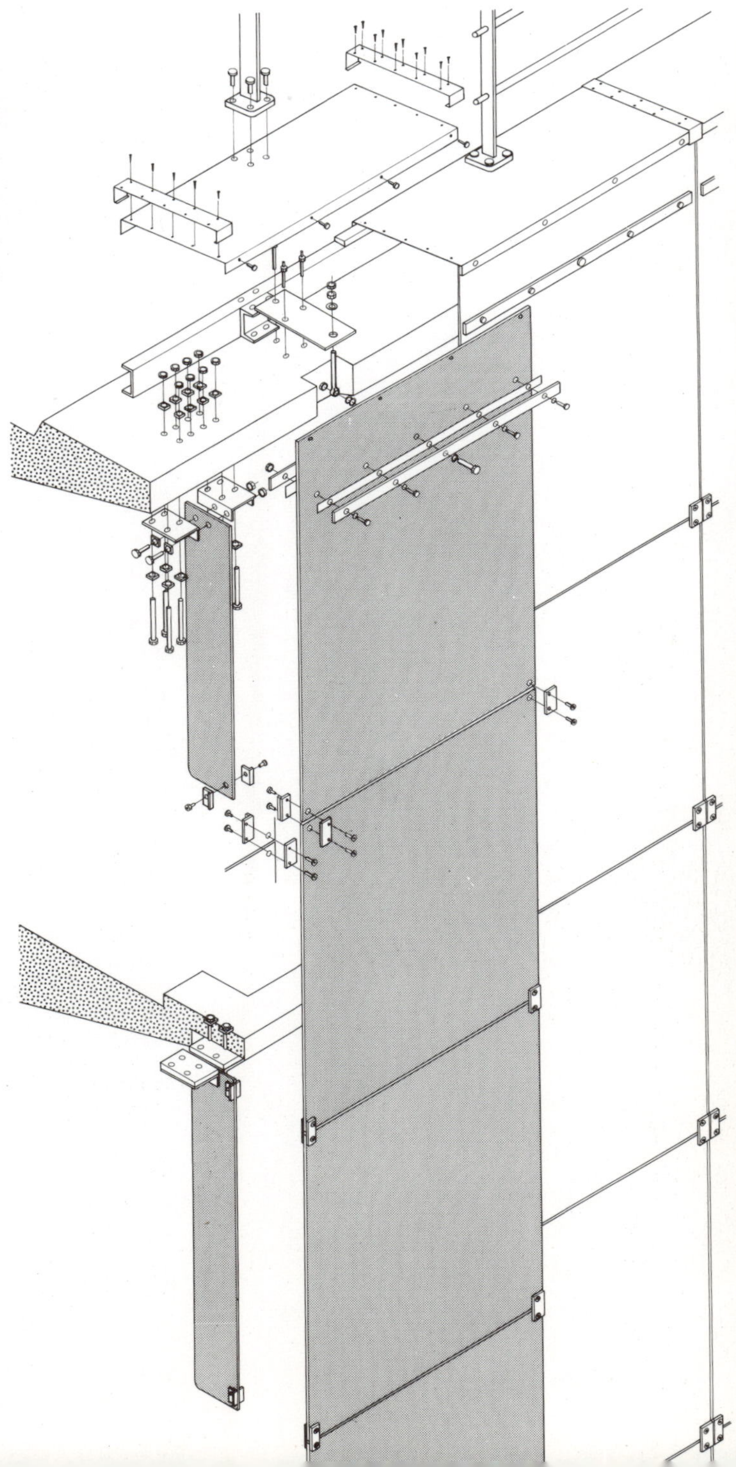

10
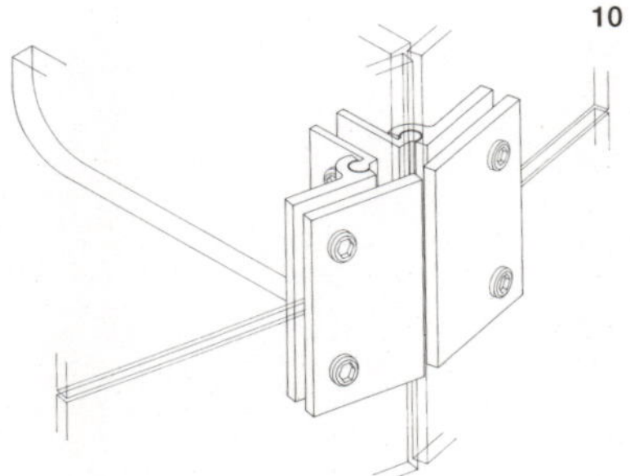

11
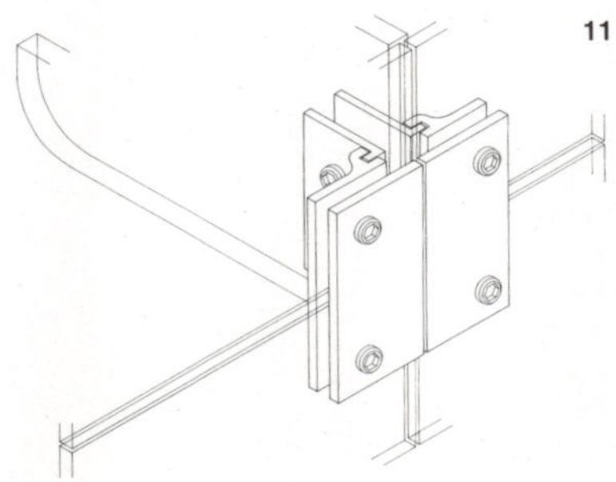

8. Randbereich eines Stockwerks von innen. Er dient als Pufferzone und Wandelhalle zugleich. Eine Glaswand, die von außen fast ausschließlich als Spiegel gesehen wird, ist von innen völlig transparent.

9. Die halb raumhohen *Glasfinnen* wirken als Windstreben. Sie sind an der oberen Betongeschoßdecke mit verschiebbaren Klemmplatten lotrecht an den Außenscheiben befestigt.

10, 11. Die normale Nutverbindung der verschiebbaren Klemmplattenverbindungen ist in Abbildung 11 zu sehen. Mit einem zylindrischen Drehgelenk (10) ist die Halterung auch für die Montage der geschwungenen Fassadenflächen geeignet.

12. Isometrie der Glaswand (Detail). Ein einziger Bolzen trägt das Eigengewicht der geschoßhohen Glasbahn, die am oberen Rand von Haltestangen in Position gebracht wird.

13

13. Der Glasvorhang.

14. Die reduzierte Fassadengeometrie: Das Raster ist so konzipiert, daß jede Glasscheibe in der mehrfach geschwungenen Fassade genau das gleiche Format hat.

15, 16. Oberer und unterer Gebäudeabschluß. Das übliche Gesims und der Gebäudesockel sind ersetzt durch Minimallösungen, die Kontinuität suggerieren.

17, 18. Konstruktionsdetails, 1:20. Der ganze Schnitt durch die Gebäudehülle zeigt, wie einfach das technische Konzept tatsächlich ist. Der untere Abschluß ist sowohl elegant als auch praktisch.

15

17

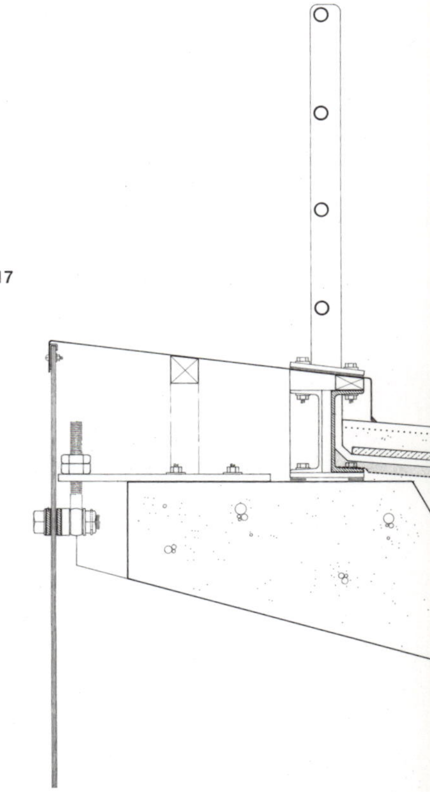

14

16

18

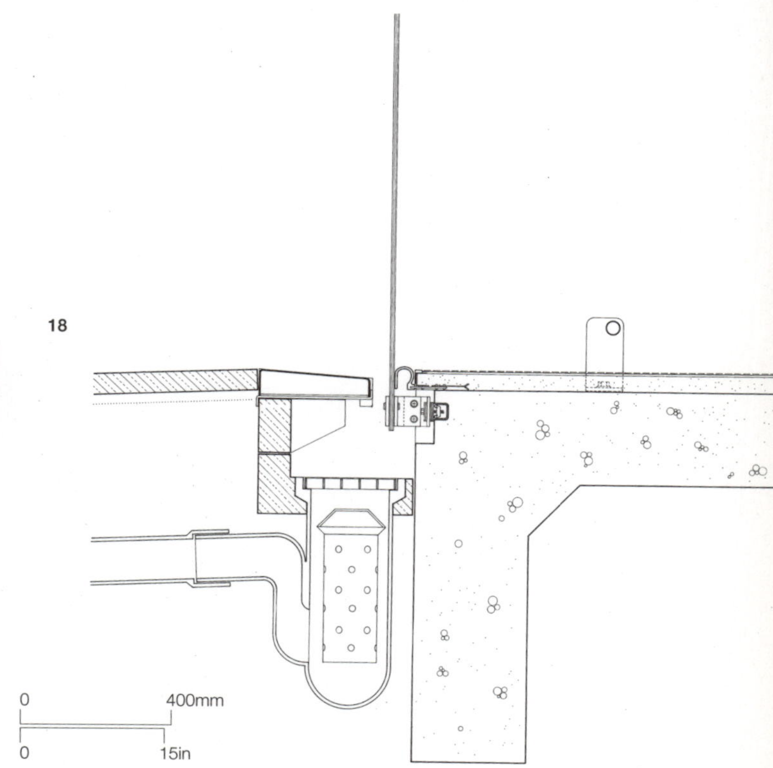

Corning Museum

Corning
New York, USA

Architekten
Gunnar Birkert & Associates Inc.

Entwurf
1976

Ausführung
1980

1. Die freie Grundrißgeometrie.

2. Das horizontale *Periskop*. Birkerts Gestaltung mit Spiegelglas ist niemals simpel und gefällig, und an diesem Bau hat er das Material sehr einfallsreich eingesetzt, um die Fassade zu beleben und gute Ausblicke zu bieten.

1

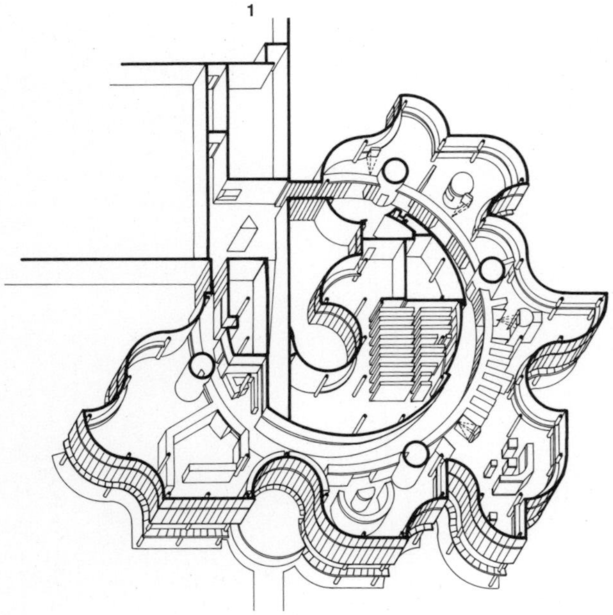

Gunnar Birkert gehört zu einer Gruppe führender amerikanischer Architekten, die in den fünfziger Jahren im Büro von Eero Saarinen arbeiteten. Sie sind den Grundüberzeugungen der Moderne verpflichtet, und ihre Bauten zeichnen sich durch konzeptionelle Neuerungen und Mut zur neuen Form aus. Zu Birkerts Kollegen im Büro Saarinen zählten Anthony Lumsden (der einige bemerkenswert expressive Glaswände geschaffen hat), Cesar Pelli (zu dessen Glasbauten der Wintergarten in Niagara Falls gehört) und Kevin Roche und John Dinkeloo, die Saarinens Büro nach dessen Tod praktisch *erbten*. Der Auftrag, ein Glasmuseum zu entwerfen, ging an einen Architekten, der bestens dazu geeignet war, die damit verbundenen vielfältigen Gestaltungsmöglichkeiten voll auszuschöpfen.

Die Stadt Corning im Südwesten des Staates New York ist ein weltweit berühmtes Zentrum der Glasherstellung. Die Corning Glass Works und die Glashütte Steuben Glass sind hier ansässig, und so bot die Stadt sich als Ort für die Ansiedlung einer großen Glassammlung an.

Birkerts Entwurf ist im Gesamtkonzept und in der Detailbehandlung absolut brillant und erwächst in einzigartiger Weise aus der Natur des Werkstoffs Glas. Die vielfach geschwungene, scheinbar freie Form des Grundrisses ist Ausdruck der amorphen Molekularstruktur des Glases und wird hier von der Geometrie des Viertelkreises diszipliniert. Birkert hat sein Entwurfskonzept in poetische Prosa gefaßt:

Die Idee ist schon da.
Ich suche nach Worten, sie zu fassen.
Es ist die Metapher für Glas, anpassungsfähig, frei fließend und amorph, wenn es im Feuer des Glasofens erhitzt wird.
Kristallin und strukturiert, wenn es erkaltet ist und Form angenommen hat.
Der Umriß der Umfassung die Analogie des Amorphen.
Die Innenkonstruktion spiegelt die Ordnung des Kristalls.
Starke Kontraste.

Die mäandernde äußere Gebäudelinie ist doppelt so lang wie die vier Seiten eines Quadrats, das die gleiche Fläche umschließen würde, und verdoppelt so die Ausstellungsmöglichkeiten am äußeren Gebäuderand. Auch die Form des Schnitts beruht auf einem der ältesten Glaserzeugnisse, dem Spiegel. Birkert schuf ein horizontales Periskop, das sozusagen eine schützende *Augenbraue* für das Gebäude bildet, während es für gezielte Ausblicke und Tageslichteinfall sorgt. Diese Spiegelwirkung ist Birkerts bevorzugtes Gestaltungsmittel, er hat sie auch in der Calvary Baptistenkirche in Detroit, Michigan, eingesetzt und in dem außergewöhnlichen, unter Straßenniveau gelegenen Bibliotheksbau der juristischen Fakultät an der University of Michigan. In Corning sind 6 mm dicke Spiegel, auf der Innenseite mit Edelstahl bedampft, in einem Winkel von 45° zur vertikalen Fassadenebene angeordnet und bilden einen Überhang von 93 cm. Die Fassadenebene besteht aus Doppelverglasungselementen, die konventionell befestigt sind und sehr schmale, speziell für diesen Bau gefertigte Rahmen haben. 2

Birkerts neuartiger Umgang mit Glas erstreckt sich auch auf die anderen Materialien, die er für die Gebäudehaut einsetzt. Die Suche nach einem *sanften* oder *weichen* Gebäudeumriß führte zur Entwicklung eines Walzglases mit Strukturoberfläche auf der Außenseite und einer Edelstahlbeschichtung auf der Innenseite. Laut Birkert wird dadurch Licht nach außen reflektiert, ohne etwas widerzuspiegeln, was eine *weiche, poetische Haut* erzeugt. Die Glasscheiben sind 6 mm dick und ungefähr 1 m breit. Ihre Höhe variiert von 1,74 bis 2,54 m. Für die Verwirklichung der Vorstellung einer *weichen Haut* ist es unerläßlich, daß die Oberfläche nicht unterbrochen wird. Dies wird durch die rahmenlose Verglasung mit schmalen Silikonfugen erreicht.

Das Ergebnis ist eine samten wirkende Fassadenfläche, die schwarz, dunkelgrau oder silbern schimmert, je nach Blickwinkel und Lichtverhältnissen. Die *weiche*, ondulierende Gebäudeumfassung schafft einen wunderschönen Kontrast zum harten Glanz des darunterliegenden *horizontalen Periskops*.

3

3. Ansicht des Gebäudes mit Haupteingang.

4. Die Verwandlung des Grundrißrasters: Die scheinbar willkürlichen Aus- und Einziehungen der Fassade beruhen auf einfachen Halb- oder Viertelkreisformen.

5. Reflexionen der Glasfassade – von innen gesehen.

6. Das enge Rund des Innenhofs – von unten gesehen.

7. Ein Rundgang um das Gebäude läßt dessen ständig wechselnde Form und Spiegelungen erkennen. Genau das hatte Mies van der Rohe mit seinem Entwurf von 1922 gewollt.

8. Konstruktionsdetails des Fassadensystems, 1:20.

9. Die Außenhaut wirkt wie ein Stück Feinmechanik: Wie durch einen Schiebemechanismus geöffnet, offenbart sie das innere Werk.

4

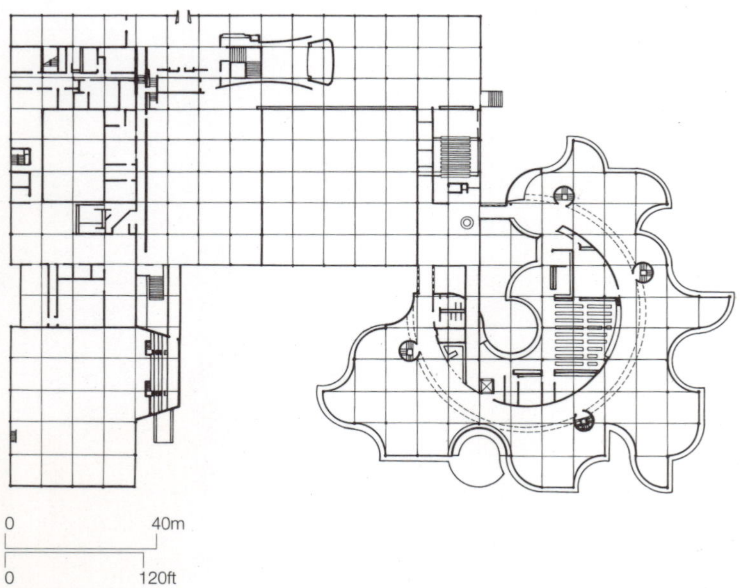

5

6

7

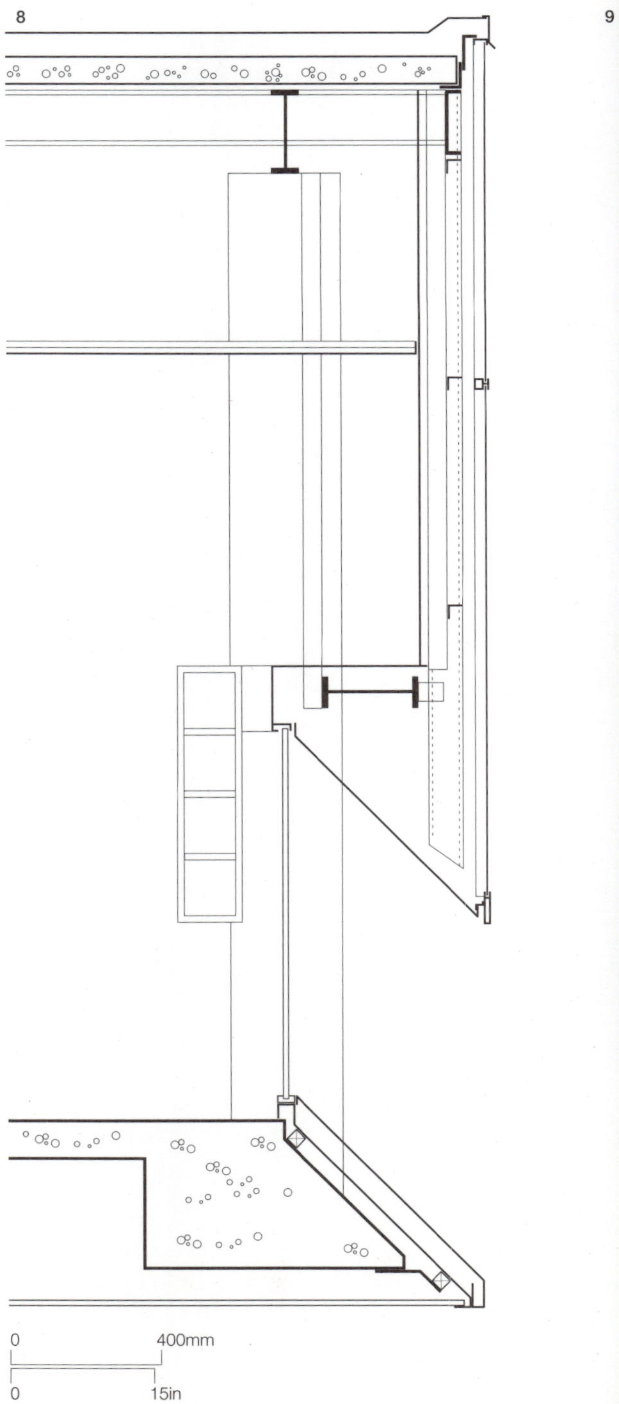
8
9
0
400mm
0
15in

10

10, 11. Der Mäander und seine Nutzung: Die Aus- und Einziehungen des Gebäudeumrisses verdoppeln die für Ausstellungen zur Verfügung stehende Nutzfläche in den an der äußeren Peripherie liegenden Bereichen.

12–15. Konstruktionsdetails: 12, 13. Einzelheiten der oberen Glasverkleidung. Die Glasscheiben sind 6 mm dick und auf der Rückseite mit Edelstahl bedampft.

14. Vertikalschnitt durch das obere Ende des horizontalen Periskops. Die doppelt verglasten Fenster haben sehr schmale, speziell gefertigte Rahmenprofile.

15. Horizontalschnitt durch die Doppelverglasung und die obere Glasverkleidung.

16. Das Gebäude des Corning Museum ist die perfekte Ergänzung zu den ausgestellten Exponaten.

12

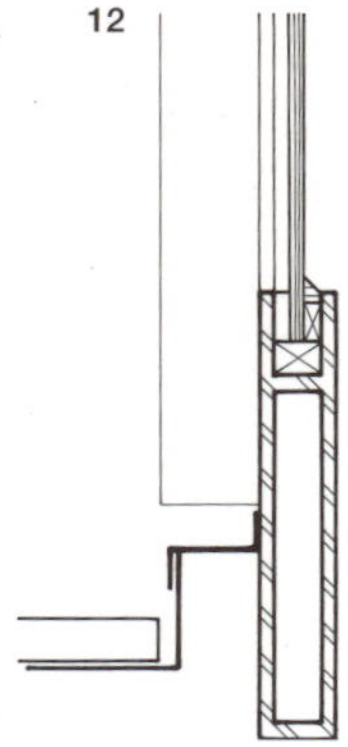

14

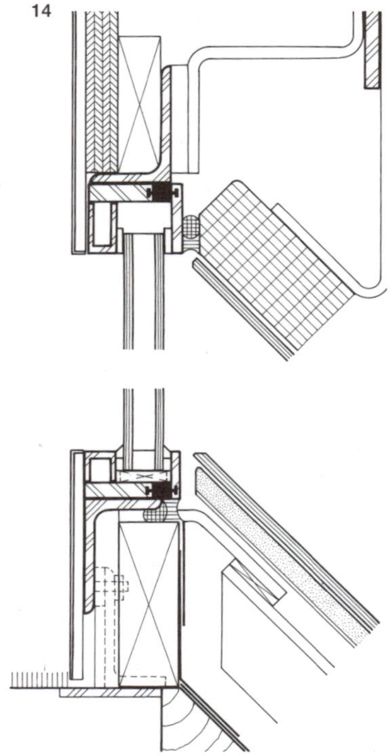

16

11

13

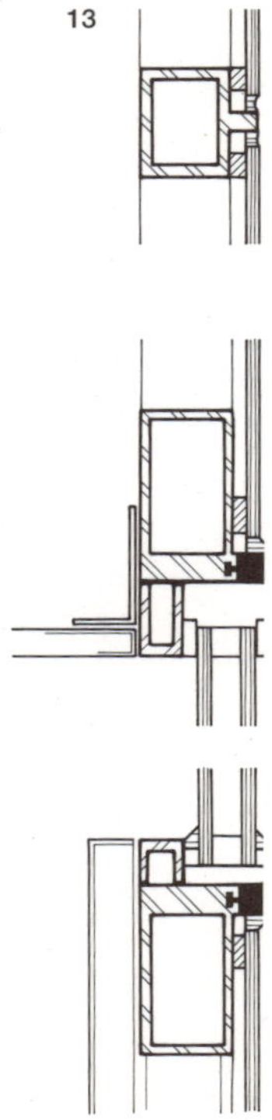

15

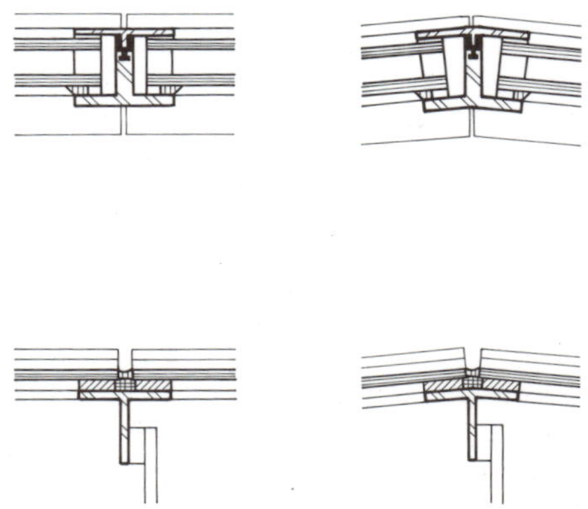

Allied Bank Tower

Fountain Place, Dallas
Texas, USA

Architekten
I. M. Pei and Partners

Entwurf
1982

Ausführung
1983–1986

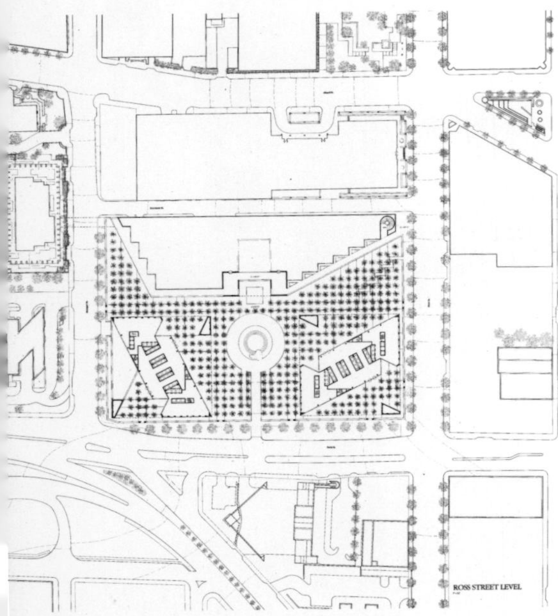

1

2

1. Lageplan.

2. Eines der großen Eingangsportale. Typisch für die Bauten von I. M. Peis Architekturbüro ist, daß dieses stattliche Glasprisma in einer wunderschönen, von Wasser geprägten Stadtlandschaft steht. Wasser fließt kaskadenartig über Stufen, und elektronisch gesteuerte Fontänen bilden Wasserskulpturen, deren Erguß durch die Fugen zwischen den Bodenplatten wieder abfließt.

Der Allied Bank Tower ist das für Dallas typische Gebäude. Der Anblick von spiegelverglasten Hochhäusern, die in der Sonne flimmern, ist all denen vertraut, die in die Stadt einfliegen, und die Allied Bank ist auf Wunsch der Bauherren das höchste. Die Wahl von I. M. Pei and Partners garantierte, daß die formale Gesamtgestaltung bis ins letzte Detail makellos und sorgfältig ausgeführt würde. Form und Höhe des Bauwerks legen Zeugnis ab für die mutige und großartige bis großspurige Attitüde, für die Texas bekannt ist.

Das Bauprogramm forderte eine unverwechselbare Form, die I. M. Pei im Entwurf aus den Versprüngen in der Grundrißgeometrie entwickelte. Die Form ergibt sich aus der für Pei typischen Interaktion zwischen orthogonaler Form und diagonalen Schnittlinien. Hier findet die Interaktion sowohl im Schnitt als auch im Grundriß statt. Ergebnis ist eine plastische Baugestalt, die aus bestimmten Blickwinkeln sich um die eigene Achse zu drehen scheint, was dem Turmbau den Spitznamen *Schraubenzieher* eintrug. Das Hochhaus hat eine bemerkenswerte Präsenz im Stadtgefüge und wird begleitet von einem bewundernswerten Ensemble von Wasserspielen.

Das Entwurfskonzept ist ein großformatiger, plastisch geformter Monolith, was eine glatte, zweidimensionale und ununterbrochene Fassadenfläche erforderlich machte. Die Gebäudehaut ist daher ein minimal gegliedertes *Glasfutteral*. Genau dieser Schritt - von den konzeptionellen Erfordernissen der Gesamtform zur Detaillösung - zeichnet die Arbeiten von I. M. Pei aus.

Die Detailbehandlung der Fassade hängt ausschließlich von der Technik des konstruktiven Befestigungssystems mit Silikonverbindungen ab. Die Akzeptanz dieser Technologie ist in Großbritannien zum Beispiel praktisch unerreichbar, wo in der Regel *mechanische* Befestigungssysteme verlangt werden (bei denen die Glasscheiben durch Metallabdeckleisten über den Rändern gehalten werden).

Auf den ersten Blick erscheint der Allied Bank Tower vielleicht wie ein weiterer eigenwilliger Versuch, für ein Bürogebäude eine interessante Form zu schaffen. Natürlich ist er das, aber die zu Tetraedern auflösbare Bauform ist ein typisches Merkmal von Peis Architektursprache und ermöglicht eine abwechslungsreiche Detailausführung.

Während der Bauzeit war der Hochhausturm das Gebäude mit der größten je erstellten konstruktiven Silikon-Glas-Fassade mit einer Fläche von fast 42 000 m² bei einer Gesamthöhe des Turms von 220 m. Die angestrebte Glätte und nahezu ununterbrochene Glasfläche der Gebäudehaut führte zum Entwurf und zur Entwicklung eines höchst raffinierten Glasreinigungsapparats. Die Fensterputzergondeln befinden sich im Gebäudeinnern direkt hinter zu öffnenden Verglasungselementen. Zum Fensterputzen werden diese Fenster geöffnet, die Gondel an einem Kranarm herausgeschwenkt und an Auslegerstangen befestigt, den einzigen Fassadenelementen, die aus der Fläche vorkragen. Die Ausleger sind am oberen Rand der glatten vertikalen Fassadenflächen in horizontaler Lage angebracht und folgen den sehr steilen Winkeln der diagonalen Gebäudekanten. Die Gondeln werden an diesen Auslegern auf- und abbewegt und erreichen so die gesamte Fassadenfläche.

Die Einfachverglasung besteht aus 6 mm starken hitzegehärteten, monolithischen, reflektierenden grünen Glasscheiben. Hier wurde kein Versuch unternommen, eine energiesparende Gebäudehülle zu schaffen; das Budget erlaubte es nicht. Wenn man in den eindrucksvollen Innenräumen hinter der Glasfassade ganz oben im Turm steht und die heiße Sonne auf die Fassade scheint, spürt man deutlich die Strahlungswärme. Daher ist dieses Gebäude in hohem Maße von seiner Klimaanlage abhängig.

Obwohl der Allied Bank Tower im Werkverzeichnis des Büros nicht als einer der großen öffentlichen Bauten aufgeführt wird, ist seine technische Meisterschaft offenbar. Er nimmt daher einen wichtigen Platz in der Geschichte der Glasarchitektur ein und ist ein Beispiel für die rücksichtslose Suche nach der glatten, *nahtlosen* Gebäudehaut.

3

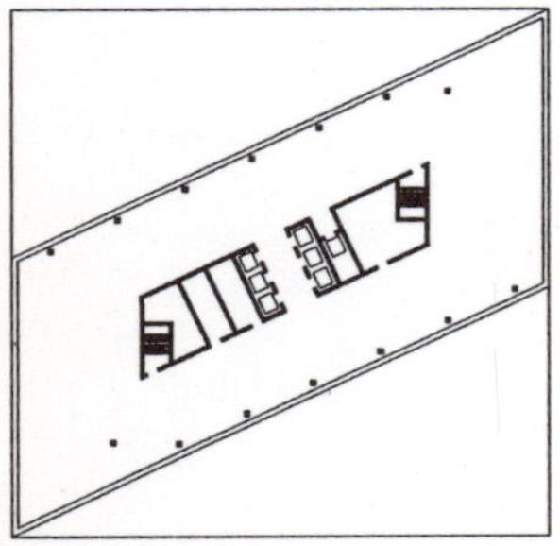

4

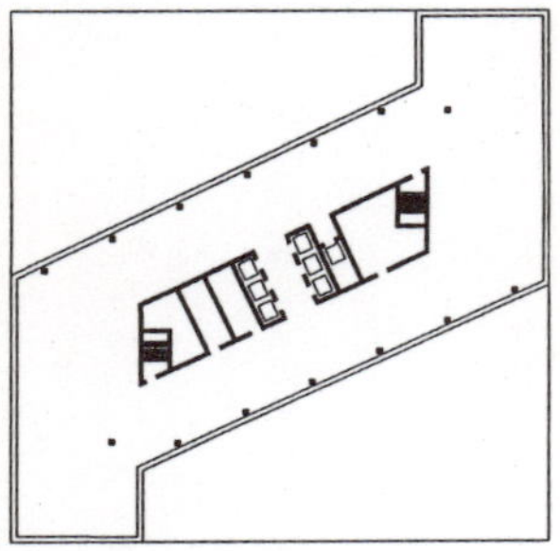

5

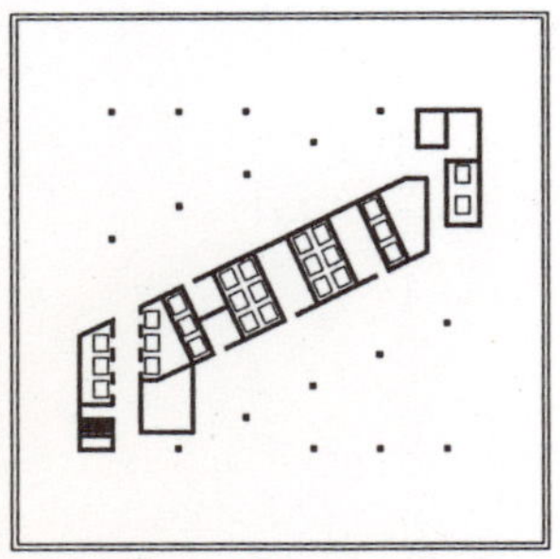

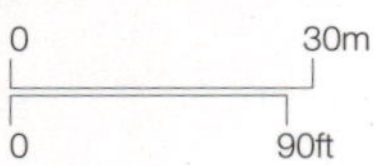

6

7

3–5. Grundrisse. Die einzigartige, exzentrische Form des Hochhauses mit seinen über viele Etagen reichenden Diagonalen geht von der Schräge des zentralen Versorgungskerns aus.

6. Die senkrecht aufragende Glasfront. Diese Glasfläche ist Zeugnis für den Wunsch der Architekten, eine vollkommen ebene, möglichst glatte Gebäudehülle zu schaffen.

7. Der Bauherr wünschte sich unter anderem eine unverwechselbare, einzigartige Bauform. So hatten die Architekten Gelegenheit, sich mit der Wechselwirkung zwischen Diagonalen und geneigten Flächen auseinanderzusetzen und ein spitz zulaufendes Gebäudeprofil zu entwickeln, das auch in hervorragender Weise bei der Bank of China in Hongkong zur Anwendung kam. Letztere wurde im gleichen Jahr begonnen, aber erst 1990 vollendet.

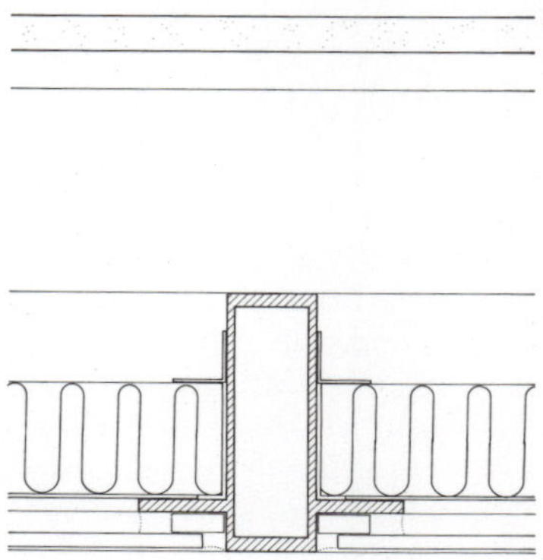

8

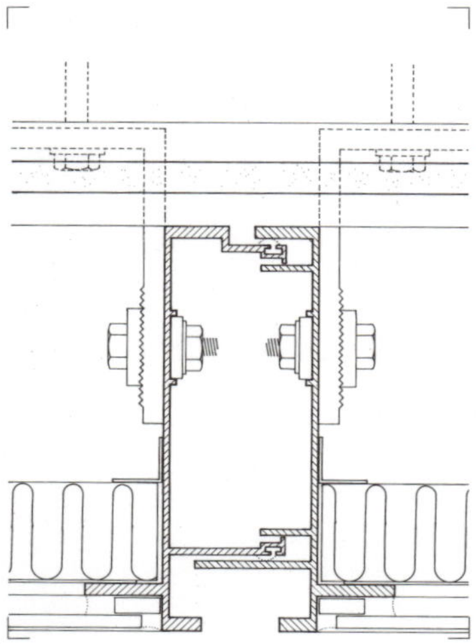

9

10

8, 9 und 11, 12. Konstruktionsdetails, 1:5. 8,9. Horizontalschnitte. Detail Nr. 9 zeigt, wie Materialbewegungen aufgefangen werden und das Auswechseln von Teilen erleichtert wird.

10. Innenansicht vom Haupteingang.

11. Vertikalschnitt.

12. Horizontalschnitte durch Gebäudeecken. Die Strangpreßprofilecken sind so konzipiert, daß sie an allen Stellen die gleiche Stirnbreite haben.

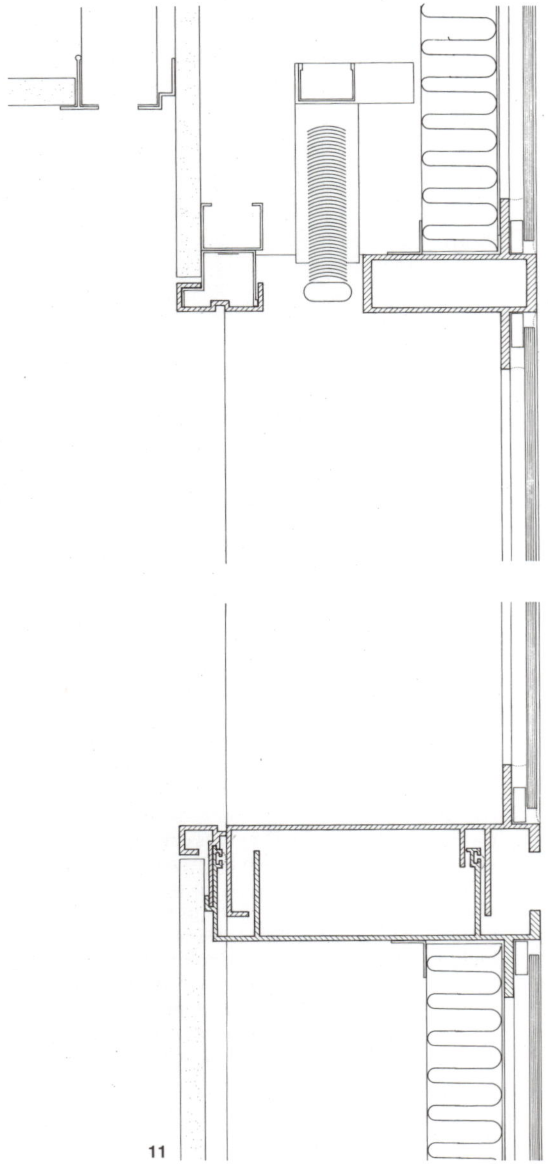

11

12

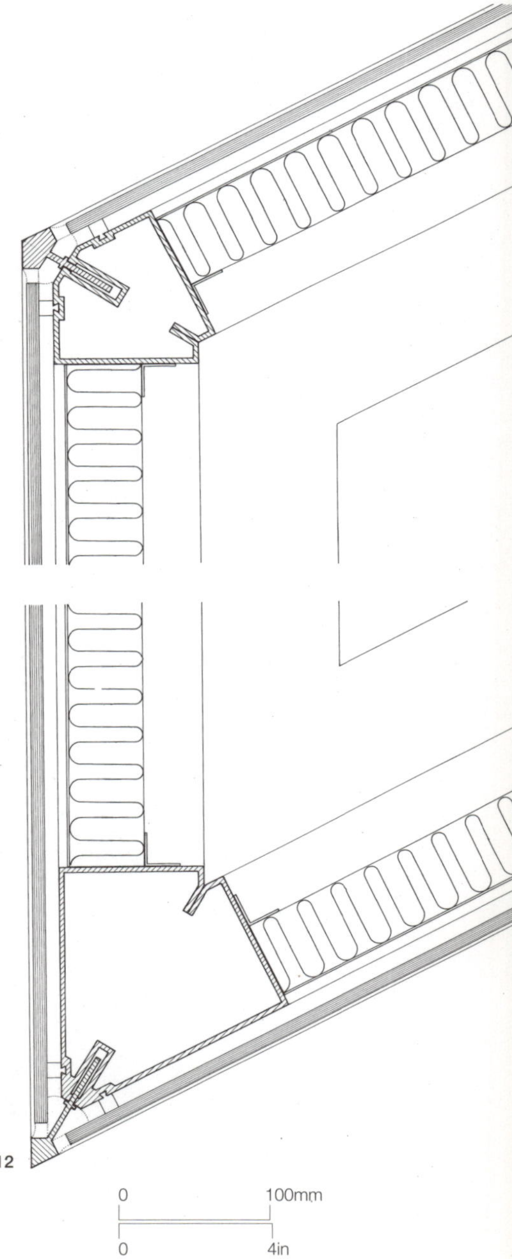

Die Louvre-Pyramide

Paris
Frankreich

Architekten
I. M. Pei and Partners mit Rice Francis Ritchie

Entwurf
1983–1985

Ausführung
1986–1988

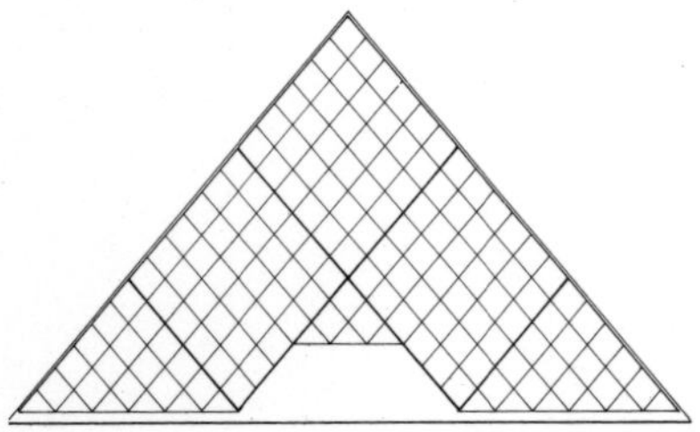
1

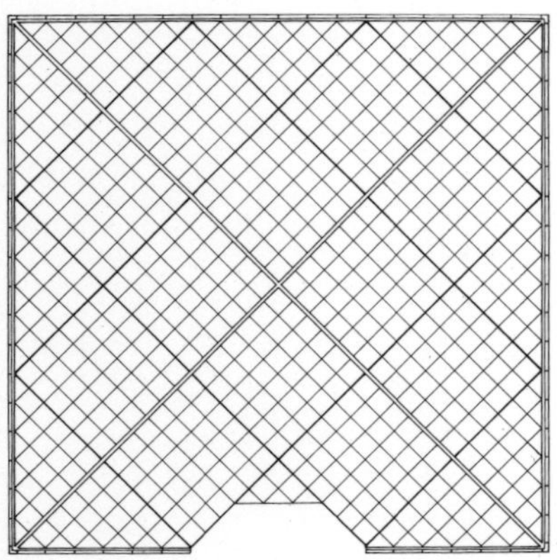
2

1, 2. Eingangsfassade und Grundriß. Die klare Geometrie der Pyramide läßt nicht ahnen, welche Mühen mit der Umsetzung des Plans verbunden waren.

3. Blick vom Pyramideninnern durch die von Peter Rice entwickelte, äußerst filigrane Konstruktion auf einen Teil des alten Louvregebäudes.

Die Pyramide entstand im Auftrag der französischen Museumsbehörden, die eine Erneuerung des Louvre als Hauptmuseum und Zentrum der Künste wünschten und die im Gebäude untergebrachten Regierungsabteilungen wieder daraus entfernen wollten. Der Gedanke war, einen erheblich verbesserten öffentlichen Zugang zu den Sammlungen zu schaffen, und zwar mittels einer unterirdischen Eingangs- und Durchgangshalle. Diese erhält von oben durch die große Pyramide natürliche Belichtung. Die Höhe des Grundwasserspiegels auf dem Gelände veranlaßte die Architekten, die große Dachform über der Halle aufzurichten.

Das ursprüngliche Konzept der Pyramide sah eine strenge Form vor, die in gestalterischer Hinsicht völlig unabhängig von den Umgebungsbauten der Cour Napoléon war. Diese Konstruktion sollte vollkommen transparent sein. Eine von Peis frühen Ideen war ein Flechtwerk ganz ohne Glas, denn die Aufgabe, echte Transparenz bei einer so großen Glasform herzustellen, verschaffte den Architekten viele Probleme, da die Tragwerkstrukturen immer wieder im Wege waren. Nachdem die ersten Anstrengungen erfolglos waren, setzte sich Pei mit Rice Francis Ritchie in Verbindung, die ihre Arbeit an der *bioklimatischen Fassade* des Parc de la Villette bereits abgeschlossen hatten.

Es erwies sich auch als schwierig, beim Glas selbst echte Transparenz herzustellen. Das Ziel war, die Pyramidenform als fast absolut durchsichtiges Objekt auf den Vorplatz zu stellen, so daß die wunderschöne Steinfassade des alten Louvre auch von jenseits des Glaskörpers zu sehen sein würde. Somit war Transparenz nicht nur eine Frage der physischen Unterbrechung, sondern auch der Glasfarbe. Da das dicke Glas im allgemeinen aus schrägen Blickwinkeln gesehen wird und bei der Pyramidenform zwei Glasflächen *durchschaut* werden müssen, war es offensichtlich, daß nur ein äußerst klares, wasserweißes Glas ohne den grünlichen Schimmer der üblichen Eisendioxidglasarten die erforderliche Transparenz bieten konnte. Die Seiten der Spezialglaskataloge verschiedener Hersteller boten jede Menge Auswahl, und die Architekten fanden eine deutsche Quelle für den Glassatz, der in Frankreich mit einem Spezialsand aus Fontainebleau nachgebildet wurde. Das Problem des Farbwechsels beim Floatglasverfahren führte dazu, daß die Spezialmixtur für die Louvre-Pyramide zu Spiegelglasscheiben verarbeitet werden mußte. Daraus ergab sich gleich das nächste Problem: Die einzigen Schleif- und Poliermaschinen für Glasscheiben dieser Größe gab es nur noch in Großbritannien. Also wurden sie dorthin verschifft, poliert und wieder zurückverfrachtet.

Nachdem die Frage der Glasfarbe zufriedenstellend gelöst war, mußten die Architekten das Konzept für Oberflächen und Regenwasserableitung detailliert ausarbeiten. Die übliche Lösung wären konstruktive Silikondichtungen gewesen, wie sie beim Gebäude der Allied Bank oder in Burgees Garden Grove Community Church verwendet wurden. Die Verglasung der Louvre-Pyramide sollte jedoch von den Museumsbesuchern aus nächster Nähe in Augenschein genommen werden können, von innen wie von außen.

Die Erfahrungen mit industriellen Verglasungen und die Notwendigkeit, Regenwasser zu sammeln und abzuleiten, führten zur Entwicklung eines Spezialprofils zur konstruktiven Einfassung der 21 mm dicken Mehrscheibensicherheitsverglasung. Konstruktive Verglasungen müssen in der Fabrik hergestellt werden, um ein sauber und glatt verklebtes Glas-Rahmen-Element zu erhalten. Dies stellt für jede bündige Glashaut eine Hauptbeschränkung dar, insbesondere wenn eine Neuverglasung in Betracht gezogen wird: Die Glashaut muß in einzelnen fertigen Verglasungselementen inklusive Rahmen zur Baustelle gebracht werden. Schon die Eigenschaften des Silikonmaterials und seine Art, sich mit Glas zu verbinden, ist eine Einschränkung. Der Architekt hat richtig bemerkt, daß die Silikondichtung dem Gestalter eine Kante gibt, mit der er arbeiten kann, der Betrachter aber durch die Glasscheibe die Silikondichtung auf der Unterseite sieht. Silikon gilt nicht als *architektonisches* Material. Die Designlösung bestand darin, den Glasrand abzuschrägen, zu schleifen und zu polieren und auf der Unterseite der Glasscheiben eine Glaskeramikfritte aufzubringen, mit der das Silikon überdeckt wurde.

Vom Entwurfskonzept zum fertigen Bau vergingen zwei Jahre. Die Architekten bestanden auf der Perfektionierung von Baustoffen und Details, die sich einerseits aus einem feinen Gespür für das Gestaltungspotential von Glas ableiteten, andererseits aus der Sachkenntnis des Machbaren.

3

4

5

6

4. Die große Spirale des Treppenhauses mit konstruktivem Glasgeländer. Rechts unten im Bild der Architekt.

5. Das Hauptziel bei der Glaswahl war die Vermeidung der grünlichen Tönung, die im üblichen Kalknatronglas vom Eisengehalt herrührt.

6. Die Eingangshalle unter dem Pyramidendach, dessen Form nicht nur schön ist, sondern auch nötig war, um Höhe zu schaffen, da das Grundwasserniveau bei größeren Tiefen Probleme bereitet.

7. Blick nach oben in die Dachkonstruktion aus Rahmen und Seilverspannungen.

8, 9. Konstruktionsdetails, 1:5. Die zwei Schnitte zeigen die Hauptverbindungsteile zwischen zwei der 21 mm dicken Mehrscheibensicherheitsglastafeln.

10. Schematische Darstellung der Verglasungselemente mit Unterteilungen.

11. Die Pyramidenspitze.

12, 13. Tragwerk, Ausschnitt. Die Architekten sprechen von frühen Versuchen, die Pyramide als klare Kristallform zu konzipieren, die jedoch aufgrund des Metalltragwerks nicht zu verwirklichen war. Der endgültige Entwurf hat jedenfalls die konstruktiven Teile auf ein Minimum beschränkt.

14. Die Pyramide mitten im Cour Napoléon. Die Wasserfläche reflektiert die Bauform.

7

8

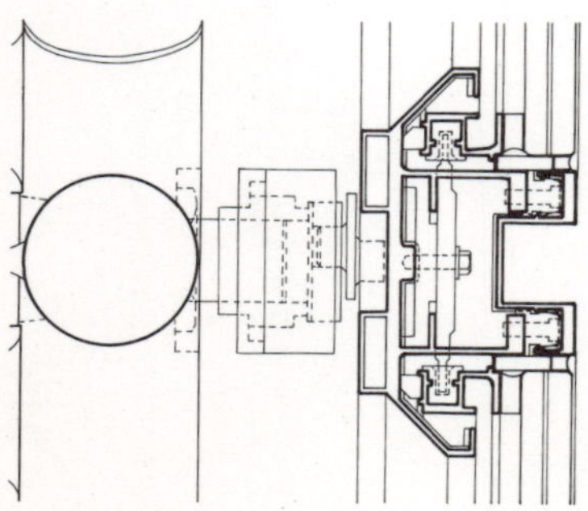

9

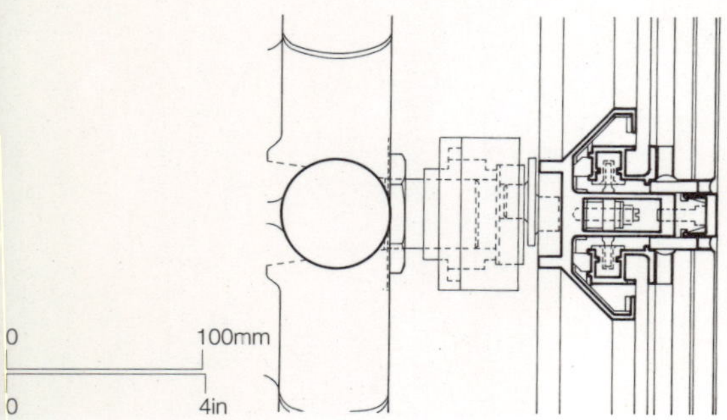

10

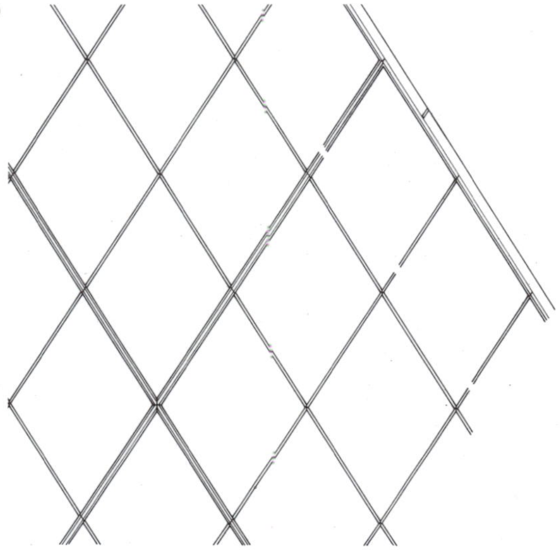

11

12

14

13

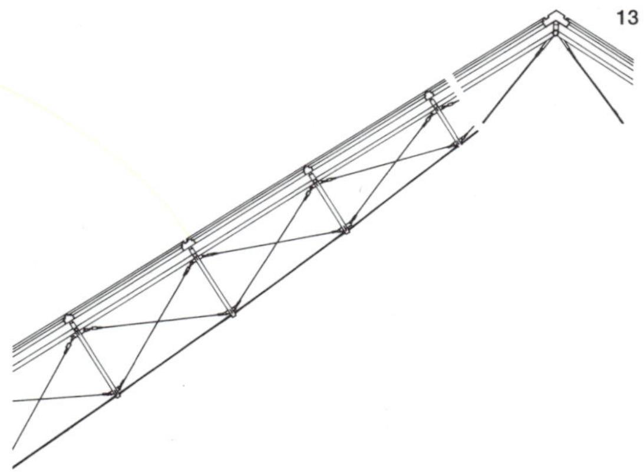

Louvre-
Pyramide

Die Garden Grove Community Church

Garden Grove
Kalifornien, USA

Architekten
Johnson/Burgee Architects

Entwurf
1977–1978

Ausführung
1978–1980

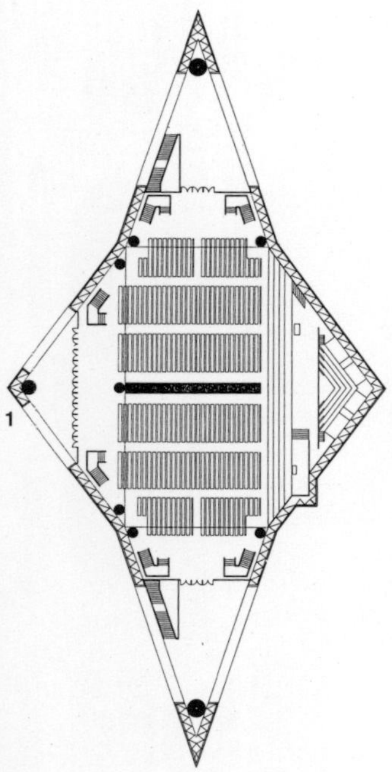

1

1. Grundriß Erdgeschoß.

2. Die Glashaut. Im Vergleich zu anderen vollverglasten Bauten sind die Scheiben hier relativ klein. Die schmalen Verbindungen zwischen bündigen Rahmenprofilen erscheinen fast wie Mauerwerksfugen, was den Eindruck einer ununterbrochenen Glasfläche vermittelt. Aufgrund der kleinen Scheibengröße bereitete es keine Schwierigkeiten, zu öffnende Fenster zu planen.

So wunderschön Glas auch als Gebäudehülle ist, so erfordert es doch eine spezielle, relativ seltene Kombination von Klima und Funktion, um eine Gebäudehaut entstehen zu lassen, die vollkommen aus transparentem Glas besteht. Die großen Gewächshäuser des 19. Jahrhunderts sind augenfällige Beispiele für die angemessene Verwendung von Glas.

Die Garden Grove Community Church, im Volksmund *Crystal Cathedral* genannt, entsprach dem Wunsch der Bauherren, die Erfahrung der Religion mit dem Erlebnis der Natur zu verbinden. Und das fertige Gebäude steht da wie ein fabelhaft geschliffener Diamant, ein kühnes Meisterstück aus Glas.

Auf Spiegelglasbauten in Nordeuropa und in den nördlichen Gegenden Nordamerikas hat es verständlicherweise nicht nur positive Reaktionen gegeben. Ihre lichtabsorbierende Eigenschaft hat sich als nicht geeignet erwiesen für Klimazonen, in denen die durchschnittlichen Tageslichtwerte gering sind.

In Kalifornien, Texas und anderen Südstaaten der USA ist Spiegelglas jedoch genau am richtigen Platz. Im Hinblick auf das äußere Erscheinungsbild einer undurchdringlichen Fassade ist es schwierig einzusetzen, klimatisch reagiert es jedoch hervorragend auf das heiße und helle Sonnenlicht. Der *Kristallkathedrale* lag der Entwurf zu einem riesigen Spiegelglasjuwel zugrunde, das unter der kalifornischen Sonne glitzern sollte.

Der Kirchenbau ist riesig. Er nimmt eine Gemeinde von 3000 Personen auf und erhebt sich als im Plan vierzackiger Stern bis zu einer Höhe von 40 m. Die nach außen reflektierenden Glasscheiben schaffen einen Innenraum, der nur von einem filigranen Gitterwerk und vom Himmel umgeben ist. Selbst im kalifornischen Klima (das Gebäude befindet sich etwa auf dem 34. nördlichen Breitengrad) ist die Kirche hoch genug, um natürlich belüftet zu werden - durch rahmenlose, zu öffnende Fenster und zwei enorme, elektrisch betriebene Glastore (27,5 m hoch und 4,5 m breit).

Wesentlich für die Wirkung des Bauwerks ist die Detailbehandlung, die auf fabrikmäßigen Einscheibenelementen in Aluminiumrahmen mit Silikondichtungen beruht. Die Standardverglasungselemente sind 61×152,5 cm oder 61×183,0 cm groß (HxB). Die Klappfenster können mittels eines Zahnstangensystems bis zu einem Winkel von 45 Grad geöffnet werden. Befestigt sind sie mit einfachen Stiftbolzen durch die Glasscheibe, und sie treffen beim Schließen auf eine hypalonbeschichtete weiche Neoprendichtung. Die Gebäudehülle aus Glas ist so konzipiert, daß sie den seismischen Kräften standhält, mit denen man in Kalifornien leben muß.

Die Glasscheiben selbst (3 mm und 6 mm dick) sind hitzegehärtet und hochreflektierend: Aufgrund der Silberbedampfung lassen sie acht Prozent Lichtstrahlen durch und zehn Prozent der gesamten Sonnenstrahlung. Diese extrem niedrigen Transmissionswerte sind in Südkalifornien akzeptabel, da dort die atmosphärische Helligkeit und Strahlung so intensiv sind.

Man könnte die *Kristallkathedrale* leicht als typisch kalifornische Übertreibung oder als sinnlose Übung in Glasvirtuosität abtun. Tatsächlich stellt die Umfassung eines derart großen Grundrisses mit einer schützenden, natürlich belüftenden und komfortablen Glashülle einen Triumph der Technik und Kontrolle von Umwelteinflüssen dar. Außerdem ist das Gebäude perfekt auf seine kirchliche Nutzung zugeschnitten.

2

3

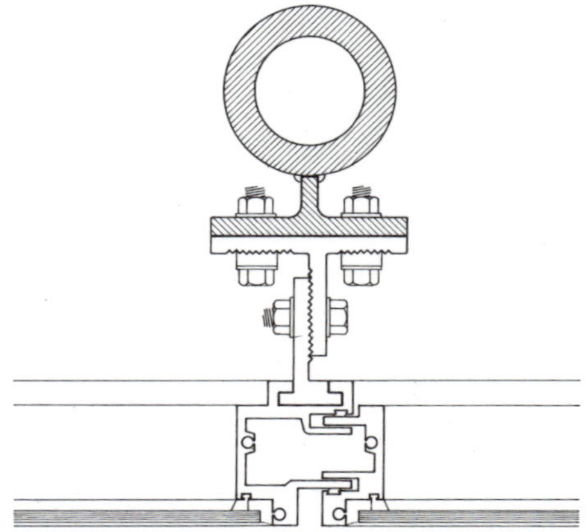
4

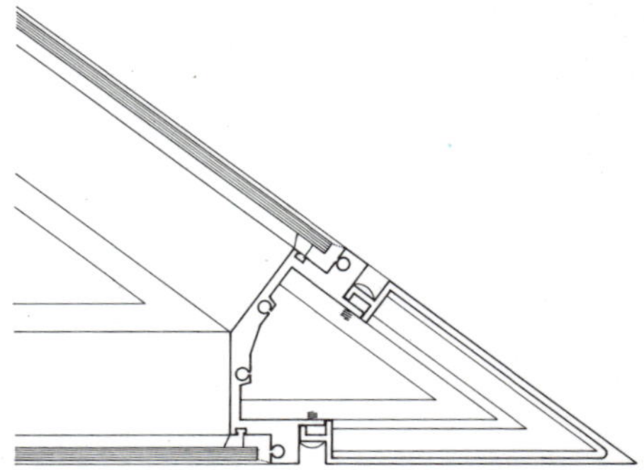
5

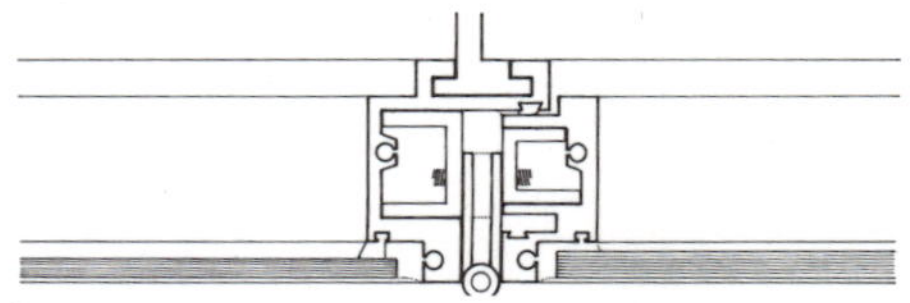
6

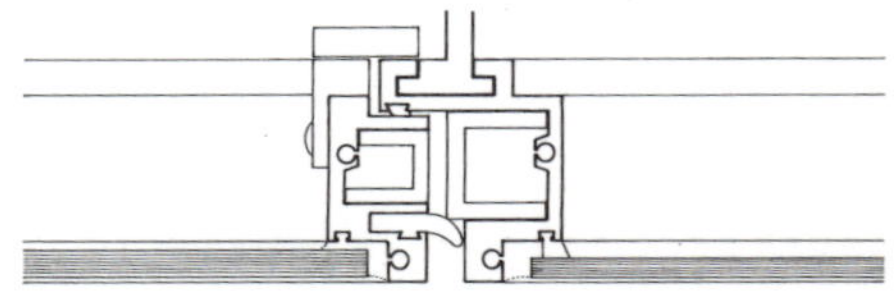
7

8
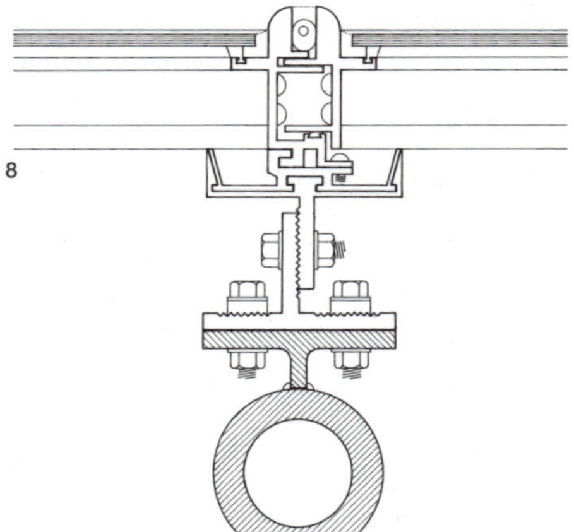

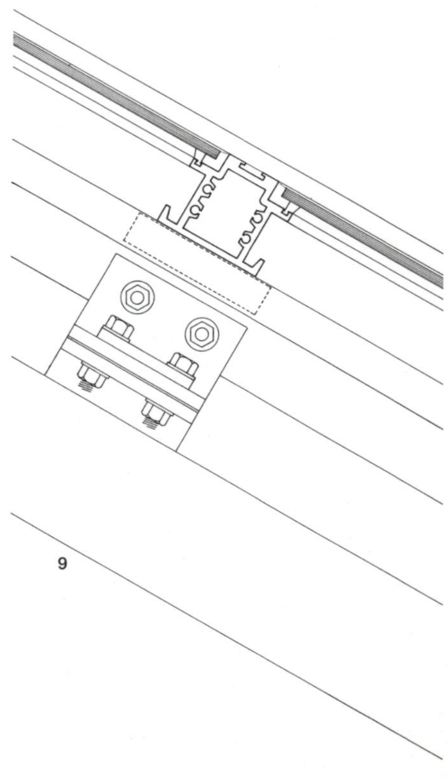
9

0 100mm
0 4in

3. Die Tragwerksstrukturen von innen gesehen.

4–9. Konstruktionsdetails, 1:5. Wie bei den zwei zuvor beschriebenen Projekten beruht dieser Kirchenbau auf einer konstruktiven, silikonversiegelten Verglasung. Die Abb. 4 und 5 zeigen befestigte Verglasungselemente, 6 und 7 eine raffiniert verkleidete Oberlichtöffnung.

10. Der Innenraum. Die 8%-Lichttransmission erzeugt immer noch große Helligkeit bei durchschnittlichen Außenlichtwerten von wahrscheinlich 100 000 Lux an den meisten Tagen. Die Gebäudehülle fungiert daher sozusagen als Lichtquelle, die höhere Lichtintensitäten erzeugt als der bewölkte europäische Himmel.

10

11

12

14

13

11. Die Dichte und Glätte der hochreflektierenden Fassadenoberfläche hat zum Entstehen eines schimmernden Massivbaus geführt, der sich durch spitze Ecken und Kanten auszeichnet.

12. Die Glashaut: ein glänzender *Stapelverbund.*

13. Die Kristallkathedrale: eine Glasfiale.

14. Die extrem schmalen eingelassenen Fugenverbindungen verleihen dem Kirchenbau eine große reflektierende Solidität.

Bürohaus der Provinzregierung und Gerichtsgebäude

Vancouver
British Columbia, Kanada

Architekten
Arthur Erickson Architects

Entwurf
1973–1977

Ausführung
1977–1980

1. Lageplan.

2. Ein großer öffentlicher Innenraum. Das gelungene Verglasungssystem ergibt sich aus der Glasscheibengröße, der Detailbehandlung der Regenwasserrinnen (denen von Paxtons Londoner Kristallpalast verblüffend ähnlich) und dem bis ins Detail durchdachten Reinigungssystem. Entstanden ist eine sehr einfache Konstruktion, ganz anders als die Louvre-Pyramide.

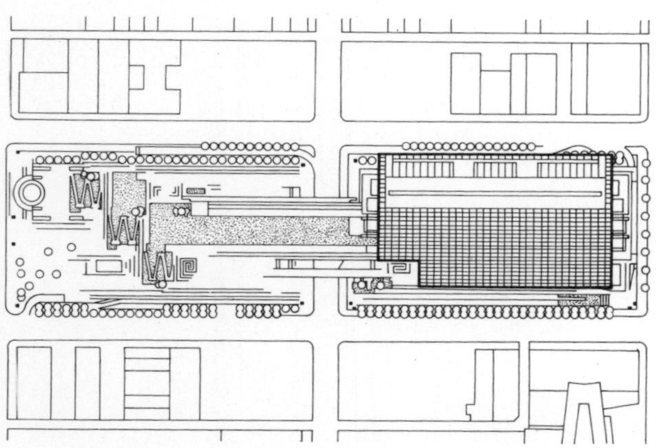

1

Das Glasdach dieses Baukomplexes hat sozusagen einen der besten Stammbäume der Glasarchitekturgeschichte. Angefangen bei den großen Bahnsteighallen und Markthallen des 19. Jahrhunderts ist das Konzept eines schützenden und gleichzeitig Tageslicht einlassenden Daches immer ein bestechender Entwurfsgedanke gewesen.

Die Anzahl von Bauprojekten, bei denen dieser Gedanke erfolgreich in die Tat umgesetzt wurde, ist kleiner als anzunehmen. Häufig ist der Plan auf plumpe Art und Weise und mißraten in der Detailbehandlung verwirklicht worden. Die Gründe hierfür liegen auf der Hand. Die Konstruktion eines völlig wasserdichten Glasdaches bietet erhebliche Schwierigkeiten; Undichtigkeiten sind potentielle Katastrophen für den Besitzer, den Architekten und den Bauunternehmer, und die Wirkung eines von einem Glasdach bedeckten Raums wird erheblich beeinträchtigt, wenn auf dem Fußboden überall Wassereimer herumstehen. Die Reinigung der Glasober- und -unterflächen bietet eine ebenso große Schwierigkeit. Viele Atriumglasdächer sind verschmutzt oder werden in ihrer Eleganz durch das Auftauchen häßlicher Fensterputzvorrichtungen beeinträchtigt.

Vor diesem Hintergrund stellt das Dach des Gerichtshofs-Ensembles in Vancouver eine großartige Leistung dar. Das Gebäude bildet den südlichen Pol des Regierungs- und Behördenkomplexes (der im Stadtplanraster von Vancouver drei Straßengevierts einnimmt), mit dem alten Gerichtsgebäude als nördlichem Abschluß. Die ansteigenden Gebäudeterrassen fügen sich unter die Neigung des Glasdachs und bilden ein Gerichtsgebäude, das sich von den konventionellen, düsteren Monolithen erheblich unterscheidet. Das Dach ist als Hauptsymbol für *Öffentlichkeit* gedacht. Aufgrund seiner Transparenz wirkt es einladend und bietet Ausblicke auf die umgebende Stadtlandschaft. Gleichzeitig vermittelt das Dach das Gefühl von Außenraum und Offenheit und läßt Tageslicht in viele der Gerichtssäle einfallen. Die Dachkonstruktion ist als leicht abgeflachter *Sattel* mit einer längeren geneigten Fläche an der Westseite ausgebildet. Die gesamte Dachfläche beträgt 4800 m² – dies entspricht der Größenordnung eines Fußballfelds.

Die Dachverglasung umfaßt 870 Glaseinheiten; jede ist 3,56 × 1,55 m groß und besteht aus silikonverfugtem Mehrscheibensicherheitsglas in Aluminiumrahmen. Laminatscheiben sind für diese Baufunktion üblich: 12 mm starke aus vergütetem Klarglas und 6 mm starke aus grünem wärmespeicherndem, hitzegehärtetem Glas mit einer Innenschicht aus Polyvinylbutyral.

Sowohl die Wasserableitung als auch die Glasreinigung sind optimal gelöst. In die Aluminiumrahmen wurden Regenwasser-Abflußrinnen integriert, und 20 cm oberhalb der Raumfachwerkbinder befinden sich die Laufschienen für die Fensterputzanlage. Bei der Detailbehandlung verfolgten die Architekten das Ziel, keine *Miniaturdämme* zu schaffen, die als Wasserfallen in der schrägen Dachebene fungieren könnten.

In Vancouver herrschen - da die Stadt etwa auf der Höhe von Paris auf dem 39. Breitengrad liegt - ähnliche Klima- und Wetterbedingungen wie in Nordeuropa. Die mit diesem Gebäude gemachten Erfahrungen sollten in vielen Städten genutzt werden, deren Klima und Wetter die Errichtung eines großen Glasschutzes rechtfertigen.

2

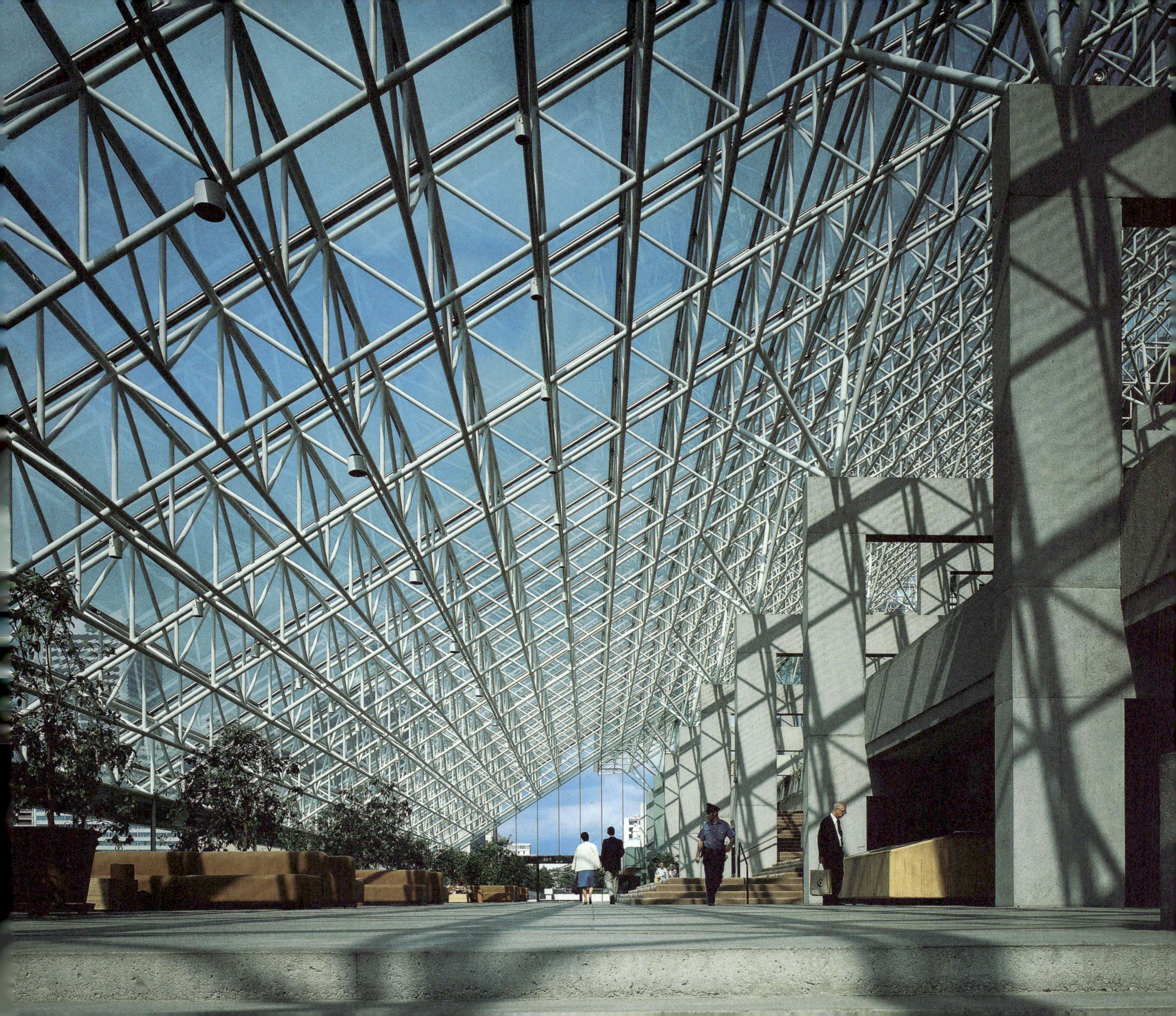

Law Courts

3

4

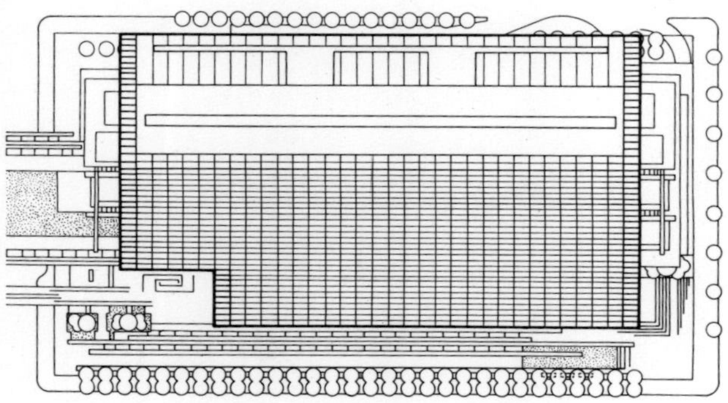

5

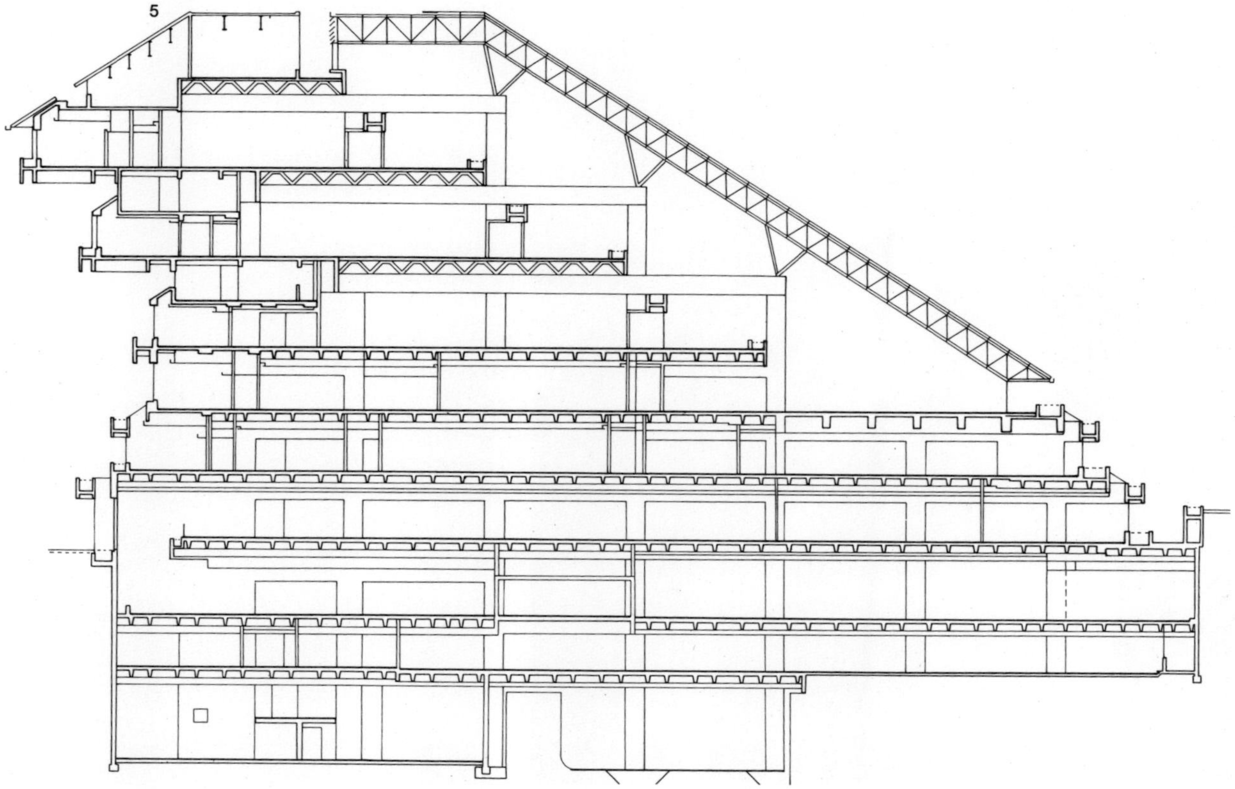

3. Südansicht. Die Dachkonstruktion mit ihrer Glasoberfläche schwebt über dem schweren, massiven Baukörper.

4. Dachaufsichtsplan.

5. Querschnitt, 1:500.

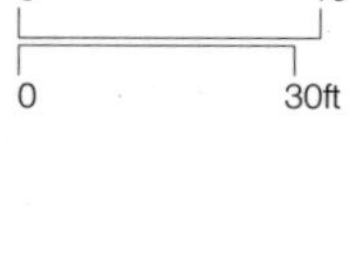

6

6. Eine der oberen Terrassen.

7, 8. Konstruktionsdetails, 1:5. Schnitte durch die Regenrinnen-Verbindungen in der Dachfläche und an der Dachkante. Das Rinnenteil am unteren Dachrand ist für ein derart riesiges Dach sehr klein und Beweis für den Erfolg der Regenwasserableitung über alle anderen Regenrinnen in der Fläche.

9. Konstruktive Verbindung am oberen Rand der Dachneigung. Sie demonstriert den Wert konstruktiver Silikon-Dichtungen bei einem so großen Dach. Der Wasserfluß wird weder von Abdichtprofilen noch von anderen Hindernissen gestoppt. Dadurch ist die Glasfläche praktisch selbstreinigend.

10. Blick von Westen.

7

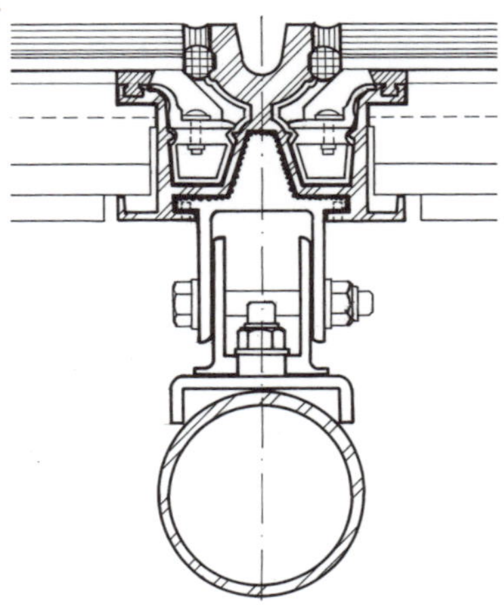

8

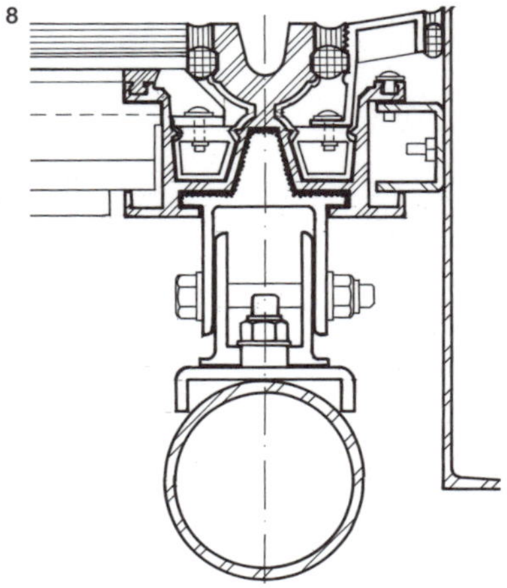

10

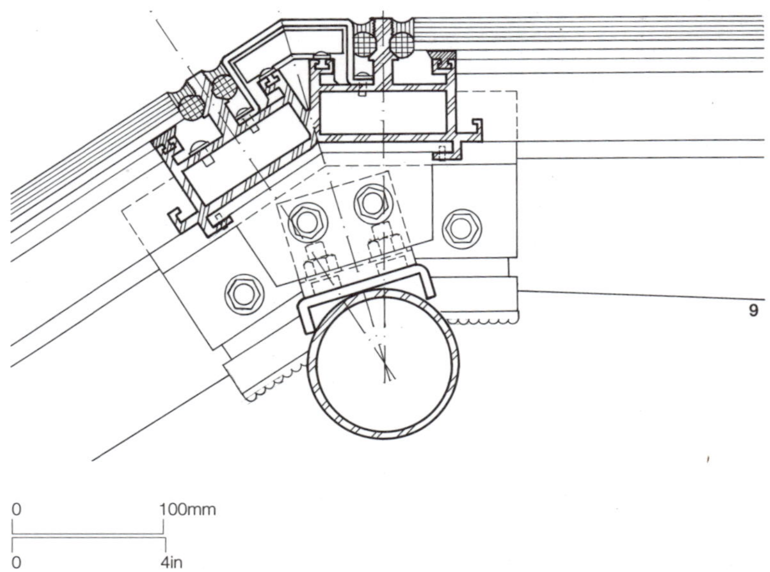

9

Law Courts

IBM-Ausstellungspavillon

Architekten
Renzo Piano Building Workshop

Entwurf
1982

Ausführung
1982–1986

1

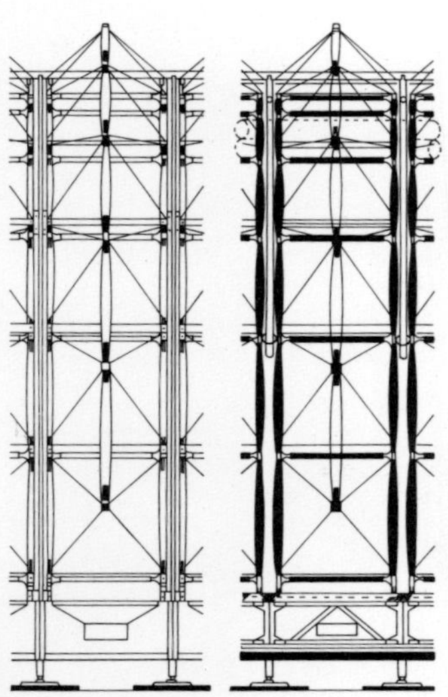

1. Außen- und Innenaufriß.

2. Die Konstruktion stellt eine gelungene Kombination der leicht diffus erscheinenden Transparenz von Polycarbonatscheiben mit Holz dar.

2

Der IBM-Ausstellungspavillon ist ein gutes Beispiel dafür, wie Renzo Piano architektonische Gestaltung und Detailbehandlung sieht und behandelt. Seine Architektur geht aus von einer vorurteilsfreien, aufgeschlossenen Wertschätzung der Baustoffe und der Suche nach *dem Passenden.*

Der Auftraggeber wünschte ein Gebäude, in dem er Kommunikationstechnik und Computersysteme in vertrauter Umgebung ausstellen konnte, um jungen Menschen den Zugang zu erleichtern. Die bestimmenden Entwurfskriterien waren daher Transparenz, leichte Demontierbarkeit und geringes Gewicht.

Zu diesen *äußerlichen* Bauprogrammpunkten fügten die Architekten zwei eigene Zielsetzungen hinzu, die Pianos besonderen Designansatz belegen: Alle Komponenten sollten Bestandteil des Tragwerksystems sein. Die Manifestation dieses Kriteriums ist am Entwurf deutlich abzulesen. Der Pavillon ist ein transparenter Tunnel aus einer gespannten Membrane, getragen von Buchenschichtholzbögen. Entstanden ist eine stabile Konstruktion, die in der Lage ist, die Gebäudebewegungen aufgrund von wechselnden Temperaturen und Windlasten zu *verkraften.* Die Gebäudehaut besteht aus 6 mm dicken, klaren Polycarbonatscheiben, deren Flächenform den Aufbau einer Pyramide erlaubt. Die Größe der Pyramide ergibt sich aus dem größten lieferbaren Format der Scheiben, von denen drei eine Pyramide bilden. Jeder Bogenbinder trägt vier dieser Dreifachmodule, was zwölf Pyramiden ergibt. Das Gebäude umfaßt insgesamt 34 dieser Elemente und hat einen Gewölbedurchmesser von 5,9 m.

Der Buchenschichtholzrahmen bildet ein doppeltes internes Gurtsystem mit einem Radius von 5,1 m, die Rahmenträger sind im Mittenabstand von 1,2 m befestigt. Die Pyramidenspitzen wurden mit einem oberen Buchenschichtholz-Gurtwerk mit einem Radius von 5,9 m verbunden.

Polycarbonat ist ein ideales Material für diese Bauart. Es ist leicht, belastbar, sehr transparent und leicht zu formen. Es ist jedoch nicht sehr fest und besitzt einen hohen linearen Wärmeausdehnungskoeffizienten. Diese Eigenschaften sind der Grund für einen Großteil der Pavillondetails. Besonders die konstruktiven und thermischen Gebäudebewegungen waren während der Entwurfs- und Modellbauphasen Gegenstand gründlicher Studien. Gelenklose Befestigungen führen bei Polycarbonatscheiben zu Problemen: Bei Sonnenstrahlungshitze (bis zu 85°C) besteht nicht genügend Spielraum für die Oberflächenausdehnung. Ohne diesen Spielraum aber wäre es zu Kompressionslasten und möglicherweise zum Aus- oder Einknicken der Konstruktion gekommen. Nachdem mit Anwölbern zwischen den Pyramiden und inneren Holzgurten experimentiert worden war und man herausgefunden hatte, daß dies zu hohen Biegemomenten führte, fand man schließlich eine Lösung, bei der eingespannte Edelstahlstäbe Bewegungen der Gebäudeumfassung zuließen.

Die inneren Unterkanten der Polycarbonat-Pyramiden wurden im Entwurf als Innengurte des Binders vorgesehen. Sie mußten ausgesteift werden, und als erste Lösung wurden hierfür verleimte Polycarbonat-U-Profile vorgeschlagen. Die Belastungsrisse, die sich aufgrund der verleimten Oberfläche bildeten, führten dazu, daß man sich für ein Aluminiumschlitzprofil entschied. Aufgrund der Eigenschaften von Polycarbonat wurde beschlossen, beim Aufbau vor Ort den direkten Verbund mit den Kunststoffteilen zu vermeiden, und der Pavillon weist daher eine stattliche Anzahl von Knotenverbindungen und beweglichen Anschlüssen auf.

Auch die Klimakontrolle mußte unter wechselnden Bedingungen regulierbar sein, ob der Pavillon nun einen Mittelmeersommer oder einen nordeuropäischen Winter zu überstehen hatte. Übererhitzung oder grelles Licht aufgrund von Sonneneinstrahlung wurden durch Sonnenschutzvorrichtungen reduziert, und man tolerierte Temperaturschichten. Das Phoenics-Programm zur Strömungsdynamik führte zur Änderung des Tunneldurchmessers, damit sichergestellt war, daß unerträgliche Temperaturgrade erst ab einer Höhe von 2 m auftraten. Sonnenschutz boten zusätzliche doppelwandige weiße, wärmeisolierende Pyramiden und Aluminiumblenden. Kondensation im Winter konnte mittels Belüftung durch Flugzeugluftdüsen eliminiert werden, die über dünne Luftkanäle gespeist wurden. Der Pavillon wurde in eigens dafür gefertigten Lastwagen zum Aufbauort geliefert, komplett mit Klima- und Heizungsanlage.

Aufgrund der sorgfältig konzipierten Details und der Bevorzugung schöner Materialien ist dieses Bauwerk auf seiner Wanderschaft ein vielseitiger und eleganter Gast an verschiedenen Orten geworden.

3

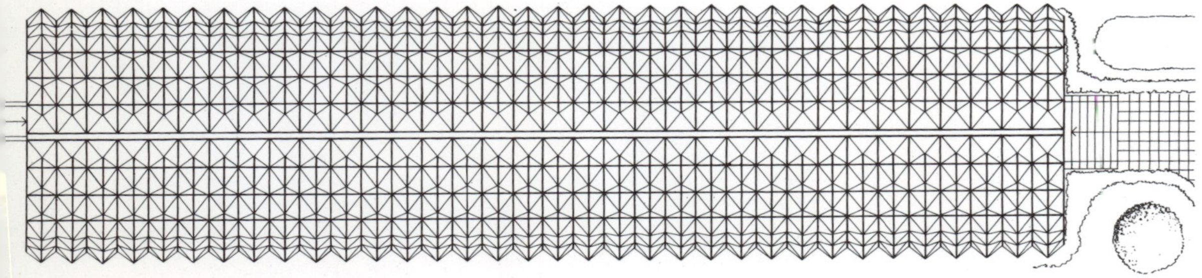

4

3. Aufriß des gesamten Pavillons.

4. Dachaufsichtsplan.

5, 6. Frühe Detailskizzen aus der Entwurfsphase; sie belegen die Auseinandersetzung mit der Knotenverbindung.

7. Die klare, pyramidenförmige Kunststoffverkleidung, von innen und aus der Nähe gesehen.

5

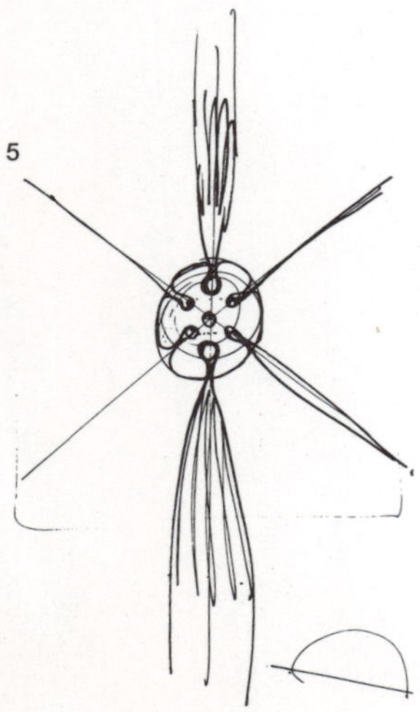

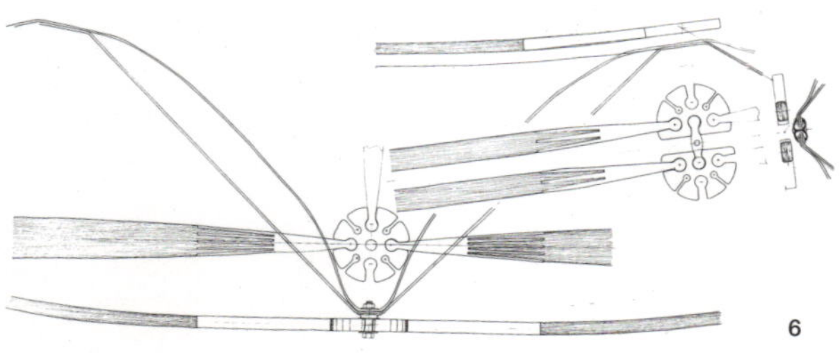

6

7

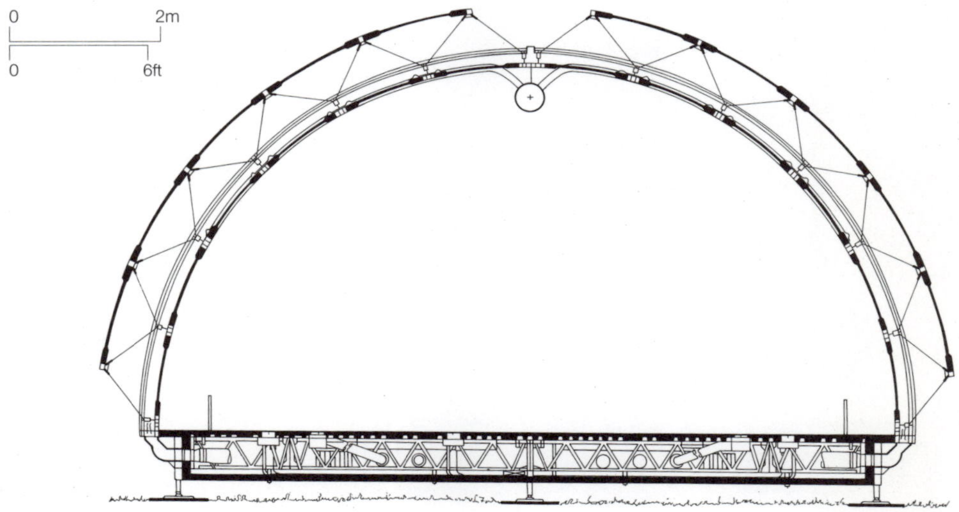

10

11

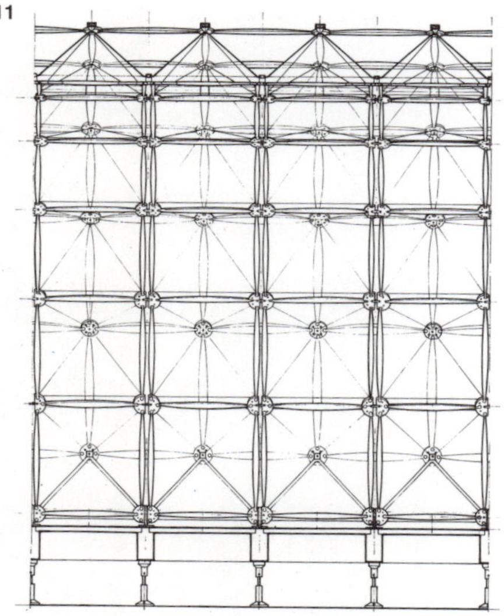

8

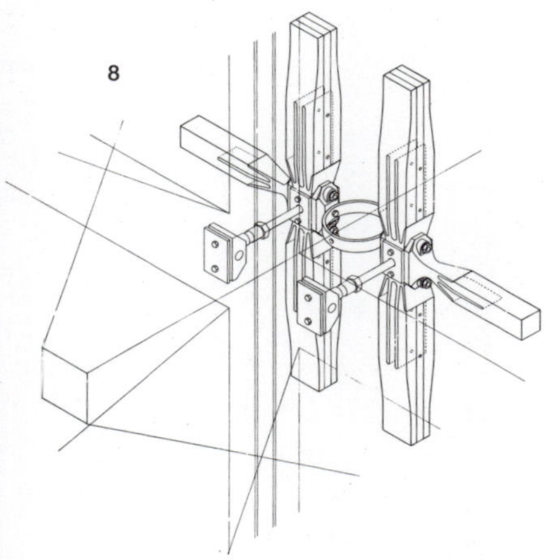

9

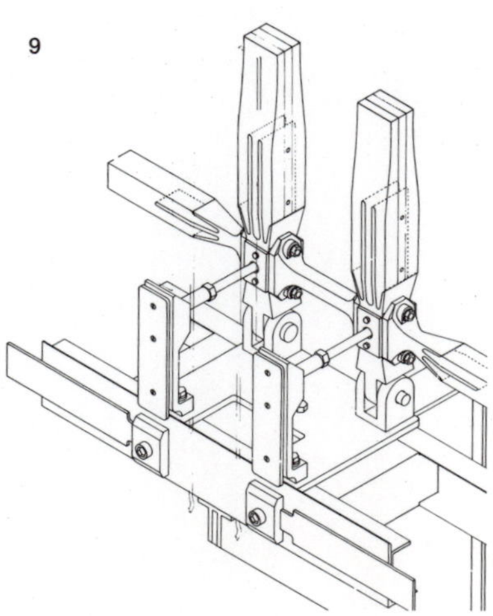

8, 9. Isometrien der Verbindungen: die Erzeugung eines detaillierten Formendialogs zwischen Metall und Holz.

10,11. Querschnitt und Aufriß, 1:100. Der Schnitt zeigt das nur scheinbar einfache Raumfachwerk.

12. Innenansicht.

12

13

13. Noch ein Fassadendetail von innen gesehen.

14–18. Querschnittschema und vier Detailzeichnungen, in denen die Verbindungen für die PC-Pyramiden und die zwei inneren Befestigungsstücke dargestellt ist.

19. Der Pavillon, hier in einem Mailänder Park aufgestellt. Renzo Piano versteht es, High-Tech-Werke aus Materialien zu schaffen, die Assoziationen mit natürlichen Formen wecken. Der Pavillon fügt sich harmonisch in jeden Kontext ein.

14
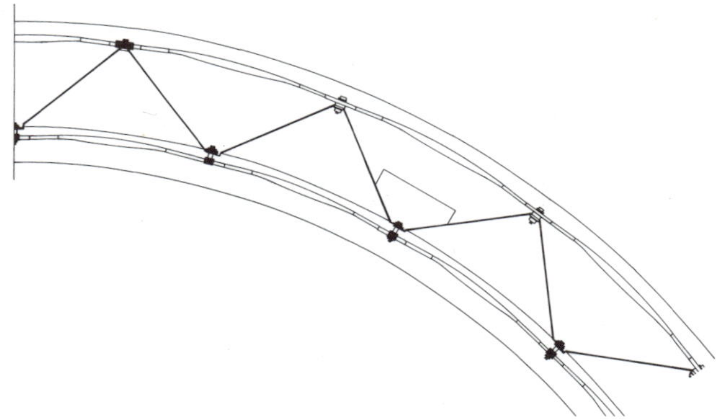

19

15
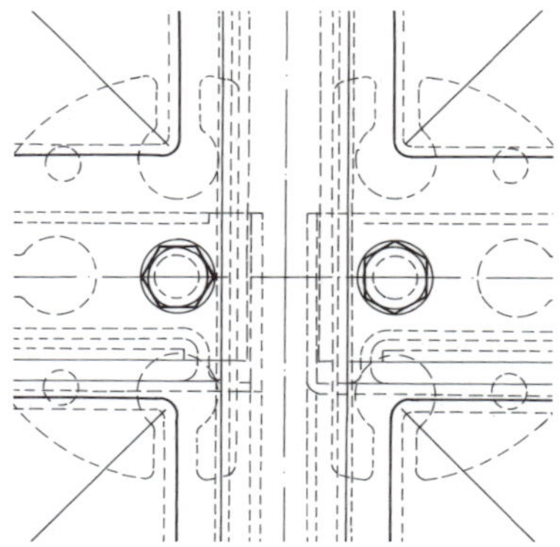

16
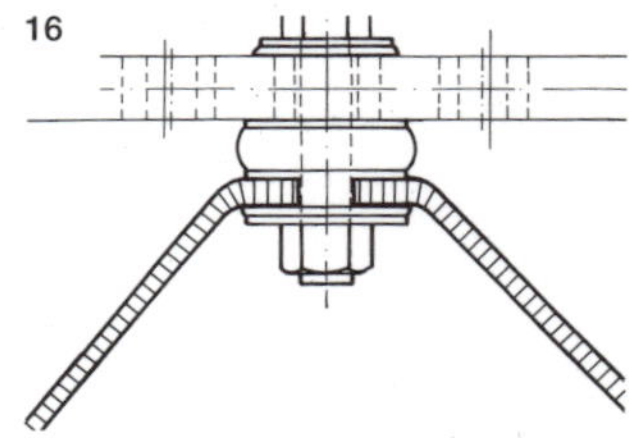

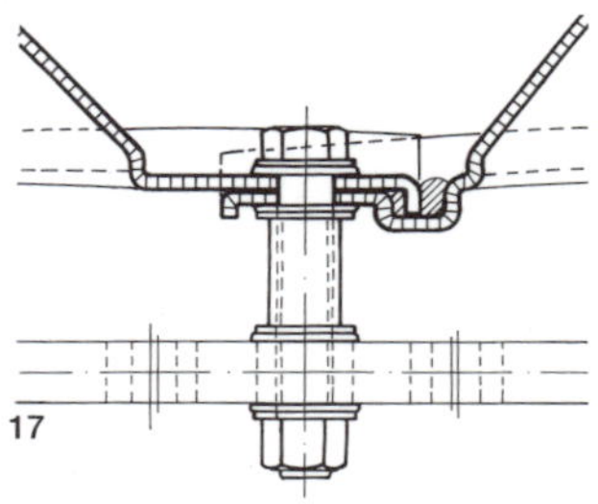
17

18
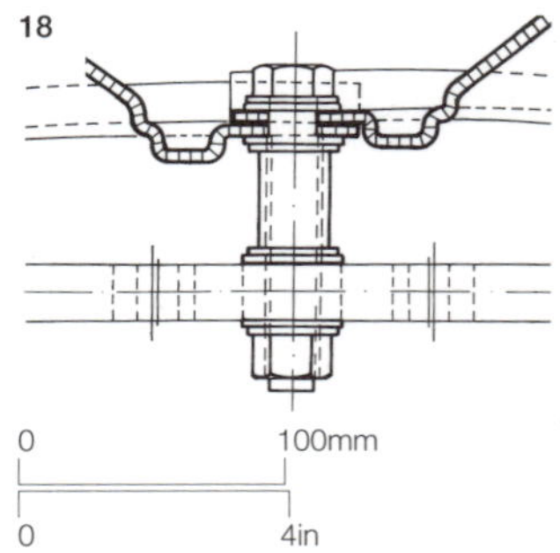

Lloyd's Hauptverwaltung

London
Großbritannien

Architekten
Richard Rogers Partnership

Entwurf
1978–1982

Ausführung
1982–1986

1

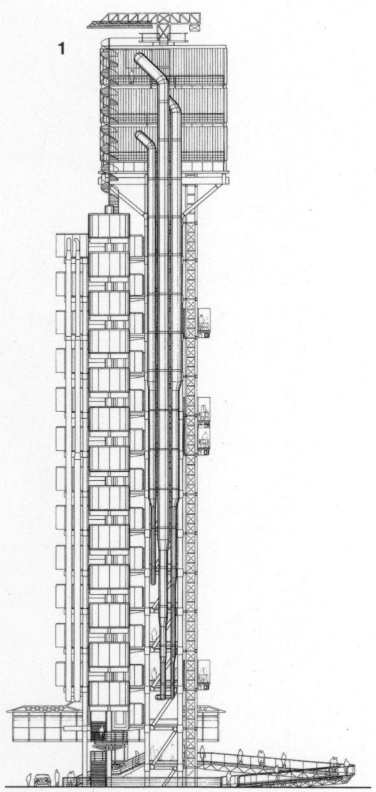

1. Aufriß des Versorgungsturms.

2. Detail der Verglasungselemente mit den geprägten, glitzernden Glasplatten, die für das ganze Bauwerk verwendet wurden. Bei einem Bau, der nicht öffentlich einsehbar oder zugänglich sein darf, bietet ein gewalztes Glas die ideale Gelegenheit, im kleinsten Maßstab vielfältige Lichtreflexe und -brechungen zu erzeugen.

Das Lloyd's-Gebäude ist eine der Ikonen der zeitgenössischen britischen Architektur. Seine Form erhält es durch die Verbindung eines schlichten Atriumbürohauses mit der funktionalen Gliederung durch Versorgungstürme – getreu Louis Kahns Prinzip der *dienenden* und *bedienten* Räume.

Entstanden sind ringförmig um den zentralen Innenhof angeordnete durchgehende Großbüros. Von außen gesehen, scheinen die Büroebenen sich treppenförmig vom Atrium zu lösen und sich auf das Maßstabsniveau der umgebenden Bebauung zu begeben, so daß sie das tonnendachgedeckte Atrium, derart freigelegt, hoch aufragen lassen.

Die gläserne Transparenz dieses Mittelstücks der gesamten Bauform ist jedoch nur eine der vielen Wirkungen und Funktionen, die der Baustoff an diesem *Essay in Glas* ausübt. Die Aufzugskabinen sind Glaskapseln in Kästen aus 15 mm starkem Sicherheitsglas. Die Brücken (Fluchtwege) sind mit gelgefülltem Mehrscheibensicherheitsglas verkleidet; wenn es bei einem Brand erhitzt wird, verklumpt das Spezialgel und bildet eine dicke Isolierkruste, die an der Glasscheibe auf der kälteren Seite haften bleibt. Dieses Mehrscheibenglas, das heute in Atriumhäusern gebräuchlich ist, löst das Problem der Fluchtwege durch glasverkleidete Korridore.

Eine wirklich innovative Verwendung von Glas stellt jedoch die Fassade des Bürobauteils dar. Ihre Vorbilder kann man an zwei französischen Beispielen der frühen dreißiger Jahre - beide in Paris - entdecken: die von Le Corbusier für die Cité de Refuge der Heilsarmee 1929–1933 entwickelte *mur neutralisant* und das Maison de Verre von Pierre Chareau, das etwa zur gleichen Zeit entworfen und gebaut wurde.

Mit der *mur neutralisant* wollte Le Corbusier eine mehrwandige Glasmauer schaffen, die gleichzeitig als Frischluftschacht der Klimakontrolle dienen sollte. Beim Lloyd's-Bau besteht die Fassade aus normalen Doppelverglasungselementen außen, einem 75 mm tiefen Zwischenhohlraum und einer weiteren Glasscheibenfläche auf der Innenseite. Gereinigte Luft wird mittels fächerförmiger, unter den Fußbodenplatten befindlicher Lüftungsstationen in die Räume geblasen und die Abluft durch die Beleuchtungskörper wieder abgesogen, wobei 50% der Abwärme eliminiert wird. Die Luft wird dann in die Verglasungshohlräume gelenkt und an deren Basis durch einen Absaugschacht in die Klimaanlage oben auf den separaten Versorgungstürmen zurückgeführt. Auf diese Art benutzt das Gebäude die Glasfassade, um sich sozusagen in einen Vorhang aus eigener Luft zu hüllen.

Am originellsten wird der Baustoff Glas jedoch als das *Glitzerglas* eingesetzt, das augenscheinlich von Chareaus Meisterwerk inspiriert wurde. Das Maison de Verre verwendet Glasbausteine, die eine wunderschöne undurchsichtige, aber lichtdurchlässige Umfassungsmauer ergeben, die einerseits Tageslicht ins Innere läßt und andererseits die Privatsphäre der Bewohner vor Blicken schützt. Nachts erscheint sie als erleuchtete, schimmernde Hofwand. Für das Lloyd's-Gebäude entwickelten die Architekten ein 6 mm dickes gewalztes, im Querschnitt facettiertes Glas, das tagsüber die Tageslichtqualität in den Innenräumen verbessert und bei Dunkelheit das Licht aus künstlichen Lichtquellen nach innen reflektiert. Zur Herstellung der Scheiben wurde die Glasschmelze mittels einer geprägten schalenharten Stahlblechwalze um den üblichen Walzenkern (Durchmesser 250 mm) ausgewalzt; die Prägeflächen waren 78,5 cm breit. Die Architekten lösten das Problem der nicht paßgenauen Musterfortsetzung, indem sie eine Art *Webkante* vorsahen, die jede 3 m hohe Scheibe vierteilte, was abwechselnd transparente Streifen zur Durchsicht und geprägtes *Funkelglas* ergab.

Diese komplexe glitzernde Wand ist insofern sehr leistungsstark, als sie 86% der Sonnenstrahlungswärme im Sommer mittels ihrer kombinierten Hohlraum-Dreifachverglasung abfängt. Im Winter hat die innere Glasfläche Raumtemperatur, während sie im Sommer kühl ist. Das vielfach reflektierende Glas ist ein ausgezeichnetes Beispiel für die Entwicklung eines Glasbaustoffs durch Architekten, die die Technologie des Materials vollkommen beherrschen.

2

3

4

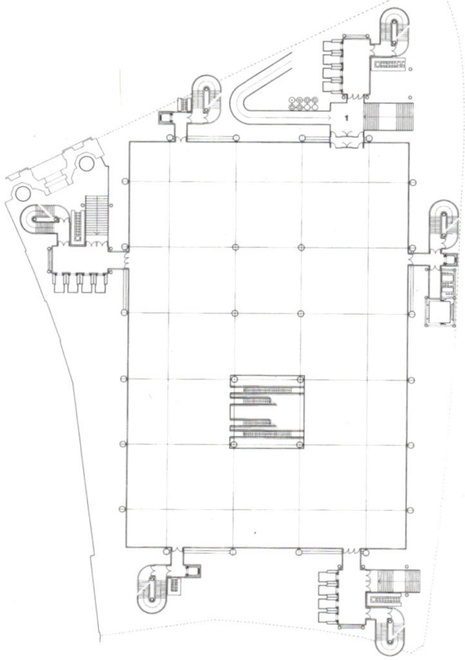

5

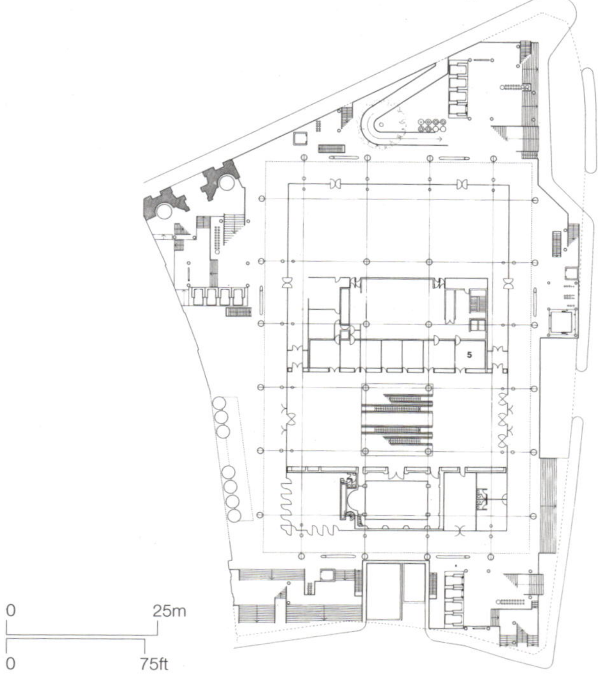

6

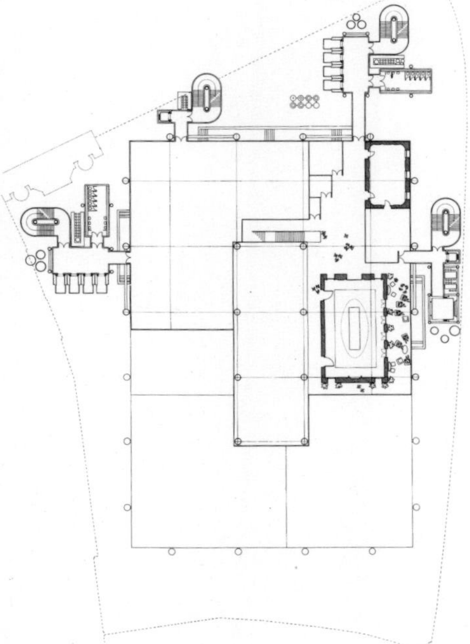

7

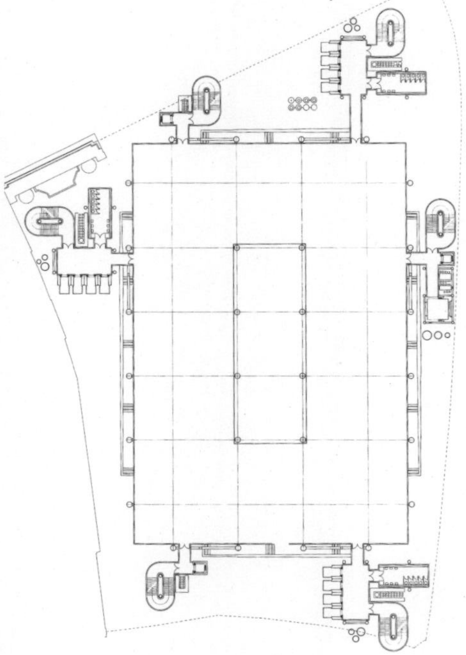

3. Das Atrium: Dieser Raum kann mit seiner großen Abschlußwand als Hauptschiff einer *gotischen Kathedrale des späten 20. Jahrhunderts* gelten. Die mittelalterliche Raumdimension wird überhöht von einem der großen Glasdächer der *Handelskathedralen* des 19. Jahrhunderts wie der Galleria Vittorio Emanuele II in Mailand.

4–7. Grundrisse. Durch die Verlegung der Treppen, Aufzüge und technischen Installationen nach außen werden die zentralen Flächen frei für einfache, flexible Räume um einen großen Lichthof.

8. Querschnitt. Die Glasfassade ist Bestandteil des automatisierten Versorgungssystems, das einen Großteil dieser Zeichnung ausmacht.

8

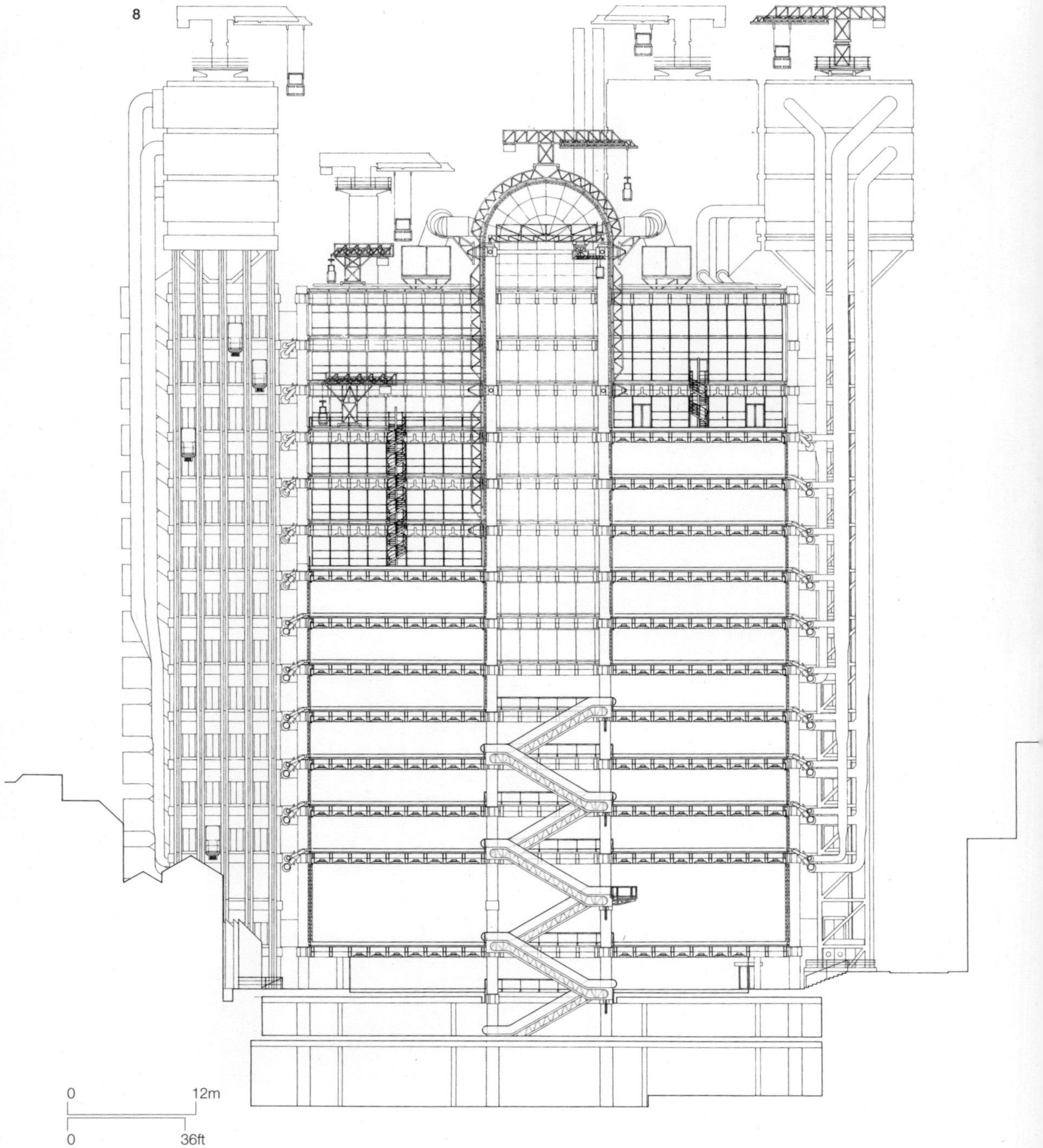

9

9. Die Formensprache dieses Bauwerks ist perfekt abgestimmt auf die Erfordernisse gestaffelter Stockwerke, um benachbarten Häusern Licht und Luft zu geben. Die simple Kastenform der in den fünfziger und sechziger Jahren üblichen Hochhäuser hätte diese Anpassungen in Grundriß und Querschnitt nicht erlaubt. Das Lloyd's-Gebäude dagegen fügt sich in einzigartiger Weise in das komplexe mittelalterliche Straßenraster der City of London ein.

10. Die Außenfassade mit dem geprägten, glitzernden Spezialglas und vorstehenden Mittelpfosten, die aufgrund ihrer Lochung leicht und lichtdurchlässig sind.

11. Querschnitt durch die Außenhaut (Details), 1:5. Die innenliegenden Verglasungen können zu Reinigungs- und Instandhaltungszwecken geöffnet werden.

12. Die Fassade: sozusagen muskulös und reich gegliedert und somit Manifestation eines Bauwerks in Aktion.

10

11

12

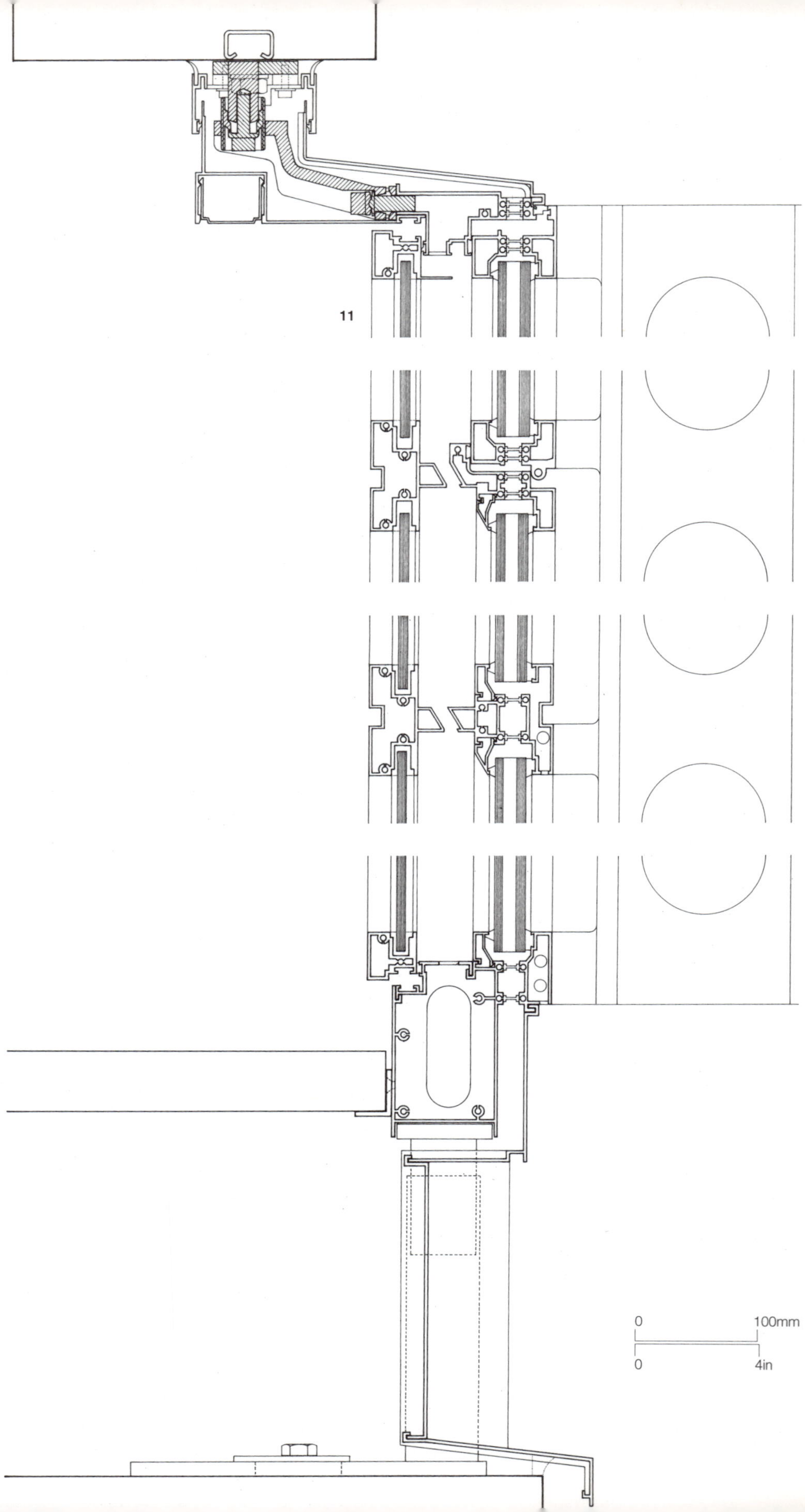

Occidental Chemical Center

Niagara Falls
New York, USA

Architekten
Canon Design, mit Hellmuth Obata und Kassabaum

Entwurf
1979

Ausführung
1980

1

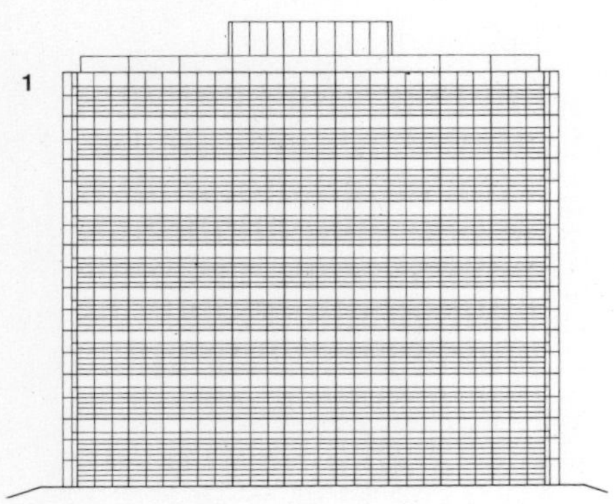

1. Die scheinbar einfache Fassadengliederung des Centers steht im Gegensatz zu der hochintelligenten Gestaltungsarbeit, die in den Entwurf geflossen ist, und zur Intelligenz der Fassade selbst.

2. Die Solarwand. Die Tragflächenblätter bilden eine zusammenhängende Jalousieanlage und bewegen sich automatisch, um die Innenräume vor Sonne zu schützen und die Solarwärme aufzufangen.

Das Occidental Chemical Center hieß ursprünglich Hooker Chemical Building und stellt eine Entwicklung in der neueren Glasarchitekturgeschichte dar, die noch heute kurz vor dem Ende unseres Jahrhunderts von grundlegender Bedeutung ist.

Die Probleme der mangelhaften Gebäude-Schutzhülle sind in diesem Buch bereits mehrfach beschrieben worden. Die Bemühungen verschiedener Architekten in der Vorkriegsära (z. B. Le Corbusier), eine Glashaut mit Klimakontrollfunktion zu schaffen, scheiterten häufig an der unvollkommen durchdachten Gestaltung und Detailbehandlung. So setzte sich die Meinung durch, Glasfassaden hätten a priori schlechte Klima- und Energieleistungen. In Großbritannien beschränkte man zum Beispiel die zugelassene Verglasungsfläche von Bauten in dem Versuch, Energie zu sparen.

Diese Einstellung ändert sich jetzt in dem Maße, in dem Bauherren, Architekten und Bauingenieure ihr Wissen um ein exakt geplantes Gleichgewicht zwischen Wärmeverlusten durch Verglasung und der Nutzung passiver Solarenergie erweitern.

Die Architekten des Hooker-Zentrums waren konfrontiert mit zwei einander scheinbar ausschließenden Zielsetzungen: erstens ein extrem energie-effizientes und zweitens ein hochtransparentes Gebäude zu schaffen, das aus seinem Standort mit herrlichem Blick auf eines der Welt-Naturwunder – die Niagara-Fälle – Kapital schlagen sollte. Nach vergleichenden Studien zu verschiedenen Fassadensystemen entstand die in ihrer Zeit wahrscheinlich größte passive Sonnenkollektorfassade der Welt und vielleicht auch das energiebewußteste Bürogebäude in seiner Klimazone (ca. 43° nördlicher Breite wie Marseilles, Frankreich) mit den Merkmalen des amerikanischen Kontinentalklimas, das im Winter extreme Kältegrade erreicht.

Ein analytischer Vergleich zwischen drei verschiedenen Fassadensystemen führte zur Wahl einer *dynamischen Haut.* Diese umfaßte den Entwurf von verstellbaren Sonnenschutz-/Isolierlamellen. Wenn man diese öffnete, konnte man bei Bedarf Sonnenwärme abwehren; geschlossen dienten sie der Vermeidung von Heizwärmeverlusten. Eines dieser Elemente wurde in natürlicher Größe als Modell gebaut und in Tempe, Arizona, in der Architekturfakultät der Arizona State University aufgestellt und getestet. Die endgültigen Ausführungspläne für die Fassade enthielten eine äußere Doppelverglasung und eine innere Einfachverglasung. Dazwischen befindet sich ein 1,5 m tiefer Zwischenraum, in dem die tragflächenartigen beweglichen Lamellen angebracht sind, welche auf Sonnenlicht reagieren.

Die Fassade besteht aus blaugrünlichen Glasscheiben (an der Außenseite) und Klarglasscheiben. Das einfache Eisendioxidglas wurde mit Bedacht gewählt und stellt eine intelligente Lösung dar, weil es die chemische Substanz ist, die Lichtdurchdringung optimiert, während sie Sonnenwärmegewinn einschränkt. Die Verglasung ist sehr unkompliziert und unauffällig konstruiert: Fensterpfosten im Abstand von 1,5 m und Kämpfer im Abstand von etwa 1,8 m. Die innere Fassadenfläche besteht aus raumhohen Einfachverglasungen.

Im 1,5 m tiefen Hohlraum zwischen den beiden Verglasungen befinden sich die Lamellensysteme aus 4,5 m langen beweglichen Lüftungsklappen, wie sie auch als Strömungsregler im Klima- und Lüftungsanlagenbau verwendet werden. Jedes Element enthält eine Lamelle mit einer Solarzelle auf der Rückseite. Sie registriert es, wenn Sonnenlicht auf die Lamellen trifft, und löst den Mechanismus aus, der die gesamte Lamellenbank aus der Sonne rückt. Dies bewirkt zweierlei: Zum einen wird Sonnenlichteinfall ins Gebäudeinnere vermieden (wenn die Anlage nicht übersteuert ist), zum andern absorbieren die Lamellen die Strahlungswärme. Dies führt wiederum zu einem Kamin-Sogeffekt, der mittels Einsatz von Lüftungsgittern im Fußboden genutzt wird. Die erwärmte Luft steigt auf, und überschüssige Abwärme wird über Dachöffnungen abgeleitet.

Die *dynamisch-intelligente* Gebäudehaut ist mit einer selbsttätigen Regleranlage verbunden. Die Überwachung der Gebäudefunktionen hat die Gültigkeit des Entwurfskonzepts bestätigt, auf dem weitere Bauwerke aufgebaut wurden. Aufgrund seiner Gestalt und Komposition ist das Occidental Chemical Center ein interessantes Vergleichsobjekt zur Solarwand der *Solar-Molkerei* im norwegischen Mysen, die Jalousien in einem Fassadenhohlraum der gleichen Dimensionen verwendet. Beide Gebäude wurden etwa zur gleichen Zeit entworfen.

2

3

3. Die ganze Solarwand: Jede Fassadenfläche reagiert unabhängig.

4. Typischer Grundriß.

5. Die Fassadenansicht wirkt so simpel wie viele der zwanzig Jahre zuvor entstandenen Vorhangfassaden, in Wirklichkeit ist sie ein ausgeklügeltes solartechnisches Hochleistungssystem.

6. Das Eingangsfoyer.

4

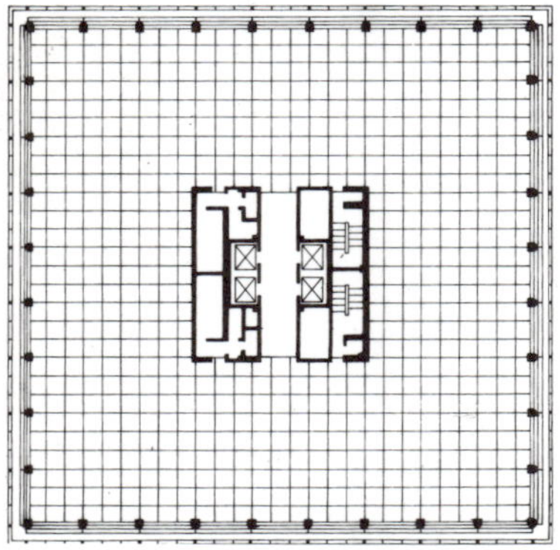

5

6

7

7. Eine typische untere Gebäudeecke. Unter den Bodengitterrosten befinden sich die Frischluftzufuhrkanäle im Fundament der Solarwand. Die Plazierung der Ventilationsöffnungen an dieser Stelle ist möglich, weil die Luft relativ sauber ist. Ansonsten ist diese Art der Frischluftzufuhr für Solarwände an städtischen Standorten problematisch.

8. Schnitt durch die Solarwand (Detail), 1:20. Die Bodenroste sind zu Reinigungszwecken begehbar und lassen erwärmte Luft bis zum Dach des Gebäudes steigen.

9. Die Solarwand im Grundriß. Die Verglasungsfelder bestehen aus konventionell gerahmten Scheiben und entsprechen dem Tragwerk. Anders als in Duisburg (S. 162) und beim RWE-Bau (S. 168) ist die Außenhaut doppelt verglast.

8

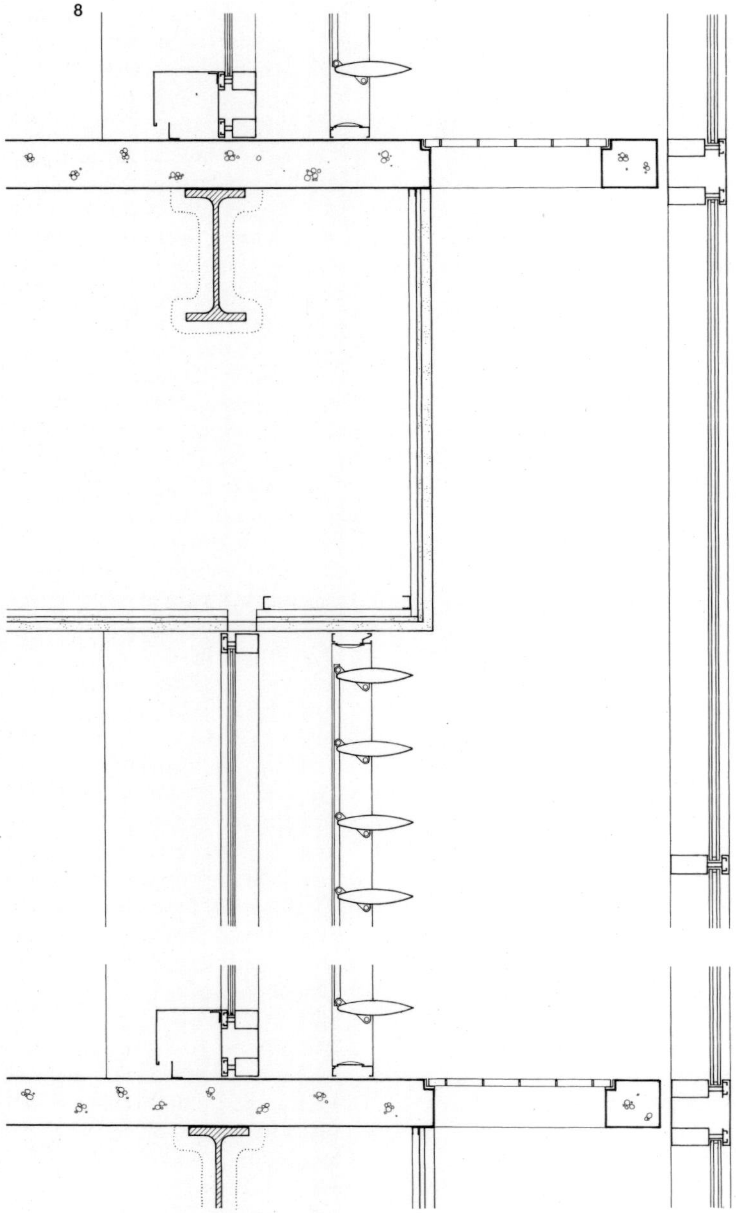

9

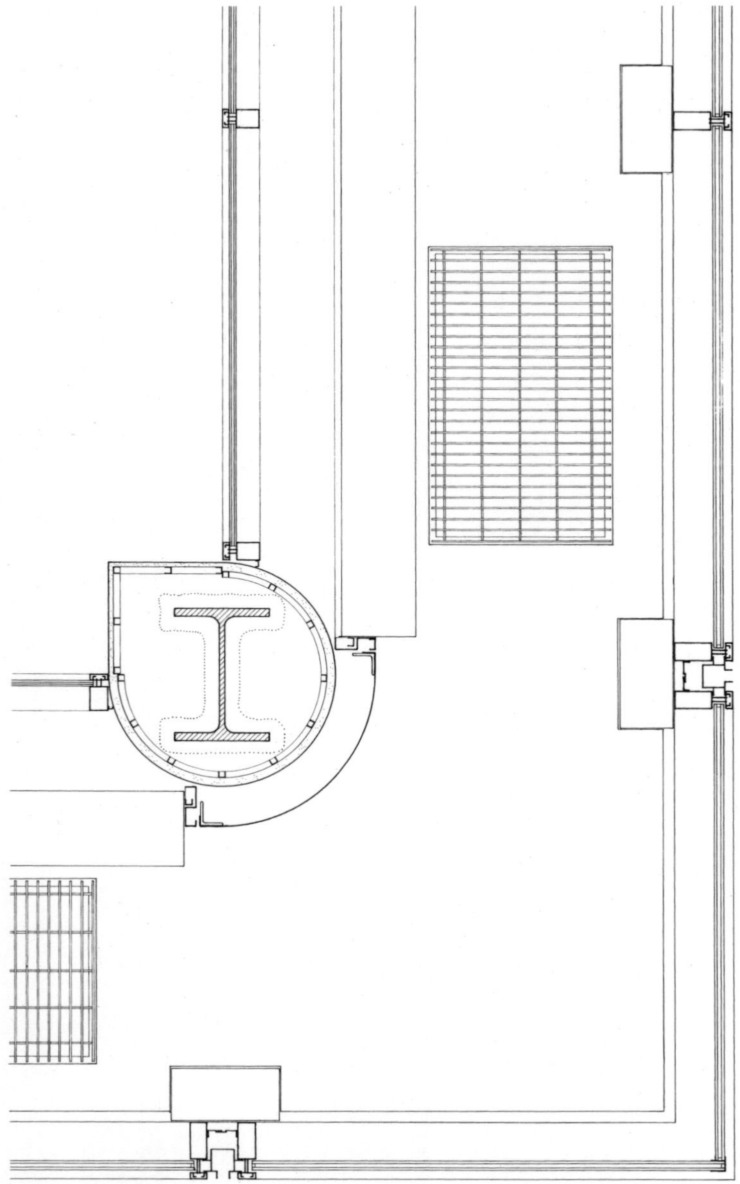

Haus der Wirtschaftsförderung / Technologiezentrum

Duisburg
Deutschland

Architekten
Sir Norman Foster and Partners

Entwurf
1988–1990

Ausführung
1993

1. Aufriß.

2. Dieses Gebäude steht mit anderen zusammen in der Nachfolge des Occidental Chemical Center und verbindet einige von dessen technischen Entwurfskriterien mit einem weiterentwickelten Glasfassadensystem, das eine erheblich geringere Tiefe hat und auf der Außenseite nur einfach verglast und verbolzt ist.

Die Glasfassaden des Duisburger Technologiezentrums stellen die Konvergenz und Verschmelzung von zwei ganz unterschiedlichen Bauaufgaben dar: einerseits die Konstruktion einer nahtlosen Glashülle und die Nutzung ihrer Leistung, andererseits ihre Ausbildung als klimatische Hochleistungswand, in Anlehnung an Le Corbusiers *mur neutralisant.*

Auf linsenförmigem Plan erhebt sich die verglaste Bauform bis zum geschwungenen Dachgesims und bildet den eleganten Abschluß eines Häuserblocks. Die Fassade besteht bis zum 6. Obergeschoß aus zweimal 36 geschoßhohen Verglasungselementen, die jeweils im Winkel von 2° zueinander vor- und zurückspringen, wodurch sich die wechselnden Lichtreflektierungen ergeben, die auch für Mies van der Rohes Büroturm von 1922 und für das Willis Faber & Dumas-Gebäude von Foster (s. S. 110) typisch sind. Stiftbolzenhalterungen ermöglichen die Reduzierung der Anschlüsse auf die Breite von Silikonfugendichtungen. Die raumhohen Verglasungselemente messen 1,5 × 3,3 m und bestehen aus 12 mm dickem, klarem Floatglas.

Diese Einfachverglasung ist nur die äußere Schicht einer *atmenden* Umfassungswand, die in den neunziger Jahren als Produkt der Ingenieurtechnik eingehend geprüft wird. Es herrscht eine rege Diskussion unter Architekten und Bauingenieuren über die beste Konfiguration dieser aktiven Glasfassaden, insbesondere in bezug auf den Einsatz und die Plazierung von Doppel- oder Einfachverglasungen. Belichtung und Wärmeübertragung, Kondensation, Lärmkontrolle, Reinigung und Baukosten bilden ein höchst kompliziertes Anforderungsgeflecht. Verkehrslärm und Luftverschmutzung sind häufig bestimmende Faktoren für die Auswahl versiegelter Glasfassadensysteme, und dies war auch in Duisburg der Fall.

Ein kritischer Punkt bei all diesen Fassadenverkleidungen ist die Art der Klimatisierung und deren Gestaltung, denn das Beheizen der Räume und die Luftkühlung sind zum überwiegenden Teil am Energieverbrauch eines Gebäudes beteiligt.

Das eine Extrem ist das Ideal der natürlichen Belüftung, das andere ein ausschließlich künstlich klimatisiertes Gebäude. Die natürliche Belüftung stellt im städtischen Umfeld aufgrund von Lärm und Luftverschmutzung ein großes Problem dar. Bei diesem Bau in Duisburg bildet die Einfachverglasung die äußere Hülle eines 20 cm tiefen klimatisierten Hohlraums, der auf der Innenseite von einer Argongefüllten Doppelverglasung mit Niederabwärmeleistung abgeschlossen wird. Die Innenhaut enthält seitlich angeschlagene Türen, die zum Zweck der Reinigung geöffnet werden können. Automatische Jalousien mit zehn Prozent Perforation sind im Hohlraum angebracht, sie sorgen für Sonnenschutz und sammeln gleichzeitig die Sonnenwärme.

Die Innenraumluft wird von der Klimaanlage abgesogen, temperiert und in den Hohlraum geleitet (oder gepumpt, falls notwendig). In der Regel wird dadurch Kondensation an den äußeren Glasscheiben vermieden, und die entstehende Wärme nicht in die Jalousien, sondern nach oben abgeleitet. Die Ventilationsanlage des Gebäudes arbeitet unabhängig davon. Der Nutzen eines Gebäudes mit einem derartigen *Stoffwechsel* liegt in der Reduzierung des Gesamtenergieverbrauchs und besonders im weniger aufwendigen und umfangreichen Rohrleitungssystem. Dadurch konnte die Geschoßdeckenhöhe auf 3,05 m beschränkt werden.

Das Haus der Wirtschaftsförderung ist ein interessantes Vergleichsobjekt zum Willis Faber & Dumas-Gebäude. Letzteres, zwanzig Jahre früher erbaut, ist mit seinen getönten Glasscheiben und dem sehr niedrigen Wand-Decken-Verhältnis typisch für eine andere Vorstellung von Umwelttechnik. In Duisburg beträgt das Wand-Decken-Verhältnis ungefähr 56:100, das ist viermal so viel wie bei einem Gebäude mit großer Raumtiefe und erfordert eine technisch leistungsfähigere Fassadenverkleidung. Was dieses Bauwerk auszeichnet, sind die durchgängig mit großer Sorgfalt gestalteten Details.

2

1

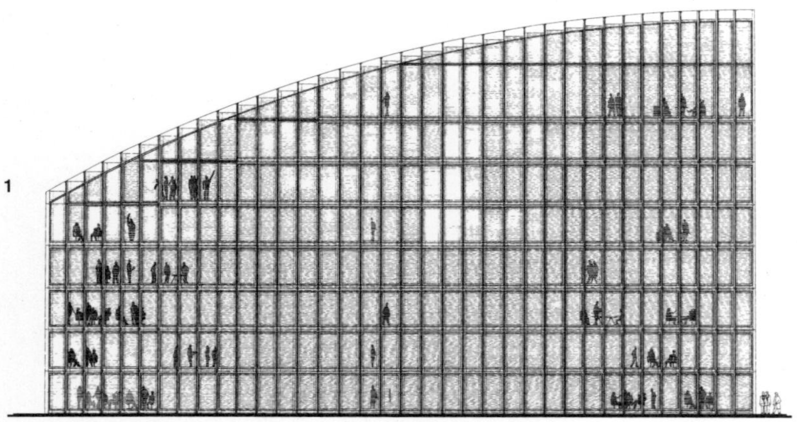

4

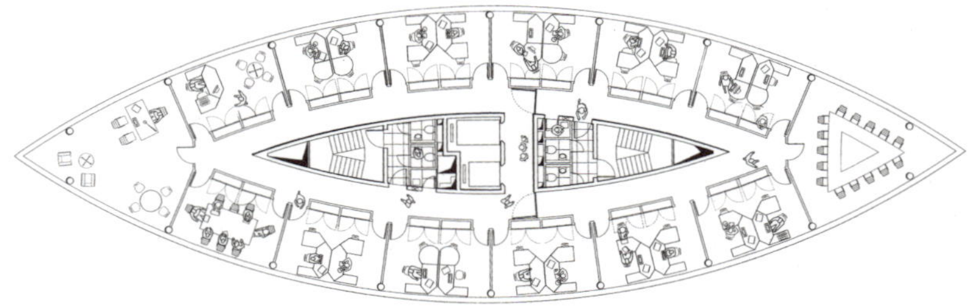

3

5

3. Innenansicht.

4. Typischer Grundriß. Die Form ist Ergebnis eines Entwurfsprozesses, bei dem es um die Lösung für eine Gebäudeecke ging.

5, 6. Innenansichten.

7. Wie bei Willis Faber & Dumas stellt sich dieser Bau bei Dunkelheit wie ein heller Bildschirm dar, auf dem man alle möglichen Aktivitäten beobachten kann.

6

7

8

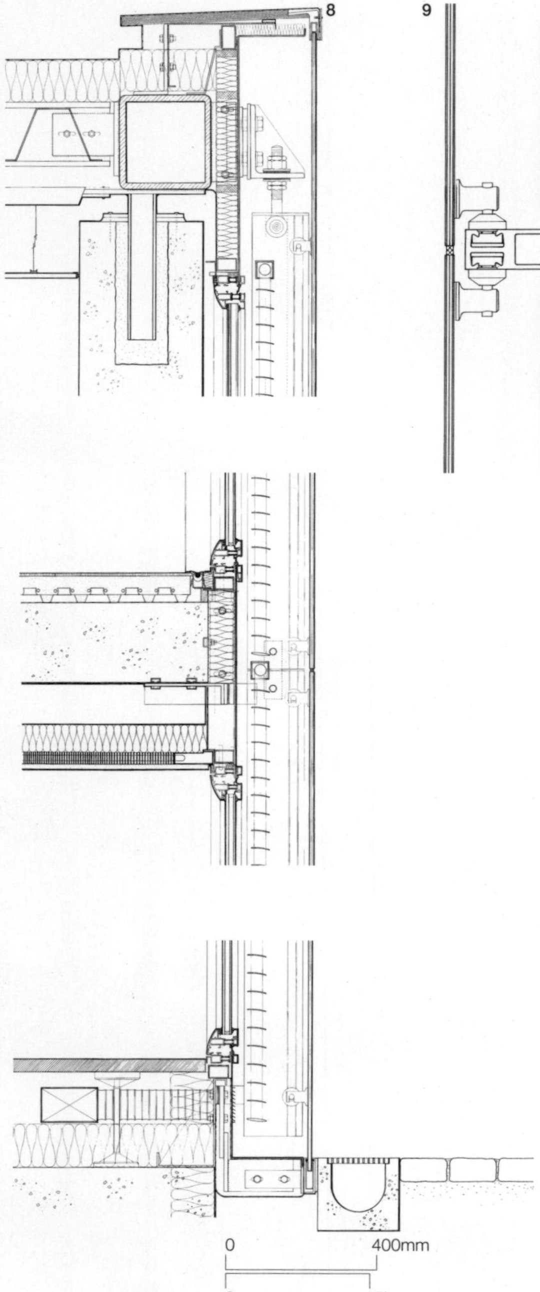

9

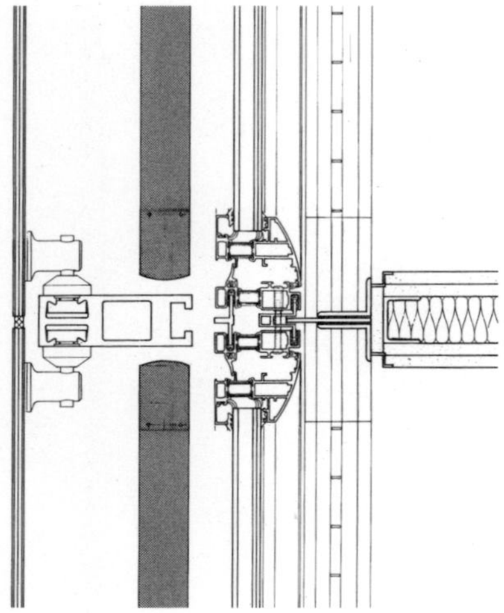

10

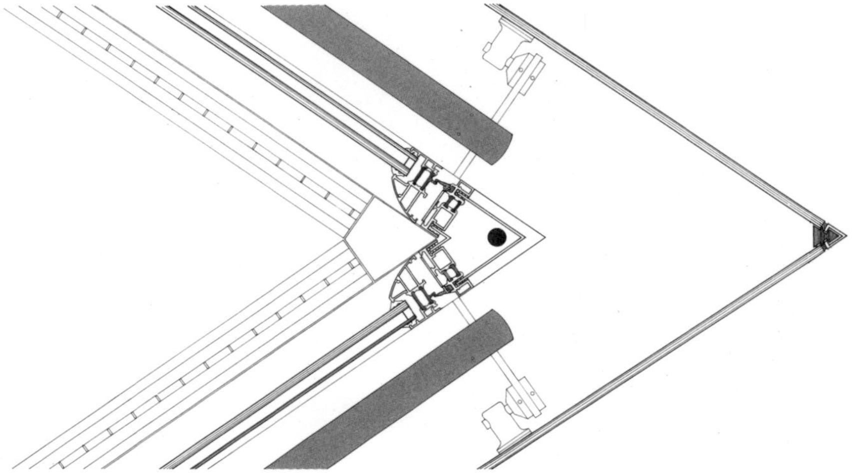

12

8–10. Fassadendetails (Schnitte), 1:20.

9–11. Horizontalschnitte durch die Außenhaut, an denen die typische Sorgfalt der Detailbehandlung deutlich wird, hier der Verbindungs- und Gebäudeecken.

12. Blick in die Galerien am niedrigeren Gebäudeende mit ihren vorkragenden Balustraden.

11

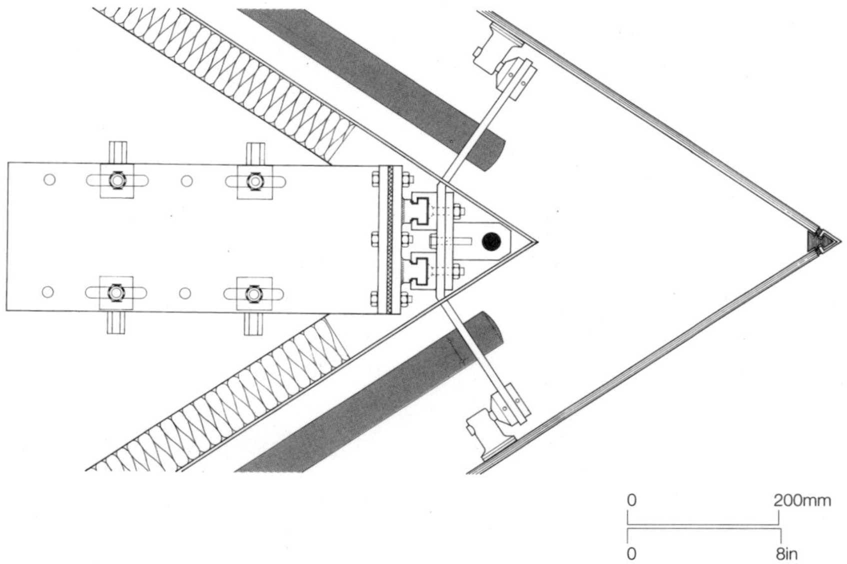

RWE AG Hauptverwaltung

Essen
Deutschland

Architekten
Ingenhoven, Overdiek und Partner

Entwurf
1991–1994

Ausführung
1994–1996

1

1. Modellansicht.

2. Die Fassade: die einfachste und klarste Regenschutzfläche und erste Pufferschicht.

Das Hauptverwaltungsgebäude der RWE AG in Essen ist eines der jüngsten Beispiele einer atmenden Glasfassade.

Der Begriff *atmende Wand* bezeichnet eine breite, sich ständig erweiternde Palette von Fassadengestaltungen, deren Glasversionen darauf aufbauen, daß in den verglasten Hohlräumen mittels Einbau von Ventilatoren und Thermalkontrollen ein natürlicher Auftrieb erzeugt wird. Diese Glaswände gehören in die Kategorie der (mit einiger Berechtigung) *intelligent* genannten Fassaden. Sie sind Gegenstand intensiver bautechnisch/bauphysikalischer Untersuchungen und werden gleichzeitig bereits gebaut, besonders in Nordeuropa, wo Lichtbedarf und Wärme-Erhalt in ein ausgewogenes Verhältnis gebracht werden müssen (sowohl durch Materialien/Konstruktion als auch durch Belüftungstechnik) und Interesse am Speichern von Solarenergie besteht. Diese Wünsche sind jeweils saisonbedingt, aber das Wetter in dieser Region ist dermaßen unbeständig und wechselhaft, daß der Architekt Fassaden entwickeln muß, die das ganze Jahr über auf jede Wetterlage angemessen reagieren können.

Wichtig für die Gestaltung einer derartigen Fassade ist die Entscheidung darüber, ob sie als Pufferzone fungieren soll (die im wesentlichen im Hinblick auf Luftzufuhr vom Gebäudeinneren abgeschnitten ist) oder als *natürliches* Belüftungssystem mit Luftzirkulation innerhalb der Fassadenkammern - was die größere Herausforderung an den Architekten darstellt. Die dabei üblicherweise berücksichtigten Parameter sind die Anordnung der Doppel- und Einfachverglasungen, die Plazierung und Gestaltung der Lufteinlässe, die Sonnenschutzelemente (zugleich Solarwärmekollektoren) und die Tiefenbemessung des Hohlraums, der im Grunde nichts anderes als ein Abzugsschacht ist.

Die Architekten des RWE Hauptverwaltungsgebäudes entschieden sich für den Entwurf einer Thermalschutzfassade, die als echte *atmende Wand* den Luftaustausch zwischen Außen- und Innenluft ermöglicht. Sie ist jedoch nur eine von mehreren technischen Maßnahmen zur Optimierung der vom Gebäude geleisteten *natürlichen* Klimakontrolle.

Einfachverglasungen mit Punkthaltern bilden die Außenhaut eines 50 cm tiefen Schachts, der Sonnenblenden enthält und an der Innenseite doppelt verglast ist. Dies ist das gleiche System wie beim Technologiezentrum in Duisburg (S. 162) und den Rückwänden des Occidental Center in Niagara Falls (S. 156). Das verwendete Glas ist 10 mm starkes Optiwhite (die fast eisenfreien Glasscheiben mit hoher Durchlässigkeit, die von Pilkingtons deutschem Tochterunternehmen Flachglas produziert werden). Die im Gebäudeinneren eingebauten Verglasungen verwenden die Glasart *Climaplus* (weißes Glas) in Aluminiumrahmen. Die Hohlräume sind auf Fußbodenniveau geschlossen, ebenso an jedem Fensterpfosten, und ein Klappensystem erlaubt die natürliche Belüftung jeder Fassadenkammer.

Dieses integrierte System aus *Abluft- und Pufferanlage* und Innenraumklima kann mittels innerer Schiebeverglasungen von den Nutzern gesteuert werden. Im Sommer, wenn die Sonne eine hohe Wärmebelastung bringt, kann die Raumluft in die Fassadenhohlräume geleitet werden und von dort nach außen abziehen. Im Winter sammeln dieselben Kammern die Sonnenwärme und entlassen sie in die Büros, wenn die Nutzer die inneren Schiebetüren öffnen.

Die Nutzer haben die Möglichkeit, das Raumklima selbst zu beeinflussen. Damit stellt das Gebäude ihnen auch die Aufgabe, für eine ausgeglichene Wärmebilanz im ganzen Haus zu sorgen, was den dort Beschäftigten eine ebenso große Verantwortung auferlegt wie den Architekten beim Entwurf. Erst wenn eine größere Zahl dieser Bauwerke entworfen und errichtet wird, kann sich das wahrhaft *intelligente* Gebäude entwickeln.

Die Bedeutung dieses Bauwerks in der Riege der Glasbauten im ausgehenden 20. Jahrhundert liegt darin, daß es die dem Glas eigenen scheinbaren Gegensätze zwischen Wärmekonservierung und Tageslichtbeleuchtung als Teil eines technischen Gesamtsystems löst. Dies ist auch eine ganz entscheidende Aufgabe, die von künftigen Glasbauten zu lösen sein wird.

2

3

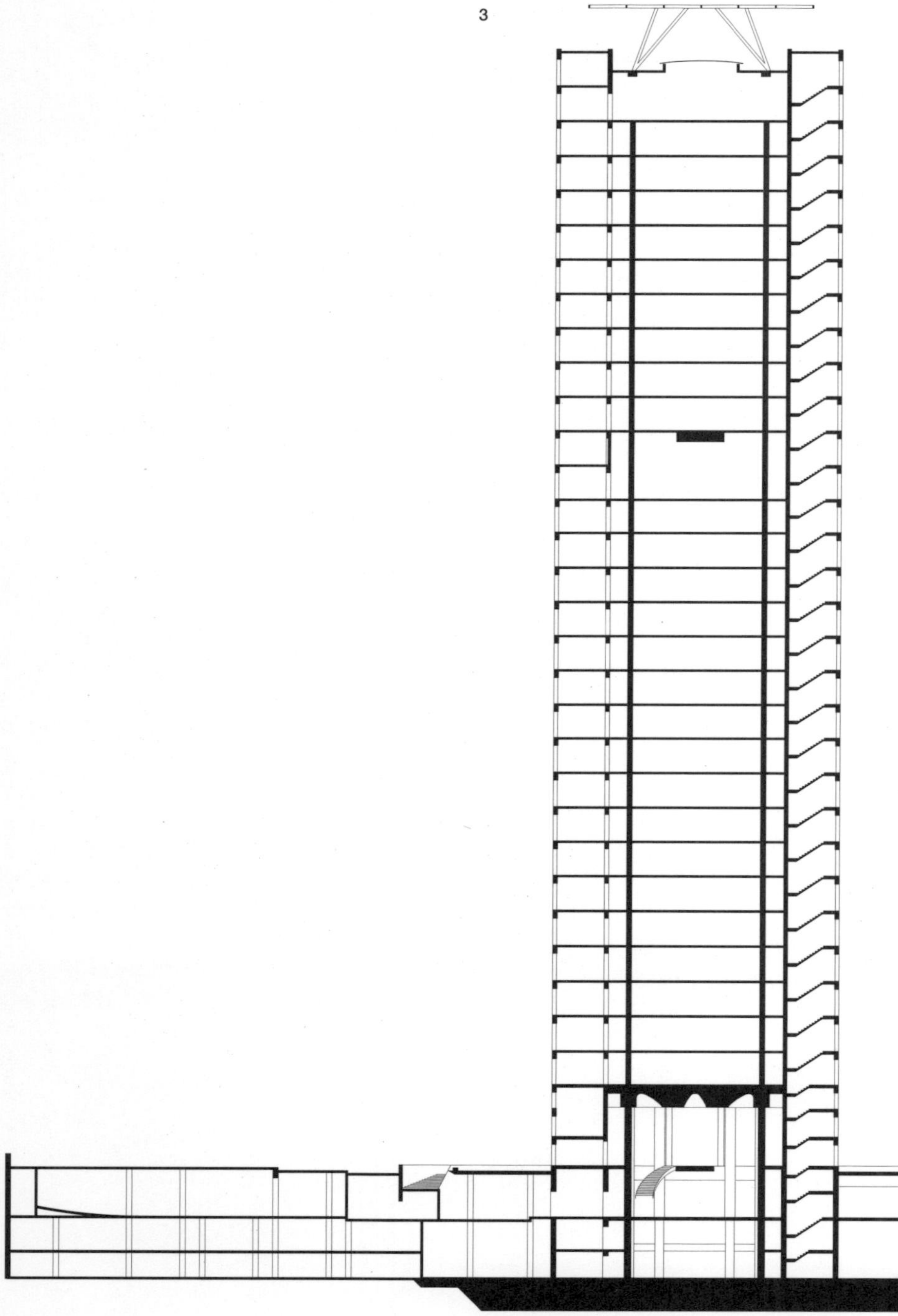

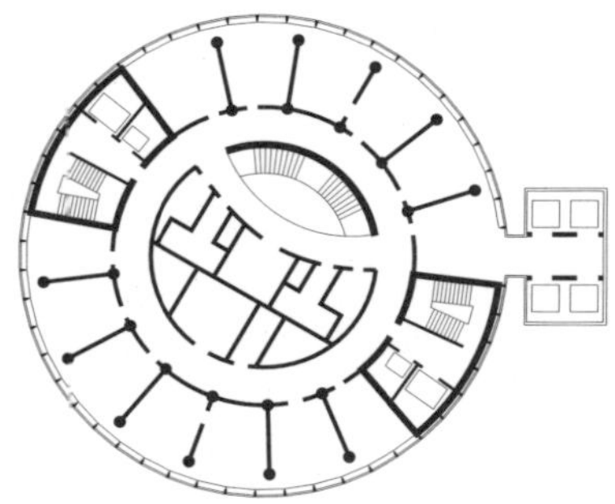

4

5

6

3. Schnitt durch das gesamte Gebäude.

4. Typischer Grundriß.

5. Fassadendetail mit Luftschlitzen in der Gebäudehülle aus eisenfreiem Klarglas. Die schon jetzt reiche Gliederung derartiger Fassadensysteme wird sich noch weiter entwickeln, wenn erst einmal ihre Lüftungsfunktion voll ausgeschöpft wird.

6. Die Gebäudehülle von innen gesehen. Man erkennt die Schiebetüren, die man betätigen kann, um die Wärme der Wintersonne einzufangen oder überschüssige Wärme herauszulassen.

0 16m
0 48ft

7

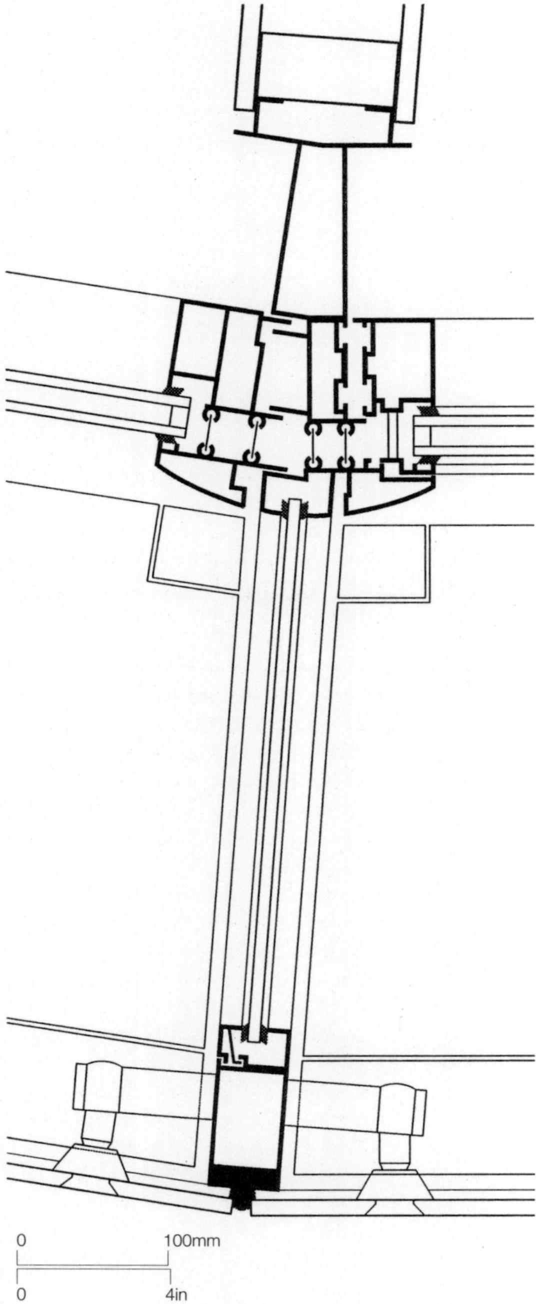

8

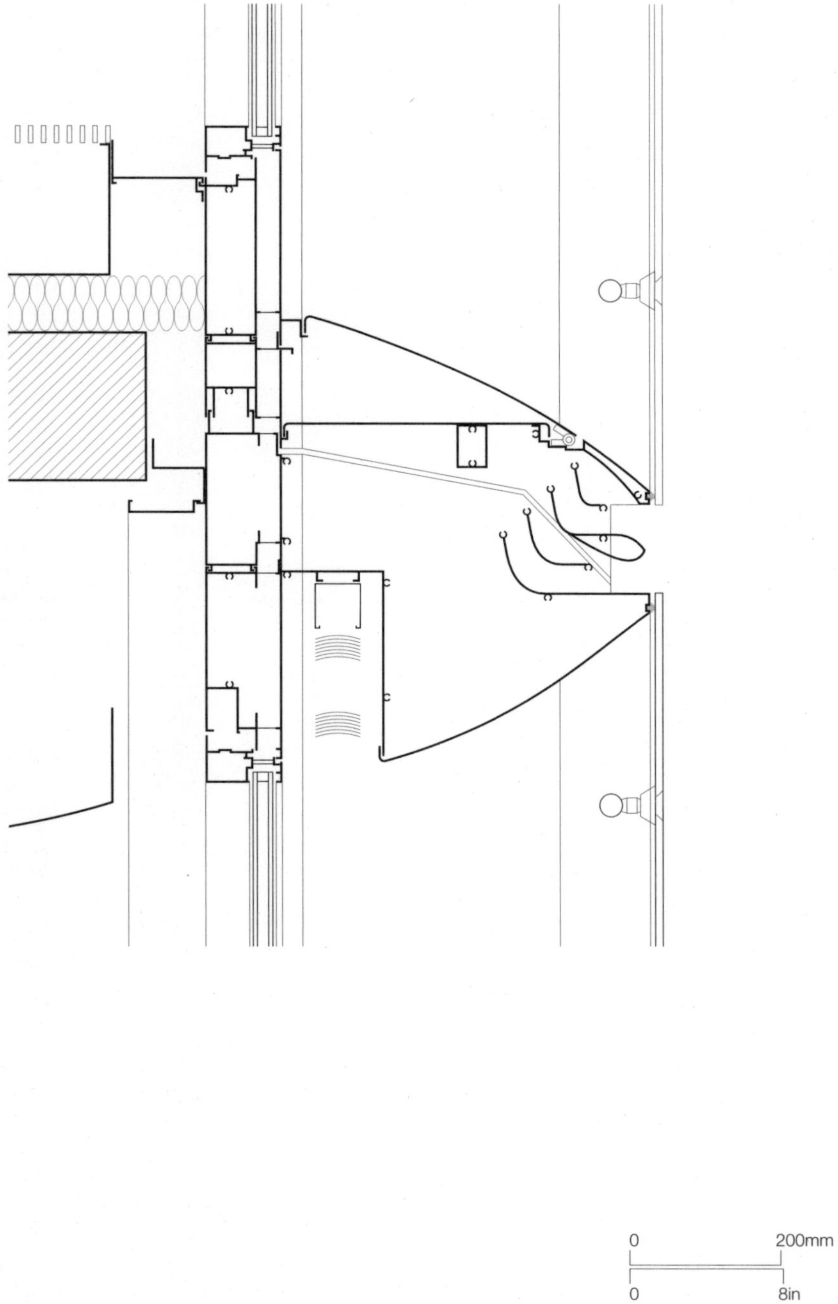

7. Horizontalschnitt eines Mittelpfostens mit Glasteiler, äußerer Einfachscheibe und den inneren, doppelt verglasten Schiebetüren.

8. Das *Fischmaul*-Luftventil im Detail, ein relativ komplizierter Bestandteil eines Fassadensystems, der Frischluftzufuhr und Luftabzug aus dem Zwischenhohlraum regelt.

»Les Serres« Glasfassade

Cité des Sciences et de l'Industrie
Parc de la Villette, Paris
Frankreich

Architekt
Adrien Fainsilber
mit Rice Francis Ritchie

Entwurf
1983

Ausführung
1984–1986

1

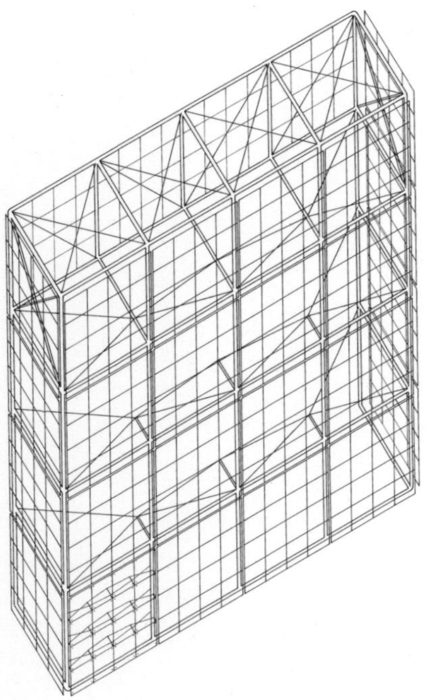

1. Isometrische Darstellung der 8 m² großen Fassadenelemente aus 2 m² messenden Einzelscheiben.

2. Ansicht der Fassade, Detail.

In den letzten zwei Jahrzehnten hat es eine sprunghafte Entwicklung konstruktiver Verglasungen gegeben, die auch in Deutschland heute mit *structural glazing* bezeichnet werden. Diese Bauart mit Glas ist besonders von den Glasherstellern gefördert worden - natürliches Ergebnis der verbesserten Qualität von Sicherheitsglasarten und dem erweiterten Wissen um seine Festigkeit. Aus den Klemmplattenhalterungen und aussteifenden *Glasfinnen* der ersten Glaskonstruktionen sind Glasumfassungswände geworden, die viel geeigneter sind, den konstruktiven Anforderungen der Architekten zu entsprechen und die Lasten abzuleiten, denen sie ausgesetzt sind.

Ebenso wichtig für diese Entwicklungen war das erweiterte Fachwissen von Architekten und Bauingenieuren in bezug auf die Unterschiede des Bauens mit Glas im Vergleich zu anderen Baumaterialien. Das Ingenieurbüro Rice Francis Ritchie (RFR) in Paris ist auf diesem Gebiet führend. 1981 gründeten drei Designer von jenseits des Ärmelkanals dieses Büro, um Projekte des Parc de la Villette in Paris zu bauen: Peter Rice, der bekannte Bauingenieur aus Irland, und die Architekten Martin Francis und Ian Ritchie.

Die Entscheidung, drei große Glaskonstruktionen an der Parkseite des Ausstellungsgebäudes zu errichten, gab den drei Gestaltern die Möglichkeit, ihre eigenen Designintentionen zu verwirklichen. Fainsilbers Auftrag an RFR verlangte möglichst transparente Umfassungen. Dies hieß für RFR: ein möglichst feingliedriges Tragwerk, und sie entschieden sich für Seilversteifungen. Die Erfahrungen des Teams, die Martin Francis und Ian Ritchie insbesondere während ihrer Tätigkeit bei Foster Associates beim Willis Faber & Dumas-Gebäude gesammelt hatten, gab Anlaß zu der Zuversicht, daß Glas, konstruktiv eingesetzt, auch erheblichen Deformationskräften standhalten würde. Die Verglasungselemente dieser Fassade sind mittels Punkthaltern aus kleinen vertikalen Stiftbolzen in den Scheibenecken aufgehängt. Diese Konstruktion ist inspiriert von Pilkingtons *Planar System*.

Die Glaskonstruktion besteht aus 8 m² großen Elementen, die jeweils sechzehn 2 m² messende Sicherheitsglasscheiben enthalten und senkrecht abgehängt sind. Für die Montage werden innovative Punkthalter verwendet, so daß eine völlig plane Außenfläche erzielt und die Eigenlast der Befestigungsstruktur vertikal in der zentralen neutralen Glasachse abgeleitet wird. Diese Verbindungsstücke sind Edelstahlgelenke mit integrierten Kugelgelenkbolzen, die in die teilweise angefasten Bohrlöcher der Glasscheiben eingepaßt werden. Die Leistung solcher Glas-Metall-Verbindungen hängt von der geeigneten Kontaktfläche ab, und hierzu wurde ein umfangreiches Versuchsprogramm durchgeführt, um statistisch gültige Ergebnisse zu erzielen. Die aufgrund ihrer Dehneigenschaften und Kaltverfestigung sorgfältig ausgewählten Edelstahl- und Aluminiumlegierungen dieser Verbindungen tragen wesentlich zum Erfolg der Einzelteile und der Gesamtleistung der Vorhangfassade bei.

Großformatige Verbundelemente, wie die im Parc de la Villette eingesetzten, verhalten sich praktisch wie einzelne Scheiben, zum Teil, weil sie untereinander mit Silikondichtungen verbunden sind. Das Gesamtgewicht des ganzen 8 m² großen Elements (600 kg) wird auch unter Windlasten jeweils gleichmäßig auf die Halterungen verteilt. In jedes Aufhängeverbindungsstück eingebaute vorgespannte Federn garantieren die Verteilung der Last und dienen gleichzeitig als Erschütterungsdämpfer bei Glasbruch. 2

Die einzelnen Glasscheiben sind senkrecht hintereinander an den gefederten Verbindungen aufgehängt, wobei Zwischenstücke die Dehnungs- und Belastungstoleranzen der Glasbohrlöcher oder Metallteile auffangen.

Das Befestigungssystem der Glaswand ist eine durch und durch sinnreiche und geniale Konstruktion, ebenso ideal ist ihre Transparenz. Zur Festigkeit der Fassade war ein genau bemessenes Stahltragwerk erforderlich, dessen feingliedrige Ausbildung aber dazu führt, daß die Wirkung der Vorhangwand praktisch ganz von der Glasfläche bestimmt wird. Von außen erscheint sie wechselhaft wie alle Glasflächen, je nach Blickwinkel reflektierend oder durchsichtig. Von innen, ob bei hoher oder niedriger Lichtintensität, ist die Glaswand für das Auge kaum noch wahrnehmbar - vorausgesetzt, sie wird saubergehalten.

Bei der Suche nach hochleistungsfähigen Glaswänden ist es wichtig, sich an die Haupteigenschaft des Materials zu erinnern: Transparenz. Das ist die Lektion, die wir von *Les Serres* im Parc de la Villette lernen können.

3. Gesamtansicht: eine Architektur, die so transparent wie möglich sein will.

3

4

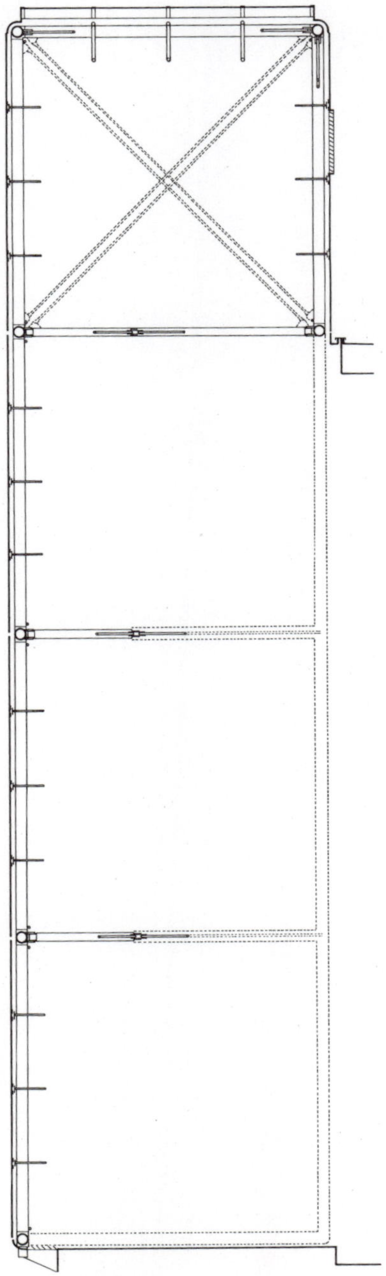

4. Querschnitt durch eine ganze *serres* - das heißt ein Verglasungselement.

5. Die sehr filigrane, minimalistische Innenkonstruktion.

6. Fassadendetail.

7. Das Tragwerk mit Darstellung der Seilverspannungen.

5

6

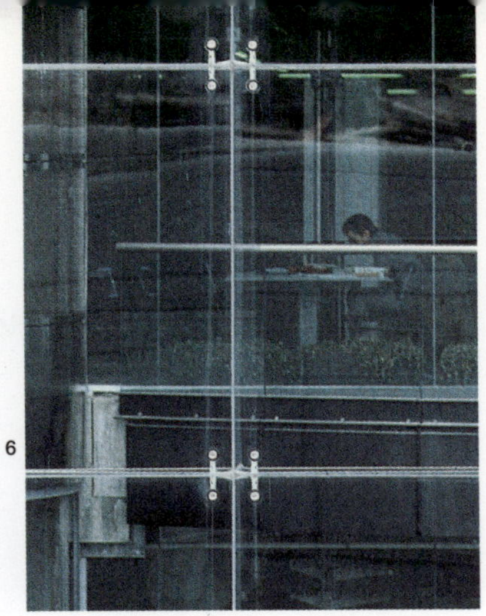

7

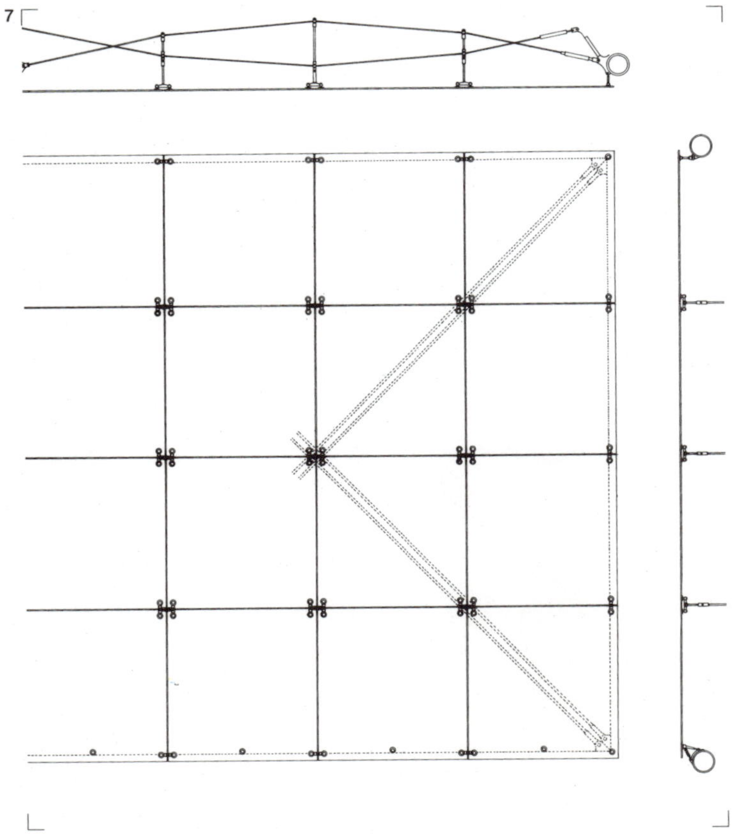

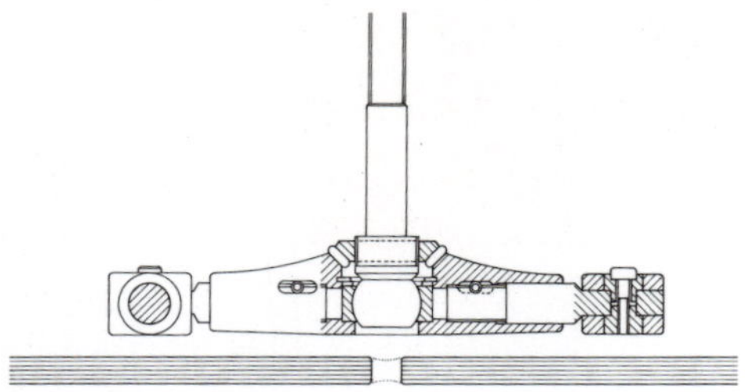

9

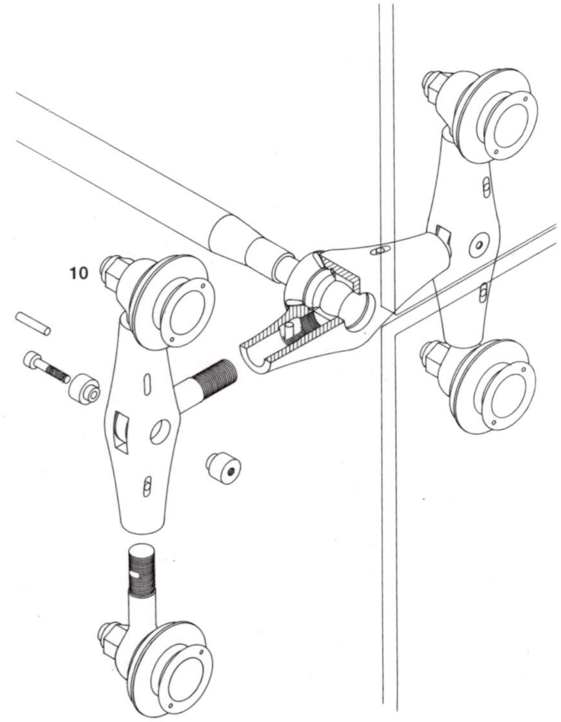

10

12

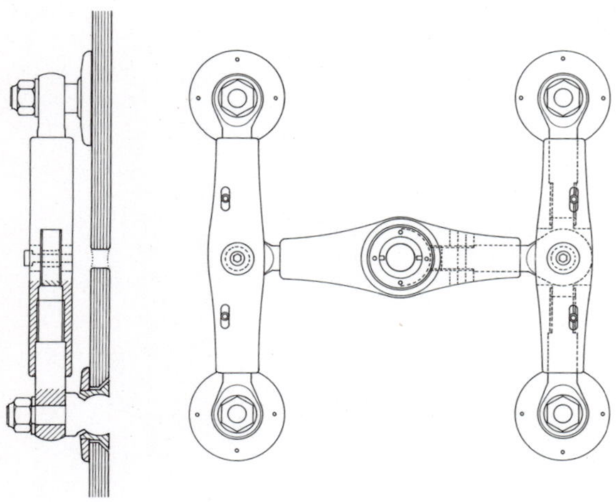

8. Detailzeichnungen der Vierpunktverbindung, dem für den Erfolg der Gelenkkonstruktion wesentlichen Einzelteil.

9, 10. Schnittisometrie der Vierpunktverbindung. Basis für das Design dieser Halterung waren die Annahme von Rotationsbewegungen und Durchbiegungskräften der Wandkonstruktion.

11. Details mit Hauptschwingstab.

12. *Les Serres*.

11

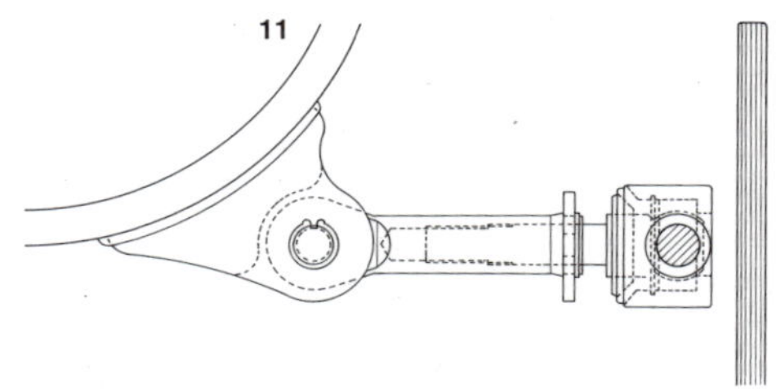

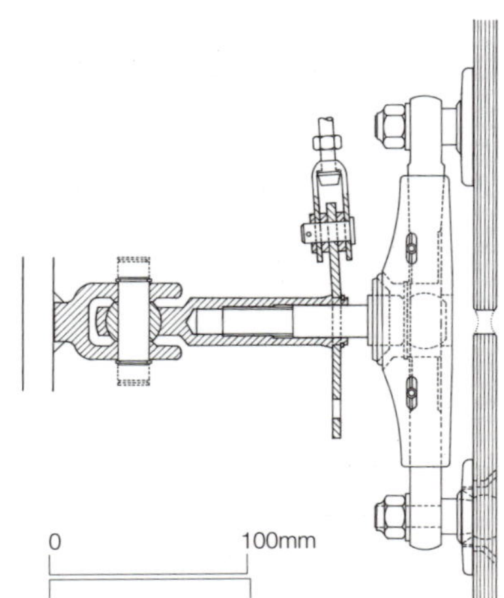

8

Konzerthalle in Glas

Amsterdam
Niederlande

Architekten
Pieter Zaanen mit Mick Eekhout

Entwurf
1988

Ausführung
1989/90

1. Grundriß des in eine Halle des Berlage-Baus eingefügten Glaskastens. Erkennbar ist der *Cello-Bauch*, der den Widerhall von Tonhöhenschwankungen auffängt.

2. Detail der Glaswand und Schallschluckelemente.

1

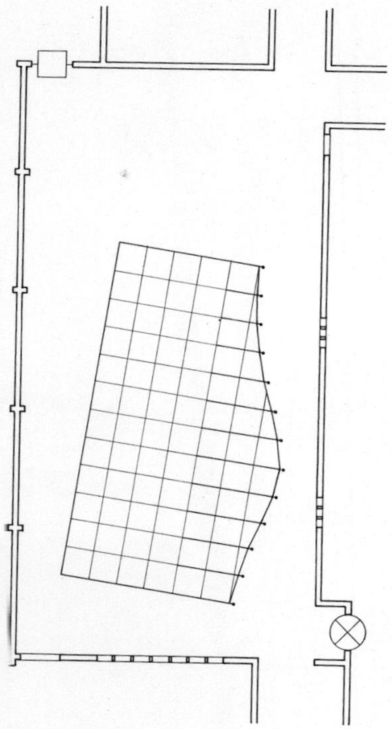

Diese Konzerthalle ist eine höchst originelle, einzigartige Glaskonstruktion. Sie befindet sich im ehemaligen, von H. P. Berlage erbauten Börsengebäude im Stadtzentrum von Amsterdam, das zu einem Kulturhaus umgebaut wurde. Die Architekten hatten den Auftrag, einen Glaspavillon für Proben und Konzerte zu gestalten. Bis zu 200 Zuhörer sollten darin Platz finden, und der Pavillon sollte für 600 weitere Besucher der benachbarten Wang-Konzerthalle zum Erlebnisraum werden.

Die konventionelle Lösung einer solchen Aufgabe wäre der Einbau eines massiven, schallisolierten Kastens gewesen, was jedoch umfangreiche bauliche Veränderungen in Berlages sehr schönem Bau bedeutet hätte. Man entschied sich deshalb dafür, einen transparenten Pavillon in die vorhandene Backsteinhalle einzufügen. Mick Eekhout konnte hierfür sein eigenes Quattro-System für konstruktive Verglasungen anwenden.

Eekhout ist ein Bauingenieur, der hauptsächlich mit *structural glazing* arbeitet. Seine Tätigkeit überspannt die Grenzen zwischen Architekturdesign und Fachberatung einerseits und bauunternehmerischer Montage andererseits. Diese fachliche Kompetenz hat ihm im Bereich der Glasarchitektur eine einzigartige Position verschafft. Im Quattro-System hat sich diese Entwurfs- und praktische Bauerfahrung in einem festen Verbund von Knotengelenk- und Seilverspannungen niedergeschlagen. Das Hauptmerkmal dieses Fassadensystems ist die rationell minimierte Konstruktion, wie sie bereits in RFRs Parc de la Villette zu sehen ist (S. 172).

Die Zusammenarbeit mit einem Akustikingenieur der Firma Peutz führte zu der Erkenntnis, daß ein Volumen von 2000 m³ die besten Nachhallzeiten bieten würde. Also wurde ein Glaskörper von etwa 20 × 10 × 10 m entworfen, dessen eine geschwungene, ausbuchtende Längswand den störenden Widerhall von Tonhöhenschwankungen eliminiert. Der Akustiker schlug aufgrund seiner Analyse ein 8 mm dickes Glas vor und außerdem Schallschluckpaneele. Ein Standard-Raumtragwerk auf sechs Stützen trägt die Stangen, an denen die Glasscheiben aufgehängt sind.

Die zwei oberen Bolzen tragen das Eigengewicht der fünf unteren, jeweils 8 mm dicken, 1,8 m² großen Glasscheiben. Die Quattro-Vierpunkthalter verbinden vier benachbarte Glasscheiben in den Eckpunkten. Die Knotenpunkte sind auf kurze Druckbolzen aufgeschweißt und vertikal mittels 10 mm dicker Stäbe an zwei *gegenläufigen* Seilverspannungen verankert.

Die Dachglasplatten messen ebenfalls 1,8 m² und bestehen aus 10,2 mm dickem Verbundsicherheitsglas.

Die Glaswandstärke von 8 mm macht sie relativ leistungsfähig in bezug auf die Akustik, die durch dreieckige Schallschluckplatten und abgehängte Acryl-Reflektorleuchten zusätzlich verbessert wird, so daß die Nachhallzeit zwei Sekunden beträgt. Musiker sind mit der Akustik sehr zufrieden, die Konzerte sind gut besucht, und der Raum ist auch als Studio für CD-Aufnahmen geeignet.

Auch optisch ist die Glasbox ein großer Erfolg. Pieter Zaanen wählte für die geraden Wände ein grau-getöntes Glas und Klarglas für die geschwungene Wand. Wie bei allen Glaskonstruktionen beruht die Wirkung des Raums ausschließlich auf dem Einsatz von Licht. Trifft die Beleuchtung auf die gelben Backsteinwände des Berlage-Baus, erscheint der Glasraum fast schwarz. Wenn man ihn dann betritt, ist er im wesentlichen durchsichtig, und die Backsteinwände des historischen Raums wirken wie die tatsächliche Umfassung der Konzerthalle. Ein Wechsel der Beleuchtung ändert das Erscheinungsbild der Raumhülle und die *Präsenz* oder *Nicht-Präsenz* des Glasraums. 2

Die Glaskonzerthalle ist eines der schönsten und raffiniertesten Beispiele für die Verwendung von Glas im Bau in unserem Jahrhundert.

3

4

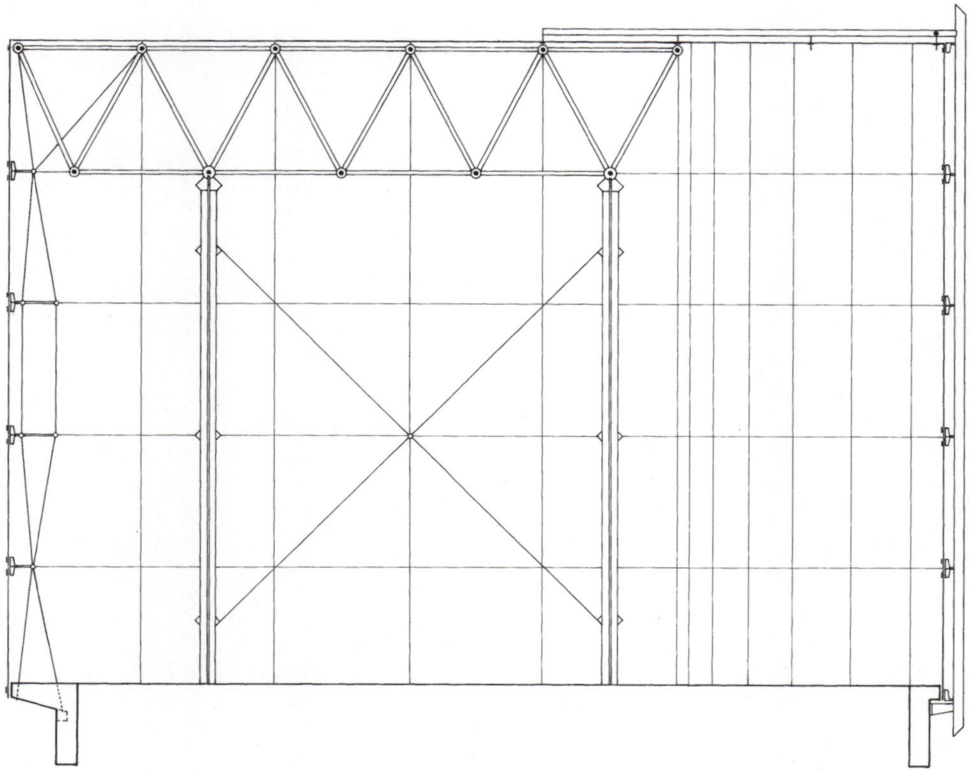

3. Ansicht des fertigen Glaskastens im Kontext.

4. Schnitt durch den Konzertraum. Die Zugbandträger und gefederte Konstruktion am linken Rand kontrastieren mit den starren konstruktiven Teilen rechts in der Zeichnung, welche die ausbuchtende Wand aussteifen.

5. Im Innern des Konzertraums: Die Akustikhülle ist fast unsichtbar.

6. Der Glasraum von außen gesehen.

7,8. Details der Seilverspannung und des Verglasungsaufbaus.

6

7

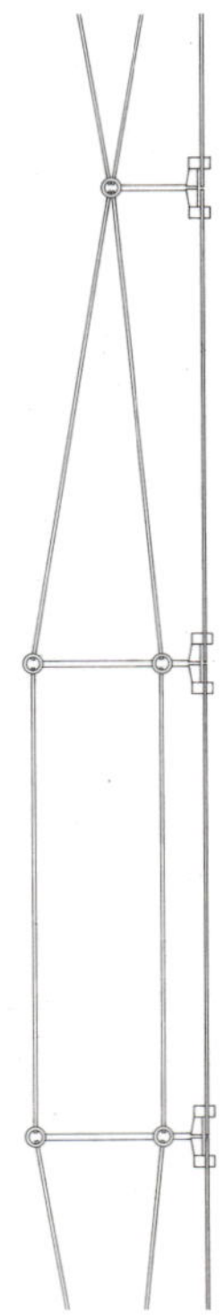

8

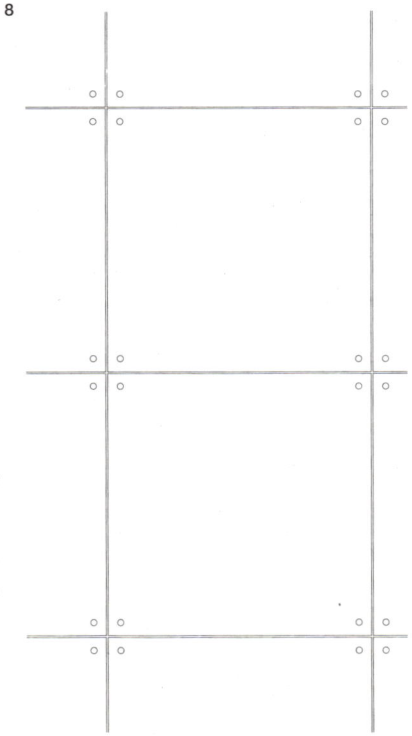

5

9. Obere Kante des Glasraums (Details) mit den starren Verbindungen rechts und der Seilverspannung links.

10. Blick ins Innere, die weißen Segel verbessern die Akustik.

10

9

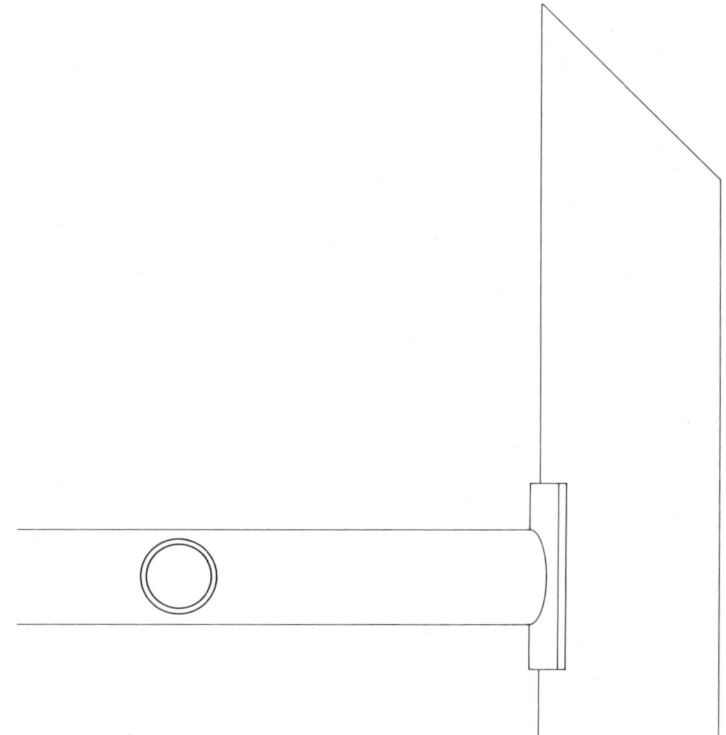

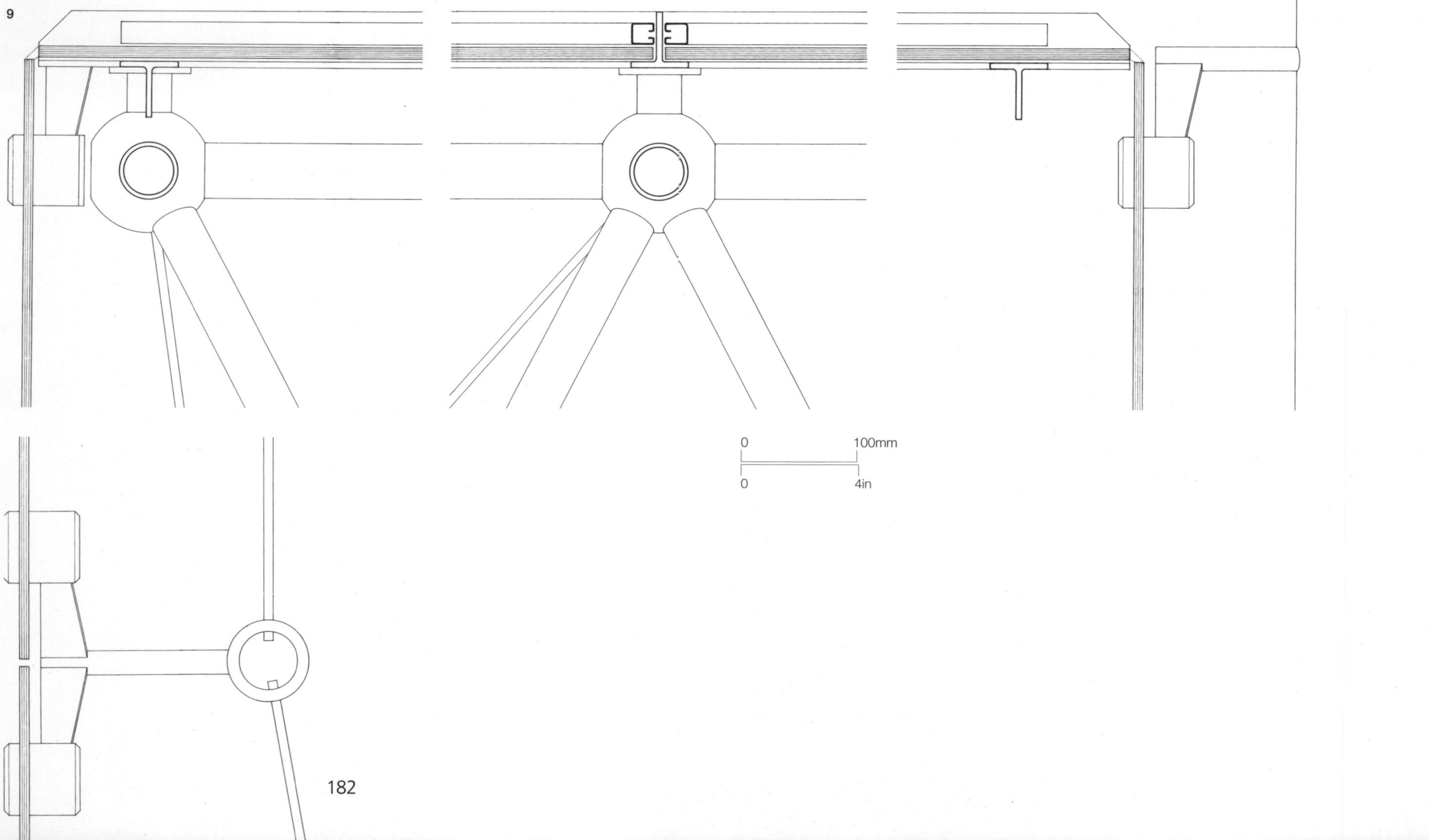

Banque Populaire de l'Ouest

Montgermont, Rennes
Frankreich

Architekten
Odile Decq und Benoît Cornette mit Rice Francis Ritchie

Entwurf
1988

Ausführung
1989/90

1. Isometrie. Links in der Zeichnung die vier Fassadenfelder vor der Haupteingangshalle, rechts weitere vier Fassadenfelder vor den Bürogeschossen.

2. Außenliegende konstruktive Teile der Glasfassade und Sonnenschutzelemente auf dem Dach.

Dieses Bankgebäude stellt eine Weiterentwicklung der von RFR für die Glasfassaden des Parc de la Villette konzipierten, außergewöhnlich leichten konstruktiven Glaswand dar, und zwar diesmal als doppelwandige Verglasung. Das Entwurfsziel war die Verlängerung einer durchgehenden Glaswand mit konsequent durchdachten (minimalen) Details über die gesamte 120 m lange Fassade.

Die Architekten entwarfen einen langgestreckten, zweigeschossigen *Riegel* mit vollverglaster Südfassade als Hauptfront des Gebäudes. Von den neun Fassadenfeldern erstrekken sich vier über die Breite der Haupteingangshalle, die hinter der Glaswand durch eine große konkave Ziegelmauer definiert wird, deren Abschlüsse die Glaswand zu beiden Seiten durchstoßen. Die Halle ist einfach verglast. Die Verglasung der Büros bildet die restlichen fünf Fassadenfelder, und die besondere technische Herausforderung bestand darin, dem Bedarf an Doppelverglasungen für diese Bereiche gerecht zu werden.

Die Forderung nach glatten, 8 m hohen und von innen gesehen rahmenlosen Glaswänden für die Büros führte zur Entscheidung, ein außenliegendes Tragwerk zu bilden. Diese Wahl könnte widersinnig erscheinen, ist aber aufgrund der erforderlichen Aussteifung gegen Windlasten und Sonnenschutzvorrichtungen rational begründet.

Die Konstruktion der Fassade beruht auf dem Prinzip des von Dachbindern abgehängten Glasvorhangs. Die Binder befinden sich in Gesimshöhe, und die horizontale Aussteifung und Aufnahme der Windlasten wird von einem äußerst leichten und filigranen Stahlbefestigungssystem geleistet. Dieses besteht aus im Abstand von 12 m aufgereihten Masten, die eine Entfernung von 2 m zur Glasfront einhalten und an ihrem oberen Ende horizontale Sablières-Binder und drei Fischgrätenbinder (im Abstand von 2 m) tragen. Letztere befinden sich auf gleicher Höhe zu den Verbindungen in der dahinterliegenden Glasfläche. 25 mm lange kleine Gelenkstreben verbinden das Stahltragwerk mit den Glasscheiben und stützen die einteiligen Glasverbindungsstücke und die Gelenkbolzen. Seilverspannungen steifen das Stahlskelett aus.

Die Einscheiben-Glasfront der Eingangshalle ist mit der bereits im Parc de la Villette zur Anwendung gelangten Technik errichtet worden, wobei die Bolzenverbindung im Glasbohrloch noch weiter vereinfacht wurde. Es waren jedoch noch einige technische Neuerungen erforderlich, um die gleiche Detailbehandlung der Doppelverglasungen zu ermöglichen. RFR waren überzeugt vom Wert der Gelenkverbindungen, die eine Drehung des Bolzens ermöglichen und am Befestigungspunkt die Druckbeanspruchung des Glases verringern. Eine sorgfältige, hochpräzise Gestaltung und eine durch Prototypen getestete Fertigung waren daher für den Einbau erforderlich. Die exakt übereinander plazierten Bohrungen in allen vier Ecken jeder Glasscheibe der Doppelverglasungselemente wurden dadurch noch erschwert, daß manche der 12 mm dicken Glasscheiben dreifach laminiert sind, so daß jeweils zwölf Bohrlöcher exakt übereinander plaziert werden mußten. Das alles – im Verbund mit den winzigen Anpassungen des Aufbaus, denen eine solche Wand im Laufe ihres Entstehens unterworfen ist – setzte den Herstellern engste Toleranzgrenzen.

Die Bewältigung all dieser Probleme hat zum Entstehen einer Glasfassade geführt, welche die Entwurfsintention der Architekten und Ingenieure in hervorragender Weise umsetzt. Sozusagen als Nebenprodukt ist hier die wahrscheinlich erste konstruktive Hängefassade aus Doppelverglasungen geschaffen worden. Im übrigen wird die Mehrschichtenfassade komplettiert durch die Rolljalousien, die über Solarzellen gesteuert werden.

Dieses Gebäude ist ein weiteres Belegstück für die zunehmende Reduzierung des Metalltragwerks. Die Positionierung der Glashaut selbst als ein zwischen der Außenkonstruktion und dem *Innenbau* aufgehängtes Element trägt weiter dazu bei, die Außenumfassung zu *entmaterialisieren* und macht aus diesem Bankgebäude einen Meilenstein in der Entwicklung der Glasbautechnik.

2

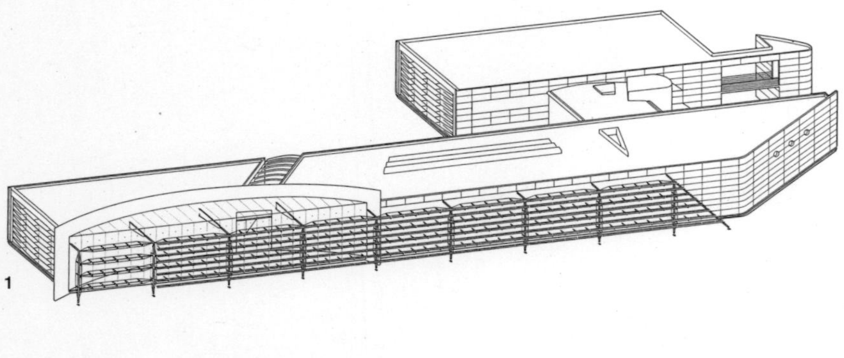
1

3

4
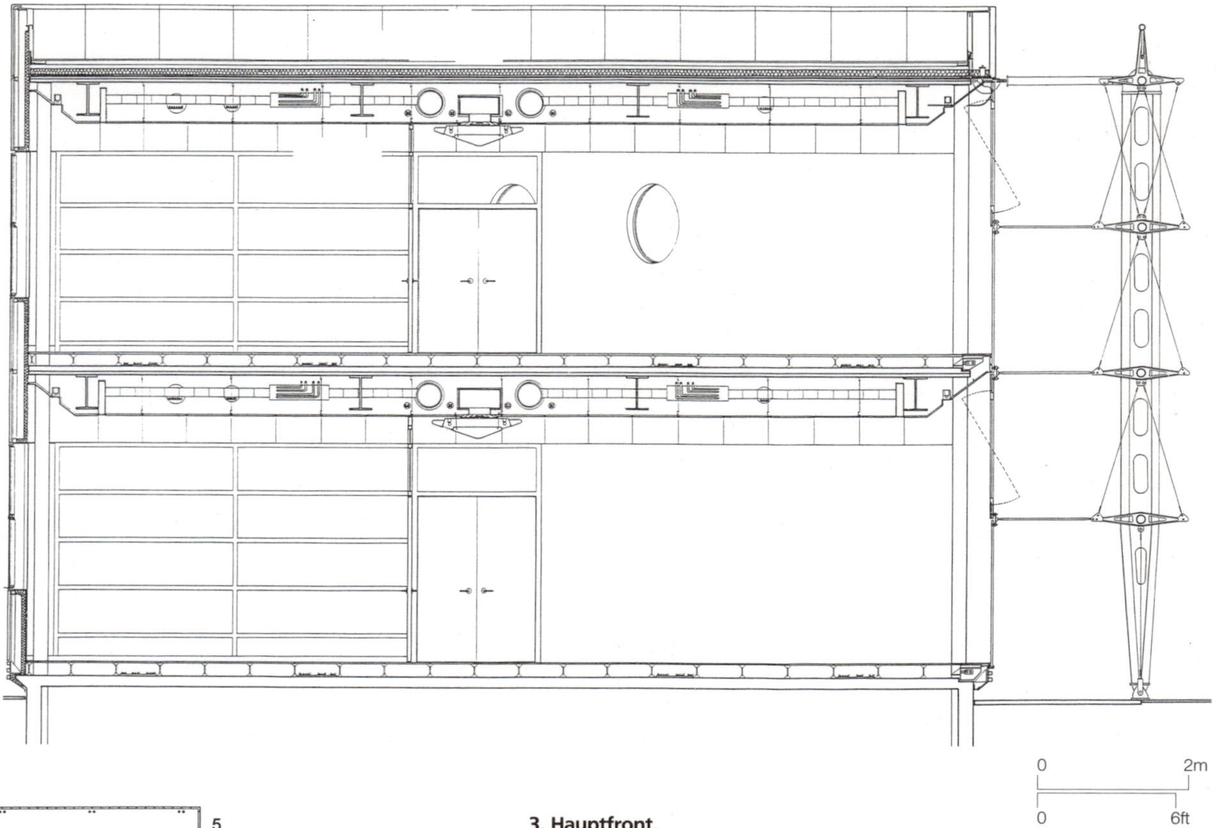

5
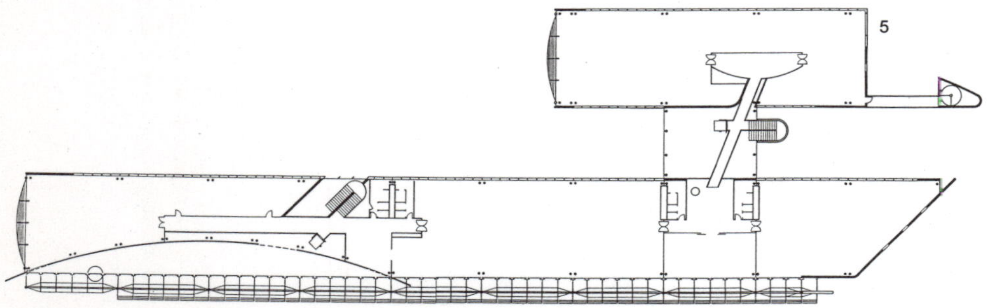

6
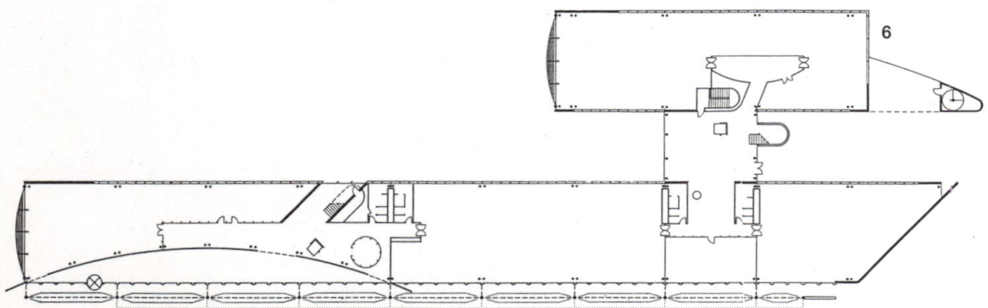

3. Hauptfront.

4. Der Querschnitt (1:100) zeigt die große Distanz zwischen Verglasungsfläche und Tragwerk, das zur Beschattung der Glasfassade genutzt wird.

5, 6. Grundrisse (1:100) des Ober- und Untergeschosses.

7

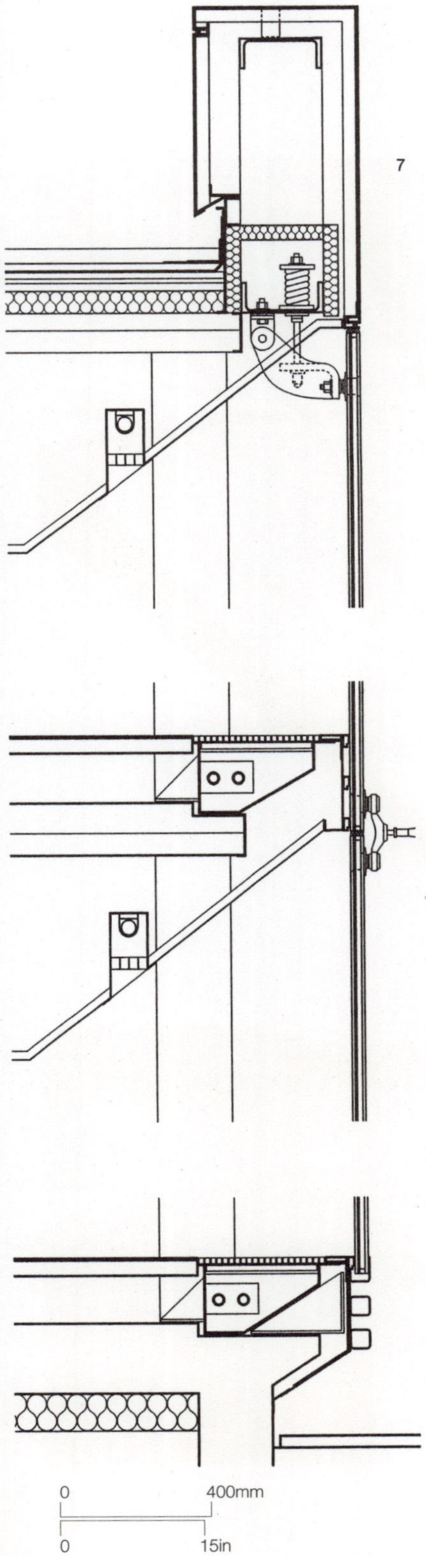

8

9

10

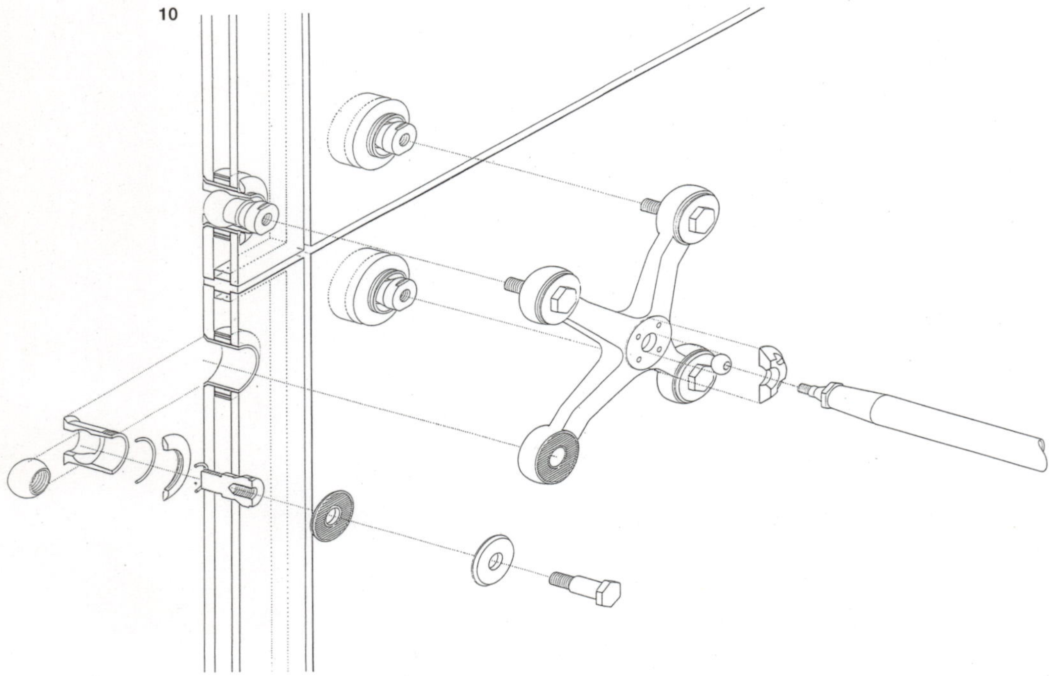

7. Vertikalschnitt (1:20) durch die Verglasung mit der geneigten abgehängten Geschoßdecke, die so konzipiert wurde, damit die Glasscheiben bis oben hin frei bleiben.

8, 9. Das außenliegende Stahltragwerk. Die Verlagerung der Konstruktion nach außen ist nicht nur *rhetorisch* gemeint, sondern macht die Büros zu freitragenden Räumen. Die Außenkonstruktion trägt außerdem die Sonnenschutzvorrichtungen.

10. Detail der Verbindungsteile

11. Blick in die Außenkonstruktion - ein Säulengang aus leichten Metallstäben.

12. Blick in die länglich-spitze Foyer-Ecke zwischen der langgestreckten Glasfassade und dem außenliegenden Tragwerk.

11

12

Waterloo International Terminal

London
Großbritannien

Architekten
Nicholas Grimshaw and Partners mit YRM Anthony Hunt Associates

Entwurf
1991/92

Ausführung
1992/93

1

1. Luftbild.

2. Blick in die Bahnsteighalle. Das Bild zeigt deutlich die *Inversion* des Dachtragwerks von den außerhalb der Verglasung liegenden zu den inneren Trägern (rechts im Bild).

Die Bahnsteighalle entstammt einer der edelsten *Baufamilien* in der Geschichte der Glasarchitektur. Seit den Anfängen des Eisenbahnbaus haben Bauingenieure und Glastechniker des 19. Jahrhunderts die für die Bahnstationen erforderlichen hohen und weiten Glashallen und -dächer geschaffen: die großen Gewölbe der Bahnsteighallen von Paddington, St. Pancras und Kings' Cross in London und von Stationen der neuen Eisenbahngesellschaften in ganz Europa. Diese riesigen Hallen waren meist keine Schöpfungen von *Architekten*, denn für die Bauaufgaben jener Zeit gehörten sie zum Arbeitsgebiet von Ingenieuren.

Beim Bau von St. Pancras (1866) wurde das Bahnhofsgebäude (das heißt die *Architektur*) von George Gilbert Scott, wie das Midland Hotel im neogotischen Stil geschaffen. Die im rückwärtigen Teil anschließende Bahnhofshalle dagegen wurde von dem »einfachen Ingenieur« William Henry Barlow konstruiert, der die nötige Fachkompetenz zur Bemessung der 75 m überspannenden Halle besaß. Der Unterschied zwischen diesen beiden *Bauwerken* steht als Zeugnis für die Architekturwerte jener Zeit. Die elf Jahre später errichtete Bahnsteighalle in York hatte als erste ein gewölbtes Dach.

Die maximale Spannweite in Waterloo - 48,5 m - ist im historischen Vergleich nichts Außergewöhnliches. Im Verbund mit der modernsten Technik des ausgehenden 20. Jahrhunderts ist sie jedoch zu einer ausdrucksstarken und eindrucksvollen Form geworden.

Die Bahnsteighalle des 19. Jahrhunderts war die konstruktive Manifestation ihrer Zeit: eine einfache hohe Bogenkonstruktion auf einfachen Stützen. Die Form des neuen Glasdachs des Waterloo-Kopfbahnhofs entspricht den Erfordernissen, für ein gegebenes Areal eine vorgeschriebene Überdachung mit der nötigen Tragwerksberechnung unserer Zeit auszuführen. Zwei Zugband-Bogenbinder – bei einem von beiden praktisch *das Innere nach außen gekehrt* – ermöglichen den Wechsel der gekrümmten Dachkonstruktion von einer flachen zu einer engen Kurve und damit die erforderliche lichte Höhe über dem äußeren Gleisstrang. Der Einsatz derartiger Binder führt dazu, daß die Dachverglasung mehr aushalten muß als die sonst üblichen Gebäudeschwingungen. Die Elastizität der Bögen im Verbund mit den von wechselnden Zuglasten ausgelösten Schwingungsbewegungen beim Ein- und Ausfahren der Züge gesellen sich zu den normalen Bewegungstoleranzen und Schwingungsproblemen.

Da jedes Glaselement für sich einen bestimmten Bewegungsspielraum haben muß und die Dachform zweifach gekrümmt ist, wurden die Toleranzen größer als normal bemessen. In die seitlichen Glasanstoßfugen wurden daher dehn- und faltbare *Harmonika*-Neoprendichtprofile eingefügt. Die Horizontalfugen sind in konstruktiver Hinsicht offen, die große Lücke wird jedoch von einem flexiblen Dichtungsprofil abgedeckt. Die Architekten haben die Metapher der menschlichen Hand benutzt, um die gewölbte Dachstruktur zu erläutern. Diese biologischen Anspielungen ziehen sich durch das ganze Projekt bis hin zur schuppenartigen Dachverglasung.

Das Formelement der Zugband-Binder und die Einplanung von Bewegungstoleranzen charakterisieren auch die Gestaltung der großen Glaswand am Nordende des neuen Kopfbahnhofs. Sie schafft die Verbindung zwischen dem alten Bahnhofsgebäude und der neuen Bahnsteighalle. Die Kombination von Zugband-Bogenträgern und verbolztem Verglasungssystem ist ein schönes Beispiel für die bereits gebräuchliche Konstruktionsart einer derartigen Glaswand.

Eine dritte Konstruktionsart in Glas ist an der langen Westseite unter dem Bahnsteighallendach zur Anwendung gekommen: Diese Glaswand trennt die von Westen heranführende Zufahrtsstraße von den öffentlichen Verteilerflächen unterhalb der Gleistrassen. Auf den ersten Blick erscheint die Designlösung konventionell: *Glasfinnen* dienen zur Aussteifung einer Glaswand, die vom Betontragwerk abgehängt ist. Tatsächlich war die hier zu lösende Aufgabe zumindest ungewöhnlich: Die Wärmeausdehnung kann an der Längsseite des Bauwerks bis zu 55 mm betragen, und die Einfahrt eines Zugs verursacht eine Durchbiegung des Gleisviadukts um bis zu 11 mm, verbunden mit einer Anhebung des jeweils benachbarten Fassadenfelds um 5 mm. Die Edelstahlteile, aus denen das Verbindungssystem besteht, sind so konzipiert, daß sie durch ihre Reaktion auf Beanspruchung den Charakter der Konstruktion noch unterstreichen. Die knochenartigen Gußteile sind mit den Glasfinnen verbolzt und stützen Edelstahlstäbe, die innerhalb von Muffen beweglich und mittels Stiftbolzen mit den Glasscheiben verbunden sind.

2

3

3. Außenansicht, von der Zufahrtsstraße gesehen.

4. Plan der höchst eleganten und ausdrucksvollen Dachstruktur.

5. Gebäudequerschnitt, 1:250. Er ist die Entsprechung des Fotos auf Seite 191. An der Darstellung der Gleisbett- und Bahnsteigkonstruktion wird deutlich, daß Schwingungsbewegungen beim Entwurf des Tragwerks und auch der Verglasungen berücksichtigt werden mußten.

4

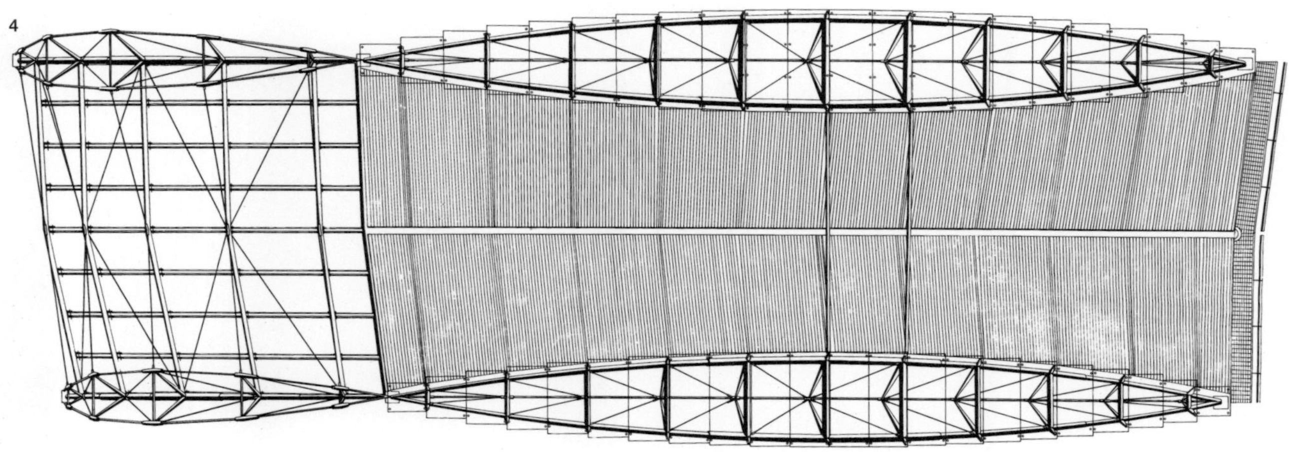

5

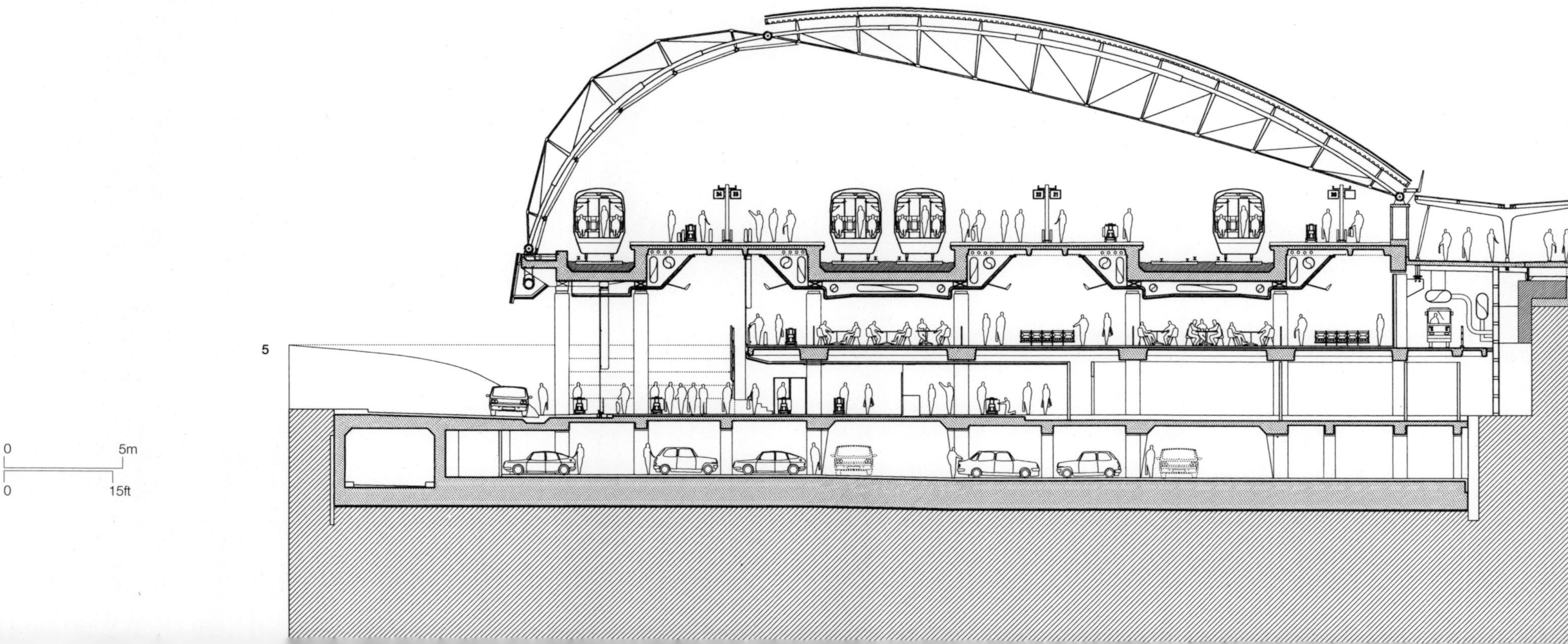

6

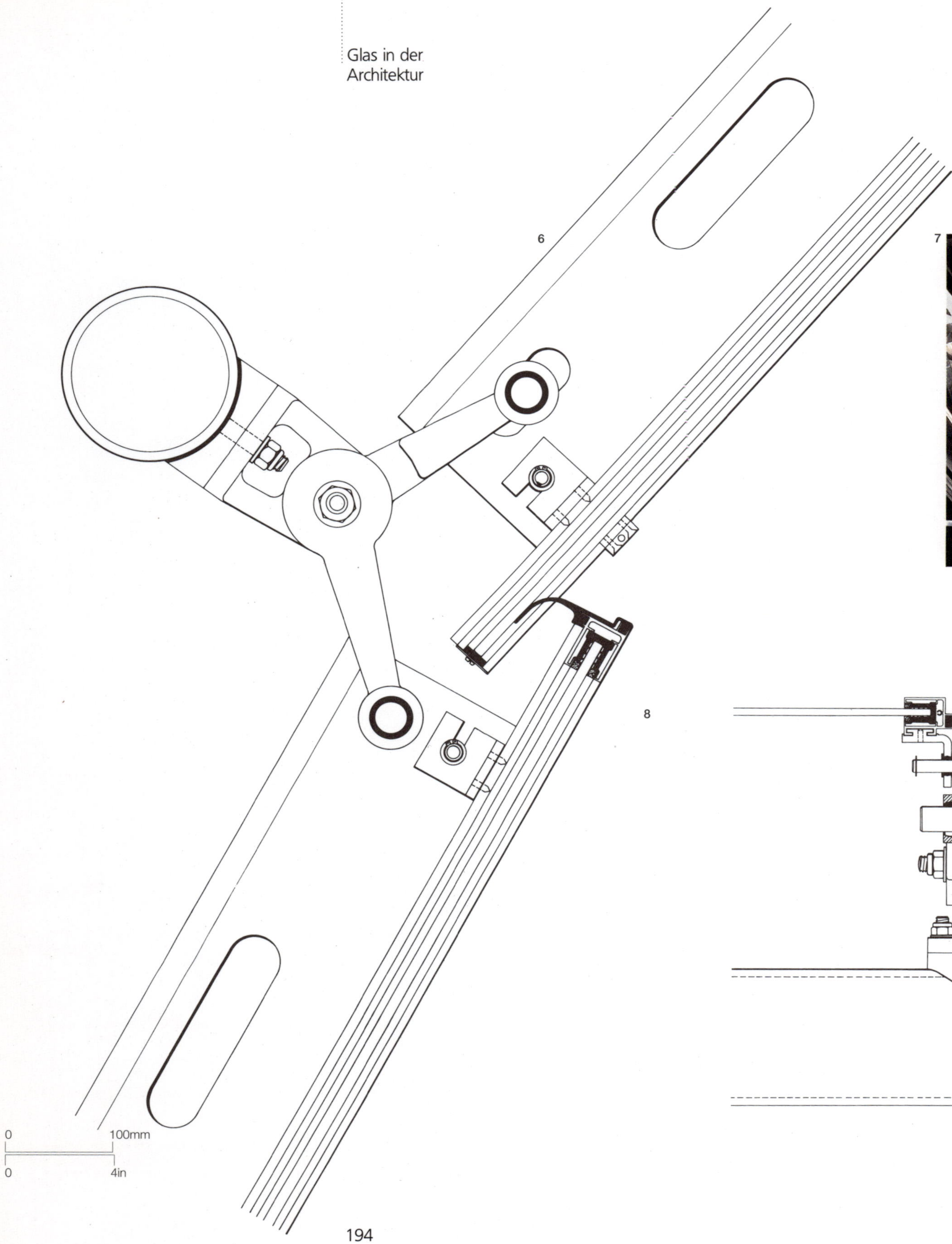

7

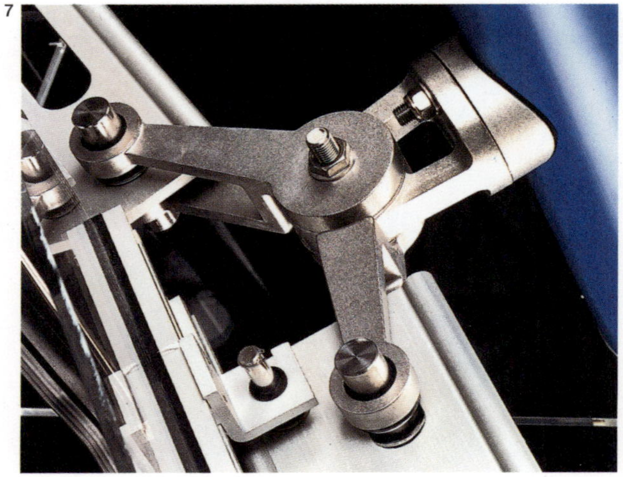

8

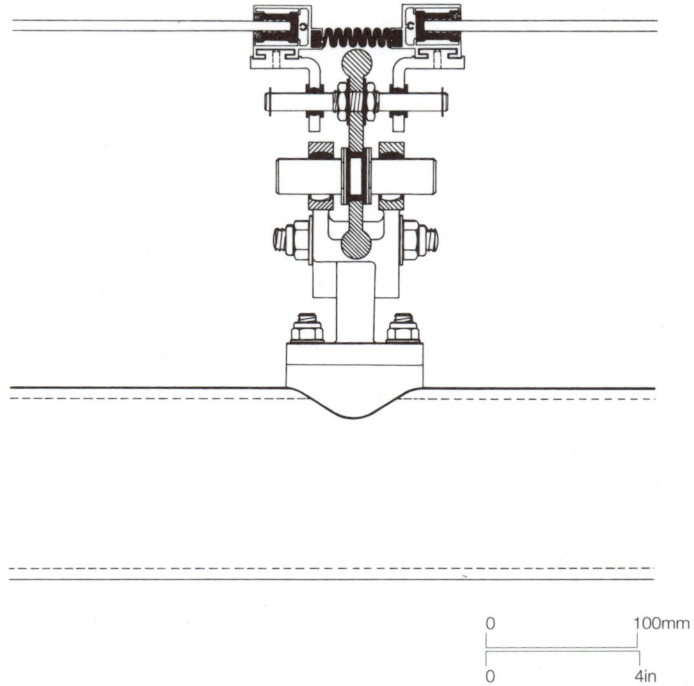

6. Detail der Dachverglasung, 1:5. Ein *bewegliches* Stück Design, so einfach und so wirkungsvoll wie ein gutes Gewächshaus-Einzelteil, das auf Überlappung und einem einfachen Abdichtprofil beruht.

7. Das Verbindungsstück.

8. Horizontalschnitt durch das Dach mit einem *Harmonika*-Abdichtprofil.

9

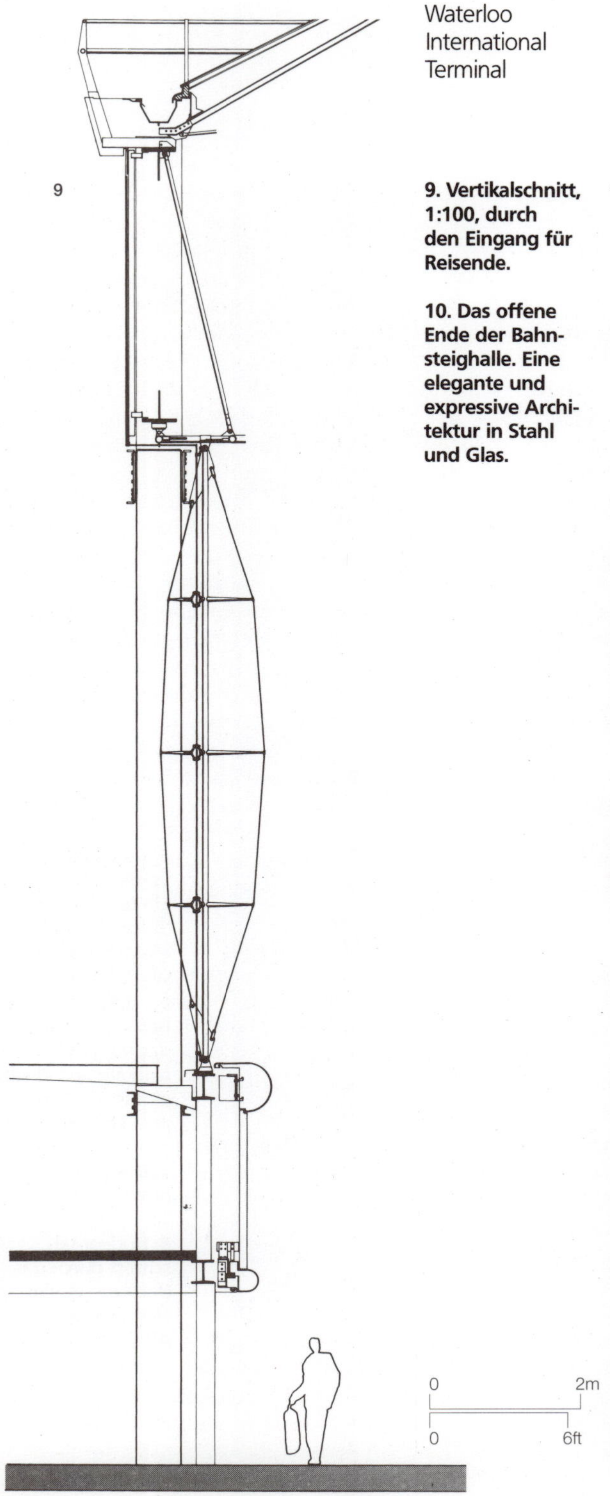

9. Vertikalschnitt, 1:100, durch den Eingang für Reisende.

10

10. Das offene Ende der Bahnsteighalle. Eine elegante und expressive Architektur in Stahl und Glas.

Gebäude der »Western Morning News«

Plymouth
Großbritannien

Architekten
Nicholas Grimshaw and Partners

Entwurf
1990/91

Ausführung
1991–1993

1. Nordfassade.

2. Detail des außenliegenden Tragskeletts und der Glaswand.

Im 20.Jahrhundert ist die traditionelle Verwendung von Glas im Bau als Teil des Bauherrenimages durch technische Neuerungen und gesellschaftliche Zielsetzungen weiterentwickelt und bereichert worden. Hannes Meyers berühmtes Statement von 1926 ist in diesem Buch bereits erwähnt worden, es lohnt sich jedoch, es noch einmal im Rahmen der Diskussion neuester Bauten der neunziger Jahre unseres Jahrhunderts zu wiederholen:

»Keine mit Säulen bewehrten Räume für müde Monarchen, sondern hygienische Arbeitsräume für die geschäftigen Vertreter ihrer Völker. Keine rückwärtigen Korridore für Hintertreppen-Diplomatie, sondern offene verglaste Räume für die öffentlichen Verhandlungen aufrichtiger Männer.«

Das Konzept einer Architektur, die alle innerhalb eines Gebäudes stattfindenden Aktivitäten nach außen sichtbar machte, war für Meyer die Vorbedingung für eine sozialistische Zukunft, in unserem Zeitalter hat sich diese Idee zum baukünstlerischen Mittel der Werbung entwickelt.

Der Gedanke, daß ein Gebäude nach außen hin als wichtiger Informationslieferant über das, was in seinem Inneren geschieht, auftreten kann, ist inzwischen zum Allgemeingut geworden. Das von SOM 1954 geschaffene Bankgebäude des Manufacturers Hanover Trust in New York ist hierfür ein hervorragendes städtisches Beispiel. Wenn es sich bei dem *inneren Geschehen* um Büro- und Verwaltungsarbeit handelt, kann das äußere Erscheinungsbild eines Baus ziemlich langweilig aussehen. Durchsichtigkeit würde auf die innere Organisation einer Firma auch einen enormen Druck ausüben: Wenn von außen nur Unordnung und überquellende Papierkörbe zu sehen sind, ist Transparenz geradezu kontraproduktiv. Im Fall von industriellen Produktionsabläufen kann Transparenz sich jedoch sehr positiv auswirken, indem die Gebäudehülle die Arbeit der jeweiligen Firma sichtbar macht und außerdem die abweisende Art und Gesichtslosigkeit der ununterbrochenen Außenwand vermeidet.

Das Gebäude der *Western Morning News* greift den Entwurfsgedanken der *Financial Times*-Druckerei in London auf (1988 ebenfalls von Grimshaw and Partners erbaut), nämlich die Rotationspressen sozusagen öffentlich auszustellen. Das Londoner Druckereigebäude nimmt ein eher unattraktives Grundstück an einer nach Osten führenden Ausfallstraße ein. Der Bau der *Western Morning News* dagegen steht auf einer Anhöhe außerhalb der Stadt Plymouth und nutzt diese Lage in hervorragender Weise.

Der Aufbau der Glasfassade folgt dem von Rice Francis Ritchie (RFR) und Pilkington/Flachglas in Europa entwickelten *minimalistischen* Konstruktionsmodell. Allerdings waren Lichtreflexion, Ausblick, Sonnenschutz und Solarenergienutzung wesentliche Entwurfsparameter für den Standort des Neubaus im ländlichen Raum. Die Architekten entschieden sich für eine Lösung, die einerseits von einer organischen Formensprache und andererseits von den Erfordernissen der Lichtreflexion und -transmission geprägt ist: Die Gebäudehülle ist daher nach außen gekippt, und dies fördert ganz entscheidend die Transparenz. Jede vertikale Glasfläche auf hochgelegenem, offenem Gelände reflektiert den Himmel, und zwar aufgrund der extrem unterschiedlichen Lichtintensität zwischen Innen- und Außenraum. Die Glaswand wird so zum Spiegel. Wenn man das weiß, versteht man auch die absolut logische Grundlage der Gebäudekonfiguration als schiffsähnliche Form und sieht sie nicht länger als eine Laune der Architekten.

Das Gebäude besteht aus einer Reihe von *Decks* mit einer Gesamthülle. Die Fassade ist abgehängt von äußeren Pylonen, die wie Elefantenstoßzähne aussehen, weil sie der Biegung der Glasfläche folgen. Das Gewicht des Glasvorhangs wird von den Pylonen über Edelstahlschwingarme aufgenommen, die am Scheitelpunkt der Pylonen befestigt sind. Die Glasscheiben sind mittels Planar-Stiftbolzenverbindungen in Vierpunkthaltern befestigt. Festigkeit gegen horizontale Windlasten bieten die Gußstahlhalterungen, die separat mit den Pylonen verbunden sind.

Die sich nach außen krümmende Glasfassade ist zusammen mit ihrem Tragwerk ebenso logisch durchdacht wie faszinierend.

2

1

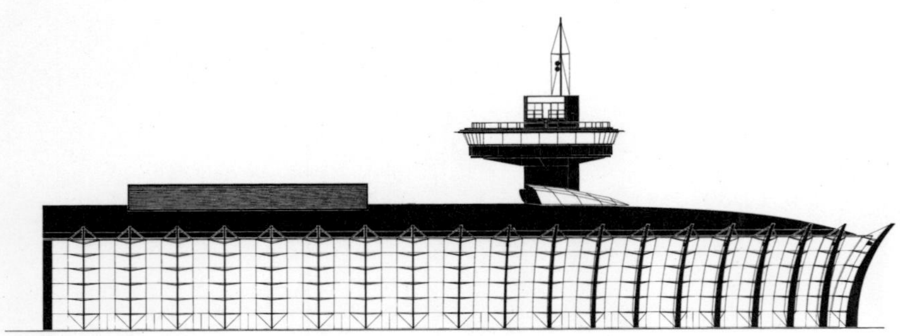

3

3. Das Gebäude bei Dunkelheit.

4. Außenansicht. Die Umsetzung der Schiffsarchitektur in ein Gebäude ist geistreich und eindrucksvoll. Der Bau hat die Form eines Schiffsbugs, aber das Spantenwerk ist nach außen gekehrt, und anstelle eines Rumpfs aus Stahlplatten hat das Schiff eine transparente Hülle.

5–7. Grundrisse. Die Büros liegen auf der rechten *Bugseite*, die Produktionsräume auf der linken.

8. Detail der großen, nach außen geneigten Glasfassade.

4

5

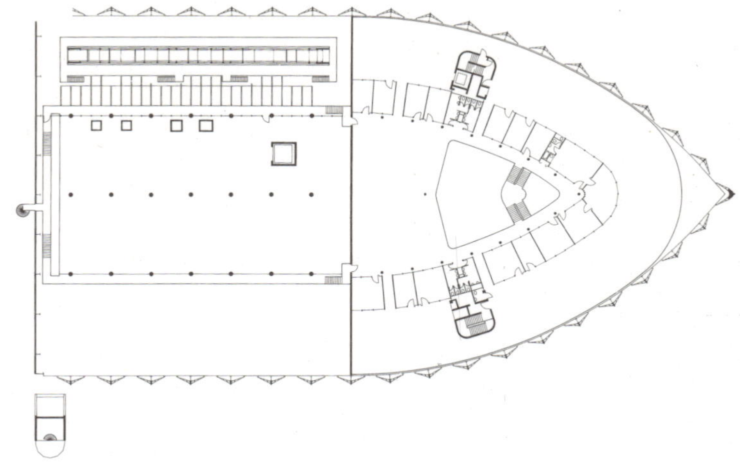

8

6

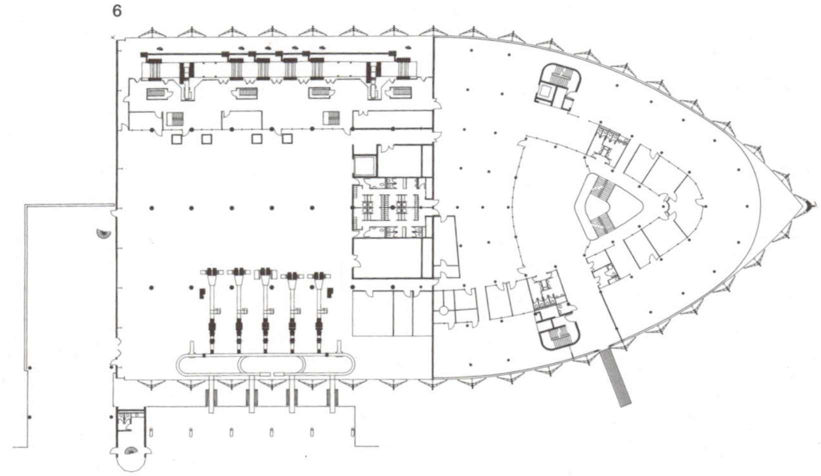

7

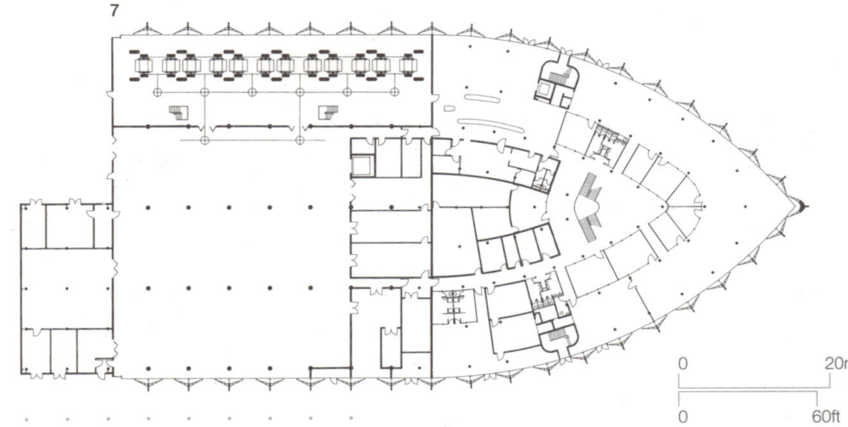

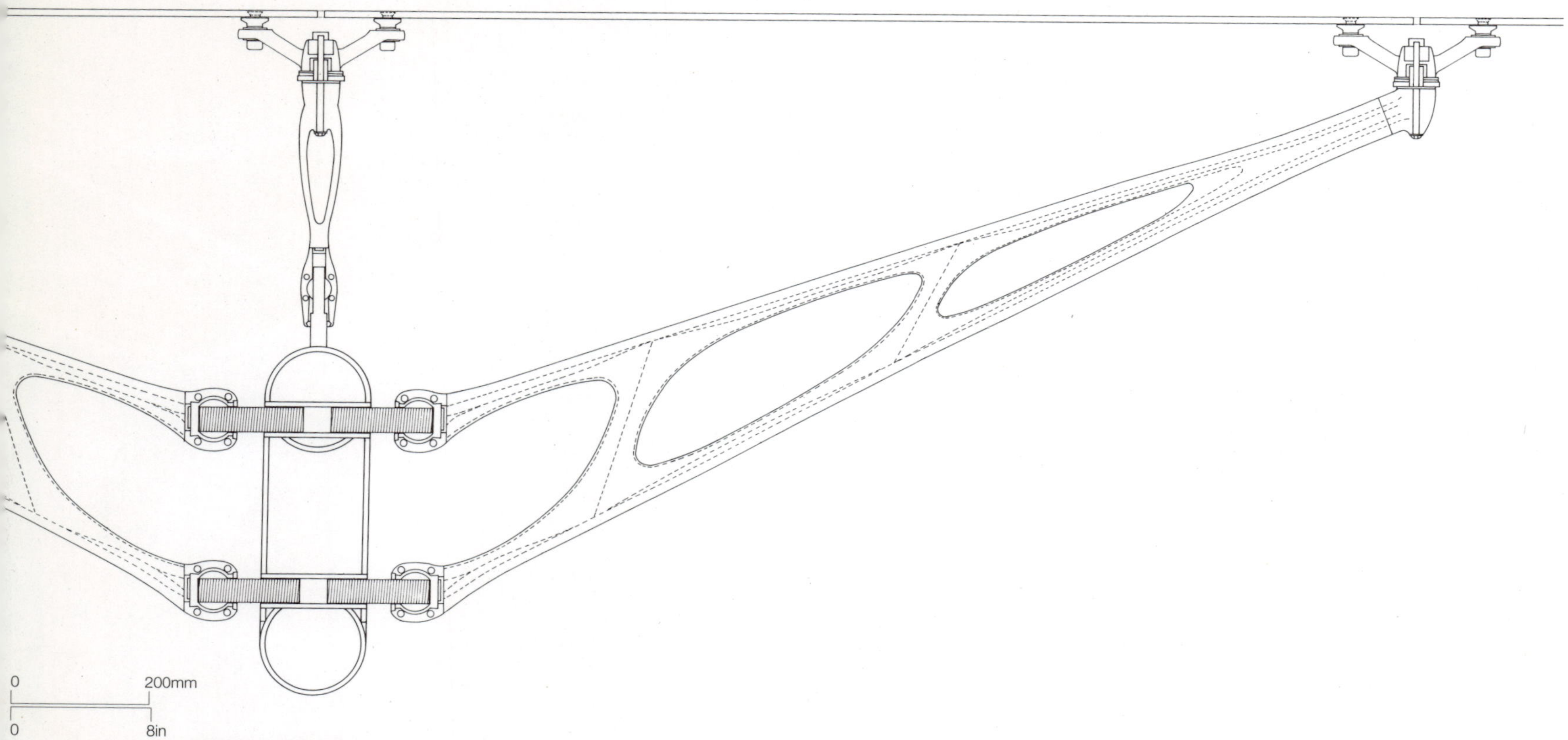

9

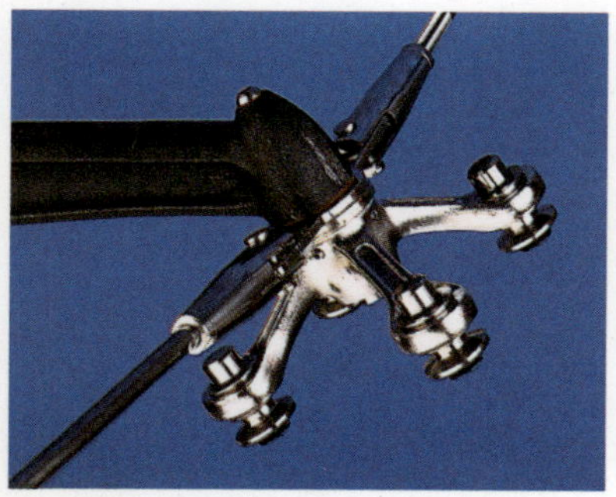

10

9. **Horizontalschnitt: Referenzen an organische Formen und nautische Metaphern verbinden sich zu einer reichhaltigen architektonischen Formensprache.**

10. **Ein Mehrpunkthalter der Verglasung.**

11, 12. **Detailzeichnungen, 1:5. Sie zeigen die Anschlußstellen der Verglasung am Boden (11) und am Dachgesims.**

13. **Schnitt durch die Außenwand.**

14. **Das Tragwerk: Hier wie beim Waterloo-Bahnhof zeigt sich die Freude der Architekten und Ingenieure an *konstruktiver Virtuosität*.**

12

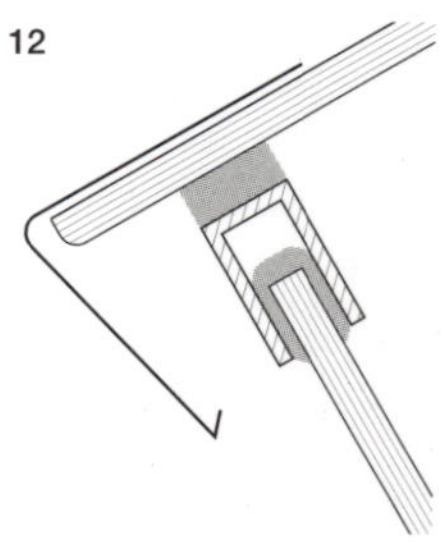

11

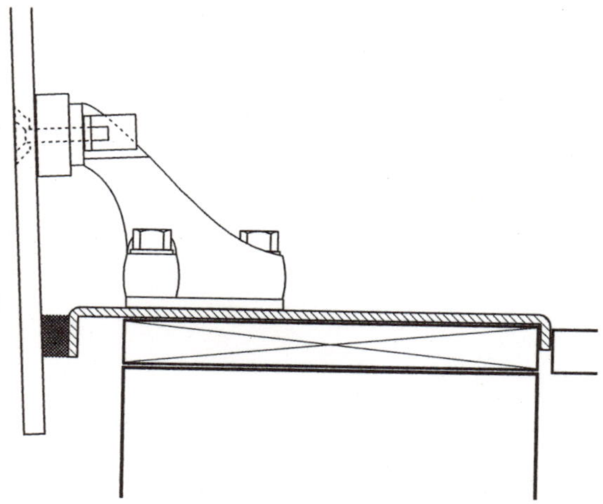

Gebäude der
»Western
Morning News«

13

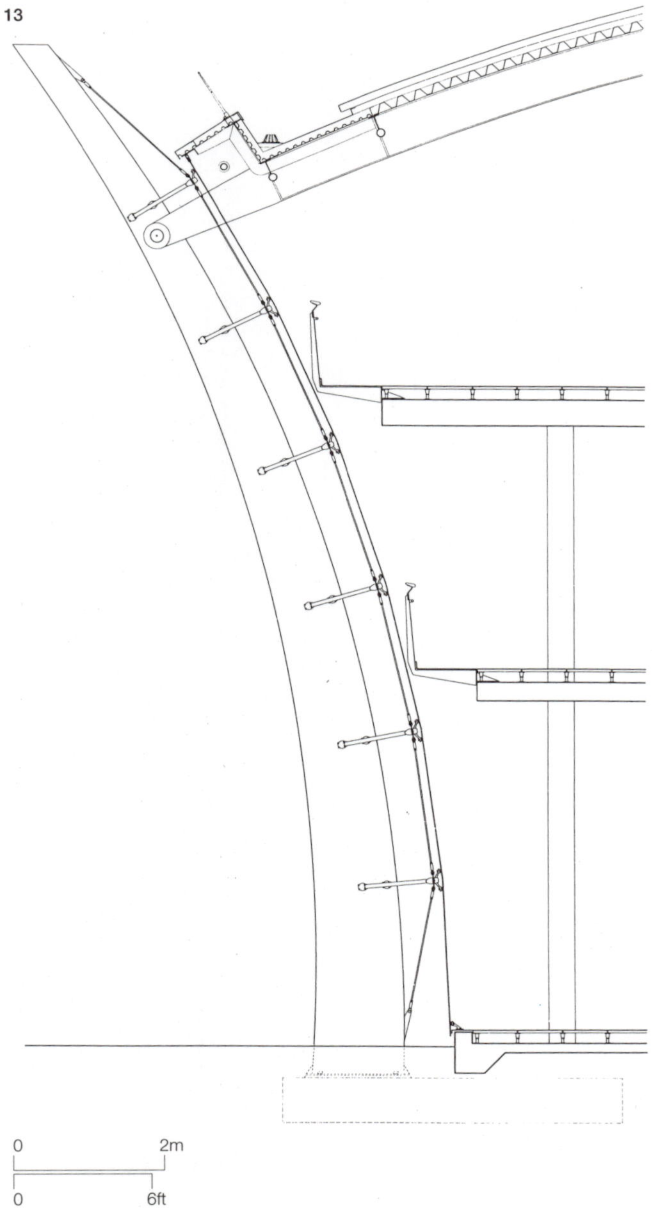

14

Haus Benthem

Almere
Niederlande

Architekten
Benthem und Crouwel

Entwurf
1983

Ausführung
1984

1

1. Das Haus im Garten.

2. Dieser Wohnraum hat wahrscheinlich den am wenigsten unterbrochenen Ausblick aller bislang realisierten Glasbauten, und zwar deshalb, weil die konstruktive Verglasung das Gewicht des Daches trägt und ausschließlich mittels Glasplatten ausgesteift wird.

Die Festigkeitseigenschaften von Glas sind in bezug auf seine Verwendung als Baustoff in der Entwicklungsgeschichte der Glasarchitektur fast immer als Mangel angesehen worden. Wegen seiner Sprödigkeit war es für die Baumeister und Architekten ein absolut instabiles Material.

In den letzten zwei Jahrzehnten sind seine Festigkeitseigenschaften viel besser ausgenutzt worden, wie die bereits mehrfach erwähnte Glaswand im Parc de la Villette (S. 172) und die Bauten von Mick Eekhout und anderen gezeigt haben. In jüngster Zeit haben Architekten begonnen, die Druckfestigkeit von Glas zu nutzen, und zwar in der tragenden Glaswand.

Der Schlüssel zur erfolgreichen Verwendung von Glas als konstruktives Material liegt darin, daß es dem Bau Druckfestigkeit verleiht. Glas ist ein spezifisch dünnes Material und kann, wenn es bis zu Höhen von mehreren Metern aufgeführt wird, unter bestimmten Lasten einknicken. Es ist jedoch fest genug, um in Scheiben der größtmöglichen herstellbaren Höhe im Verbund mit genügend Befestigungen und Aussteifungen zur Fassadenkonstruktion montiert zu werden. Das Ergebnis ist die dünne tragende Membrane.

Das Wohnhaus für Jan Benthem und seine Familie in Almere hat eine solche Außenhaut. Die Architekten erhielten für den Entwurf dieses Behelfshauses eine Auszeichnung. Daß es ein Behelfshaus war, befreite die Gestalter von den Zwängen der Baugesetze, verpflichtete sie allerdings auch dazu, das Haus nach fünf Jahren wieder abzubauen. Diese Auflage erinnert uns an einen frühen Glasbau, den Londoner Kristallpalast von 1851. Nach all dem in den Bau eines Glashauses investierten Aufwand an Arbeitszeit und Geld ist es schließlich unerläßlich, es mühelos abbauen, transportieren und an anderer Stelle wieder errichten zu können.

Die Entwurfslogik für dieses Haus richtet sich nach der Landschaft der Niederlande. Die Architekten haben dazu folgendes erklärt: »Hollands flache, wohlgeordnete Landschaft zwischen festem Boden und Wasser, mit ihrem wechselhaften und oft bewölkten Himmel, ist seit eh und je die Inspirationsquelle von Malern, Schriftstellern und Architekten gewesen... Schwere, massive Konstruktionen würden die Landschaft mißachten und verletzen und gehören nicht hierher. Leichte, transparente Bauten ermöglichen jedoch ihre Kontinuität und sind die natürliche Ergänzung für diese von Menschenhand geschaffene künstliche Landschaft.« Die Gültigkeit dieser Erklärung muß nicht in Frage gestellt werden; sie bildete den Ausgangspunkt des Entwurfs.

Das Haus ist ein Glascontainer, der sich 1,5 m oberhalb des dem Meer abgerungenen Bodens auf einem Metallraumfachwerk erhebt. Das Raumkonzept für dieses Einfamilienhaus ist das gleiche wie beim Farnsworth House: Zwei horizontale Ebenen schaffen den Raum zum Wohnen. Allerdings gibt es hier kein Stahltragwerk, denn die Glaswände selbst stützen das Dach. Es besteht aus Stahlwellblech in einem Rahmenwerk aus Stahlbindern, Edelstahlkabeln und Zugstäben und ist mittels zweier Kabel im Boden verankert. 15 mm dicke aussteifende Glasfinnen sind mittels Stiftbolzenverbindungen an den 12 mm starken tragenden Außenglaswänden befestigt. Die gesamte Konstruktion ist auf die Nutzung der Zugkräfte ausgerichtet (damit das Dach nicht weggeblasen wird), anstatt auf die konventionelle Druckbeanspruchung der Gründung durch die Schwerkraft des Bauwerks. Das einzige *echte Detail* in der Glashülle ist die 5 mm breite Fuge zwischen den Glasplatten, die mit Silikondichtungen versiegelt sind.

Das Haus wurde von Mitarbeitern des Büros Benthem und Crouwel aufgebaut, was aufgrund der relativ leichten Montage von industriell produzierten Einzelteilen machbar war. Entstanden ist eine Glashülle von bemerkenswerter Konsequenz und Klarheit, aus der man völlig ungehinderte Ausblicke nach allen Seiten hat.

Selbstverständlich kann ein derartiges Bauwerk nicht sehr energiesparend sein. Beheizung und Belüftung erfolgen durch die unter dem Haus hindurchgeleitete Luft. Das Haus Benthem ist nicht so sehr ein Umweltveränderer, sondern repräsentiert die einfachste mögliche Konstruktionsart auf der Basis der Druckfestigkeit seines Hauptmaterials: Glas.

2

3, 6. Innenansichten.

4. Der Grundriß – eine Übung in extremer Schlichtheit.

5. Der Schnitt, 1:50, einziges konstruktives Innenelement ist die zentrale Seilverspannung des Dachs. Das höchst expressive, spannungsvolle Konstruktionsprinzip wird in diesem Schnitt deutlich.

3

4

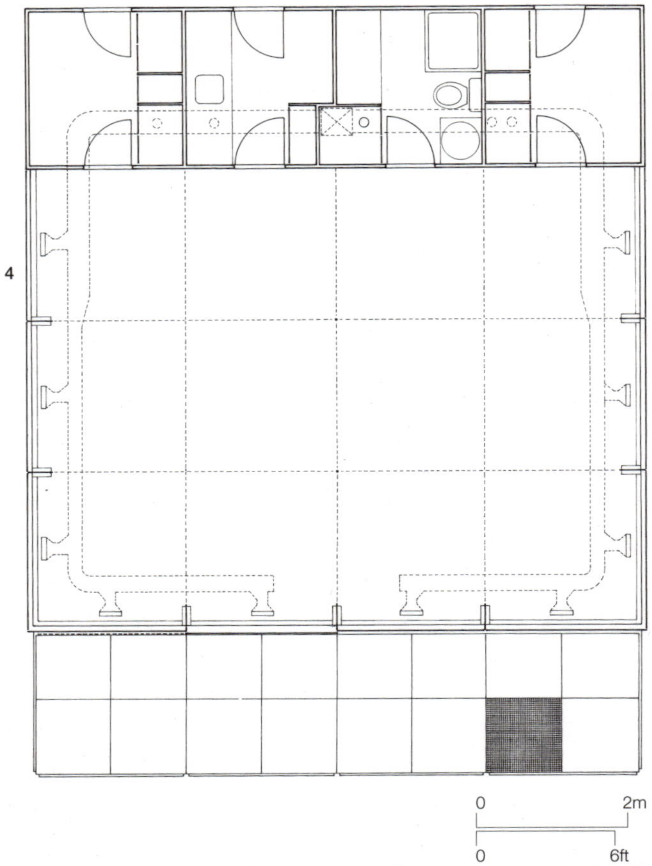

5

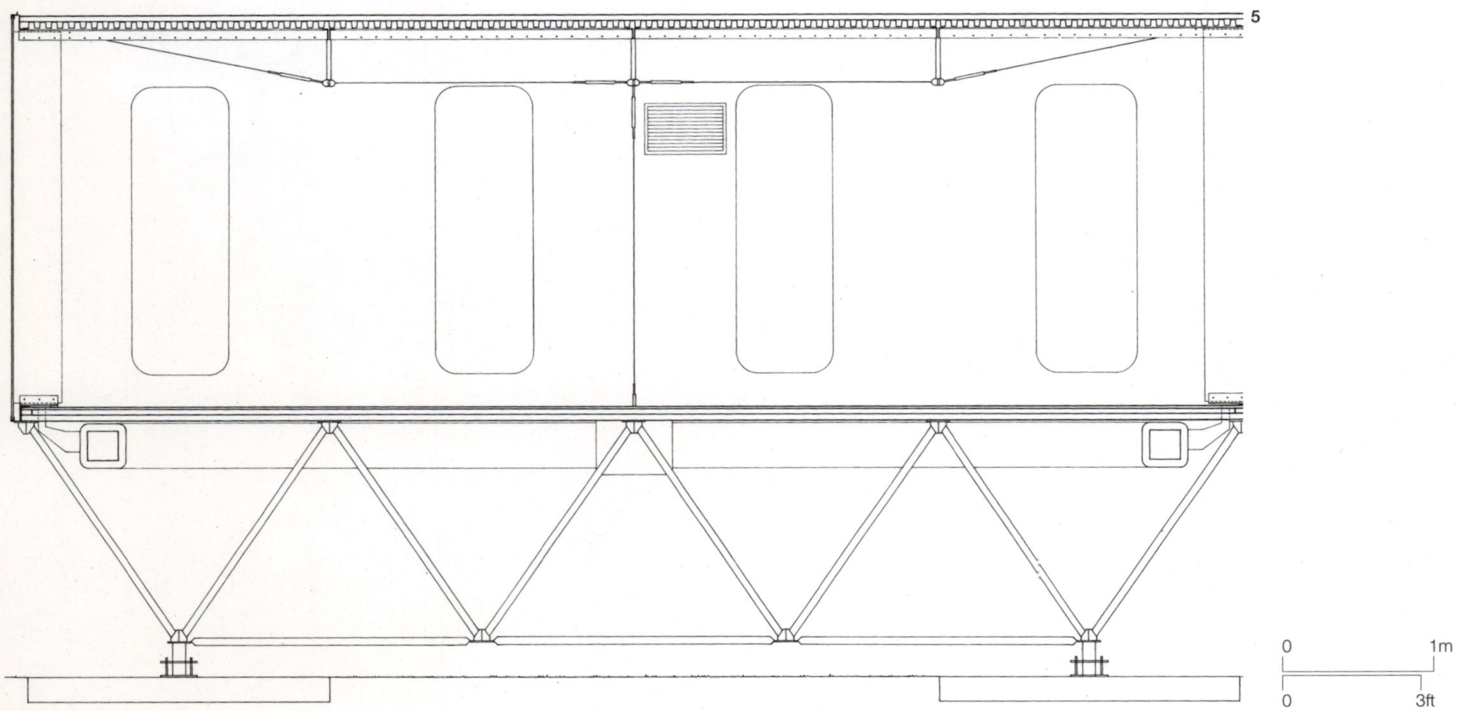

6

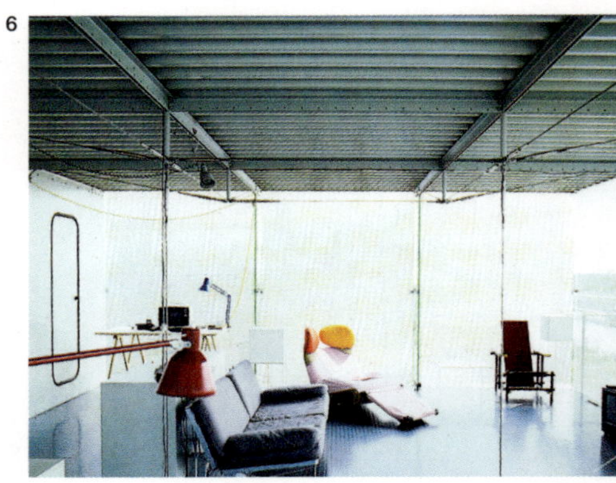

7

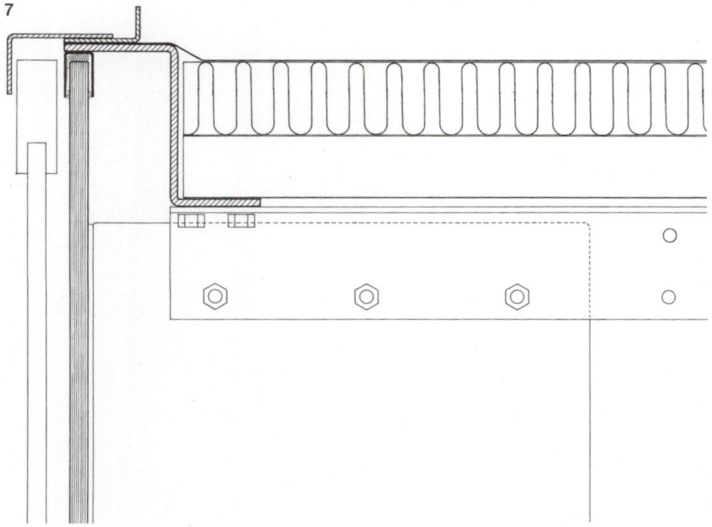

9

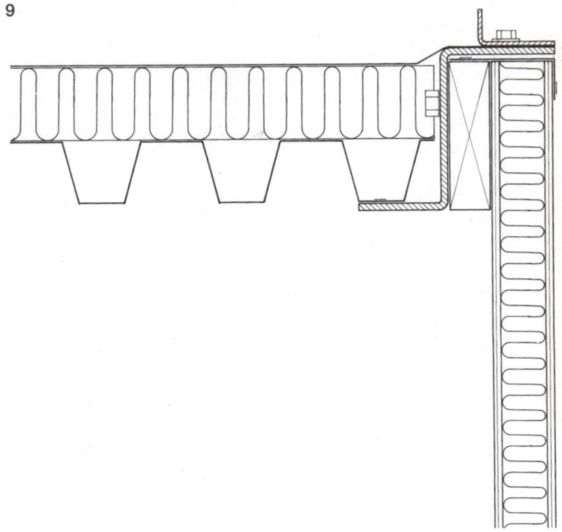

8

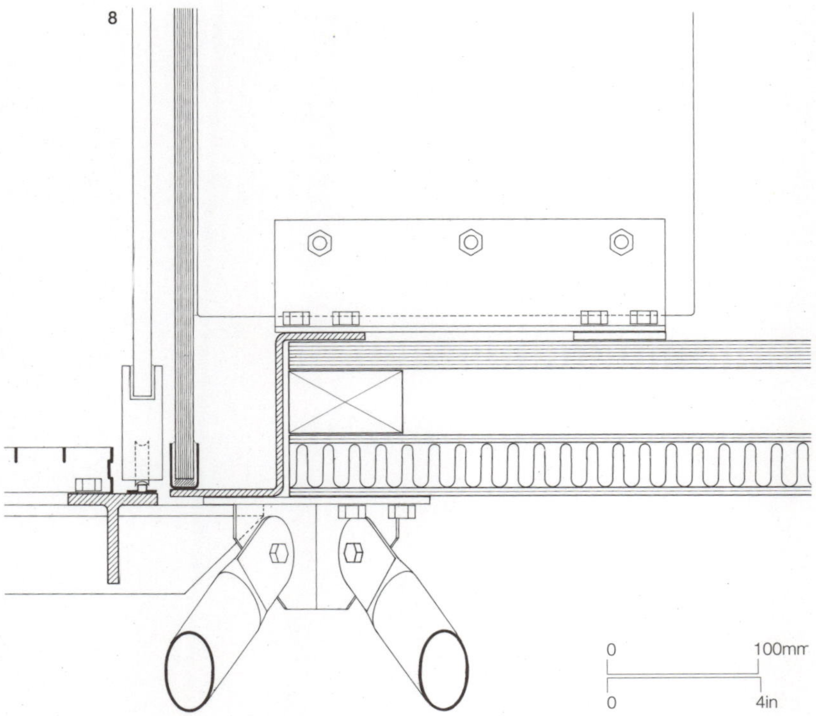

7–9. Querschnittdetails, 1:5. Links die Schiebetür. Die ungewöhnlich einfache Bautechnik des Hauses ist aus diesen Details ersichtlich: Z-Profile am oberen und unteren Ende übertragen die zwischen Dach und Fußboden entstehenden Drucklasten auf die Verglasung, die mittels Glasplatten ausgesteift wird.

10

10. Gartenfassade vom seitlichen Zugangsbereich aus gesehen.

14

11

11, 12. Treppenaufgang zum Wohndeck.

13. Blick vom Schlafzimmer in den Garten.

14. Blick auf den zentralen Versorgungsblock, der Küche, Bäder und Kammern enthält.

15, 16. Horizontalschnitte der Außenwand.

17. Blick auf das Haus und seine Ständerkonstruktion.

15

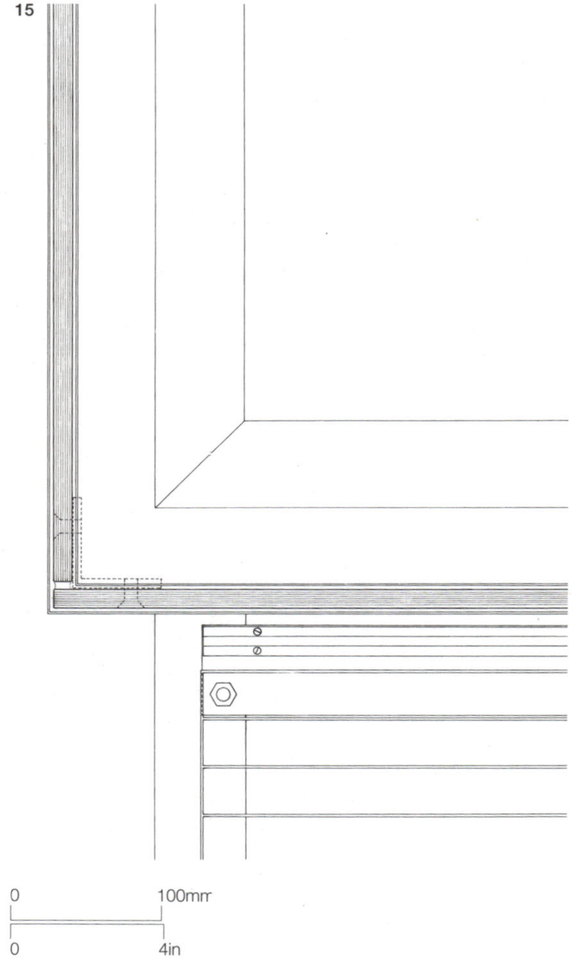

16

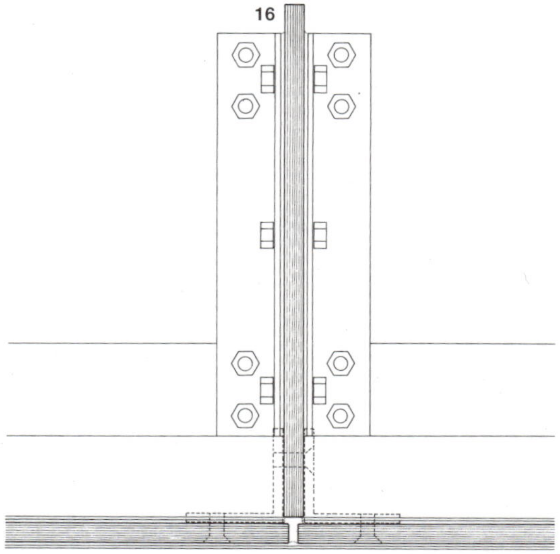

12

13

17

Skulpturenpavillon

Sonsbeek
Niederlande

Architekten
Benthem und Crouwel

Entwurf
1986

Ausführung
1986

1. Schnitt und Grundriß des Pavillons.

2. Der im Park aufgestellte Glaspavillon: Dieses virtuelle Bauwerk bietet nicht mehr und nicht weniger als einen geschützten Spaziergang zum Betrachten von Freiplastiken.

Zwei Jahre nach dem Bau des Glashauses in Almere (S. 202) schufen Benthem und Crouwel ein zweites Haus, das die konstruktiven Möglichkeiten von Glas ausschöpfen und darüber hinaus zur Unterbringung einer internationalen Skulpturenausstellung, *Sonsbeek '86*, in Arnheim dienen sollte.

Die Bauaufgabe bestand darin, eine schützende Umfassung für die empfindlichen Plastiken zu schaffen, die zwar *im Freien* aufgestellt werden sollten, aber Schutz vor Wind und Regen brauchten. Dieses einfache Raumprogramm bot sich an für ein Stück minimalistischer Glasarchitektur, das nicht nur das Prinzip der tragenden Glaswand anwandte, sondern auch des Glasdachs und des Glasträgers. Der Entwurf zeichnet sich aus durch Geradlinigkeit und Schlichtheit.

Der Pavillon besteht aus vier quadratischen *Zellen*, jede 6 m² im Plan, die sozusagen stufenweise den Abhang hinansteigen und einen durchsichtigen Tunnel bilden. Das Dach wird - wie beim Wohnhaus in Almere - von den Außenwänden aus Sicherheitsglas gestützt. Die Glasplatten sind 12 mm dick und messen 2 × 4,6 m (BxH), was in etwa dem größtmöglichen Format entspricht, das in den meisten Sicherheitsglasöfen hergestellt werden kann. 15 mm starke Glasfinnen, die mittels Stiftbolzenverbindungen mit der Außenwand verbunden sind, steifen diese aus. Stahlfachwerkbinder sind mit Bolzen direkt mit den Glaswänden verbunden. Die 60 cm hohe Stufe von einer *Zelle* zur nächsten entspricht der Höhe des Binders.

Die Lösung der Regenwasserableitung ist ebenso einfach wie der gesamte Entwurf. Die Architekten nutzten die Formbarkeit von Glas für eine fast unmerkliche Krümmung der Glasabdeckungen, unterstützt von der Krümmung der Fachwerkbinder, so daß Regenwasser zu beiden Längsseiten des Pavillons abrinnt.

Die Bemühungen um die Errichtung einer *Ganzglaskonstruktion* sind inzwischen weit verbreitet. Bauingenieure und Architekten in aller Welt untersuchen das Potential konstruktiver Verglasungen, werden darin jedoch behindert durch das Fehlen von Informationen zu Festigkeit und Versagen des Materials. Diese Daten sind aber für die Prognose der voraussichtlichen mittleren Instandhaltungsdauer und für die Tragwerksberechnung unerläßlich. Da verläßliche Daten einfach nicht zu haben sind, ist der Bauingenieur wie ein mittelalterlicher Baumeister gezwungen, sich auf das *Probieren-geht-über-Studieren* zu verlassen, um die Sicherheit seiner Konstruktionen zu gewährleisten. Das eigentliche Problem liegt darin, daß Glaskonstruktionen immer noch als exotisch und in gewissem Sinne überflüssig angesehen werden.

Wenn die Möglichkeiten von Glas in der Architektur voll ausgeschöpft werden sollen und man dabei von der Tatsache ausgeht, daß Transparenz das Hauptmerkmal dieses Baustoffs darstellt, ist die Entwicklung von Vollglasbauten ein wichtiger Schritt hin zu einer Architektur, deren Ziel die *Auflösung* der Umfassungsmauer ist.

In Ermangelung von praktisch erprobten Standards und Informationen zur Ist-Festigkeit von Glas liegt die Chance des Glasarchitekten in erster Linie in der Entwicklung von Behelfsbauten. Dieser Pavillon in Sonsbeek ist daher ein wichtiges Beispiel eines Baus, der (nahezu) vollständig aus Glas besteht.

Er erscheint wie eine Architekturvision, die auf die passende technische Lösung wartet, und ähnelt in dieser Hinsicht Mies van der Rohes Glasturmprojekt von 1922. Der Sonsbeeker Pavillon ist allerdings realisiert worden, wenn er auch später demontiert werden soll. Schließlich ist er nur eine Schutzhülle für im Freien aufgestellte Plastiken. Die Architekturvision jedoch bleibt, und da heutzutage Borosilikatgläser, Glaskeramik und andere hochfeste Glassorten verfügbar werden, eröffnen sich mit Sicherheit Ausblicke auf zukünftige Entwicklungen.

2

1

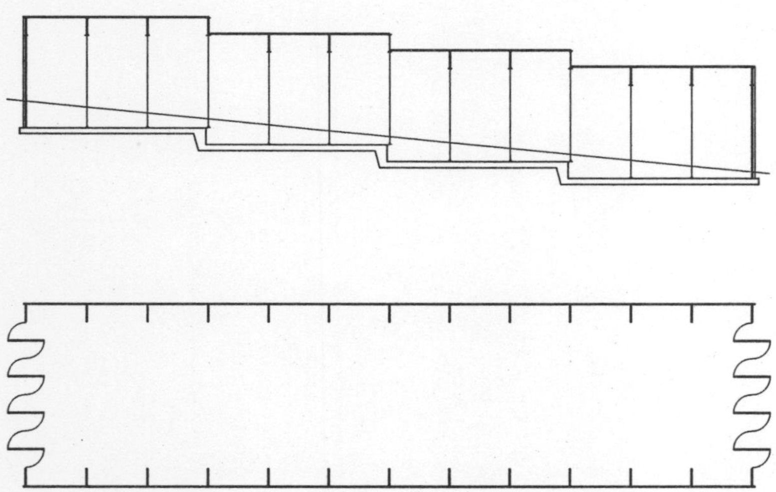

3

5

4

3. Detail der Anschlußstelle zwischen Wand und Dach – auch ein Stück Skulptur.

4, 5. Außenansichten.

6–9. Konstruktionsdetails, 1:5. Die Schlichtheit der Konstruktion bis in die Details beruht zum einen auf dem Konzept des starren Zeltdachs, bei dem unter anderem keine Wärmeleistung erforderlich war. Eine derartige Verbundkonstruktion dient aber auch dazu, ihr Tragverhalten unter Beanspruchung zu testen und die Ergebnisse nutzbringend auf komplexere Bauaufgaben zu übertragen.

6. Vertikalschnitt.

7. Vertikalschnitt des Metallträgers.

8. Vertikalschnitt.

9. Horizontalschnitt.

6

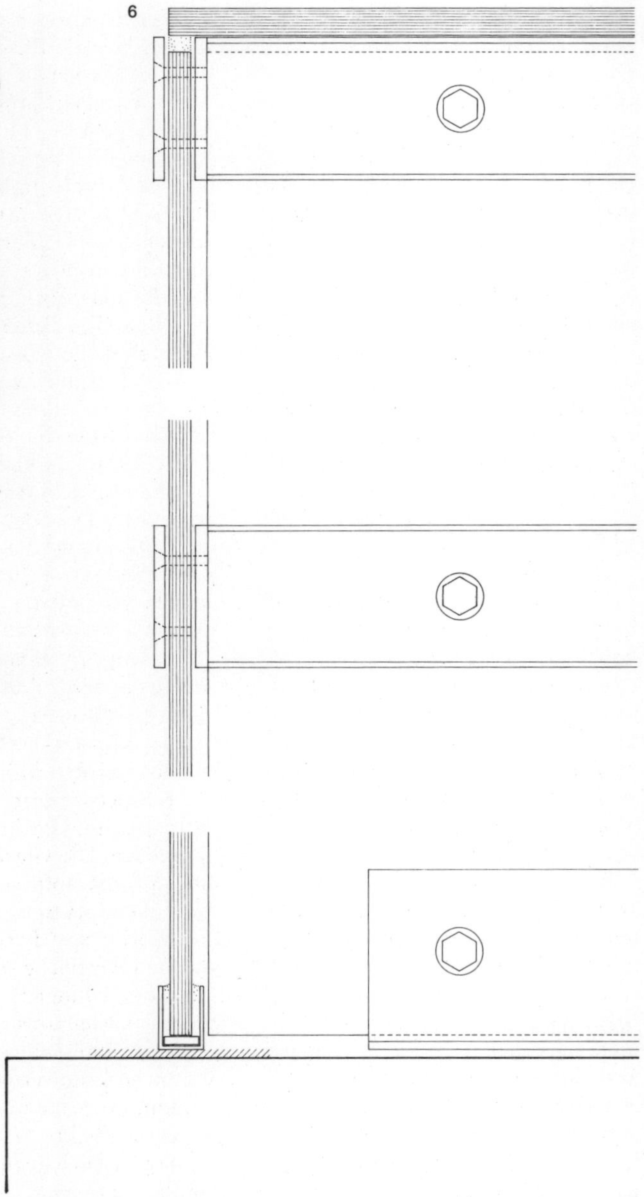

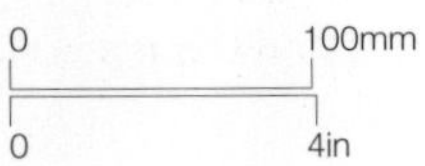

7

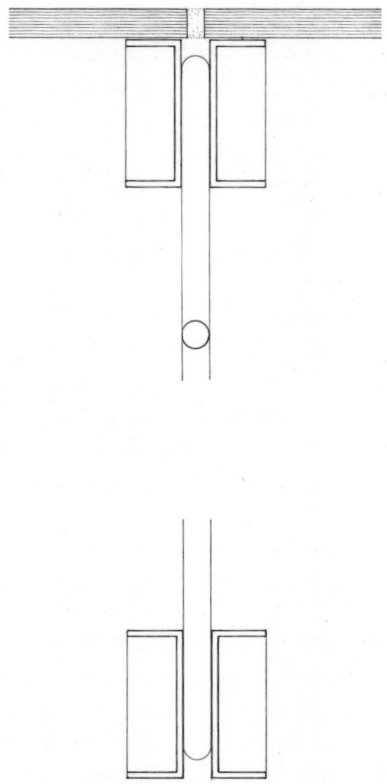

8

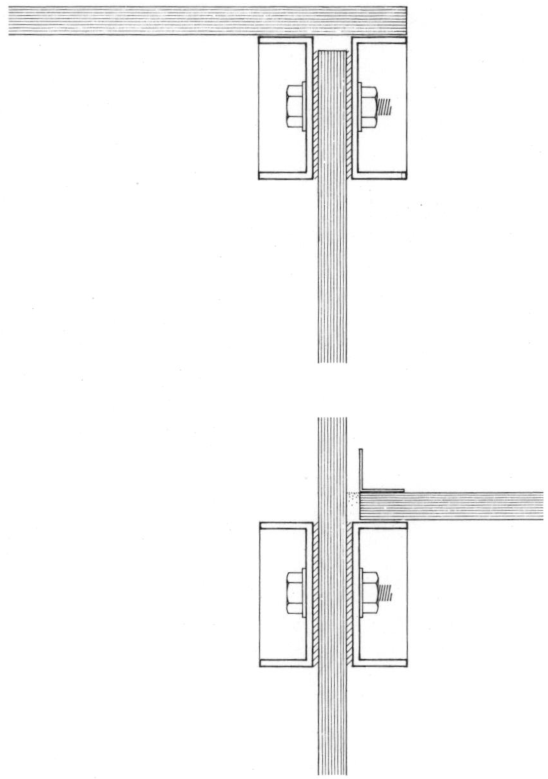

9

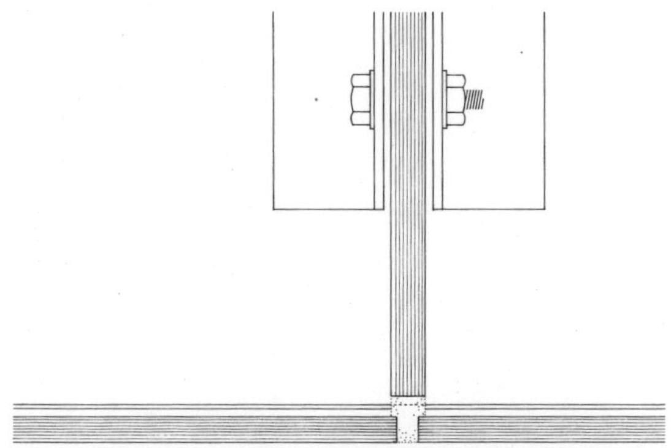

Wintergarten

Hampstead, London
Großbritannien

Architekt
Rick Mather mit Dewhurst MacFarlane

Entwurf
1990/91

Ausführung
1992

1. Die Glaswand bildet einen eleganten Kontrast zum außenliegenden Feldsteinbett.

Der Gedanke, mit Glas als konstruktivem Material zu bauen, stellt für viele Architekten und Bauingenieure eine große Herausforderung dar. Bislang galt Glas wie gesagt als Baustoff, der im wesentlichen zugbeansprucht eingesetzt werden konnte. Erst jetzt tauchen Projekte auf, die auch seine Druckfestigkeit nutzen und Glas eher wie einen Baustoff mit den Eigenschaften traditioneller Bauelemente behandeln, die in der Lage sind, Zug- und Druckbeanspruchung sowie Biegekräften und Stoßlasten standzuhalten.

Architekten und Tragwerksplaner schöpfen Zuversicht aus dem Wissen, daß Glas in seiner Molekularstruktur ein hochfestes Material ist; sie wissen aber auch, daß es zerbrechlich ist und daher zu plötzlichem, nicht vorhersagbarem Versagen neigt. Nachrichten über ein derartiges, zum Zeitpunkt des Ereignisses unerklärliches *Spontanversagen* von Sicherheitsglas (bei dem sich als Ursache schließlich Nickelsulfidkristalle herausstellen) verbreiten sich wie Stoßwellen in der Welt der Glashersteller und -architekten. Die Gefahr, die eine solche Kristallbildung als Verursacher von Materialversagen darstellt, ist inzwischen praktisch gebannt, und zwar indem man die Glasscheiben einem Hitzetest unterzieht, bei dem etwaige Kristallbildungen entdeckt werden. Dieses Prüfverfahren ist also eine Qualitätskontrolle.

Glasbauten entwickeln sich in etwa genauso wie Steinbauten im Mittelalter: Sie sind das Ergebnis der gesammelten praktischen Erfahrungen ihrer Erbauer. Tragwerksplaner, die unweigerlich für das Versagen der Konstruktion geradestehen müssen, verfügen über keine letztgültigen Standards oder etablierte konstruktive Daten, mit denen sie Glaskonstruktionen bemessen könnten, und müssen sich daher auf die Herstellerangaben verlassen oder ein Testprogramm durchführen, das ihre Berechnungen bestätigt. Letzteres erfordert den Bau von Prototypen, deren Kosten einen ansonsten begeisterten Auftraggeber möglicherweise abschrecken.

Aus diesem Grund haben viele der ehrgeizigsten Zielsetzungen der Glasarchitektur ihren Niederschlag zunächst in kleineren Bauten gefunden oder in Behelfsbauten, deren Entstehungsprozeß für alle Beteiligten überschaubar ist und keine langfristigen Risiken birgt.

Die Bauten von Benthem und Crouwel in Holland finden in Großbritannien ihre Entsprechung in den Arbeiten mehrerer Architekten und Bauingenieure. Rick Mathers Wintergarten ist ein typisches Beispiel: Einerseits kommt der Entwurf dem Konzept einer echten konstruktiven Vollverglasung näher, andererseits löst er einige ökologische Probleme von Glasgebäudehüllen.

Die Bauaufgabe dieses an ein Wohnhaus angebauten Wintergartens lautete schlicht, einen ausschließlich aus Glas bestehenden Anbau ohne sichtbehindernde Metallteile zu schaffen. Hauptelemente des Anbaus sind eine Längs- und eine Seitenwand und ein geneigtes Dach, dessen Tragwerk aus Glasbindern auf Glasstützen besteht. Nicht nur Bolzen und Klemmplatten waren ausgeschlossen, sondern sogar die üblichen Aluminiumabstandhalter in Doppelverglasungselementen.

Die technische Lösung für Vollglaskonstruktionen geht vom Prinzip des Failsafe-Designs aus: das heißt sie verwendet Mehrschichtensicherheitsglas, damit beim Bruch einer Schicht die anderen die konstruktive Funktion des Verglasungselements aufrechterhalten. Frühe Zweischichtenelemente wurden verworfen, weil die Fugenabdichtung zu große Probleme bereitete. Die Ausführungspläne sahen schließlich 10 mm dickes Sicherheitsglas zur Herstellung von Dreischichten-Bindern und -stützen vor, verbunden mit einer mit Silikon abgedichteten Glas-Zapfenverbindung, wobei die äußeren Binderschichten sich über die Mittelschicht der Glasstützen erstrecken. Der Kleber ermöglichte die Funktion der Fuge als Gelenkstoß. Die Stützen sind in Stahlsockel eingelassen und am oberen Ende mit einer Reibverbindung befestigt.

Die Doppelverglasung folgt einem deutschen Modell und verwendet Glasabstandshalter, die zwischen den 10 mm starken Glasplatten eingeklebt werden. Mögliche Probleme mit Kondenswasser werden durch ein finnisches Glasheizverfahren vermieden. Die Glasplatten haben eine aufgedampfte nicht leitende Metallbeschichtung, die gerade so viel Wärme speichert, daß die warme Oberfläche sozusagen als Heizkörper fungiert. Die äußere Scheibe besteht aus einem Glas mit niedrigen Emissionswerten, das Wärmeverluste vermeidet und die Strahlungswärme in den Wintergarten zurücklenkt.

Die Glaseinzelteile wurden in Finnland gefertigt, in Deutschland zu Doppelverglasungen verarbeitet und dann nach Hampstead geliefert.

1

3

2

2. Blick in den Wintergarten.

3. Verglasungsdetail an der Anschlußstelle zwischen Glasscheiben, Glasstütze und Träger.

4. Grundriß des ganzen Hauses. Die gepunkteten Linien markieren die Position der Dachträger aus Glas.

4

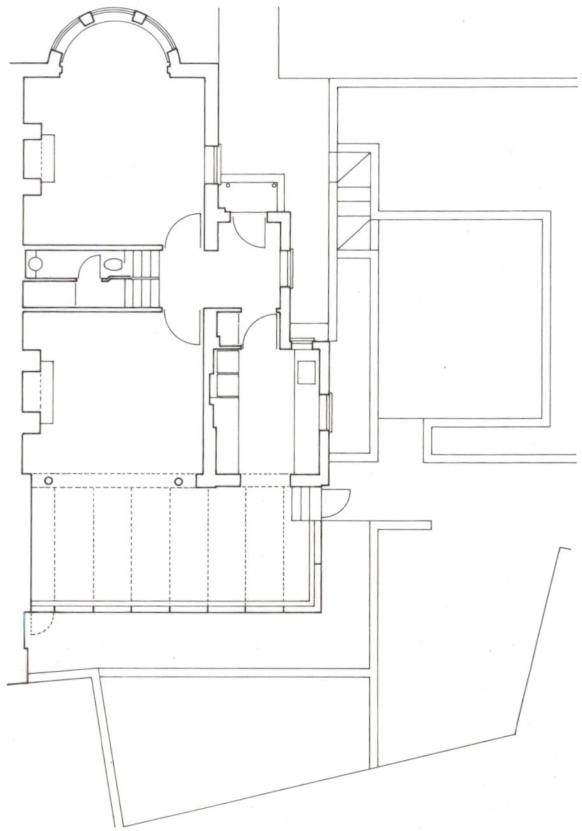

5

6

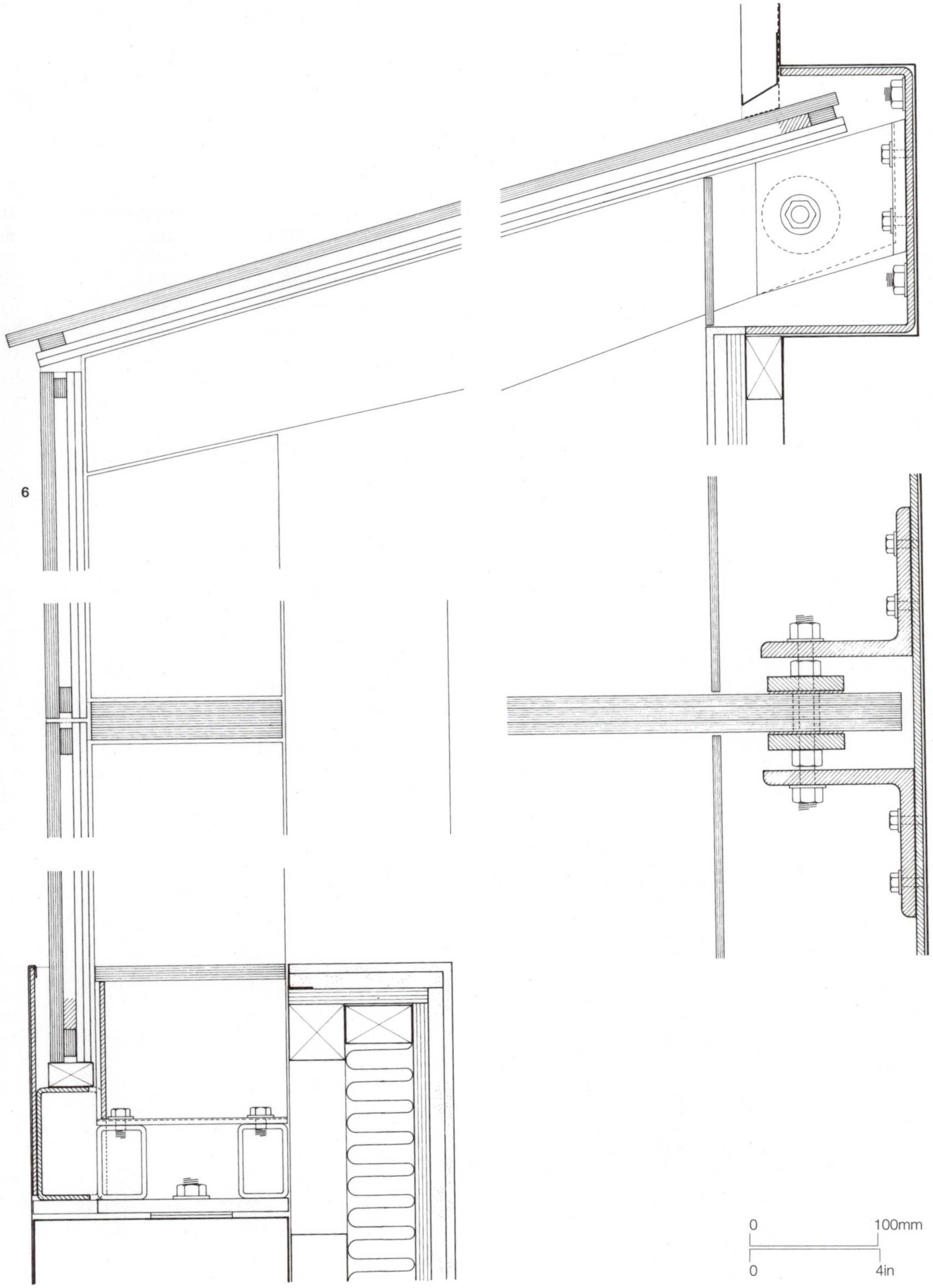

5. Die Anschlußstelle zwischen Glasscheiben, -stütze und -dach von innen gesehen.

6. Konstruktionsdetails, 1:5: oben die Verbindung von Dach und Hauswand (rechts) sowie Dach und Glaswand (links); in der Mitte ein horizontales Verbundstück mit *Glasstütze* und der Glasträger mit Verbindungen; unten die Auflagerkonstruktion der Glaswand.

Die »Joseph«-Treppenhäuser

London
Großbritannien

Architekt
Eva Jiricna

Entwurf
1986–1988

Ausführung
1988/89

1

1. Der Treppenaufgang ist das zentrale Element des Ladens, dessen Eleganz die Kreationen des Inhabers perfekt ergänzt.

2. Blick nach oben in die Treppenkonstruktion.

Treppenanlagen bieten seit langem Gelegenheit zu großartigen baulichen Inszenierungen. Von der Scala Reggia und den großen Barocktreppen bis zu dem raffiniert einfachen Treppenhaus, das Mies van der Rohe für den Chicagoer Art Club schuf, hat die Bauaufgabe *Treppenhaus* Baumeistern und Architekten Gelegenheit gegeben, ihre Meisterschaft über die unvermeidliche Diagonale im Bau unter Beweis zu stellen. In unbedeutenden oder reinen Zweckbauten ist das Treppenhaus vielfach nur ein dunkler, fensterloser Schacht. In großzügiger ausgelegten Gebäuden können die Auf- und Abgänge jedoch zu wahren architektonischen Lichtblicken geraten.

Läden und Kaufhäuser sind die natürlichen Orte, an denen der Architekt diese Lichtblicke schaffen kann. Der Blick nach oben, nach unten und durch das Treppenhaus hindurch lädt zum näheren Hinsehen ein und vermittelt dem Menschen des 20. Jahrhunderts ein Kauferlebnis, das eines Renaissancefürsten würdig gewesen wäre.

Jeder Architekt, der jemals ein Treppenhaus gestaltet hat, wird um die Feinheiten der Treppengeometrie wissen, die mit Plazierung und Aufbau zu tun haben, mit der Wirkung der Treppenanlage von unten und von oben gesehen, und mit der Formgebung des Geländers. In Großbritannien hat Eva Jiricna die Gestaltung von Metall-und-Glas-Treppen zu ihrem ureigensten Betätigungsfeld gemacht. In den Läden, die sie für die Geschäfte des Modedesigners Joseph Ettedgui in London ausstattete, entwickelte sie nach und nach ein Architekturvokabular für Treppen und Treppenhäuser und verwendete zunehmend ausschließlich Glas und Edelstahl. Ihre zwei bedeutendsten Glastreppen schuf sie für die Läden in 77 Fulham Road (Entwurf: 1988) und 26 Sloane Street (Entwurf: 1989). An beiden Beispielen lassen sich die Schwierigkeiten der Verwendung von Glas für Treppenstufen verdeutlichen.

Nicht jeder läuft gerne auf Glasflächen, da sie aufgrund ihrer Glätte ein Gefühl der Unsicherheit vermitteln, was bei Glasstufen eventuell noch durch Schwindelgefühle verstärkt wird, wenn der Nutzer nach unten schaut. Außerdem haben Frauen, die Röcke tragen, vielleicht gewisse Befürchtungen in bezug auf Blicke von unten. Zum Käuferpublikum der *Joseph*-Läden gehören die elegantesten und fortschrittlichsten Kunden, die man sich nur denken kann, doch selbst einige aus ihren Reihen haben Bedenken geäußert. Die Treppe im Laden in der Sloane-Street – einer der teuersten Einkaufsstraßen der Welt – nimmt tatsächlich einen großen Teil der Geschoßflächen ein. Diese fantastische Treppenkonstruktion befindet sich allerdings derzeit (1996) im vorgezogenen *Zwangsruhestand* und wird irgendwo gelagert, um später an anderer Stelle wieder eingebaut zu werden. Angeblich werden die Arts Club-Treppen in Chicago das gleiche Schicksal erleiden.

Möglicherweise sind die Glastreppen im späten 20. Jahrhundert existierende Verwandte der Visionen, die Scheerbart und Taut zu Beginn des Jahrhunderts formulierten – Ideen, deren Technologie noch nicht gekommen ist, um sie problemlos realisieren zu können. Das Konzept einer zum großen Teil unsichtbaren Treppe ist jedoch zu gut, um lange im Magazin liegen zu bleiben, und die neuen Generationen von Glasprodukten werden sie sicherlich so vervielfältigen, wie Scheerbart sich das zweifellos gewünscht hätte.

2

3. Längsschnitt durch den gesamten Laden, 1:50.

4. Treppenkonstruktion. Das Detail (1:5) zeigt, wie die Glasstufen in Acryl gebettet sind. Rechts ist die Geländer-Gelenkverbindung, Mittelpunkt des konstruktiven Geschehens aus Stäben und Diagonalstreben, dargestellt.

5. Blick von unten in das Treppenhaus. Was als unmotiviertes Wirrwarr aus Streben und Seilen erscheint, ist in Wirklichkeit das Ergebnis einkalkulierter Kräfteverläufe zur Erstellung einer Raumskulptur.

4

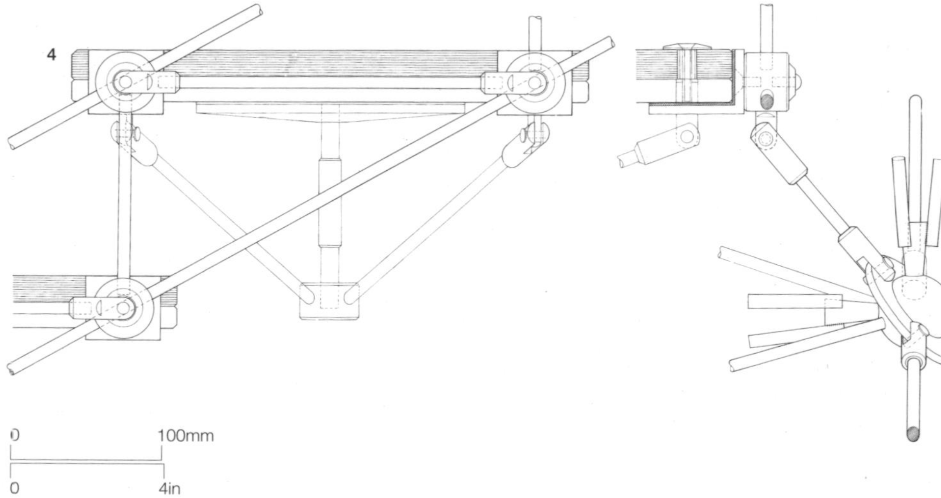

5

3

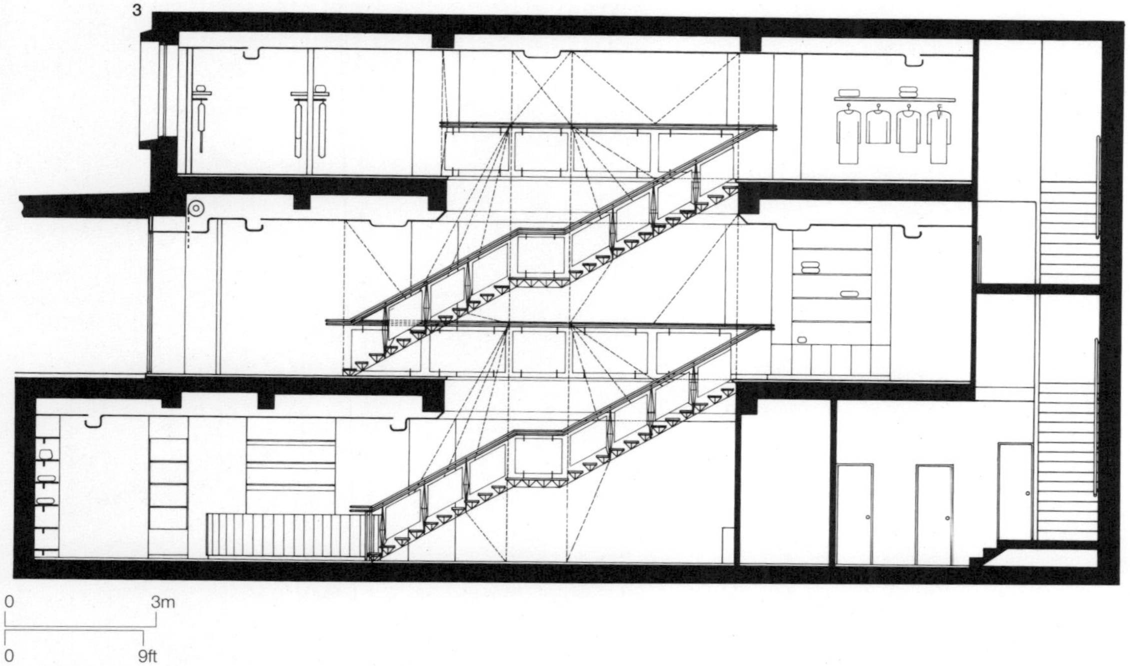

6. Die Konstruktion als Ausdruck von Kräften – Architektur als Schmuckstück.

7. Querschnitt durch eine der *Schalen* aus Druck- und Zugstäben, welche die Treppenstufen und das Glasgeländer tragen.

8. Grundrißschema einer Stufe mit der kleinen Dreiecksform des Geländerträgers und den scheibenförmigen Stufenstützplatten.

6

7

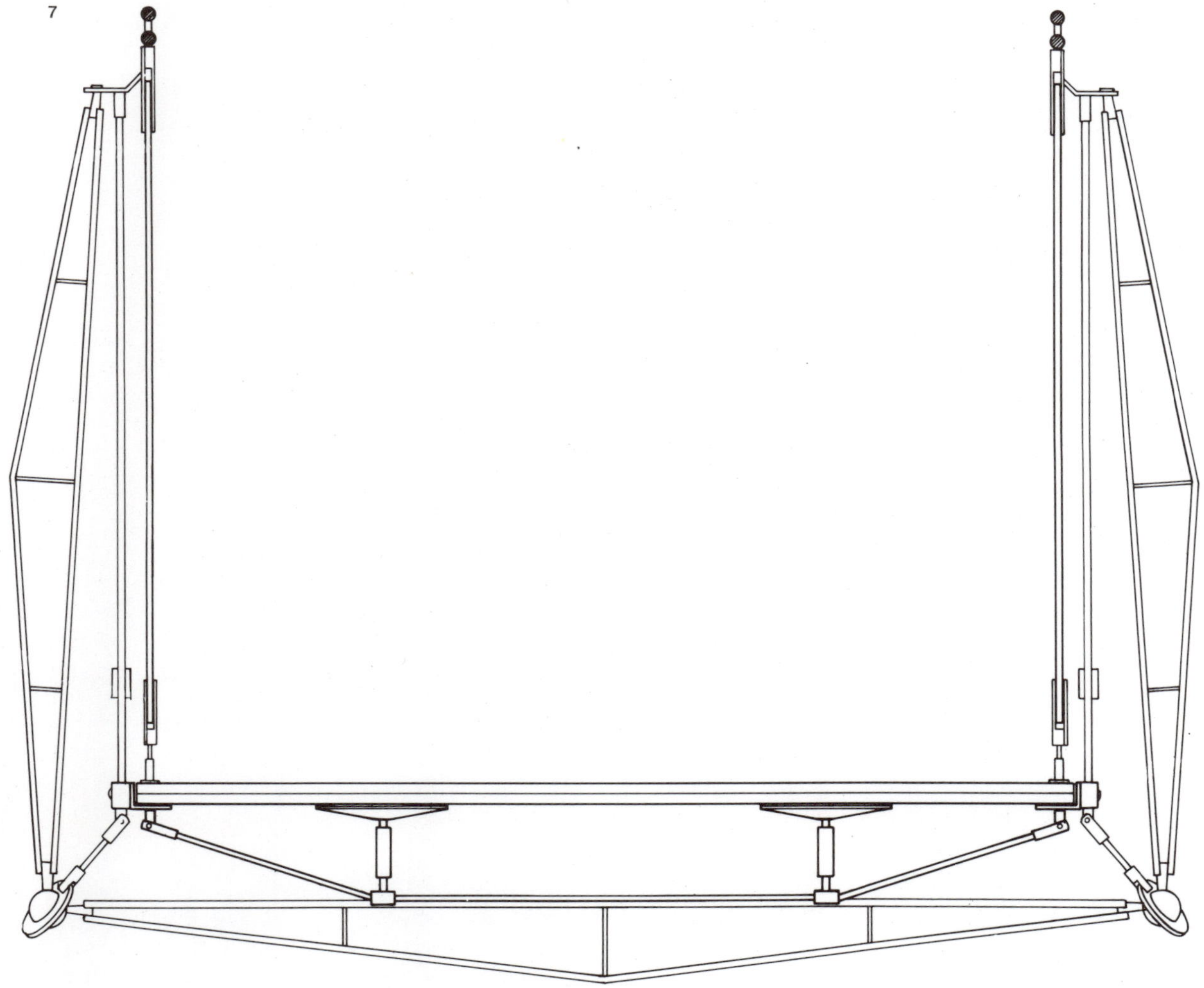

8

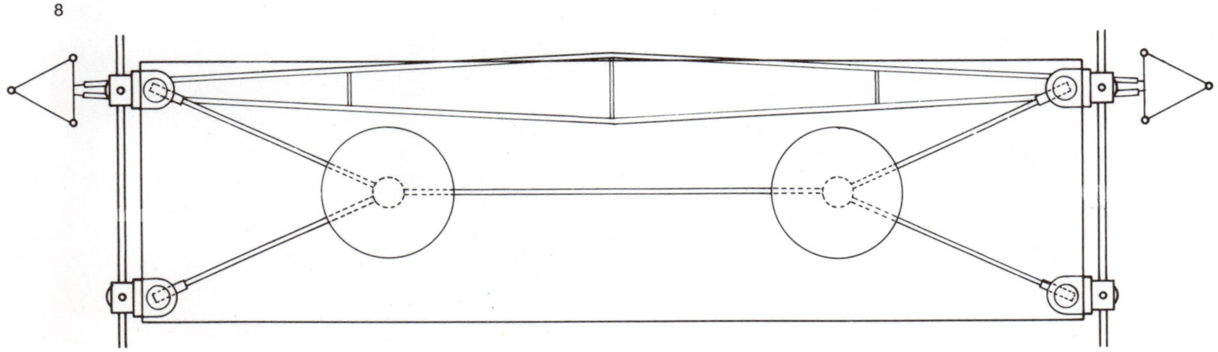

4 Die Zukunft: Materialien, Intelligenz und Verantwortung

1. Rippen mit dichroitischer Beschichtung in der Verglasung des Millenium-Projekts, New York, 1994, James Carpenter.

Wenn wir in die Zukunft blicken und herausfinden wollen, wohin uns der technologische Wettlauf führt, sollten wir uns folgende drei Fragen stellen: Was ist möglich, was ist erreichbar und was ist wünschenswert?
K. Erich Drexler, *Engines of Creation.*

Bei der Diskussion um die Zukunft der Technik handelt es sich um eine riskante Angelegenheit. Besonders wenn die betreffenden Industriezweige umfangreiche Investitionsmittel aufs Spiel setzen und einen Großteil ihrer Programme und Zielvorstellungen geheimhalten.

Die alten Gepflogenheiten der Heimlichtuerei und der Verfahrensgeheimhaltung sind in der Glasindustrie nicht auszumerzen. Die Erzeugnisse, die von dieser Industrie angeboten werden, sind das Ergebnis außergewöhnlicher Leistungen eines technischen Schöpfergeistes, wobei in unserem Jahrhundert eine sehr hohe finanzielle Verflechtung zwischen Rohstoff und Fertigprodukt besteht. Zwischen den Unternehmen wird ein heftiger Konkurrenzkampf geführt, der sich bezüglich Basisglas auf etwa ein Dutzend Hauptproduzenten weltweit beschränkt. Angesichts der Weltproduktion von einer Billion Quadratmetern pro Jahr, wovon etwa die Hälfte auf die vielfältigste Art weiterverarbeitet wird, läßt das Bestreben, hohe Qualität zu einem präzise auf die Sicherung des Marktanteils abgestimmten Preis herzustellen, alle Hersteller zurückhaltend mit Informationen werden.

In letzter Zeit werden weiterentwickelte und neue Fertigungsverfahren innerhalb dieser Industrie in einer besonders zurückhaltenden Art und Weise erörtert. Während z. B. die chemische Zusammensetzung von Gläsern weitgehend bekannt ist, werden technische Einzelheiten der Beschichtungstechniken in dem Maße geheimgehalten, daß nur ganz wenige Personen an der Unternehmensspitze sowie solche, die unmittelbar mit dem Verfahren zu tun haben, wissen, um welche Ausgangsstoffe es sich dabei handelt und auf welche Weise sie eingesetzt werden. So ist z. B. bei einem neuen optischen System für Fenster, das vom Autor zum gegenwärtigen Zeitpunkt entwickelt wird, die Bearbeitungsmethode, die zur Schaffung des optischen Gestaltungselements angewendet wurde, nicht patentiert worden, weil man dies für eine Möglichkeit hält, die Idee entweder jetzt oder nach Ablauf des Patents unerlaubt zu übernehmen. Über die Technologien wissen daher nur sehr wenige Mitarbeiter im betreffenden Produktionsunternehmen Bescheid.

Unter diesen Umständen kann man sich leicht vorstellen, daß die Zukunft des Glases Gegenstand riesiger Forschungs- und Entwicklungsetats sein wird, die unter einer Geheimhaltung geplant und verbraucht werden, die jener der Rüstungs- oder pharmazeutischen Industrie sehr ähnlich ist. Kenntnisse an einen Konkurrenten weiterzugeben, kann den wirtschaftlichen Ruin bedeuten.

Dies alles hat dazu beigetragen, daß die Beurteilung der technischen und architektonischen Zukunft des Glases durch jemanden, der außerhalb dieses Industriezweiges steht, leicht in Gefahr gerät, bestenfalls als reine Spekulation und schlimmstenfalls als naive und irreführende Phantasien eines Tagträumers angesehen zu werden. Setzt man die Informationen über die Technik ebenso voraus wie die Tatsache, daß die Ziele erkannt werden, die sich Industrie und Architekten selbst setzen sollten, so lassen sich brauchbare Marktvorhersagen machen, die sowohl Bedürfnisse als auch praktische Möglichkeiten darstellen und somit gute Chancen haben, realisiert zu werden.

Will man die Überlegungen über die Zukunft des Glases in der Architektur klar umreißen, so sollten die Ziele, die Industrie und Architekten hinsichtlich der Leistungsfähigkeit des Materials haben, und die Forschungen, die die größten Vorteile zu versprechen scheinen, gleichzeitig betrachtet werden.

Diese Publikation ist eine Lobrede auf einen der wichtigsten Werkstoffe, der in einem riesigen Bereich menschlicher Aktivitäten verbreitet ist. Die kritische Betrachtung von Glas als Baustoff führt zu der Schlußfolgerung, daß Glas, obwohl es viele exzellente Eigenschaften besitzt, auch einige Nachteile hat. Wenn es nicht behandelt oder in einer speziellen und gegenwärtig kostenintensiven Weise hergestellt wird, zerbricht es leicht und bildet so eine Gefahr. Selbst wenn das Glas vorgespannt ist, wirft es hinsichtlich der Versicherungen und Berufshaftpflicht Probleme auf. Eine Fensterscheibe aus vorgespanntem Glas zerbricht zwar in kleine »harmlose« Stücke, beim Fall aus großer Höhe kann sie aber erheblichen Schaden anrichten und Verletzungen verursachen.

Seine Festigkeit (bei üblichem Basisglas gängiger Dicke, das im allgemeinen für Fenster bevorzugt wird) ist hinsichtlich seiner inneren chemischen Bindungskräfte gering, und durch das Problem der Oberflächenbeschädigung wird ein an sich fester Werkstoff zu einem Material, das allzu leicht zerbricht. Bei einem Brand erweist es sich als besonderer Schwachpunkt, es sei denn, es wird in einer speziell und mit großem Kostenaufwand für diesen Zweck entwickelten Form verwendet.

In seiner Eigenschaft als Fensterglas läßt es nicht nur Licht hindurch, sondern – in der allzu häufigen Form der Einfachverglasung – leitet es in hohem Maße auch Wärme ab, und es hat sich als schwierig erwiesen, seine Energiedurchlässigkeit auf geregelte Weise zu erreichen. Außerdem wirft es aufgrund seiner Transparenz Instandhaltungsprobleme auf, die in der Bauindustrie nahezu beispiellos sind, denn bei Pflege kann Glas Tausende von Jahren halten, dagegen sieht es ohne regelmäßige Reinigung streifig und ungepflegt aus.

Wenn man diese Mängel aneinanderreiht, erhält man einen der deprimierendsten Anblicke in der Architektur: ein zerbrochenes, verschmutztes oder mit Brettern vernageltes Fenster. Der kostbare »Platz am Fenster« ist häufig der kälteste oder wärmste Platz in einem Gebäude und für den größten Teil des Jahres der ungemütlichste. Hinsichtlich dieser Nachteile könnte man folgern, daß die Glashersteller noch vieles zu tun haben, bevor ein sicheres und einwandfrei funktionierendes Produkt zur Verfügung steht.

Die Glasindustrie muß sich vorwärts bewegen und bemühen, uns mit Erzeugnissen zu beliefern, die diese Hindernisse überwinden. Vor allem muß sie die neuen und in der Entwicklung begriffenen Technologien zu einem Kostenpreis nutzen, der sich für die Bauindustrie der Zukunft als akzeptabel erweist. Über viele der Technologien, die für die Herstellung dieser Produkte benötigt werden, verfügen wir schon heute. Einige werden regelmäßig auf anderen Gebieten eingesetzt und benötigen weniger einen Durchbruch als geänderte Verfahren und andere Größenordnungen. Weiterentwickelte Beschichtungstechniken zum Beispiel sind zwar bereits weitverbreitet, befinden sich aber eindeutig noch in der Anfangsphase ihrer Entwicklungsmöglichkeiten.

Indem man versucht, einen Werkstoff sowie sein gestalterisches Umfeld zu verbessern, ist es möglich, die gesamte Palette der Leistungskriterien und -eigenschaften zu untersuchen, höhere und strengere Anforderungen dafür vorzuschreiben und den Forscher zu motivieren. Wenn man dies zusammen mit den Möglichkeiten betrachtet, welche die Hersteller im Hinlick auf ihren eigenen technischen Fortschritt bereits als voraussichtlich erfolgreich erkannt haben, besitzt man ein potentielles Programm für die Zukunft.

2

2. Space Shuttle. Die große Leistung des Raumfahrtprogramms bestand darin, daß es die Fähigkeit des Menschen bewiesen hat, Probleme mit dem höchsten technischen Schwierigkeitsgrad benennen und lösen zu können. Hierzu gehören die Werkstoffkunde, das Auffangen von Energie und viele andere Gebiete der Ingenieurwissenschaft und Technologie. Das Foto zeigt ein fotovoltaisches System, das gerade auseinandergeklappt wird.

In Anbetracht der offensichtlichen Vorzüge, die sich für Architektur und Industrie gleichermaßen aus einem solchen technischen Fortschritt ergeben, dürfen wir erwarten, daß am Ende des 20. Jahrhunderts klar gegliederte Programme geschaffen werden. Daher ist es nicht überraschend, daß die Hersteller in den letzten zehn Jahren große Fortschritte in ihrem Bemühen gemacht haben, sich mit der technischen, konzeptionellen und ästhetischen Zukunft des Glases in der Architektur zu befassen.

Initiativen, wie das internationale Programm »Fenster 2000«[1], das von den Energieministerien Großbritanniens und den USA gesponsert wird, sind ein deutlicher Beweis dafür, wie die Verglasungsindustrie ihre Aufgabe in der Architektur ernst nimmt. Dies wird ergänzt durch das Informationssystem »Advanced Window«, das vom TNO, dem holländischen Institut für Bauforschung, gefördert wird. Diese Unternehmung hat eine wichtige internationale Ausstrahlung und macht sich sowohl die interkontinentale Forschung als auch die weltweite Verzweigung der Industrie durch die wichtigsten Glashersteller zunutze, von denen viele jetzt Anteilseigner des jeweils anderen Unternehmens sind.

Zu den wichtigen von der Industrie selbst prognostizierten Fortschritten gehören die Verschmelzung von Wand und Fenster als Konzept für die Gebäudehülle, die Entwicklung von Verglasungen mit sehr niedrigen K-Werten, die mit der transparenten bzw. transluzenten Isolierung verbunden sind, die Nutzung modifizierter Winkeleigenschaften bei optischen Gestaltungselementen, die Weiterentwicklung schmutzabweisender Beschichtungen und die Entwicklung von variablen Multifunktions-Glaswänden. Zusätzlich zu diesen Gebieten, die sich auf die Entwicklung der Gebäudehaut als Umgebungsregler beziehen, ist die Industrie auch am Gebrauch der Wand als Mikroprozessor unter Verwendung faseroptischer und anderer signalleitender Elemente sowie an der Entwicklung der Lichtleittechnik interessiert.

Der große Wert dieser Untersuchungen liegt darin, daß dadurch für Konstrukteure und Hersteller eine Tagesordnung aufgestellt wurde. Es liegt nun ganz in unserem Ermessen, wie kurz oder lang solche Tagesordnungen sein können, jedoch muß jede für die Zukunft die folgenden charakteristischen Einzelheiten enthalten:

- optisches Schalten, wofür Elektrochromie, Flüssigkristalle, Schwebeteilchen, Foto- und Thermochromie, die Anwendung von optischen Filtern sowie die Entwicklung »intelligenter« Werkstoffe genutzt werden,
- Verbesserung der Tageslichtnutzung durch Einsatz von Materialien mit lichtbeugenden und modifizierten Winkeleigenschaften,
- Verbesserung der Isolationswerte bei transparenten und transluzenten Materialien durch Weiterentwicklung von Aerogelen, Polymeren und Beschichtungen,
- Verbesserung der Bewitterungsei-

genschaften des Glases durch schmutzabweisende Beschichtungen und andere Mittel,
- Nutzung lichtbündelnder und lichtstreuender Materialien unter Verwendung von Lichtleitfasern, holografischen und ähnlichen Elementen,
- Verbesserung der Festigkeit, d. h. Überwindung der Sprödigkeit herkömmlicher Kalknatrongläser, wobei eines der Ziele in der Verbesserung des Festigkeits-Masse-Verhältnisses besteht,
- Feuerbeständigkeit, d. h. die Entwicklung kostengünstigerer, einfacherer Verfahren, mit deren Hilfe verhindert wird, daß Glas bei Bränden einen Schwachpunkt darstellt,
- Weiterentwicklung der Fertigungstechnik, wobei der Schwerpunkt vor allem auf flexiblen, integrierten Systemen liegen wird,
- Rationalisierung der Baugröße, d. h. die Beseitigung der Breitenbeschränkung bei Glas (sei es bei der Herstellung oder durch anschließende Bearbeitungsverfahren) und die Koordinierung der Abmessungen bei der Weiterverarbeitung,
- stärkere Berücksichtigung der Befestigung, d. h. Entwicklung von Gläsern mit Befestigungselementen, mit denen die Schwierigkeiten vermieden werden, die mit thermisch vorgespanntem Glas verknüpft sind,
- Verbesserung der Verarbeitungsfähigkeit, d. h. Entwicklung von Gläsern, bei denen die Qualität nicht auf Kosten der Verarbeitungsfähigkeit erhöht wird,
- weiterer Transfer des technischen Fortschritts, insbesondere aus der Kraftfahrzeug-, Luft- und Raumfahrt- sowie der Schiffbautechnik, deren technische Probleme traditionell immer lange vor denen der Bauindustrie gelöst werden müssen,
- Erarbeitung einer intelligenten Antwort, d. h. der Gedanke des »Super-Fensters« muß weiterverfolgt werden. Hierbei vereinigen sich Gläser und deren Beschichtungen sowie Verbundwerkstoffe in einer Verglasung, die wie eine technische Variante der menschlichen Haut funktioniert, und verschiedene Bereiche der Gebäudeoberfläche verhalten sich zur gleichen Zeit unterschiedlich.

Eine solche Aufzählung von Forschungsgebieten läßt sich beliebig verlängern. Die Tagesordnung, die Scheerbarts Publikation aus dem Jahre 1914 beinhaltete, war zwar zugespitzt formuliert und in mancher Beziehung wohl auch allzu phantasiereich, sie war jedoch beinahe zehnmal so lang und befaßte sich durchaus richtig mit den Gebieten der Ästhetik, der menschlichen Verhaltensweise und der Sorge um menschenfreundliche innere Verhältnisse. Die neuen technischen und wissenschaftlichen Möglichkeiten für Glas werden uns jedoch immer klarer, und wenn wir uns genauer umsehen, können wir deutlich einige der Entwicklungsmöglichkeiten für die Glasbauten der Zukunft erkennen, manche davon greifbarer als andere, aber alle ausreichend charakterisiert, um sie beschreiben zu können.

Die Tagesordnung

Die Eigenschafts- und Leistungsmerkmale, auf die sich Forschung und Weiterentwicklung konzentrieren, lassen sich problemlos unter sechs Hauptüberschriften erörtern:

- Lichtdurchlässigkeit: ihre Beeinflussung,
- Wärmeübertragung: ihre Regulierung und Verbesserung,
- elektronische Verglasung,
- Lichtleitung,
- Energieerzeugung,
- mechanische Verbesserung: Größe, Gewicht, Festigkeit, Feuerbeständigkeit und Bewitterungseigenschaften.

Im Hinblick auf unseren Wunsch, die Mängel von Glas zu überwinden, und der Bemühungen um eine erhöhte Leistungsfähigkeit können diese Punkte unabhängig voneinander betrachtet werden. Bezüglich der komplexen Verbundstoffe der Zukunft, die das Ergebnis neu entstehender Fertigungstechniken sind, kann man diese Punkte aber auch zusammen betrachten, wobei optimaler Gebrauch des Technologietransfers gemacht wird und Konstruktionstechniken herangezogen werden, die durch computergestütztes Design ermöglicht werden und deren Ziel die intelligente Haut ist.

Lichtdurchlässigkeit

Der Hauptvorteil von Glas in der Architektur ist dessen Lichtdurchlässigkeit, eine Eigenschaft, die man im Laufe der Jahrhunderte nur schwer beherrschen konnte. Die berühmten Buntglasfenster des Mittelalters sind nicht nur Beispiele für die ästhetische Wirkungskraft der Lichtdurchlässigkeit, sondern auch dafür, daß Farbe von alters her in einem Glasmaterial eher »entdeckt« wurde, als daß sie »erzeugt« worden wäre. Die Entwicklung in der Masse eingefärbter Gläser in der zweiten Hälfte unseres Jahrhunderts hat sich für unser Bemühen um eine vorgegebene Leistung unter dem Gesichtspunkt der Spektralregulierung als im wesentlichen irrelevant erwiesen. Die ästhetisch-kosmetischen Zielsetzungen der sechziger und siebziger Jahre brachten die Fragen der berechneten Wellenlängentransmission zeitweilig durcheinander, und das Ergebnis waren Bauwerke mit Farbglas, die Licht und Wärme in einem oftmals unerwünschten Ausmaß verdrängten.

Beschichtungen hatten, sobald sie erst einmal eingeführt waren, die Nachteile der Reflexion. Dies lag nicht unbedingt in der ursprünglichen Gestaltungsabsicht, sondern war auf die ureigensten Eigenschaften der Beschichtungsstoffe zurückzuführen. Dieses Problem des sinnvollen Einsatzes zwar vorhandener, aber nicht immer geeigneter Materialien wird in Kapitel 3 beschrieben. Die Verfeinerung der Beschichtungstechniken und das Streben nach höherer Leistungsfähigkeit haben in jüngster Zeit zur Entwicklung von Beschichtungen geführt, bei denen die Transmission das maßgebende Kriterium ist. Durch Begreifen der physikalischen Zusammenhänge der Wärmeübertragung wurde es möglich, Beschichtungen mit einer auf den Nutzer zugeschnittenen Leistung hinsichtlich der Emission zu entwickeln, in denen diese verzögert wird und sich der Wärmeverlust verringert.

3

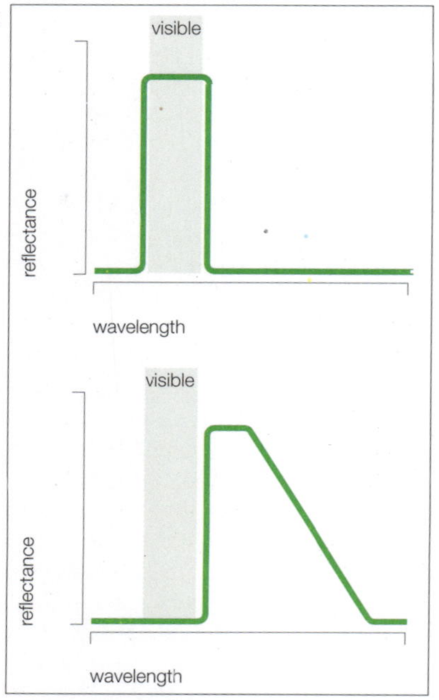

3. Dichroitische Wärme-/Lichtseparatoren: Durchlässigkeits-/Reflexionskurven. Diese Materialien verwenden Mehrfachschichten, um die rechnerisch vorgesehene selektive Durchlässigkeit und Reflexion zu bewirken, die in Form von Präzisionsfiltern, Strahlteilern, zur Reflexminderung und als Warm- und Kaltlichtspiegel Anwendung findet. Die obere Kurve zeigt die charakteristische Wirkung des in dichroitischen Lampen eingesetzten Systems. Bei der unteren Kurve wird Infrarot reflektiert, Licht im sichtbaren Bereich aber durchgelassen.

4. So wie bei dieser Seifenblase kommt die optische Interferenz in der Natur vor.

5. Wolframhalogenreflektorlampen sind handelsübliche Erzeugnisse, die auf dichroitischen Werkstoffen basieren. Das Licht wird zwar reflektiert, jedoch kann ein großer Anteil der Strahlung im Infrarotbereich über den Reflektor wieder zurückgestrahlt werden.

Es steht bereits eine große Vielfalt von Gläsern mit geringem Emissionsvermögen zur Verfügung, und viele weitere Sorten werden zweifellos hinzukommen, wie Gradientenindexbeschichtungen. Diese Materialien haben einen hohen potentiellen Nutzen hinsichtlich der Reduzierung der Sonneneinstrahlung (durch Nutzung der Reflexionseigenschaften), wie auch im Hinblick auf die Verringerung der Wärmeverluste nach außen, wofür die Eigenschaften des geringen Emissionsvermögens genutzt werden. Das macht sie wertvoll als Sonnenschutz bei der Konstruktion von Auto- bzw. Gebäudefenstern für heiße Klimazonen und als Material mit niedrigem K-Wert für gemäßigte Klimazonen. Automobilhersteller in den USA und Japan liegen bei dieser Entwicklung vorne, da sie bestrebt sind, die hochtransparente Sonnenschutz-Windschutzscheibe weiter zu verbessern.

Das Prinzip der wellenlängenselektiven Emission wird ebensogut aus einem Gestaltungselement ersichtlich, das auf umgekehrte Art und Weise arbeitet. Strahlungskühler-Schichten sind für die Infrarotabstrahlung vorgesehen und nutzen in heißeren Klimazonen die Abkühlung während der Nachtstunden. Die Temperatur einer Oberfläche mit hohem Emissionsvermögen kann unter den entsprechenden Witterungsbedingungen theoretisch bis zu 50°C unter die Umgebungstemperatur absinken bei einer Abstrahlung von 100 W/m². Bei Versuchen haben Oberflächentemperaturen um 15°C oder mehr unter der Umgebungstemperatur gelegen. Unter bestimmten Bedingungen stellt die Kondensation ein Problem dar, und zwar nicht nur wegen des sich ansammelnden Wassers und dessen anschließendem Abtropfen, sondern auch wegen des Einflusses, den die Feuchtigkeit auf das Emissionsvermögen ausübt. Es ist jedoch gelungen, die von Granqvist, Eriksson u. a. in Schweden entwickelten Schichten herzustellen, für die Metall mit Siliziumoxidaluminium-, Siliziumnitrataluminium- und Polymerbeschichtung verwendet wurde.

4

Obwohl sich diese Werkstoffe, was Langzeitversuche hinsichtlich Abnutzung, Verwitterung und Stabilität angeht, noch in ihrer Anfangsphase befinden, versprechen sie für die Zukunft eine außerordentliche Leistungsfähigkeit.

Eine weitere Kategorie der auf hohe Durchlässigkeit zugeschnittenen Beschichtungen hat mit der Spektralaufspaltung zu tun, bei der die Bereiche des Spektrums unter dem Gesichtspunkt spezieller fotovoltaischer oder fotothermischer Erfordernisse bestimmt und festgelegt werden. Sogenannte »Kaltlichtspiegel«-Schichten, die sich entgegengesetzt zu Schichten mit niedrigem Emissionsgrad verhalten, können im sichtbaren Bereich ein hohes Reflexionsvermögen und im Infrarotbereich einen hohen Durchlässigkeitsgrad erzeugen, wodurch die Wirksamkeit eines fotovoltaischen Systems vergrößert wird.

Die neuen dichroitischen Materialien, die durch die Mehrfachbeschichtungstechnik bereitgestellt werden, haben auch für neue Möglichkeiten bei der Wellenlängensteuerung gesorgt und sind ein Beispiel für das Leistungsvermögen von Mehrfachinterferenzschichten. Die etwa vierzig Interferenzschichten in einem dichroitischen Material können so gestaltet werden, daß sie eine steil begrenzte Durchlässigkeitskurve erzeugen, die an einem beliebigen Punkt innerhalb des Strahlungsspektrums auftritt. So wird bei einem Wolframhalogenscheinwerfer Licht im sichtbaren Bereich zwischen 400 nm und 750 nm reflektiert, während nahes und fernes Infrarot durchgelassen wird, so daß die Wärmeenergie durch die Schicht hindurch zur Rückseite des Beleuchtungskörpers fließen kann. Dadurch verringert sich die reflektierte oder projizierte Wärmeenergie erheblich.

Durch die Gestaltung der Schichten können sich Brandfilterkurven, sogenannte »Zylinderhut«-Kurven ergeben. Hierbei könnte Energie im Bereich 400–750 nm, also der sichtbare Teil des Spektrums, vollständig durchgelassen, jedoch unter 400 nm und über 750 nm gesperrt werden. Kombiniert mit Antireflexschichten würde ein solches Erzeugnis für eine bessere Lichtdurchlässigkeit bei gleichzeitiger Halbierung der Wärmeübertragung sorgen.

Mehrfachinterferenzschichten weisen eine sehr große Winkelabhängigkeit auf, die deren Verwendung für Verglasungszwecke erheblich beeinflußt. Bei jedem Werkstoff mit dichroitischer Beschichtung

5

sieht die Filterwirkung so aus, daß die Länge der ausgefilterten Wellenlänge umgekehrt proportional der Größe des Einfallswinkels ist. Wenn also ein auf eine Fläche auftreffender Strahl von der Senkrechten abweicht, wird die Sperrwirkung bei größeren Wellenlängen geringer.

Die betreffenden Schichten werden zwar ohne Schwierigkeiten auf Glas aufgebracht, sind jedoch für

Kunststoffe, wie Polycarbonat und insbesondere Acryl, wegen der niedrigen Schmelzpunkte und der Wärmeausdehnungskoeffizienten sowie der Rauhigkeit der Polymeroberflächen nicht ganz geeignet.

Zweifellos ließen sich dichroitische und andere Filtergläser herstellen, die in Abstimmung mit der Technologie gefertigt werden. Jedoch werden große Formate, z. B. für Fenster, im Hinblick auf die Beschichtungstechnologie und auf die Haltbarkeit für bedenklich gehalten. Dessen ungeachtet glauben Hersteller, wie OCLI (Optical Coatings Ltd. in Großbritannien und Optical Coating Laboratories Inc. in den USA), daß die Möglichkeit besteht, dichroitische Materialien für infrarotsperrende Fenster zu verwenden.

Die Hersteller dichroitischer Materialien haben auch mit Antireflexschichten zu tun. Diese sind vielleicht in ihrer sichtbaren Wirkung weniger aufregend als dichroitische Materialien oder den Wellenbereich aufspaltende Beschichtungen, müssen jedoch unter dem Gesichtspunkt des etwa 4%igen Verlusts gesehen werden, der an der Oberfläche der meisten unbehandelten Gläser und Polymere entsteht. Auf die Vorzüge solcher Beschichtungen in der Fotografie ist bereits in Kapitel 2 hingewiesen worden: In den vierziger Jahren bezeichnete Leitz diese als einen wichtigen Marketingvorteil. Auch in der Automobilindustrie findet diese Technik seit Jahrzehnten in breitem Maße Anwendung. Im Ergebnis der Verfahren, die von H. A. McLeod im Jahre 1986 entwickelt wurden, ist die Untersuchung von Antireflexschichten nun zur gängigen Praxis geworden. Eine sehr große Zahl von Beschichtungen wird erfolgreich genutzt, einschließlich Natriumsilikat, Ceroxid, Magnesiumfluorid sowie die Oxide von Silizium und Titan.

Sämtliche bisher beschriebenen Materialien stehen mit der selektiven Transmission von Strahlen in Zusammenhang, ohne daß der Einfallswinkel berücksichtigt wird. Ebenso wichtig sind die Leistungsmöglichkeiten von winkelselektiven Materialien und lichtbeugenden Gestaltungselementen.

In Anbetracht ihrer offensichtlichen Vorzüge ist es erstaunlich, daß winkelselektive Materialien erst in jüngster Zeit entwickelt wurden. Dem Beispiel von Granqvist in Schweden folgend, ist in Australien an Beschichtungen mit selektiven Winkeleigenschaften unter Anwendung des magnetisch gefilterten Kathodenstrahlsputterns und des Schrägaufdampfens gearbeitet worden. Nippon Sheet Glass in Japan hat bereits sein Produkt »Angle 21« auf den Markt gebracht, für das ein Polymerisat mit einer ausgerichteten säulenförmigen Mikrostruktur verwendet wird. Abhängig vom Einfallswinkel wechselt dieses hinsichtlich seiner Durchlässigkeit vom spiegelnden Reflektieren zum diffusen Streuen. Die Polymermoleküle können so ausgerichtet werden, daß sich eine winkelabhängige Kristallstruktur ergibt. Dies wurde für disperse Flüssigkristallschichten erreicht und macht es möglich, die Winkel elektrisch umzuschalten und auf diese Weise eine Molekularjalousie zu erzeugen.

Eine weitere Lösung, bei der die Glasmasse verwendet wird, stellt das Produkt »Louverre« von Corning dar, dessen Markteinführung im Jahre 1983 erfolgte. Die grauen Jalousien in der Glasmasse werden durch die Einwirkung von ultraviolettem Licht und Wärme zur »Fixierung« eines fotochromen Materials erzeugt. Zu weiteren Entwicklungen gehört das Fahrzeugglas von Volkswagen und Vegla in Deutschland, bei dem ein beschichtetes Produkt eine winkelabhängige Transmission von 75% bei Geradeaussicht, bis unter 40% bei Schrägdurchsicht erlaubt.

Ein anderes Fachgebiet, das sich mit der Erforschung der Winkelsteuerung befaßt, ist eher auf die Erhöhung der Durchlässigkeit als auf die Lichtsperrung ausgerichtet. Ein Produkt, das gegenwärtig durch den Autor in Zusammenarbeit mit Peter Milner und De Montfort aus Lichfield weiterentwickelt wird und unter dem Namen Serraglaze bekannt ist, zielt darauf ab, den gesamten Teil des Himmelsgewölbes einzusetzen, der von einem Fenster aus »sichtbar« ist (bei einem herkömmlichen vertikalen Fenster sind das 50%), indem das Licht zur Rückseite des Raums hin abgelenkt wird. Diese Art der Zielstellung ist seit langer Zeit Gegenstand von Untersuchungen, die von den sich mit Tageslichtbeleuchtung befassenden Bauingenieuren durchgeführt werden. Prismenglas wurde in Großbritannien Anfang dieses Jahrhunderts zum erstenmal verwendet. Zu den ersten Versuchen nach dem Kriege gehörte in Großbritannien das »Lichtbord«, das im Zusammenhang mit einer Studie über natürliche Beleuchtung für Krankenhäuser erfunden wurde. In Großbritannien ist die sogenannte »prismatische Verglasung« von Pilkington erprobt und auf den Markt gebracht worden. In Deutschland hat seit neuestem die Firma Siemens ein »Lichtsystem« in seinem Angebot. Die meisten der zur Verfügung stehenden Systeme verbessern die Lichtverteilung auf Kosten der Gesamtbeleuchtung. Sie tendieren auch dazu, den freien Durchblick zu behindern, indem sie ein Bild aufteilen oder dieses auf andere Weise unscharf erscheinen lassen, und oftmals rufen sie Farbfehler oder andere unerwünschte Wirkungen hervor.

6

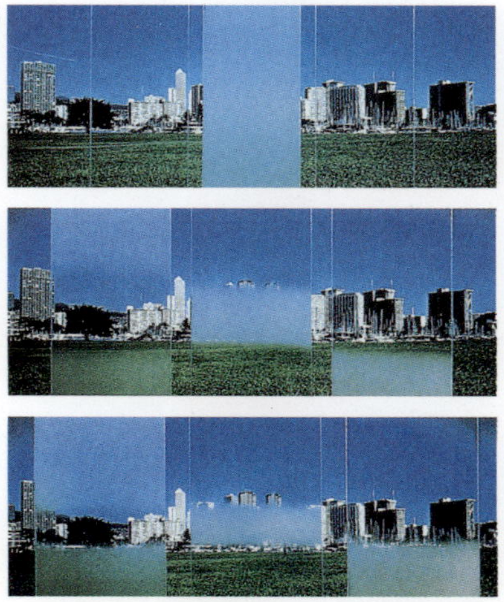

6. Angle 21. Das Foto zeigt Bilder, wie sie aus verschiedenen Betrachtungsabständen durch drei unterschiedliche Bereiche des Materials hindurch gesehen werden, und zwar 2 m oben, in der Mitte 1 m und 300 mm unten.

7

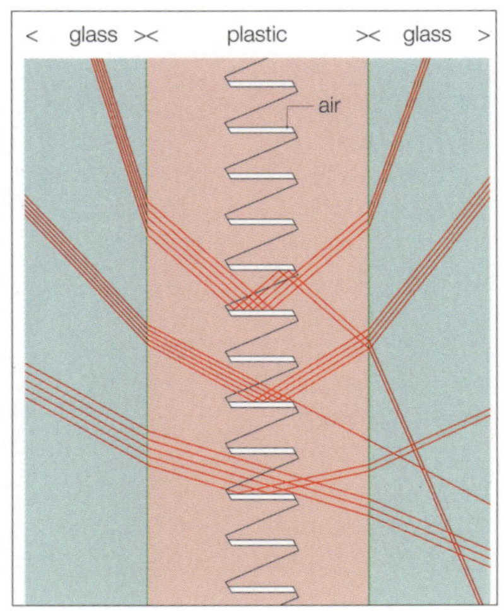

7. Serraglaze. SERRA ist ein Acronym für »Stacked Elemental Refractor/ Reflector Array« (elementares Refraktor-/Reflektor-Stapelsystem), für das die Innenreflexion in einem lichtbeugenden Gestaltungselement genutzt wird. Die Gesamtdicke des Prototypmaterials beträgt ca. 1,5 mm, daher ist leicht erkennbar, daß die winzig kleinen Luftaustrittsspalten, weniger als 0,02 mm breit sind. Sie müssen von größter Maßgenauigkeit sein, damit Verzerrungen vermieden werden können. Im Strahlenspurdiagramm ist dargestellt, wie Refraktion und Innenreflexion genutzt werden, um das Licht zu leiten.

Benötigt wird ein Gestaltungselement, das fünf technischen Zielsetzungen gerecht wird. Dazu gehört erstens die Maximierung der eindringenden Tageslichtmenge, wofür vom Himmelsgewölbe soviel Tageslicht wie möglich aufzunehmen ist, zweitens eine gleichmäßige Ausbreitung des Tageslichts innerhalb des Raums hinter dem Fenster, drittens die Verhinderung von Lichtblendung, indem die Größe des aus dem Innenraum heraus sichtbaren Himmelsgewölbes reguliert wird, und viertens die Sonnenlichtsteuerung. Zusammengenommen bewirken diese vier Zielvorgaben die geringstmöglichen Anpassungsschwierigkeiten für das Auge sowie die größtmögliche Lichtzufuhr. Fünftens sollte es für ein Fenster von größter Wichtigkeit sein, daß die Verglasung einen ungehinderten Ausblick von innen nach außen ohne Farbverzerrungen ermöglicht. Es ist beabsichtigt, Serraglaze einer Mikrobearbeitung zu unterziehen, um eine präzise Reihe von Brechungen und Zwischenreflexionen in einer optischen, auf einer Glasscheibe aufgebrachten Acrylschicht zu erzeugen. Die mit der Herstellung dieser Elemente verknüpfte Technik erfordert höchste Bearbeitungsgenauigkeit, die in wenigen Nanometern gemessen wird. Derzeit scheint die eingebettete Acryloptik die größten Möglichkeiten zu bieten.

Chromogene Materialien: veränderbare und schaltbare Durchlässigkeit

Die veränderbare Durchlässigkeit ist in den letzten Jahrzehnten Thema zahlreicher Forschungsarbeiten gewesen. Durch die Entwicklung von Dünnschichten ist es möglich geworden, eine ganz andere Gruppe von Werkstoffen zu schaffen, die sich daraus ergaben, daß eine Schicht elektrischen Strom leiten kann.

Hinsichtlich der veränderbaren Durchlässigkeit ist deutlich zwischen solchen Gestaltungselementen zu unterscheiden, die von den Umgebungsbedingungen abhängen, und solchen, die tatsächlich umgeschaltet werden können. Fotochrome und thermochrome Materialien sind uns schon seit geraumer Zeit bekannt. Fotochrome Materialien, die auf dem Vorhandensein von Silberhalogeniden im Glaskörper beruhen, werden unter der Einwirkung von hellem Licht dunkler. Dieses offenbar vorteilhafte Phänomen ist für Sonnenbrillen von Nutzen, kann sich jedoch bei einem Fenster nachteilig auswirken, da der Lichtbedarf innen von der Helligkeit außen häufig unabhängig ist. Thermochrome Materialien verwenden Glas, das mit einem Werkstoff beschichtet ist, dessen Lichtdurchlässigkeit von der Temperatur abhängt. Das bedeutete bisher, daß mit ihnen dieselben Nachteile verbunden waren wie bei fotochromen Materialien, bis die Anwendung von Mehrfachbeschichtungsverfahren es ermöglichte, das Material nach Bedarf zu erwärmen. Dazu gehören Dünnschichten, die beim Erreichen bestimmter Temperaturen vom Halbleiterzustand in einen metallischen Zustand übergehen.

Die Verwendung von Schichten,

8

Beschreibung	Charakteristischer Spektralbereich	Elementbeispiel	Solarnutzung
Veränderbares Emissionsvermögen IR	F F V	umschaltbar Absorptions-/Reflexionsvermögen thermo-/elektrochrom	Forschung
Abstimmbar/Solar/IR	F V F	elektrochrom	zukünftige Verglasung
Abstimmbar/Solar/Sichtbar	V F F	fotochrom/elektrochrom (SPD)	zukünftige Verglasung
Breitband IR	F V V	thermochrom	zukünftige Verglasung
Zweiband/Nachbarbereich VIS & NIR	V F V	keines	keine
Breitband Solar	V V F	elektrochrome Flüssigkristalle	zukünftige Verglasung
Gesamtband variabel	V V V	keines	keine

8. Materialien für das Schalten der optischen Eigenschaften. Diese Tabelle zeigt eine theoretische Agenda für das optische Schalten. In der linken Spalte wird das Leistungsvermögen beschrieben, das in den folgenden Spalten durch die betreffenden Spektralbereiche weiter abgegrenzt wird: Über unterschiedliche Wellenbereiche können die entsprechenden Eigenschaften festgelegt oder variabel sein. In der dritten Spalte wird beschrieben, welches die für das jeweilige Leistungsvermögen geeignete Technik ist.
In der Tabelle werden die folgenden Bezeichnungen verwendet:
F = festgelegte Eigenschaften für den gesamten angegebenen Bereich
V = variable Eigenschaften für den gesamten angegebenen Bereich
VIS = sichtbarer Wellenbereich 390 bis 770 nm
NIR = naher Infrarotwellenbereich 770 bis 2 500 nm
IR = Infrarotwellenbereich 2 500 bis 100 000 nm; diese Eigenschaften hängen in hohem Maße vom Substrat ab, bei dem es sich meistens um undurchsichtige Schwebeteilchenelemente (SPD) handelt.

9

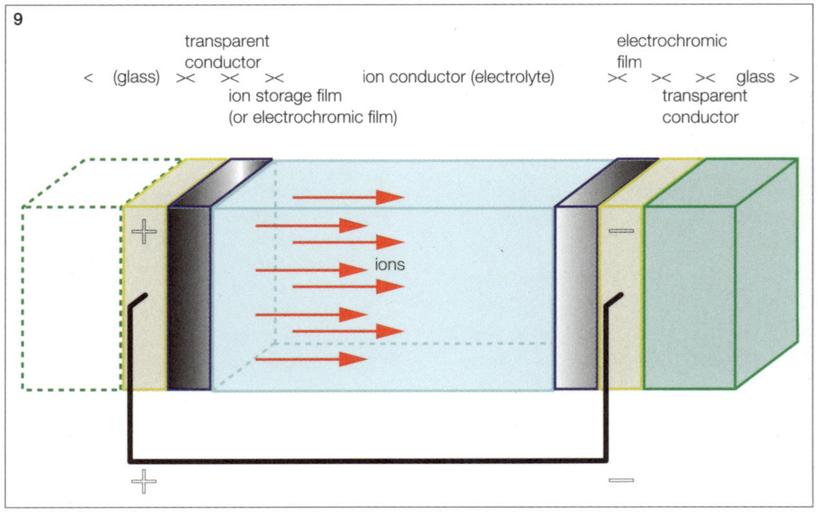

9. Aufbau eines elektrochromen Gestaltungselementes. Wenn eine Spannung zwischen den transparenten Leitern angelegt wird, werden die Ionen durch ein gleichmäßig verteiltes elektrisches Feld in die elektrochrome Schicht hinein- und wieder herausgeleitet. Der ladungsausgleichende Gegenstrom der Elektronen bleibt so lange in der elektrochromen Schicht, wie sich die Ionen dort befinden, wodurch die optischen Eigenschaften dieser Schicht verändert werden.

die dünn genug sind, um lichtdurchlässig zu sein, die jedoch auch Strom leiten können, in Kombination mit den Eigenschaften bestimmter Materialien, deren Transparenz sich durch elektrische Ladung oder irgendein anderes Mittel verändern läßt, hat zur Erarbeitung von Forschungs- und Entwicklungsprogrammen in der ganzen Welt geführt.

Elektrochromie

Mit Hilfe der Elektrochromie wird eine Änderung der spektralen Durchlässigkeitsmerkmale des Materials bewirkt, indem eine elektrische Spannung angelegt wird, wodurch sich der chemische Aufbau verändert.

Die Entdeckung solcher farbverändernden Materialien gelang zwar bereits vor fast 300 Jahren, jedoch wurde der Begriff »Elektrochromie« erst im Jahre 1961 eingeführt. In letzter Zeit sind elektrochrome Materialien zum Gegenstand intensiver Forschungsarbeit von Glasherstellern und Physikinstituten auf der ganzen Welt geworden. Dies wurde ermöglicht durch die Entwicklung von Dünnschichtverfahren und durch die Suche nach Verglasungssystemen, die in der Lage sind, die von ihnen durchgelassene Lichtmenge zu verändern, angeregt.

Anfangs, d. h. seit Anfang der fünfziger Jahre, waren die untersuchten Farbveränderungen weitgehend von den zur Verfügung stehenden Materialien, bei denen dieses Phänomen auftrat, sowie von dem von Forschern angestrebten Verwendungszweck abhängig. Die gebräuchlichsten Materialien sind Wolframbronzelegierungen. In

10. Anwendungsbeispiele für elektrochrome Systeme.

11. Die Farbe elektrochromer Materialien. Die im allgemeinen zur Verfügung stehenden elektrochromen Materialien weisen eine charakteristische Blaufärbung auf, jedoch kann durch Mischoxide eine günstigere und neutrale Farbgebung erreicht werden. Die Diagramme zeigen spektrale Durchlaßwerte für Mischungen von Wolframbronze mit Molybdän-, Vanadium- und Lithiumoxiden bei unterschiedlichen Spannungswerten. Bei negativen Spannungen wird eine flache Kurve erzeugt, die von 400 nm auf 800 nm ansteigt, wodurch ein größerer Anteil an rotem Licht durch das Material hindurchgelassen werden kann. Wenn die Spannung auf 2 V erhöht wird, steigt die Gesamtdurchlässigkeit und erzeugt eine Kurve, die auf einem gleichmäßig hohen Pegel schwingt.

10

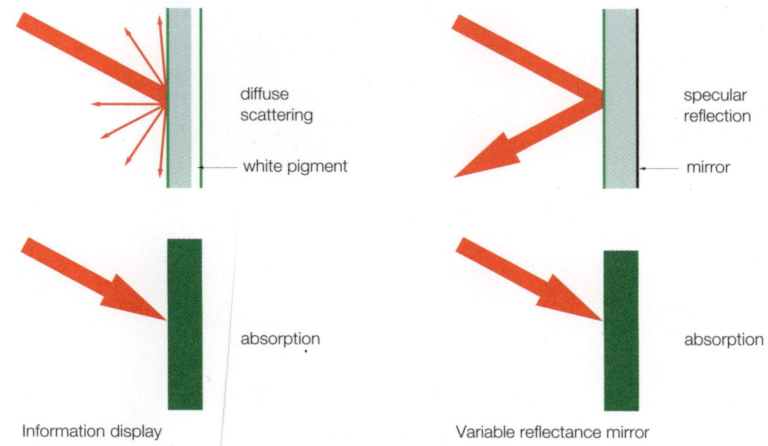

11

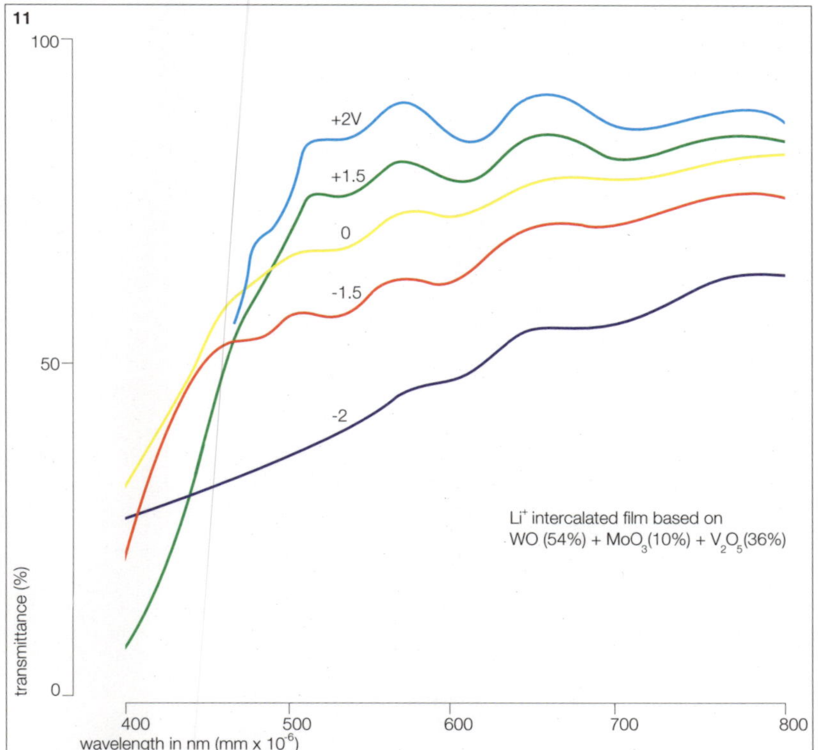

einem typischen System werden zwei dünne Schichten einer elektrochromen Folie verwendet, die durch eine Elektrolytschicht voneinander getrennt sind, die Ionen hindurchleiten kann. Diese dreifache Schicht ist wiederum zwischen zwei Schichten eines transparenten Leiters angeordnet. Durch das Hin- und Herschalten des Stromes in den äußeren leitenden Schichten wird bewirkt, daß die Ionen durch den zentralen Elektrolyt wandern, wodurch das elektrochrome Material dotiert oder undotiert vorliegt und damit eine Seite dunkler oder heller wird. Durch Abgleich des Zustands der elektrochromen Hauptschicht läßt sich diese dunkler oder heller machen.

Die Schwierigkeit bei einem solchen System aus Wolframbronze liegt in dessen abgedunkelter blauer Färbung. Allgemein gebräuchlich ist ein solches System bei Autospiegeln. Jedoch sind viele anorganische und organische Verbindungen elektrochrom, und die Suche nach einer maßgeschneiderten Färbung wird jetzt mit Hochdruck betrieben.

Der Autospiegel der Firma Gentex ist ein organisches elektrochromes Produkt, das derzeit zu den kommerziell am weitesten entwickelten Erzeugnissen gehört. Toyota ist mit der Entwicklung eines Autodachs beschäftigt, das auf Polyanilin, einem der gegenwärtig bevorzugten elektrochromen Produkte, beruht. Wegen der benötigten kleinen Formate und trotz der voraussichtlich geringen Lebensdauer ist die Kraftfahrzeugindustrie für elektrochrome Produkte ein beliebtes Versuchsfeld geworden. Für elektrochrome Beschichtungen stellen Lebensdauer und Größe erhebliche Probleme dar.

Das Problem der Färbung elektrochromer Materialien, das für deren Weiterentwicklung in der Architektur von wesentlicher Bedeutung ist, wird jetzt ernsthaft in Angriff genommen. Während der 300 Jahre ihrer Erforschung haben die untersuchten Materialien fast immer Färbungseigenschaften aufgewiesen, die als eine ihrem chemischen Aufbau zugehörige Eigenart akzeptiert worden sind, wobei die Blaufärbung bei den auftretenden Farbveränderungen überwog. Für den Physiker, der mit der betreffenden Arbeit beschäftigt war, ist dies im Hinblick auf die Lichtdurchlässigkeit oftmals ohne Belang gewesen. Dagegen ist für den Architekten die Färbung bei Lichtdurchlässigkeit und Reflexion von grundlegender Bedeutung. Gegenwärtig werden komplexere, Wolframoxid und Molybdänoxid enthaltende Schichten erforscht, die eventuell die Grundlage für langlebige Mehrkomponentenschichten mit neutralerem Farbverhalten bilden könnten. Die in Japan tätigen Firmen Sato und Seino haben Anfang der achtziger Jahre Diagramme erstellt, aus denen die gegebenen Möglichkeiten ersichtlich werden. Diese Arbeit läßt erkennen, daß durch das Mischen mehrerer elektrochromer Oxide eine Schicht mit einem nahezu neutralen Farbaussehen erzeugt werden kann. Noch interessanter ist vielleicht die Tatsache, daß einige elektrochrome Beschichtungen reflektierend wirken können. Solche Beschichtungen würden für Fenster eine Revolution darstellen. Die Physik dieser komplexen Mischungen ist zur Zeit noch immer Gegenstand der Forschung, die eine – in den Augen des ungeduldigen Architekten – bedau-

12

12. Wirkung des elektrochromen Filters.

13. Aktives Matrixdisplay. Taschenfernsehempfänger Casio 500 TFT/LCD. Die anfänglichen Plasma- und Elektrolumineszenzdisplays flacher Bildschirme sind weitgehend von modernen Flüssigkristallanzeigen (LCDs) verdrängt worden. Plasmadisplays wurden den Marktanforderungen nicht gerecht. Mit Dünnschichtelektrolumineszenz-Anzeigen haben sie einen hohen Energiebedarf gemeinsam. Bei passiven Matrix-LCDs wirken sich Widersprüche zwischen Kontrast und Bildauflösung nachteilig aus. Bei aktiven Matrixdisplays, ist dies ausgeschlossen, denn bei diesen wird jeder einzelne Bildpunkt durch seinen eigenen Dünnschichttransistor (TFT) aktiviert, der aus amorphem, für Solarzellen entwickelten Silizium hergestellt wird.

erliche Voraussetzung für die erfolgreiche Entwicklung zu einem realen Gestaltungselement darstellt. Es ist jedoch gerade ihre Komplexität, auf der für Elektrochromie und die »intelligente« Haut die größten Hoffnungen ruhen.

Die Physik und die Zielvorgaben für die Leistungsfähigkeit müssen nun einander angenähert werden. Leistungsanforderungen werden sowohl durch das Klima als auch durch die Erfordernisse einzelner Bauwerke vorangetrieben. Es kann sich als kontraproduktiv erweisen, abdunkelnde Schichten dort einzubauen, wo generell Tages- und Sonnenlicht erforderlich ist, und ein Innenraum kann eventuell mit Hilfe eines abgedunkelten elektrochromen Materials nur unzureichend vor Helligkeit geschützt werden.

Flüssigkristalle

Elektrochrome Elemente liefern die Mittel für die Entwicklung von Fenstern, welche die selektive Transmission sichtbarer und unsichtbarer Strahlung ermöglichen, ohne den Durchblick zu verhindern oder zu verzerren, d. h. sie wirken wie Filter. Flüssigkristalle bieten dagegen die Möglichkeit, Fenster von durchsichtig auf undurchsichtig umzuschalten. Es handelt sich bei ihnen eher um molekulare »Rollos« oder um »Vorhänge« als um Filter.

Für Taschenrechner werden Flüssigkristalle bereits als gebräuchliche Bausteine verwendet. Sie funktionieren auf einfache Weise: Sie sind davon abhängig, daß Materialien mit stäbchenförmiger Molekülstruktur verwendet werden, bei der die Stäbchenanordnung umschaltbar und so der Weg zu verändern ist, auf dem das Licht übertragen wird. Bei den betreffenden Materialien handelt es sich um organische, nur wenige Nanometer lange Moleküle, die in Abständen angeordnet sind, die in Tausenden Nanometern gemessen werden. Diese, ihnen eigene Form liefert die Grundlage für ihre Bezeichnung »nematisch«, die aus dem Griechischen abgeleitet ist und »Faden« bedeutet. Die Anordnungsrichtung kann durch Anlegen eines elektrischen Feldes verändert werden. Diese Eigenschaft ist als dielektrische Anisotropie bekannt.

Flüssigkristalle stellen ein riesiges Feld für mögliche Anwendungen

13

14

dar. Wir erleben ihre Nutzung von der einfachen Armbanduhr und dem Taschenrechner bis zu den Bildschirmen tragbarer Computer und Fernseher. Bei Fernsehgeräten erwarten manche Experten, daß der Marktanteil der Flüssigkristallanzeige die Kathodenstrahlröhre noch vor dem Jahr 2000 ablösen wird.

Die meisten Firmen, die sich mit der Konstruktion des schaltbaren Fensters befassen, wie die Taliq Corporation of California und die Nippon Sheet Glass Company, verwenden NCAP-Systeme (NCAP = nematische kurvenförmig ausgerichtete Phase). Bei diesen Gestaltungselementen befinden sich die Flüssigkristalle innerhalb einer indexangepaßten Polymergrundmasse, die wiederum zwischen zwei Lagen einer Indium-Zinnoxid-Elektrodenfolie eingebettet ist. Bei Abschaltung ist das Fenster undurchsichtig trübweiß, wenn es eingeschaltet wird, werden die Flüssigkristalltröpfchen durch das elektrische Feld ausgerichtet, und das Fenster ist durchsichtig. Für die Aufrechterhaltung der Durchsichtigkeit erfordern diese

15

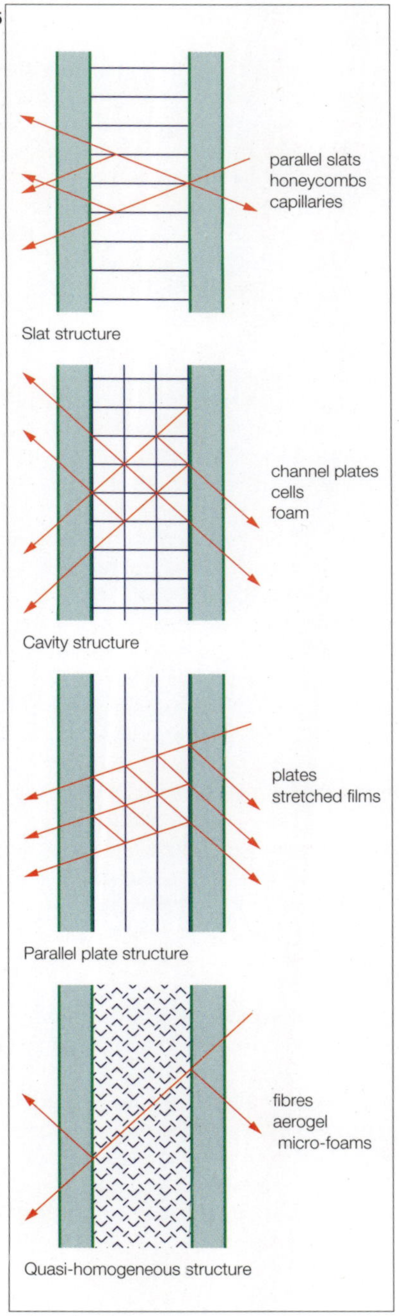

14. Bildpunktsteuerung. Dieses Bild zeigt die Schnittdarstellung einer Zellfolie, die für die Trennung belichteter Bildpunkte in Gasentladungsanzeigen benutzt wird. Mit Hilfe der Flußsäureätzung von lichtempfindlichen Gläsern können winzig kleine Strukturen mit hoher Präzision erzeugt werden.

15. Transparente Isolierung: typische Ausführungen. Man unterscheidet vier typische Arten der transluzenten Isolierung:
1. Lamellenstrukturen, wozu Wabenformen und Kapillarröhrchen ebenso wie die üblicheren Lamellen gehören;
2. planparallele Strukturen einschließlich Dehnfolien; 3. hohlraumartige Strukturen, wobei es sich um geriffelte Tafeln, Zellen oder Schaumstoffe handeln kann; 4. quasihomogene Strukturen, zu denen Faserstoffe, Aerogele und Mikroschaumstoffe gehören.

Flüssigkristallanordnungen eine Dauerspeisung bei einem Stromverbrauch von weniger als 20 W/m^2. Sie werden bereits für Flächengrößen von bis zu 1 m x 2,5 m hergestellt, und durch den Einsatz von pleochroitischen Farben läßt sich die Abdunkelung im abgeschalteten Zustand verstärken.

Während sich die Technologie der Flüssigkristalle durchgesetzt hat, befinden sich diese Elemente in bezug auf das Bauwesen noch immer im Anfangsstadium. Zur Aufrechterhaltung der Durchsichtigkeit erfordern große Fensterflächen sehr viel Energie. So könnte ein normales Gebäude 50 bis 100 KW benötigen. Sie geben auch ein leicht unscharfes Erscheinungsbild ab, sind bei ultraviolettem Licht instabil und außerdem teuer. Jedoch liefern sie die Grundlage für die gläserne Wand, die in Zukunft die Privatsphäre abschirmen wird. Im Gegensatz zu elektrochromen Systemen werden sie von sich aus dunkel und sorgen so zum Beispiel bei Nacht für Privatsphäre. Und was vielleicht noch wichtiger ist, sie repräsentieren auch eine Technik, die zur Erzeugung von Fernsehbildern genutzt wird. Die Aussicht auf eine Stadt voller Häuser mit Kommunikationswänden ist sowohl ein Traum aus den sechziger Jahren als auch ein Schreckgespenst des Marketing. Wie auch immer die Auffassungen der Designer aussehen mögen, Flüssigkristalle stellen eine wichtige Komponente der Glasarchitektur der Zukunft dar.

Wärmeübertragung

Wenn Licht- und Strahlungsdurchlässigkeit durch eine neuentwickelte Technik verändert werden können, handelt es sich beim Faktor Wärmeübertragung, unter dem Gesichtspunkt der Wärmeleitung betrachtet, ebenfalls um einen unumgänglichen Punkt, der kurz vor seiner entscheidenden Verbesserung steht.

Wärmetechnisch gesehen, ist das Fenster seit Jahrhunderten der schwächste Teil der Gebäudehülle, wenn man an die sogenannte »Kältestrahlung«, an hereinströmende Zugluft, an Kondensation und an den Energieverlust denkt. Durch die Schaffung der Isolierverglasung haben sich zwar Behaglichkeitskriterien und Kondensationseigenschaften verbessert, dennoch wird das Fenster auch weiterhin als ein wärmetechnisch unzulängliches Element empfunden. Völlig zu Recht verkünden die Verfechter der Verglasung mit geringem Emissionsvermögen die Energieeffektivität ihrer Erzeugnisse, jedoch sprechen diese Beschichtungen nur die Strahlungsdurchlässigkeit an und lassen die Reduzierung des Verlustes durch Konvektions- und Leitungswärme vorerst unberücksichtigt. Füllgase, wie Krypton, Xenon, Argon, Schwefeldioxid und Monochlordifluormethane, können zwar die Konvektions- und Leitungsverluste um bis zu 70 Prozent verringern, erfordern aber äußerst zuverlässige Dichtungsmittel. Darüber hinaus können sich Monochlordifluormethane unter der Einwirkung von ultraviolettem Licht zersetzen und zu Ölen polymerisieren. Schwefelhexafluorid wird zur Verbesserung der Schalldämmung eingesetzt, es hat sich jedoch herausgestellt, daß die Wärmedämmung vermindert wird, wenn der Prozentanteil des Füllgases zu hoch ist. Für die Gasfüllung sind zwar viele Patentansprüche erhoben worden, man vertritt jedoch in Fachkreisen die Meinung, daß diese ohne Low-E-Beschichtungen von geringer Bedeutung sind.

Jedoch werden wir noch immer mit der althergebrachten Verglasung konfrontiert, deren Isoliereigenschaften mindestens dreimal schlechter sind als die einer herkömmlichen Wand. In der britischen Bauordnung wurde das Fenster bis vor kurzem noch als ein so unzulänglicher Teil der Gebäudehülle betrachtet, daß maximale Fenstergrößen gesetzlich festgelegt wurden. Dies geschah aus Energieeinsparungsgründen.

Das Konzept der transluzenten und transparenten Isolierung hat all dies verändert. Eine transluzente Isolierung läßt sich in gewissem Sinne viel eher vorstellen, als die komplizierte Physik der Wellenlängensteuerung, die mit der Strahlungsdurchlässigkeit verknüpft ist. Jedoch hat sich ihre Umsetzung in die Praxis als außerordentlich schwierig erwiesen. Zu den Realisierungsversuchen gehörten bezeichnenderweise Abstandshalterkonstruktionen aus Kunststoff in Isolierverglasung, die aus winzigen Stäben, Röhrchen oder Rändern gebildet wurden, zuweilen in Verbindung mit einem luftleeren Hohlraum. In Australien sind Versuche durchgeführt worden, bei denen ein Vakuum verwendet wurde, was den Schwachpunkt mit sich brachte, daß sich die beiden aneinandergrenzenden Glasflächen ansaugten. Die

16

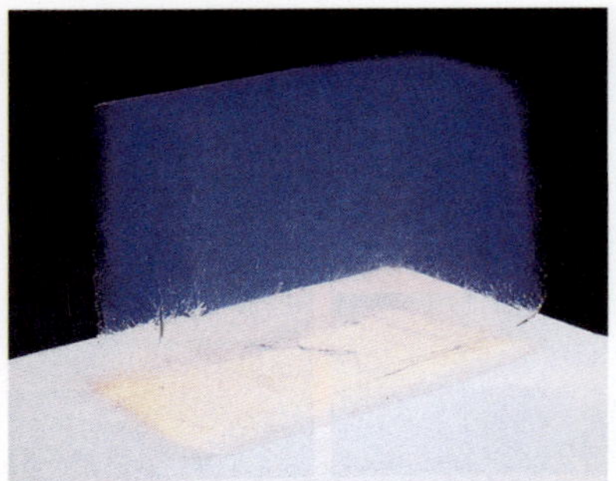

17

jüngsten Entwicklungen verheißen bessere Materialien. Dies könnte zu einem Umdenken bei der Unsicherheit im Zusammenhang von Verglasung und Energieerhaltung führen. Hierfür hat das Fraunhofer-Institut in Deutschland eine bahnbrechende Arbeit geleistet. Bei den typischen Ausführungen einer transparenten Isolierung handelt es sich um planparallele, lamellenförmige, hohlraumartige oder quasihomogene Strukturen, die sich sämtlich von den aufgeschäumten, polymeren Kunststoffen unterscheiden, die überwiegend lichtundurchlässig sind. Viele der festgelegten Strukturen sind an sich transluzent, die Grobkörnigkeit ihrer Struktur sorgt für eine charakteristische Streuung des Lichts.

Die Schaffung wirklich transparenter oder fast transparenter Isoliermaterialien gehört zu den geheiligten Gütern der Glasarchitektur, und wir müssen uns völlig darüber im klaren sein, was in diesem Zusammenhang mit »transparent« gemeint ist. Transluzente Isoliermaterialien lassen sich im Hinblick auf ihre Transparenz klassifizieren, indem auf den Weg Bezug genommen wird, den ein einfallender Lichtstrahl nimmt. Dabei sprechen wir nicht nur über Streuung, sondern auch von Verzerrung, Farbabweichung und dem Aufspalten von Bildern.

16. Aerogelblock. Das transluzente Aerogel stellt einen sehr effizienten, jedoch äußerst empfindlichen Fensterbestandteil dar. Das Foto zeigt die aus der Mikrostruktur resultierende Färbung, die ein charakteristisches Merkmal der Rayleigh-Streuung ist. Vor einem weißen Hintergrund wird eine gelbe Farbschattierung sichtbar, bei einem schwarzen Hintergrund erscheint diese in Blau.

17. Granulatform des Aerogels. Dieses Material berücksichtigt die Probleme der Zerbrechlichkeit von Aerogelen und besitzt die Form kugeliger Granulatkörner mit einem Durchmesser von 1 bis 6 mm, die zwischen Fensterscheiben vergossen werden. Eine 16 mm starke Granulatfüllung erreicht einen K-Wert von weniger als 0,8 W/m² K.

18. Angenommene Struktur des Silika-Aerogels. Die »angenommene« Struktur eines Aerogels baut sich aus kleinen Teilchen (im Bild: vom Kreis eingeschlossen) mit der gleichen Dichte wie gewöhnliches Glas auf, von denen jedes einen Durchmesser von weniger als 1 nm hat. Diese sind in Trauben von Sekundärteilchen angeordnet, deren Dichte etwa halb so groß ist wie die von Glas. Diese Trauben formen wiederum Ketten zur Bildung des äußerst porösen Aerogels, dessen Dichte ein Zwanzigstel der Glasdichte beträgt.

Bei planparallelen Strukturen handelt es sich in der Hauptsache entweder um Isolierverglasungen oder Verglasungen mit hohlraumförmigen Strukturen. An ihrer Oberfläche kommt es in der Regel zur optischen Reflexion mit nachfolgendem Lichtverlust. Zu Lamel-

18

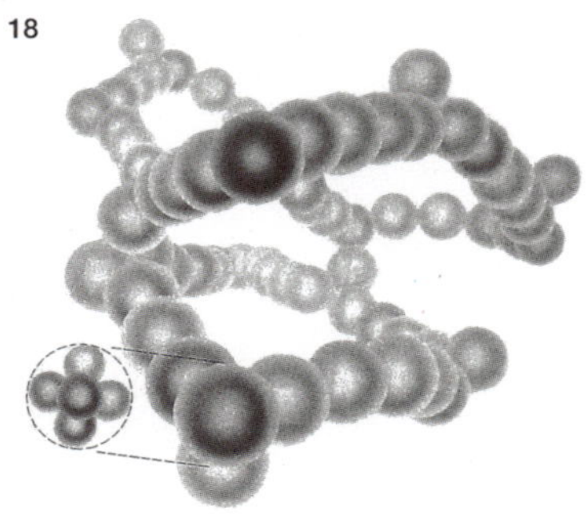

lenstrukturen gehört potentiell eine Vielzahl von Systemen einschließlich komplexer Ausführungen, wie Waben- und Kapillarstrukturen. Der Lichtverlust kann im Prinzip auf ein Mindestmaß reduziert werden, da man die Lamellen als reflektierende Jalousie betrachten kann. Hohlraumstrukturen enthalten transparente Mehrfachkanäle und transparente Schaumstoffe, die millimetergroße Blasen aufweisen können. Wie bei planparallelen Systemen wird ihr Leistungsvermögen als Fenster durch den Lichtverlust infolge der Reflexion beeinträchtigt. Die geschlossenen Zellen schränken den Konvektionsverlust noch mehr ein, als dies bei Lamellenstrukturen der Fall ist.

Lichtdurchlässigkeit und visuelle Transparenz sind bei allen diesen Systemen von Bedeutung, jedoch wirken sich die hohen Kosten für ihren Einsatz hemmend aus. Die vierte Gruppe der transparenten Isolierung, das heißt die quasihomogenen Materialien, ist vielleicht am vielversprechendsten, da sie Produkte umfaßt, die als Tafeln mit potentiell hoher Transparenz hergestellt werden können. Ein typisches Material, das sich hinsichtlich seiner kommerziellen Nutzung noch im Anfangsstadium befindet, ist Silika-Aerogel. Diese Materialien sind zwar ausgezeichnete Isolierstoffe, werden aber aus derart kleinen Glasteilchen hergestellt, daß es bei ihnen zur Rayleigh-Streuung kommt. Dies führt wiederum dazu, daß sie sich bei Durchstrahlung gelblich oder bläulich trüben.

Außerdem bestehen die Probleme, die Aerogele den Architekten bereiten, nicht nur in chromatischen und optischen Schwierigkeiten sowie der Notwendigkeit geringer Druckaufbringung und zuverlässiger Abdichtung. Sie sind auch extrem zerbrechlich und schwer herzustellen, zu transportieren sowie zu Montageelementen umzuformen. Von der Airglass Company in Schweden werden zum gegenwärtigen Zeitpunkt Tafeln auf den Markt gebracht, die nur 190 mm² groß sind, was ihren Einsatz stark einschränkt. Auch diese weisen einen Trübungsgrad von 30% auf, was natürlich für eine normalerweise als »durchsichtig« empfundene Verglasung ein zu hoher Wert ist.

Die BASF produziert Aerogelgranulat mit einer Korngröße zwischen 2 und 10 mm, also »fraktionierte Teilchen«, die immer die gleiche Struktur aufweisen, egal in welchem Vergrößerungsverhältnis sie betrachtet werden. Obwohl sie ein kompaktes Aussehen haben, sind sie in

Wirklichkeit innerhalb der Körnung fast vollständig flächig; die Körnchen weisen die Rayleigh-Streuung auf. Die Probleme bei einer vakuumdichten oder gasundurchlässigen Abdichtung für den Hohlraum ist von Pilkington durch Anwendung von Mehrfachentlüftungskapillaren gelöst worden. Diese werden auch mit den Schwierigkeiten der Körnchenablagerung fertig, wenn das Montageelement »atmet«. Eine deutsche Tochtergesellschaft von Pilkington zeigt sich an der Nutzung dieser Technik interessiert.

Für ein Aerogel läßt sich kaum eine feindlichere Umgebung als eine Baustelle vorstellen. Ist es jedoch erst einmal gelungen, einen Verbundwerkstoff herzustellen, wird eine völlig neue Fensterform den Glasbau revolutionieren. Für ein 20 mm dickes Aerogel-Fenster sind K-Werte von 1,0 W/m² K gemeldet worden, die auf 0,5 absinken, wenn das Aerogel bis auf 0,1 atm abgesaugt wird. Dies läßt sich mit dem Wert von 1,4 W/m² K für ein gut dimensioniertes Montageelement mit niedrigem Emissionsvermögen vergleichen und entspricht dem Leistungsvermögen eines dreifach ver-

19

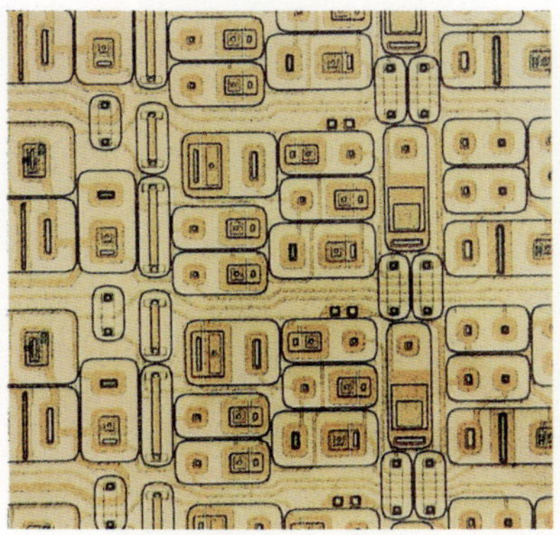

19. Mikrosteuerung: Silizium-Urbanität. Die detaillierte Stadtplanung auf einem torgesteuerten Diodenschalter, wie er bei der Fernsprechvermittlung verwendet wird, findet auf einem 3 mm x 4 mm großen Mikrochip statt. Er enthält Bauelemente, die so ausgelegt sind, daß sie elektrischer Überlastung durch Blitz standhalten. Inseln aus Siliziumeinkristallen sind in ein polykristallines Siliziumsubstrat eingebettet: Die großen Inseln sind die torgesteuerten Dioden. Die goldfarbig dargestellten Verbindungsschaltelemente bestehen aus Aluminium und sind 15 bis 30 μm breit, während die Inseln 4 μm dick sind. Die Technologie, die zur Herstellung dieser feinen, schön strukturierten Formen benötigt wird, ist zwar – so durchkonstruiert und winzig letztere auch sind – für durchsichtige Beschichtungen noch immer zu großflächig, läßt aber den Maßstab ahnen, in dem eine Präzisionsfertigung vor sich gehen kann.

20. Siliziumarchitektur. Für einen Computerkonstrukteur hat die Bauweise eine andere Bedeutung als für einen Architekten. Die kleinste Strukturgröße dieser logischen Schaltung beträgt 500 nm, wobei die Formgebung mit Hilfe eines Elektronenstrahls erreicht wird.

21. Mikrobearbeitung. Dies ist der Entwurf eines mechanischen akustischen Filters, wenige hundert Mikrometer breit, für das sogenannte »Kammtreiber« verwendet werden. Derzeitige Projekte der Mikrobearbeitung beinhalten Rotoren mit einem Durchmesser von 100 μm für Mikromotoren sowie Siliziumchips, in die Millionen beweglicher Metallspiegel eingebaut sind.

20

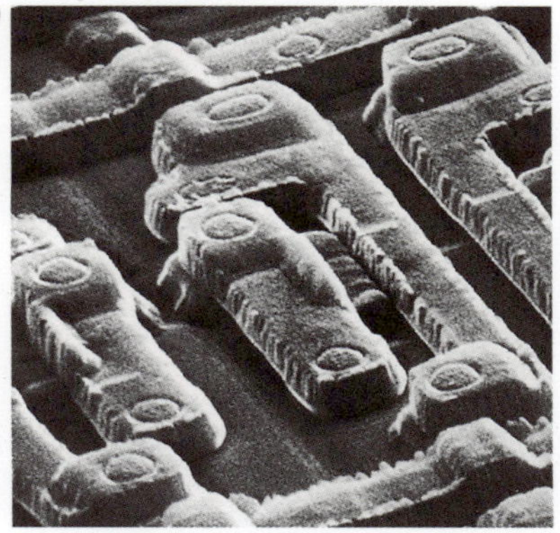

glasten Montageelements. Überdies ist die Wärmeleistung nicht der einzige interessante Faktor bei Aerogelen, sie tragen auch erheblich zur Schalldämmung bei. Ein Aerogel-Vakuumfenster ist im Thermal Insulation Laboratory (Labor für Wärmedämmung) in Dänemark bereits hergestellt worden. Trotz alledem bieten Aerogele reale und immanente physikalische Schwierigkeiten, und es wird noch sehr lange dauern, bis sich das Aerogelfenster durchgesetzt haben wird.

Bei polymeren, zellartigen Makrostrukturen, die geschlossene Zellen oder räumlich ausgerichtete Mikrostrukturen enthalten, ist die Sprödigkeit der Silika-Aerogele nicht anzutreffen. Zur Herstellung einer transluzenten Isolierung werden sowohl Polycarbonat als auch Acryl verwendet, und auf dem Markt ist das Polycarbonat-Wabenfenster der Marke AREL im Angebot.

Da die Hauptfunktion des Aerogels darin besteht, der Konvektion entgegenzuwirken, bietet das Vakuumfenster eine klare Alternative. Vakuumverglasung stellt heute eine selbständige Technologie dar. Wie die Flut von Fachpublikationen zeigt, arbeitet man in den USA, in Europa und vor allem in Australien gegenwärtig verstärkt an einem marktfähigen Vakuumverglasungssystem, das Strebensysteme verwendet, um die Fensterscheiben auf Abstand zu halten. Seit den ersten Veröffentlichungen im Jahre 1988 haben sich die angegebenen Wärmedurchgangskoeffizienten kontinuierlich von 0,6 W/m² K bis auf mehr als 1,0 W/m² K erhöht. Das liegt in erster Linie daran, daß man für die sehr realen mechanischen und fertigungstechnischen Probleme Lösungen gefunden hat. Unter der Voraussetzung, daß sich eine einwandfreie Transparenz erreichen läßt, dürfte das durchsichtige Fenster mit einem Durchgangskoeffizienten von 0,3 bis 0,5 W/m² K jedoch in unmittelbare Nähe gerückt sein.

21

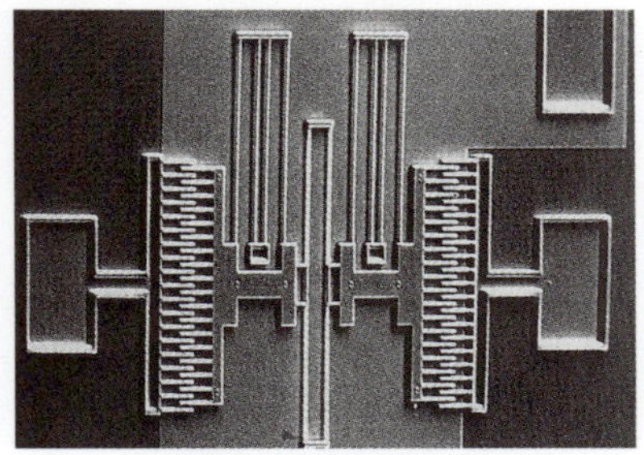

Elektronische Steuerungen

Während foto- und thermochrome Verglasung in ihrer Funktionsweise im wesentlichen passiv ist (wobei aktive thermochrome Materialien bereits zur Auflage gemacht wurden), so erfordert der Energiebedarf bei elektrochromen und Flüssigkristallelementen einige Anmerkungen hinsichtlich der notwendigen Weiterentwicklung der Steuerungssysteme, mit denen diese ein- und ausgeschaltet werden, und der sich hierdurch bietenden Möglichkeiten.

Die Entwicklung einer »intelligenten« Haut macht es erforderlich, daß die Regulierung der Durchlässigkeit unter Berücksichtigung des Energiebedarfs des Gebäudes und der Bedürfnisse der unmittelbar betroffenen Bewohner (auf Ausblick und Strahlungsintensität) vorgenommen wird. Für das Umschalten der Fensterelemente können sowohl fotoelektrische als auch fotovoltaische Systeme eingesetzt werden, welche die sogenannte »Fuzzy-Logik« in einem neuronalen Netz anwenden, das die Bedürfnisse des Gebäudes und seiner Bewohner »erlernen« kann. Dies ist der Beginn des intelligenten Gebäudes!

Ein großer Teil der bereits erwähnten Technik stützt sich auf eine Passiv-Technologie in Form einer dünnen Elektrodenschicht. Während die Architekten, wie bei der Betrachtung der Flüssigkristalle erwähnt, darüber nachdenken, was ein Glas bedeutet, das zwischen transparent und transluzent hin- und hergeschaltet werden kann, sind die Hersteller mit der Arbeit an Bedienfeldern für optische Anzeigen beschäftigt. Diese Arbeit ruft Erinnerungen an die Anfangsjahre der Fernsehtechnik wach.

22

23

24

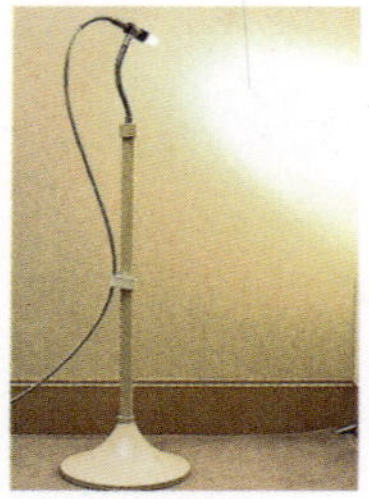

22. – 25. Das Himawari-System: Lichteinfangende Anlage, die als Sammel-Endpunkt für das Lichtleitersystem (22) dient. Eine Wandsteckdose (23). Eine Lampe, die mehr durch Licht als durch Strom gespeist wird (24). Bei »Himawari« würde das Tageslicht von einer Seite des Planeten auf die andere übertragen werden – von den Tageslicht- zu den Nachtzonen (25).

In der Luft- und Raumfahrtindustrie wie auch im Automobilbau sind bereits holografische Bilder verwendende Head-up-Displays in Gebrauch, wobei Glas die verbindende Oberfläche darstellt. Neben anderen arbeitet auch die Automobilindustrie daran, Antennen in die Verglasung zu integrieren, wofür Metallstreifen oder geätzte leitende Folien mit transparenten Elektroden verwendet werden. Lichtwellenleiter werden für Signalsysteme in Erwägung gezogen.

Die realisierbare Größe von Flüssigkristallanzeigen nimmt jährlich um ca. 75 mm zu. Im Jahre 1992 standen Bedienfelder zur Verfügung, deren Größe 450 mm im Quadrat betrug. Die Anzeige mit einer Diagonale von 1 m (das sind 700 mm bzw. 450 x 900 mm im Quadrat) müßte demnächst verfügbar sein.

Die derzeit gebräuchlichsten leitenden Beschichtungen bestehen aus Indium-Zinn-Oxid (ITO) oder dotiertem Zinnoxid. Die Aufbringung erfolgt bei Indium-Zinn-Oxid für gewöhnlich durch Vakuumaufdampfen oder Aufsprühen, bei dotiertem Fluorzinnoxid durch chemische Vakuumbedampfung.

Es wird erwartet, daß die neuen Bauarten elektronischer Leiter, die jetzt auf den Markt kommen, einschließlich der ausgefallenen leitenden polymeren Metalle, einen erheblichen Beitrag zur neu entstehenden Technologie der elektronischen Verglasung leisten werden.

Die Bedeutung der elektrisch gespeisten Verglasung, wie elektrochromer Materialien, und der Einbeziehung der Elektronik liegt darin, daß durch sie Steuerungssysteme ermöglicht werden, die Bestandteil eines unabhängigen Netzwerks sein können und die in der Lage sind, sich auf das Umfeld einzustellen. Mit der einfachen Funktion eines Thermostats in einer Heizungsanlage sind wir ebenso vertraut wie mit durch Solarzellen angetriebene Jalousielamellen. Im Vergleich hiermit bedeutet die Realisierung einer Verglasung, die ihr Umfeld versteht und die programmiert wird oder sich selbst programmiert, um ihre Leistungsfähigkeit zu optimieren oder auch um als Filmleinwand zu dienen, eine deutliche Weiterentwicklung.

Lichtleitung

Wenn man die denkbaren Fortschritte betrachtet, die bei der Filterung und Regulierung von Licht gemacht werden können, ist es wichtig, nicht die grundsätzliche und eigentliche Funktion der Verglasung zu vergessen, die darin besteht, den Innenraum eines Gebäudes mit Licht zu versorgen.

25

Auf Möglichkeiten zur Verbesserung des Auffangens und Verteilens des Lichts im Inneren ist bereits oben hingewiesen worden, speziell im Hinblick auf Winkelsteuerungssysteme.

Der Kostenaufwand für Lichtauffangsysteme ist gewaltig. Heller Sonnenschein stellt eine Lichtquelle dar, die auf Bodenhöhe eine Beleuchtungsstärke von mindestens 90 000 Lux erzeugt. Durch eine die Sonne verdunkelnde Wolke wird dieser Wert nur auf ca. 30 000 Lux verringert, selbst ein trüber, bewölkter Himmel hat noch eine Helligkeit von etwa 5000 Lux. Zwar kann ein durch seine Fenster gut ausgeleuchteter Raum dicht beim Fenster eine Beleuchtungsstärke von 1000 oder mehr Lux aufweisen, jedoch vier oder fünf Meter von der Fensterwand entfernt sinkt dieser Wert auf wenige hundert Lux. Diese rasche Abnahme des Helligkeitsniveaus führt zu schlechten Lichtverhältnissen, da sich das Auge dieser Veränderung nicht anpassen kann.

Vielleicht ist jedoch der Lichtverlust, der durch die Umhüllung als Ganzes verursacht wird, von noch größerer Bedeutung. Die meisten der auf herkömmliche Weise konstruierten Gebäude sperren das Tageslicht effektiv aus, und daher treibt der Gedanke der Lichtleitung die Arbeit an aktiveren Systemen an. Bei denen wird das Licht aufgefangen, gebündelt und dorthin geleitet, wo man es benötigt.

Derartige Überlegungen veranlaßten den Autor, in einem 1990 verfaßten Konferenzvortrag ein System zum Auffangen und zur Leitung des Lichts anzuregen, das auf der Bündelung des Tageslichts sowie Lichtwellenleitern basiert. Das Ziel bestand darin, den Energieaufwand zu umgehen oder zu reduzieren, der mit der elektrischen Beleuchtung von Gebäuden verbunden ist und der oftmals zwischen 15 und 30 W/m² liegt. Für die Leitung in das Gebäudeinnere müßte eine Optik oder irgendein anderes Gestaltungselement eingesetzt werden, um das Tageslicht zu bündeln und am Ende eines Kabelstrangs aus Lichtwellenleitern eine helle Quelle erzeugen zu können.

Gegen Ende desselben Jahres wurde nach jahrelanger Entwicklung die »Himawari«-Anlage (Sonnenblume) von Asahi in Japan auf den Markt gebracht. In der japanischen Fachliteratur wurden einige Empfehlungen hinsichtlich der Anwendungsgebiete, das heißt sowohl der bereits vorhandenen als auch der eventuellen zukünftigen, gegeben. Zu den potentiellen Anwendungsgebieten gehörten die Untergrund- und Unterwasserbeleuchtung sowie die Beleuchtung für Raumfahrzeuge. Jedoch konnten auch die bereits installierten Systeme zur Veranschaulichung dienen, bei denen das Sonnenlicht aus flexiblen Schläuchen abgestrahlt wurde.

Die Systeme beruhen auf Anordnungen von Linsenkollektoren, die die Sonnenstrahlen verfolgen und das Sonnenlicht gebündelt in ein Lichtleiterkabel hineinführen. Die derzeitige Technologie ist kompliziert und kostenaufwendig, jedoch hat sich die Idee von der bloßen Utopie in eine Realität verwandelt. Es werden neue Formen des lichtbündelnden Kollektors benötigt, um das Auffangen von Tageslicht zu ermöglichen. Gegenwärtig werden parabolische polymere Metallschichten auf einem Polyester-/Glasfasermaterial angewendet, für die eine Preisreduzierung erwartet wird.

26. Fotovoltaische Fassade, Lagerhaus von Greenpeace, Hamburg, 1993, erbaut von Windel Thimm & Morgen und Ridder Meyn & Partner. Diese Fassade liefert eine Energieleistung von 6 kW, die im Austausch gegen Nachtstrom in das Netz der örtlichen Kraftwerksgesellschaft eingespeist wird. Für den dahinterliegenden Treppenaufgang dient sie auch als Sonnenschutzwand und sorgt durch die Räume zwischen den Zellen für einen schönen Lichteinfall.

27. Digitial Equipment Corporation, Petit Lancy, Schweiz, J.-F. Lecouturier, L. Caduff. Das pyramidenförmige Dach dieses Gebäudes ist mit Ausnahme der Nordfassade an allen Seiten mit fotovoltaischen Zellen ausgestattet. Die Zellenanordnungen richten sich nach dem Lauf der Sonne und erzeugen annähernd 15 kW.

28. Solarzellenverkleidung am Odeillo-Werk in Frankreich.

Die Technik der Lichtleitung ist gut bekannt. Kleinformatige Leuchten sind bereits weitverbreitet und bestens geeignet in Situationen, in denen eine Lichtquelle in großem Abstand von der zu beleuchtenden Stelle angebracht werden muß. Lichtleitfasern sind zwar die traditionellen Mittel für die Leitung, doch werden gegenwärtig auch reflektierende Wellenleiter, Prismenleiter, Dielektrika u. a. erforscht. In den USA vertreibt das Unternehmen 3M eine Totalreflexionsfolie, mit

26

der die Innenwand eines großen Rohrs umhüllt werden kann und die Licht aufnimmt, das in das eine Rohrende projiziert wird.

Fluoreszierende Kollektoren, die direktes oder diffuses Licht bündeln können, sind möglicherweise ebenfalls von Nutzen. Eine solche Vorrichtung enthält meistens ein Glas, dem seltene Erden zugesetzt werden, oder eine mit Fluoreszenzfarbstoff-Molekülen dotierte polymere

27

transparente Platte. Einfallendes Licht, das dem Absorptionsspektrum des Fluoreszenzfarbstoffs entspricht, wird eingefangen und abgestrahlt und wandert durch die Innenreflexion in der Platte zu deren Rändern. Durch eine vollständige Versilberung der Platte, das heißt unter Auslassung des abstrahlenden Randes, kann die Wirkung verstärkt werden. Derartige Kollektoren sind für die fotovoltaische und fotothermische Energieumwandlung sowie als Wellenlängenschieber bei fotovoltaischen Elementen mit Flüssigkeitsübergang verwendet worden.

Ein weiteres Mittel, mit dessen Hilfe die Lichtbündelung erreicht werden kann, ist die Holografie. Als Anwendungsweise für ein Hologramm bietet sich die Nachahmung der Funktionsweise einer Linse oder eines Beugungsgitters geradezu an. Das Phänomen der holografischen Beugung wird zur Zeit im Hinblick auf Tagesbeleuchtung emsig erforscht. Mehrere, übereinanderliegende holografische Schichten führen zu einem Ergebnis, das der Leistungsfähigkeit eines lichtbündelnden Parabolspiegels gleichkommt.

Der tiefere Sinn all dessen liegt in dem Gewicht begründet, das die Beleuchtung für die Gesamtenergiebilanz eines Gebäudes besitzt. Viele Bauingenieure sehen in der Beleuchtung das wichtigste Einzelthema, mit dem man sich bei der Suche nach einem Niedrigenergiehaus befassen muß. Das hat seine Ursache darin, daß Beleuchtung gegenwärtig nur mit Hilfe von Elektrizität realisiert werden kann und Elektrizität in den meisten westlichen Ländern in Kraftwerken erzeugt wird, die auf der Grundlage fossiler Brennstoffe arbeiten und die sowohl umweltbelastend als auch ineffizient sind. Angaben über den Wirkungsgrad der Leistungsumwandlung schwanken zwischen 35 und 50 Prozent, was bedeutet, daß für eine 100-W-Beleuchtung ein Brennstoffäquivalent von bis zu 300 W benötigt werden könnte. Bei Dunkelheit akzeptiert jeder von uns diesen Aufwand.

Stromerzeugung

Der Hinweis auf die Stromerzeugung aus Solarzellen mag vielleicht in einer Publikation über Glas erwartet sein, jedoch haben jüngste Entwicklungen die Stromerzeugung

28
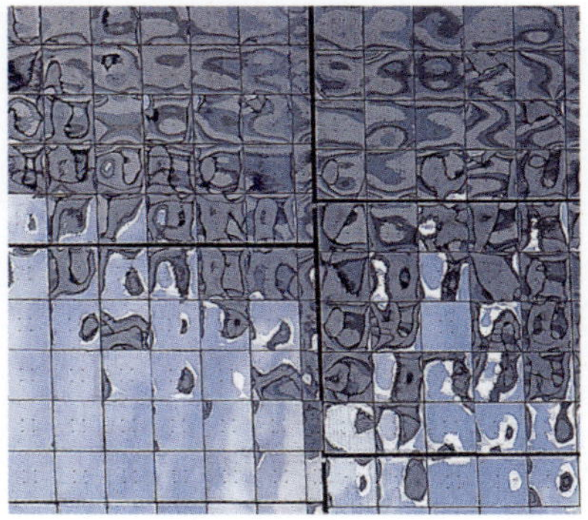

und die Transluzenz in einer Weise miteinander verknüpft, die unter dem Gesichtspunkt der Glasarchitektur vielversprechend ist. Sowohl bei den herkömmlichen fotovoltaischen Elementen als auch bei der neuen Generation von Fotozellen ist ein äußerer Schutz aus Glas unentbehrlich.

Licht ist eine der mächtigsten Energieformen, die auf der Erde vorkommen. Es mag zwar länger als 100 Millionen Jahre gedauert haben, bis aus den Wäldern der Urzeit die ersten Kohleflöze wurden, dennoch spielt sich die Fotosynthese Tag für Tag ab und macht sich den zarten, auf jeden Luftzug reagierenden Mechanismus des Blattes zunutze, um meterhohe Strukturen zu schaffen und am Leben zu erhalten. Die Schaffung fotoelektrischer Systeme, mit denen nutzbare Energie erzeugt werden kann, steht zwar erst am Anfang, doch ist das Bauwerk als Ort, an dem mit Energie wirtschaftlich umgegangen wird, eine wichtige Konzeption für die Zukunft.

29

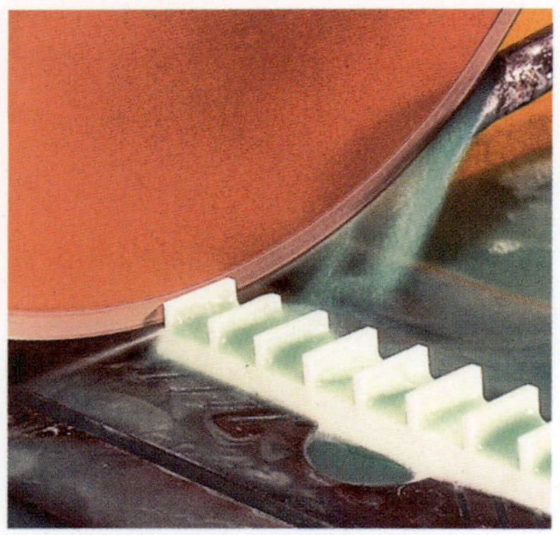

Die Beziehung, die zwischen einer einzelnen fotovoltaischen Zelle und einem Verglasungssystem besteht,

30

29. Macor von Corning. Die neuen keramischen Gläser besitzen ungewöhnliche physikalische Eigenschaften, zu denen ihre Bearbeitungsfähigkeit gehört.

30. Glastisch, hergestellt im Renzo Piano Building Workshop, 1986–1990. Dies ist ein Artikel aus einer Glasmöbelkollektion, bei der man geschickt mit der Zerbrechlichkeit von Kalk-Natron-Glas fertig geworden ist und sich dessen Druckfestigkeit zunutze gemacht hat. Die Beine werden von Zugstangen durchbohrt, die in versenkten Muttern enden.

31. Die neuen keramischen Gläser eröffnen der Konstruktionsverglasung in der Zukunft ausgezeichnete Entwicklungsmöglichkeiten.

ist ebenso wichtig wie deren Gruppenbeziehung zu diesem System. Fotovoltaische Elemente arbeiten mit kurzen Lichtwellenlängen am effektivsten, und die Transparenz von Glas ist bei diesen Wellenlängen ziemlich gering. Das bedeutet, daß sich die Elemente außerhalb eines Verglasungssystems befinden müssen und somit dieses verdunkeln oder einen undurchsichtigen Teil der Gebäudehülle bilden. Durch die Lichtundurchlässigkeit herkömmlicher fotovoltaischer Elemente werden die Möglichkeiten für die konstruktive Synergie erheblich erweitert. Dies bedeutet, daß diese Elemente sowohl als Sonnenschutz wie auch als Sonnenkollektoren dienen können, vor allem in heißeren Klimazonen.

In diesem Zusammenhang ist die Grätzel-Zelle von vermutlich großem Interesse, die als fotoelektrochemische Solarzelle bezeichnet wird. Diese besitzt den Vorteil, daß sie in gewissem Grade Licht durchläßt. Im Element enthalten zwei leitende Zinnoxidschichten einen Elektrolyt auf Jodbasis sowie einen keramischen Titandioxidleiter. In gemäßigten Klimazonen wird der Wert des Tages- und Sonnenlichts klar erkannt, speziell in der Heizperiode, wenn durch den Einsatz des natürlichen Lichts für bessere Qualität und Energieeinsparung gesorgt wird. Die Einführung einer zwar lichtdurchlässigen, aber undurchsichtigen Platte, die Strom erzeugen könnte, wäre von beträchtlichem Vorteil. Zwar befindet sich dieses Gestaltungselement noch im Stadium des Laborversuchs, läßt aber bereits die Entwicklungsmöglichkeiten für den transluzenten, durch Sonnenenergie betriebenen Stromerzeuger erkennen. Im Prinzip könnte eine teilweise transparente Zelle allein aus dem nahen Infrarotbereich Strom erzeugen, in dem 50 Prozent der Sonnenenergie übertragen werden.

Eine Bauart mit Bestand muß Systeme für die Energieauffangung und -erhaltung umfassen, die gleichermaßen synergetisch und effektiv sind. Biomorphologische Analogien bei Bauwerken können oberflächlich sein, jedoch ist es verlockend, darüber zu spekulieren, wenn es einem Baum gelingt, durch die in seinen Blättern stattfindende Fotosynthese Energie anzusammeln, Gebäude wesentlich effektiver ihre eigene Energie ansammeln könnten. Die mathematischen Berechnungen sind in dieser Hinsicht vielversprechend. Ein Gebäude, das bei Nacht für seine Beleuchtung fünf Stunden lang 5 W/m² und weitere 5 W/m² für die Aktivitäten seiner Bewohner im Laufe von 12 Stunden benötigt, erfordert pro Quadratmeter eine Stromversorgung von 85 Wh. Die Frage ist nun, ob die Solarenergiesysteme diese Energie (oder einen nennenswerten Teil davon) liefern können und ob die angesammelte Energie ohne eine aus der Herstellung der Batterie resultierende Leistungseinbuße gespeichert werden kann.

In Anbetracht der damit verbundenen physikalischen Gesetzmäßigkeiten wird sich der Wirkungsgrad der derzeitigen fotovoltaischen oder anderer Formen lichtbetriebener Flächenstromerzeuger vielleicht nicht viel verbessern, jedoch läßt sich aus dem zur Zeit angegebenen Wirkungsgrad von etwa 17 Prozent eine interessante Schlußfolgerung ziehen. Bei den restlichen 83 Prozent handelt es sich um absorbierte Energie, deren größter Teil in Wärme umgewandelt wird. Das heißt für gewöhnlich, daß Zellen bei einer Temperatur arbeiten, die um etwa 20°C über der Umgebungstemperatur liegt, die Zellen sich also beim Einfangen der Photonen erwärmen. Da diese Zellen hinter der schützenden, stark lichtdurchlässigen Glasplatte untergebracht sind, handelt es sich bei ihnen um potentiell aktive Solarkollektoren. Würde neben der erzeugten elektrischen Leistung auch diese Wärmeenergie nutzbar gemacht werden, ließe sich ein weitaus größerer Nutzen aus dem Gestaltungselement ziehen. Bei mehrschichtigen Zellen

31

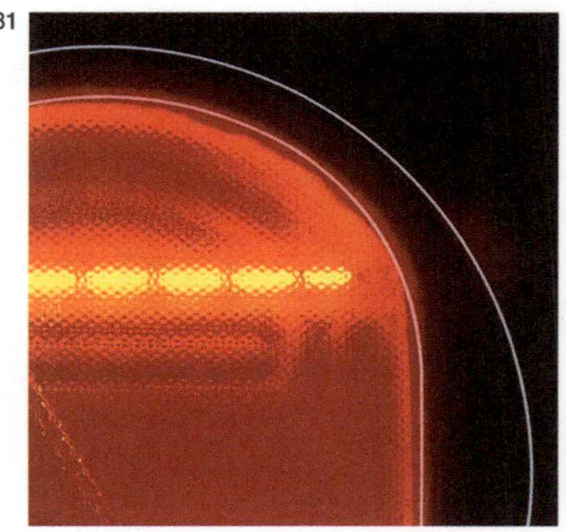

sind wesentlich höhere Wirkungsgrade vorstellbar.

Diese Stromerzeugungssysteme sind für eine zukünftige Glasbauweise von grundlegender Bedeutung, weil sie die latent vorhandenen Nachteile einer sonnenbestrahlten Oberfläche, und zwar Überhitzung und Lichtblendung, beim Auffangen der elektrischen Energie in einen Vorteil verwandeln können. Abhängig vom jeweiligen Standort ändert sich das Aussehen der Glashülle eines solchen Gebäudes von einer das Tageslicht bereitwillig einlassenden Transparenz bis zum Anblick eines betriebsamen Kraftwerks. Auch der Einfluß auf die Form kann beträchtlich sein. Um bei einer weiteren biomorpologischen Analogie zu bleiben – bei der Haut eines Tieres haben sich die Oberfläche und deren einzelne Funktionen durch die Evolution abhängig voneinander herausgebildet, so daß sichergestellt wird, daß die für die Aufrechterhaltung der Lebensfunktionen richtige Menge an Energie aufgenommen und abgegeben wird. Bei der Architektur der Zukunft wird dies auch für die Gebäudehaut gelten.

Mechanische Verbesserung

Der größte Teil dieses Kapitels hat sich bisher auf Entwicklungen konzentriert, die sich auf die Lichtverhältnisse beziehen. Jedoch ist Glas ein Baustoff und verhält sich als solcher auf die gleiche Weise wie andere Baustoffe, mit entsprechenden Eigenschaften der Festigkeit und Widerstandsfähigkeit, Feuerbeständigkeit und Mühelosigkeit der Bearbeitung und Befestigung. Auch sein Gewicht und die Größenabmessungen sind von Bedeutung.

32

32. Schneidanlage von Bystronic. Selbst bei den traditionellsten Tätigkeiten in der Produktion stützt man sich auf eine sehr moderne Technologie, wie diesen Schneidtisch, der durch Optimierung seines Arbeitsablaufs für einen geringstmöglichen Ausschuß sorgt.

33. Sputtervorgang bei der Firma Glas Trösch Beratung, Bützberg, Schweiz. Für neuartige Materialien wird in wachsendem Maße die Dünnschichttechnologie herangezogen. Bei diesem Blick in eine Sputteranlage sind oben das Target Material und unten die Glasplatte zu erkennen. Durch Aufsprühen wird das Plasma geschaffen, das auf die Platte aufgetragen wird.

34. Chemische Modifizierung. Durch die Bearbeitung lichtempfindlicher, jalousieartig angeordneter Schlitze lassen sich winzige, integrierte Modifikationen der Transparenz eines Materials erzeugen. Die hier dargestellten Schlitze sind 3,2 mm breit.

Im Hinblick auf die Verringerung von Verbindungsstellen und Befestigungen sind große Formate höchst wünschenswert, bedeuten aber auch ein großes Gewicht. Verbundwerkstoffe haben den Weg für grundlegende Verbesserungen der thermischen Leistung geebnet. Der große Vorteil von Glas als transparentem Baustoff liegt in seiner Härte. Die Bautafeln der Zukunft werden Verbundwerkstoffe mit einer äußeren sprödbruchunempfindlichen Schutzschicht aus Glas enthalten. Dieses wird kombiniert mit Kunststoffen und Werkstoffen, wie Aerogele, die sich wegen ihrer niedrigen relativen Eigendichte gut als leichte Kernstücke eignen.

Für die Festigkeit sollten ebenfalls erhebliche Verbesserungen gesucht werden. Die Zerbrechlichkeit von Flachglas in den zur Zeit erhältlichen, üblichen Formen stellt den größten Mangel dieses Materials dar. Auf den Unterschied bei der Festigkeit von Gläsern verschiedenartiger chemischer Zusammensetzungen sowie von Kalk-Natron-Glas und den vorgespannten Varianten ist bereits ziemlich ausführlich eingegangen worden. Praktisch sind die Unterschiede bei den derzeit verfügbaren Gläsern nicht groß. Am besten geeignet sind Floatgläser, da sie bei einem Temperaturwechsel die Eigenhärte von Borosilikaten, reinen Kieselgläsern und der sehr festen und bearbeitungsfähigen keramischen Gläser ausnutzen. Ein Material wie Schotts Zerodur, ein transparentes keramisches Glas, wird durch Temperaturveränderungen praktisch nicht beeinträchtigt, es ist porenfrei und läßt sich zersägen, bohren, walzen und polieren. Es ist jedoch sehr teuer. Ein wichtiges Ziel wäre, Glas in einen »technischen« Baustoff zu verwandeln, den man einer Festigkeitsanalyse unterziehen kann, mit deren Hilfe sich die Leistungsfähigkeit sicher prognostizieren läßt. Die molekularen Bindungsstärken von Glas rechtfertigen diese Zielvorstellung, die mit Nachdruck verfolgt werden sollte, deren Nachteile aber zu berücksichtigen sind.

Neben der Festigkeit ist bei jedem Bauelement die Feuerbeständigkeit von ausschlaggebender Bedeutung. Die durch Veränderungen der chemischen Zusammensetzung bewirkte bessere Festigkeit und Widerstandsfähigkeit wird immer mit einer verbesserten Feuerbeständigkeit verbunden sein, weil der Schmelzpunkt von Glas so hoch ist und strukturelle Schwächen durch Verwendung veränderter chemischer Zusammensetzungen weitgehend

33

korrigiert werden. So sorgen zum Beispiel die niedrigen Wärmedurchgangskoeffizienten und wohl auch stärkeren Oberflächen der Borosilikate ebenso für Feuerbeständigkeit wie für Festigkeit. Sobald das Problem des Zerbrechens im Brandfall gelöst ist, bleibt die Schwierigkeit der Isolierung, das heißt der Schutz der Umgebung auf der dem Feuer abgewandten Seite. Dies ist jedoch eine nicht nur Glas betreffende Frage, die bisher mittels transparen-

34

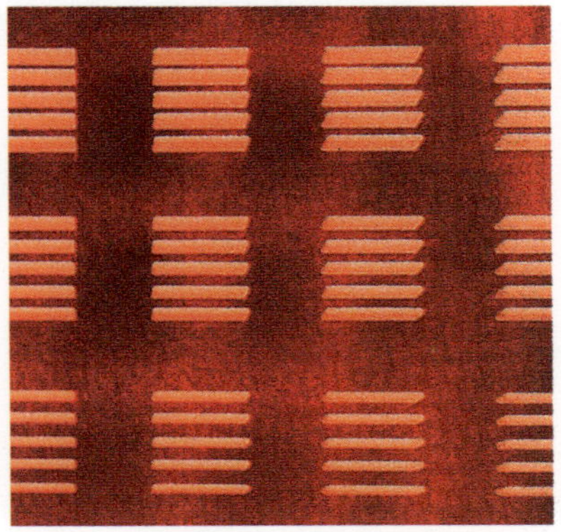

ter aufschäumender Zwischenschichten gelöst worden ist. Hierbei dürfte es hinsichtlich Leistungsfähigkeit und Preis in Zukunft sicherlich Verbesserungen geben.

In bezug auf Verarbeitung und Befestigung sind in den letzten zwei Jahrzehnten gewaltige Fortschritte erzielt worden, da sich Direktverschraubungssysteme immer mehr ausgebreitet und allmählich als »konstruktive Dichtungen« bewährt haben. Allerdings erfordert das stärkste herkömmliche Flachglasmaterial ein Verarbeitungs- und Behandlungssystem, das bei einem für die Baukunst weniger wichtigen Material als unangemessen angesehen wird. Die Aufeinanderfolge von

35

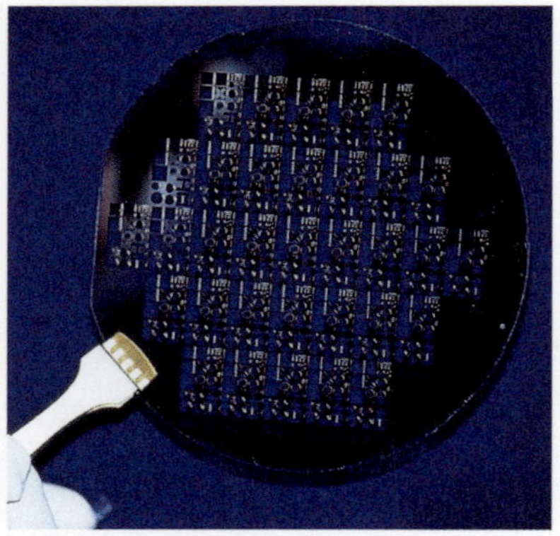

Entwurf, Aufmessen vor Ort, Lehrenherstellen, Schleifen, Bohren, Kantenpolieren und Härten trägt in erheblichem Maße zu den hohen Kosten von vorgespanntem Glas bei. Benötigt wird ein Glas, das sich wie Aluminium, Stahl oder Sperrholz behandeln läßt. Einige der neuen starken chemischen Zusammensetzungen bieten diese Möglichkeit.

Auch der Witterungsbeständigkeit ist neue Aufmerksamkeit zuteil geworden. Ende 1994 hat Nippon Soda in Japan in Zusammenarbeit mit der Universität Tokio ein Titanoxid verwendendes, selbstreinigendes Glas entwickelt. Unter dem Einfluß von ultraviolettem Licht, das vom Sonnenlicht oder von der fluoreszierenden Raumbeleuchtung stammen kann, desodoriert und sterilisiert es das Material. Durch eine farblose, transparente Titandioxidschicht auf dem Glas werden Bakterien und Geruchsgase zersetzt. Um ein Reagieren mit dem Natrium im Glas zu verhindern, ist diese Beschichtung über einer Siliziumsperrschicht aufgebracht. Die längerfristigen Aussichten bezüglich der üblichen Verschmutzung müssen jedoch noch näher dargelegt werden.

35. Foturan ist ein transparenter glaskeramischer Stoff, hergestellt von der Firma Schott, der aus einem silberdotierten Silikatglas besteht. Dieses Material stellt das glasartige Gegenstück anderer Silizium-Mikrostrukturen dar und ermöglicht Konfigurationen der Oberfläche, die sich in wenigen Mikrometern messen lassen.

36, 37. Der Audi A8 umfaßt eine Reihe integrierter High-Tech-Elemente, zu denen ein fotovoltaisches Sonnendach, Seitenfenster mit Isolierverglasung aus beschichtetem Sicherheitsglas zur Reflexion von Infrarotstrahlen und zur Absorption von Ultraviolettstrahlen sowie elegante Scheinwerfergläser gehören.

Zwar mag die Verbesserung der mechanischen Eigenschaften von Glas vielleicht nicht das Aufsehen erregen, das zum Beispiel der Entwicklung »intelligenter« Beschichtungen zuteil wird, wenn jedoch weiterentwickelte Materialien stets auf einen zerbrechlichen Träger aufzubringen sind, so fehlt ein bedeutender Teil des Leistungsprofils. Um Möglichkeiten für die Entwicklung widerstandsfähigerer Materialien zu schaffen, ist die Zusammenarbeit zwischen Architekten und Herstellern unerläßlich. Für die Hersteller ist es problematisch, daß ein schwer zerbrechliches und lange haltbares Material nicht viel zu ihrem Jahresumsatz beiträgt. Dies bedeutet jedoch nicht, daß man das Thema unbeachtet lassen sollte. Eine echte Chance für die Hersteller stellen Vollglaskonstruktionen dar, von denen zur Zeit viele projektiert werden. Dies geschieht immer am Rande des Erreichbaren und zuweilen mit Ängstlichkeit auf seiten der Konstrukteure, es eröffnen sich aber ausgezeichnete Entwicklungsmöglichkeiten.

36

Fertigung – die technologische Herausforderung

Die bisher in diesem Kapitel beschriebenen Materialien und Verfahren sind im Hinblick auf Forschung und Technologie eine große Herausforderung für die Glashersteller. So kompliziert und schwer zu handhaben sie gelegentlich auch sind, so erscheinen sie doch als unproblematisch, wenn man sie im Zusammenhang mit der Fertigung der mannigfaltigen Verbundstoffe betrachtet, die produziert werden müssen, wenn die Gebäudehülle der Zukunft ihre volle Leistungsfähigkeit erreichen soll.

Ein wichtiger Gesichtspunkt ist die Baugröße des Erzeugnisses. Da Architekten Großzügigkeit und so wenig Stoßstellen wie möglich anstreben, vereint sie alle die Suche

37

nach großen Formaten, wobei auch der Transport des Materials zu einer Baustelle beachtet werden muß.

Die Maximalgröße von Glas beruht in der Regel auf der Bandbreite in einer Floatglasanlage (etwas mehr als 3 m) sowie der Länge, in der sich gekühltes Glas leicht transportieren läßt. Daraus hat sich eine gebräuchliche Maximalgröße von etwa 3 m x 6 m ergeben. Während dieses größtmögliche Rechteck der Architektur in der Vergangenheit gute Dienste geleistet hat, gehört es zu den Ärgernissen von Architekten, daß sich Weiterverarbeiter von Glas stets mit kleineren Baugrößen zufrieden gegeben haben. Es sind durchweg Vorspann-, Beschichtungs- und Veredelungsanlagen errichtet worden, die nicht die maximalen Größen nutzen. Vorspannöfen und Beschichtungsanlagen sind zu klein. Von den Auswirkungen auf die Architektur abgesehen, führt dieses Versäumnis zu erheblichen Beschaffungsproblemen. Dieser Aspekt darf nicht vernachlässigt werden, da die Abmessungen eines Bauelements den Ausgangspunkt für eine Konzeption darstellen und dazu beitragen, die Fugenanzahl zu verringern. Produzenten glauben, daß Architekten stets größere Abmessungen wünschen, als sie augenblicklich zur Verfügung stehen. Dafür gibt es zwei Gründe. Erstens erreicht die nutzbare Breite eines Floatglasbandes nicht die üblichen Geschoßhöhen, ein zusätzlicher halber Meter würde hier viel bewirken. Zweitens wirkt sich rationelles Schneiden, besonders bei dickem Material, entscheidend auf die Kosten aus. Weiterverarbeiter investieren große Geldsummen in Schneidanlagen, wie die der Marke Bystronic, die zwecks Sicherung der maximalen Ausbeute computergesteuert sind: Je größer die Ausgangsgröße, um so größer die Optimierungschancen.

Wie erfolgreich auch immer die Hersteller bei der Schaffung einer einheitlichen Produktpalette sein mögen, ohne Entgegenkommen auf der Ebene der Weiterverarbeitung werden sich die Produktionsunternehmen in Zukunft größtenteils auf moderne Weiterverarbeitungstechniken konzentrieren: Veredelung, Isolierverglasungen und die Entwicklung einer neuen, immer »intelligenteren« transluzenten und transparenten Verglasung.

Die Mehrfachbeschichtung in Dicken, die in Nanometern gemessen werden, ist heutzutage selbstverständlich, und in den kommenden Jahrzehnten werden hinsichtlich der Leistungsfähigkeit dieser Beschichtungen sicherlich gewaltige Fortschritte erzielt werden. Schaltbare Systeme, elektronische Folien und hochleistungsfähige Zwischenschichten, wie Aerogele, setzen allesamt die Integration in komplexe Häute voraus. Für Hersteller und Weiterverarbeiter wird es gleichermaßen notwendig sein, Technologien zur Schaffung der Verbundwerkstoffe des 21. Jahrhunderts zu ersinnen.

Die Baustelle ist zweifellos nicht der geeignete Ort dafür. Automatisierte, übersichtliche Fabrikanlagen werden für die Produktion erforderlich sein, und die Verfahren werden Erfindungsgabe, Weiterentwicklung und Vervollkommnung verlangen.

Ein typisches Beispiel für die Schwierigkeiten sind die Einlage-

38

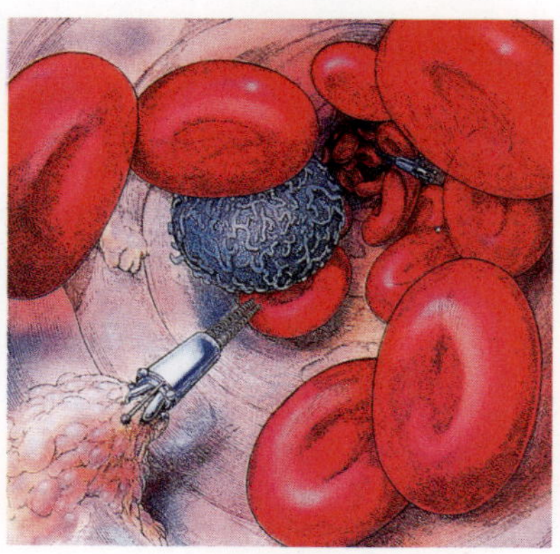

39

38. Die Hypothese der Nanotechnik, die sich Richard P. Feynman, K. Erich Drexler u. a. ausgedacht haben, sieht die Konstruktion von Mechanismen vor, die nur wenige Atome breit sind. Diese haben das Interesse sowohl der Biologen als auch der auf dem Gebiet der Mechanik tätigen Wissenschaftler erregt. Die hier dargestellten Mechanismen sind auf den Fettabbau und anderen unerwünschten Stoffen programmiert. Diese werden chemisch aufgespalten und in den Blutkreislauf abgegeben, wo sie über die Nieren ausgeschieden werden. Mit Hilfe der Nanotechnik wäre es auch möglich, die endgültig letzte Verkleinerung des Mikrocomputers zu erreichen, da die Bauelemente hierbei nicht in Mikrometern wie beim derzeitigen Siliziumchip, sondern in Nanometern gemessen werden.

39. Holografische Strukturen in den Terrassenwohnbauten auf der IGA '93, Stuttgart.

40. Versuchssolaranlage. Diese schöne goldfarbene Solaranlage war Bestandteil der Discovery-Mission. Bild 2 dieses Kapitels zeigt sie in zusammengeklapptem Zustand.

rung von Aerogelen in der Verglasung. Wie bereits angemerkt, kann das Produkt selbst noch immer nur in kleinen Abmesungen hergestellt werden. Bei größeren Flächen wird man zu Lösungen kommen müssen, die es erlauben, Dreischichtenverbundplatten möglichst prozeßgekoppelt und automatisch herzustellen. Sollte zum Beispiel ein Material aus zwei äußeren Glasschichten (eventuell mit einem schaltbaren System beschichtet) von jeweils

40

4 mm Dicke und einer inneren, 15 mm dicken Aerogelschicht verlangt werden, käme eine manuelle Herstellung zu teuer und wäre schwer ausführbar.

Die klare Zielsetzung bleibt ein prozeßgekoppeltes Durchlaufverfahren, bei dem das Material auf die gleiche Weise gefertigt wird, wie gegenwärtig Guß- oder Floatglas hergestellt wird. Das wird nicht einfach sein. Die Massenproduktion kann aber nur durch solche technologischen Errungenschaften die für einen niedrigen Preis erforderlichen Kostenvorteile schaffen. Und nur bei einem niedrigen Preis werden die Materialien einen angemessenen und effektiven Beitrag zur Energieeinsparung leisten.

Angesichts der Fortschritte, die hinsichtlich Effektivität und Lebensdauer der entscheidenden Klebstoffe und Dichtungsmaterialien bereits erreicht wurden und selbstbewußt prognostiziert werden, wird die Verglasung durch die neuen Verbundstoffe in der gleichen Weise revolutioniert werden, wie dies beim Walzglasverfahren im 17. Jahrhundert, beim Tafelglasziehverfahren Anfang des 20. Jahrhunderts und beim Floatglasverfahren in den fünfziger Jahren der Fall war.

Produktionsverfahren haben stets die Preisentwicklung von Erzeugnissen vorangetrieben. Der Preis ist in erster Linie entscheidend dafür, in welchem Umfang ein Erzeugnis eingesetzt wird. Schon häufig sind aus dem perfekten Kreislauf von Produktion, Preisbildung und Marktgröße ausgefallene Produkte hervorgegangen. Die Schaffung von marktfähigen Größen ist eine vorrangige Aufgabe jedes Forschungs- und Entwicklungsprogramms, und Architekten befinden sich hinsichtlich der Erfüllung dieser Aufgabe in einer Schlüsselposition.

Überdies sollte es bei der Entwicklung neuer Technologien und Verfahren eine grundlegende Zielsetzung sein, ein Endprodukt so herzustellen, daß Auftragsänderungen jederzeit möglich sind.

Technologietransfer

In bezug auf neue Materialien und Verfahren sollte man auch die Industriezweige näher betrachten, die ebenfalls Produkte der Glastechnologie benötigen. Im Automobil- und im Schiffbau sowie in der Luft- und

Raumfahrtindustrie sind spürbare Fortschritte gemacht worden, an denen das Bauwesen nicht teilhatte. Dies geht teilweise auf eine zu erwartende, kurze Lebensdauer der Produkte zurück. Zum Teil sind der geringe Umfang der Bauteile und die Vorteile der Massenproduktion dafür verantwortlich.

Auf die frühzeitige Verwendung von Grünglas in Amerika wurde schon in Kapitel 2 hingewiesen. Entscheidend ist hierbei die anspruchsvolle Leistungsanforderung hinsichtlich der Strahlungsdurchlässigkeit: Es wurde als unbedingt erforderlich erkannt, die Wärme abzuhalten, jedoch nicht auf Kosten der Lichtdurchlässigkeit.

Dünnes Floatglas fand erst dann seinen eigentlichen Markt im Automobilbau, als 3 und 4 mm dicke Tafeln aus Einscheibensicherheitsglas binnen kurzem die bisherigen Tafelglasmaterialien ersetzten.

Forschung und Entwicklung im Automobilbau konzentrieren sich in hohem Maße auch auf Festigkeit und Sicherheit, und so sind Beschichtungs-, Vorspann- und Biegetechniken auf dem neuesten Stand.

Die schaltbare Verglasung findet zunehmend Anwendung in Kraftfahrzeugen, was teilweise auf die kleinen Baugrößen, die vergleichsweise kurze Lebenserwartung und die offenkundige Verbrauchertoleranz gegenüber Farblicht zurückzuführen ist. Zur Zeit werden elektrochrome Abblendspiegel und Schiebedächer produziert. Bis 1992 handelte es sich bei Bauelementen von Schott und OCLI sämtlich um anorganische, elektrochrome Festkörperstrukturen.

Auch die Luft- und Raumfahrtindustrie hat für bestimmte Formen

41

41. Greenpeace-Lagerhaus, Hamburg. Diese Wand läßt die Vielfalt erkennen, die durch die Einbeziehung der diesem Bauwerk dienenden fotovoltaischen Elemente erreicht werden kann.

der Verglasung den Weg geebnet. In einem Artikel, den der Autor im Jahre 1969 veröffentlichte, wurde die Anwendung der Schrägrandeinspannung bei der Concorde dargelegt, die später bei den ersten Varianten des neuen Reisezuges (Advanced Passenger Train) in Großbritannien wiederaufgenommen wurde und jetzt in Bauwerken zum Zweck der flächenbündigen Verglasung verwendet wird. Die elektrochrome Verglasung für Verkehrsflugzeuge befindet sich in der Entwicklung. Voraussichtlich wird sie bei der Boeing-Generation zur Anwendung kommen, deren Fertigstellung für Ende der neunziger Jahre vorgesehen ist. Es versteht sich fast von selbst, daß zum gegenwärtigen Zeitpunkt ein elektrochromes Element für Raumfahrtzwecke der NASA entwickelt wird, das auf Wolframoxid- und Iridiumoxidsystemen beruht.

Für die Verwendung in der Luft- und Raumfahrt hat die »intelligente Haut« eine ganz andere Bedeutung als für Anwendungen in der Architektur.

Die »denkende« Haut

Die Einführung von neuronalen Netzen in komplexe Gebäudehüllen führt uns natürlich zum Gedanken des »intelligenten« Gebäudes. Zu diesem gehören Bauhüllen, welche die sie umgebenden Bedingungen wahrnehmen und über zentrale oder lokale Prozessoren ansprechen können, um rasche oder, erforderlichenfalls, sofortige Reaktionen hervorzurufen.

Die Vorstellung von der reagierenden Hülle zieht sich wie ein roter Faden durch die Architektur des 20. Jahrhunderts, angefangen von Scheerbart und Le Corbusier in den dreißiger Jahren bis zu den hochtechnisierten Bauwerken der achtziger und neunziger Jahre. Im Hinblick auf die Entwicklung von gebäudetechnischen Einrichtungen, Gebäudeverwaltungssystemen, computergesteuerten Klimaanlagen und den Gedanken der Thermostat- und Solarzellensteuerung gehört das »intelligente« Gebäude bereits zu unserer Gegenwart. Jedoch befindet es sich noch in der Frühphase seiner Entwicklung.

Ende der achtziger Jahre bewegte die Vorstellung vom automatisierten Haushalt die Gemüter, mit integrierten Video-Telekommunikationssystemen und Sicherheits- und Elektroanlagen, die computergesteuert und programmierbar sind. Während bis heute metallische Leiter die traditionelle Träger von Signalen sind, werden sie in Zukunft aus Gründen der Betriebssicherheit und zur Vermeidung elektrischer Überlagerungen durch Glasfaserkabel ersetzt werden.

In Rosmalen in den Niederlanden wurde 1988 ein »intelligentes« Haus mit umfangreichen Gebäudeüberwachungssystemen, einem fotochromen Wandanstrich und einem Flüssigkristallfenster errichtet. An der Universität Tokio wurde im Jahre 1990 ein japanisches »intelligentes« Haus gebaut, das außen und innen mit Sensoren für Temperatur, Beleuchtungsstärken, Feuchtigkeit, Luftstrom, Belegung und Kohlendioxidniveau ausgerüstet ist. Außensensoren überwachen die Umgebungsverhältnisse. Zu der in Japan gegründeten TRON Association gehören 140 Mitgliedsunternehmen, darunter die größten Computerhersteller der Welt. Diese Vereinigung stellt momentan die grundlegenden Softwaresysteme für das reagierende Haus her. Ein autonomes Haus ist durch das Fraunhofer-Institut für Solarenergiesysteme in Freiburg erbaut worden.

Der Einsatz neuronaler, faseroptischer Netze in Flugzeugen ist bereits erwähnt worden, in Zukunft werden diese Spannungen und andere Parameter überwachen. Verschiedene amerikanische Unternehmen arbeiten für die Air Force der USA an Forschungsprojekten, die sich mit eingebetteten Sensoren befassen, die zur Messung von Wellenlänge, Temperatur und anderen veränderlichen Größen, einschließlich mechanischer Beanspruchung, bestimmt sind. Auf lange Sicht ist es beabsichtigt, neuronale, sämtliche entscheidenden Parameter überwachende Netze zu schaffen und die Daten gleich am Meßort verarbeiten zu lassen. Bei sogenannten »Twinmode«-Lichtwellenleitern wird durch das Verhalten des Lichts innerhalb der Lichtwellenleiter die Temperatur gemessen, ohne daß dafür ein Sensor benötigt wird.

Durch die Nutzung mehrerer Wellenlängen wird die gleichzeitige Messung von Temperatur und Beanspruchung ermöglicht. Zur Zeit entstehen Sensoren, die Schmutz, Regen und Berührungen ertasten können.

Die für die denkende Haut unentbehrlichen Bestandteile stehen uns zur Verfügung: Computer- und Steuerungssysteme, die analysieren, prognostizieren und reagieren, neuronale Systeme, die wahrnehmen und kommunizieren und die auch »selbst denken«, sowie die sich stark ausbreitenden, variablen Materialien. Diese berücksichtigen die Anforderungen sowohl des Gebäudes als Ganzem wie auch örtlich begrenzter Teile desselben.

Der Schlüssel zum Erfolg derartiger Gebäude liegt im Glas. Nicht das Glas, das wir am Ende des zwanzigsten Jahrhunderts für unsere Bauwerke verwenden, sondern Glas als maßgeblicher Bestandteil einer neuen Materialgeneration, bei der es mit unterschiedlichen Varianten seiner selbst, mit Polymeren und mit Beschichtungen kombiniert ist, die in Nanometern gemessen werden und die ein multichroitisches Verhalten bewirken. Komplexe Schichten aus Oxiden, Flüssigkristallen und Aerogelen werden Gläser entstehen lassen, die hochisolierende Wärmeeigenschaften besitzen, sich durch selektive Strahlungstransmission auszeichnen. Je nach Wunsch werden sie das Licht durchlassen oder undurchsichtig sein, sie können Meldungen weiterleiten und haben ein Trägermaterial, das so hart und fest ist wie Stahl.

Die Bedeutung dieser Entwicklungen liegt nicht nur darin, daß sie technische Erfindungsgabe und Perfektion zum Ausdruck bringen oder daß sie den Leistungswettbewerb in einer Welt dokumentieren, in der erhöhter Nutzwert mit Gewinn gleichgesetzt wird. Wir leben in einer Zeit, in der der sparsame Umgang mit den Ressourcen einen großen Stellenwert hat. In den 25 Jahren seit der Veröffentlichung der »Grenzen des Wachstums« durch den Club of Rome haben wir viele der darin angesprochenen Probleme in einer oftmals erschreckenden Art und Weise auf uns zukommen sehen. Wir haben gesehen, wie die Umweltverschmutzung unsere Biosphäre bedrohen kann, und wir erleben gegenwärtig die verhängnisvolle Wechselbeziehung zwischen Energienutzung, Umwandlung der Ressourcen und Umweltverschmutzung.

Man sagt uns, daß fünfzig Prozent aller Energie in Gebäuden der Industrieländer verbraucht wird. Die Halbierung dieser Menge bei gleichzeitiger Konstruktion von Gebäuden, die fotovoltaische Stromerzeuger sind, könnte eine beachtliche Auswirkung sowohl auf die Stromrechnung des einzelnen Bürgers als auch auf den Schadstoffausstoß in Ländern haben, die nicht mit Wasserkraft gesegnet sind. In einem Bericht, den die britische Regierung im Jahre 1988 veröffentlichte, wurde darauf hingewiesen, daß die Hälfte der vom Land benötigten Energie aus erneuerbaren Ressourcen erzeugt werden könnte. Dadurch ließen sich die drohende Erschöpfung der Ressourcen und die gewaltigen Probleme, die mit dem Kohlendioxidausstoß verbunden sind, auf einen Schlag beseitigen. Die Bedeutung der integrierten Energie läßt sich erst jetzt ermessen, und auch dies muß uns dazu bringen, verantwortungsvollere Bauwerke zu schaffen.

Die neue Glasarchitektur wird beweisen müssen, daß sie nicht nur eine Zurschaustellung des technischen Könnens ist, sondern daß sie einen Beitrag zu einer dauerhaften Symbiose leistet. Wenn wir über die ernsten Folgen des Abbaus der Ozonschicht, die Luftqualität und das Waldsterben nachdenken, müssen wir auch den Zauber sehen, den diese neuen Bauwerke ausstrahlen. Michael Davis hat uns deren Bild auf reizvolle und anregende Weise gemalt:

»Schaut empor zu einer in den Farben des Spektrums flimmernden Hülle, deren Äußeres ein Spiegelbild ihrer momentanen Leistung ist, die gleichsam mit einem Erschaudern ihrer in allen Regenbogenfarben schillernden Haut die Energie aus der Luft erhascht, ihre Fotogitter wellenförmig bewegt, wenn sich eine Wolke vor die Sonne schiebt; eine Wand, die, wenn die Nachtkühle hereinbricht, ihre Federn aufplustert und sich an ihrer nördlichen Fassade weiß und an der südlichen blau verfärbt, ihre Augen schließt, jedoch nicht ohne zu vergessen, ein wenig Licht zum Nachtportier herunterzusenden, ein Sichtfeld für die Schaulustigen auf der südlichen Seite der 22. Etage freizugeben und sich kurz nach Tagesanbruch zu 12% silbern zu färben.«

Dies ist kein Traum, denn die Architektur ist das Ergebnis von Technik plus Poesie, egal ob es sich um eine gotische Kathedrale oder aber die Glasbauten des 21. Jahrhunderts handelt. Alles, was Architekten und Glashersteller hierbei zu tun haben, ist, dafür zu sorgen, daß dies Realität wird.

Anmerkungen

1 Für dieses dreistufige Programm wurden Fachkenntnis und Engagement von Unternehmen, wie Pilkington in Großbritannien mit seiner amerikanischen Beteiligungsgesellschaft LOF, und Institutionen, wie die Lawrence-Berkeley-Laboratorien in Kalifornien, herangezogen. Der Beitrag von Lawrence Berkeley ist von besonderer Bedeutung gewesen angesichts der Anfang 1990 bestehenden Dringlichkeit einer koordinierten Aktion zur Untersuchung von großflächigen Chromogenen, bei der die Arbeit von Carl Lampert, Stephen Selkowitz u. a. bei LBL in Kalifornien mit der von Claes Goran Granqvist, Tord Ericksson und dem Team an der Chalmers Technical University in Göteborg, Schweden, verknüpft wurde. Unter der Schirmherrschaft des Energieministeriums der USA und angeleitet durch das »Forschungsprogramm für erneuerbare Energie« des britischen Energy Technology Unit, erstellten Carl Lampert und Yan-ping Ma eine Studie über moderne Verglasungsmaterialien, in der die Leitlinien der Forschung und Entwicklung, wie sie 1992 bestanden, zusammengeführt wurden. Zu den Forschungsgebieten, die im Programm »Fenster 2000« behandelt wurden, gehören:

1. Moderne Fertigungstechnik einschließlich Beschichtungen.
2. Fortschritte bei der Fahrzeugverglasungstechnik (Automobilbau, Luft- und Raumfahrt sowie Schiffbau), die zu eventuellem Technologietransfer führen.
3. »Intelligente« Bautechnik.
4. Nutzung der Verglasung als Kommunikationsmittel.
5. Computergestütztes Design bei der Leistungsfähigkeit von Gebäuden.
6. Schalten der optischen Eigenschaften unter Einsatz der Elektrochromie, von Flüssigkristallen, Schwebeteilchen, der Foto- und der Thermochromie.
7. Transparente und transluzente Verglasung (Aerogele, Polymere u. a.).
8. Wellenlängenselektive Materialien.
9. Sogenannte »Super-Fenster«, die mehrere Materialien miteinander verknüpfen.
10. Leitende polymere Beschichtungen.
11. Optische Gestaltungselemente mit modifizierten Winkeleigenschaften.
12. Antireflexbeläge.
13. Schmutzabweisende Beschichtungen.
14. Lichtbündelnde und lichtstreuende Materialien, aus lichtleitenden Hologrammen.

Ausgewählte Bibliographie

Bibliographien sind Quellen- und Literaturhinweise auf mehreren Ebenen. Bei der Überprüfung der einzelnen Werke zeigt deren eigene Bibliographie eine Vielzahl weiterführender Sekundärliteratur usw. bis hin zum Bereich schwer verständlicher Spezialisierung. Insbesondere wissenschaftliche Arbeiten, einschließlich der Arbeit an der wissenschaftlichen Erforschung von Glas und Dünnfilmschichten, werden in Publikationen beschrieben, die Hunderte von Literaturhinweisen beinhalten, die zu dem betreffenden Werk beigetragen haben oder als wichtige Anmerkungen zum weiteren Verständnis angesehen werden. Diese Bibliographie ist sowohl als Führer zur weiteren Lektüre gedacht als auch als Angabe von Quellen und eröffnet manchmal einfach die Suche nach Informationen, die oftmals in den Bibliographien der betreffenden Arbeit ihren Ursprung haben. Aus diesem Grund ist sie in bezug zum Inhalt der Kapitel des Buches geschrieben.

Texte, die von Herstellerfirmen veröffentlicht wurden, finden hier im allgemeinen keine Erwähnung, sind aber selbstverständlich von großer Bedeutung, sowohl als Hintergrunderklärung als auch als Leitfaden für neues Material.

Kapitel 1 und 3

Banham, Reyner, *The Architecture of the Well-Tempered Environment,* London 1969. Als eines der wenigen Bücher von Bedeutung, die Architektur als einen Umwelt-beeinflussenden Kontrollmechanismus diskutieren.

Button, David, und Brian Pye (Hrsg.), *Glass in Building,* Oxford 1993. Ein guter Auszug allgemeiner und technischer Informationen über Glas in Gebäuden.

Douglas, R. W., und Susan Frank, *A History of Glass Making,* 1972. Eine umfassende Abhandlung des Themas, die sich mit allen Aspekten der Glasherstellung, einschließlich Flachglas, befaßt.

Frampton, Kenneth, *Die Architektur der Moderne.* Eine britische Baugeschichte, Stuttgart 1983. Ein ausgezeichneter allgemeiner Überblick über die Geschichte der Architektur bis in die achtziger Jahre.

Girouard, Mark, *Robert Smythson and the Elizabethan Country House,* London 1983. Eine vollständige Studie dieses großen englischen Architekten der elisabethanischen Periode.

Hix, John, *The Glass House,* Oxford 1974. Ein wichtiger und gründlicher Überblick über Glasgebäude.

Louw, Hentie, ›Window Glass Making in Britain c1660–c1860 and its Architectural Impact‹, *Construction History,* Dd. 7, 1991. Eine wertvolle Studie über die Glasherstellung und Glas in der Architektur in dem genannten Zeitabschnitt.

McGrath, Raymond, *Glass in Architecture and Decoration,* (zusammen mit A. C. Frost und H. E. Beckett) London 1937; 1961. Bei diesem Buch handelt es sich um das große klassische Werk über Glas in der Architektur, das in englischer Sprache herausgegeben wurde. Erstmals veröffentlicht in den dreißiger Jahren, ist es mit seinen zahlreichen Aktualisierungen die wertvollste Materialquelle bis hinein in die sechziger Jahre.

Norberg-Schulz, Christian, *Meaning in Western Architecture,* New York 1974. Eine Interpretation der Geschichte der Architektur, basierend auf politischen und kulturellen Zusammenhängen.

Panofsky, Erwin, *Gothic Architecture and Scholasticism,* 1957; 1970. Eine Veröffentlichung der Wimmer-Vorlesung am St. Vincent College in den USA aus dem Jahre 1948. Dieses Buch ist ein klassisches Werk über die Ursprünge der Gotik.

Sabady, P. R., *The Solar House: A Guide to our Energy Utilisation in Domestic, Industrial and Commercial Buildings,* London 1978. Ein kurzer, aber vollständiger Überblick über die aktive und passive Solartechnologie.

Saxon, Richard, *Atrium Buildings,* London 1983. Eine detaillierte und umfassende Studie über die aktuelle Praxis bei Atriumhäusern.

Scheerbart, Paul, *Glasarchitektur,* Berlin 1914. Eine schöpferische Arbeit des größten Verfechters von Glas in der Architektur des 20. Jahrhunderts.

Strike, James, *Construction into Design: The Influence of New Methods of Construction on Architectural Design,* 1690–1990, Oxford 1991. Ein sehr interessanter Kommentar über die Wechselwirkung von Technologie und Architektur.

Tait, Hugh (Hrsg.), *Five Thousand Years of Glass,* London 1991. Eine ausgezeichnete Darstellung von Glasartefakten von 3000 v. Chr. bis zum heutigen Tag, einschließlich einer Beschreibung über frühe Formen der Glasherstellung und -gestaltung.

Tressider, Jane, und Stafford Cliff, *Living under Glass,* London 1986. Ein umfassend illustriertes Buch mit starker Betonung auf Wintergärten.

Watkin, David, *A History of Western Architecture,* London 1986. Eine maßgebende allgemeine historische Darstellung der Architektur des Westens.

Woods, Mary, und Arete Swartz Warren, *Glass Houses,* London 1988. Eine sehr gute Darstellung des Wintergartens als ein architektonischer Bautyp.

Kapitel 2 und 4

Bova, Ben, *The Beauty of Light,* New York 1988. Ein ausgezeichnetes und sehr lesenswertes Buch über die Natur und die Bedeutung von Licht.

Chong, C. V. Y., *Properties of Materials,* 1977. Ein unschätzbares Buch über alle Baumaterialien mit ausgezeichneten Kapiteln über Glas und Plastik.

Clark, Joel P., und Merton C. Flemings, ›Advanced Materials and the Economy‹, *Scientific American,* Oktober 1986, S. 43 ff. Hierbei handelt es sich um eine größere Reihe von Artikeln über neues Material.

Collins, R. E., A. C. Fisher Cripps und J.-Z. Tang, ›Transparent Evacuated Insulation‹, *Solar Energy,* Bd. 49, Nr. 5, 1992, S. 333–50. Eine von vielen Abhandlungen über dieses Thema, das Gegenstand einer beachtlichen Studie der School of Physics, University of Sydney, Australien ist.

Compagno, Andrea, *Intelligent glass fassade,* Basel 1995. Ein repräsentativer Überblick über den aktuellen Entwicklungsstand realer Bauvorhaben.

Depp, Stephen, und Webster Howard, ›Flat Panel Displays‹, *Scientific American,* März 1993, S. 40–45.

Dewdney, A. K., ›Computer Recreations: Nanotechnology: wherein molecular computers control tiny circulatory submarines‹, *Scientific American,* Januar 1988, S. 88–91.

Drexler, K. Eric, *Engines of Creation: The Coming Era of Nanotechnology,* Oxford 1992. Bei der Herausgabe dieses Buches wurde es für das einzige über Nanotechnologie und eine maßgebende Mischung aus Wissenschaft und Spekulation gehalten.

Elliott, Cecil D., *Technics and Architecture,* Cambridge, Mass. 1992. Eine gute Zusammenfassung über die Entwicklung von Materialien, Systemen und Techniken, die Bauen und Architektur beeinflußt haben.

Fricke, Jochen, ›Aerogels‹, *Scientific American,* Mai 1988, S. 68–73.

Gordon, J. E., *The Science of Structures and Materials* (Scientific American Library, 1988). Ein beispielhaftes und leicht zugängliches Werk über Technologie.

Granqvist, C. G., *Handbook of Inorganic Electrochromic Materials,* 1995. Das entscheidende Werk auf dem Gebiet von Chromogen-Studien.

Hinrichs, Robert A., *Energy,* Orlando, Florida 1991. Ein guter Überblick über Energietechnologien, einschließlich Photovoltanik und Solarenergie.

Humm, Othmar, und Peter Toggweiler, *Photovoltaik und Architektur,* Basel 1993. Eine gute und reich illustrierte Darstellung von Architektur, die Photovoltaik anwendet.

Kaye und Laby, *Tables of Physical and Chemical Constants,* 1986. Das Standardwerk in Großbritannien, das sich mit hohem Fachwissen mit Materialeigenschaften auseinandersetzt.

Lampert, Carl M., und Yan-Ping Ma, Lawrence Berkeley Laboratory Building Technology Programme, Energy and Environmental Division, *Fenestration 2000 – Phase III. Advanced Glazing Materials Study,* Berkeley 1992.

Oakley, D. R., *An Empirical Study of the Effect of Area on the Strength of Glass Surfaces* (Veröffentlichung für die Society of Glass Technology, Mai 1992). Eine Studie über Glasstärken mit besonderer Berücksichtigung der Bewertung der Weibull-Module.

Oliver, D. S., *The Use of Glass in Engineering,* London 1975. Eine kurze Darstellung, die nützliche Abschnitte über Spezialgläser und Funktionseigenschaften im allgemeinen enthält.

Pfaender, Heinz G., und Hubert Schroeder, *Schott Glaslexikon,* 1980. Ein kurzer, aber umfassender Überblick über Glas, einschließlich Spezialgläser.

Schott Glaswerke, *Schott technische Gläser,* 1982. Obwohl dieses Buch von einem Hersteller geschrieben wurde und es sich weniger um eine unabhängige Darstellung handelt, gibt es einen ausgezeichneten Überblick über Spezialgläser.

Fallstudienbibliographie

Willis Faber & Dumas Bürohaus
Willis Faber & Dumas Building, Gabriele Bramante, London 1993.

Norman Foster Buildings and Projects Volume 2, Ian Lambot (Hrsg.), Watermark, 1989, S. 20–57.

›Ipswich Reflections‹, *Architectural Review,* September 1975, S. 130–154.

›Hi-tech to Appropriate‹, *Architectural Design,* März 1976, S. 160–161.

Corning Museum
›Shining and Sinuous Structure‹, *AIA Journal,* Mitte Mai 1981, S. 182–191.

GA Architect 2: Gunnar Birkerts and Associates, Yukio Futagawa (Hrsg.), Tokio 1982, S. 200–207.

The Architecture of Gunnar Birkerts, Kay Kaiser, Washington DC 1989, S. 104–106.

Process and Expression in Architectural Form, Gunnar Birkerts, Oklahoma 1994, S. 69–73.

Allied Bank Tower
›Constantly Changing Minimalist Tower‹, *Architecture,* Dezember 1986, S. 45 ff.

›Dramatic Geometry Challenges Project Team‹, *Building Design and Construction,* September 1987, S. 102 ff.

›Schöne Schragen‹, *Deutsche Bauzeitung,* April 1988, S. 20 ff.

›Dallas Oasis‹, *Architectural Review,* August 1988, S. 70.

Louvre-Pyramide
›The Riddle of the Pyramid‹, *Architectural Record,* Januar 1989, S. 58 ff.

›Pei in Paris: The Pyramid in Place‹, *Architecture,* Januar 1989, S. 42 ff.

The Architecture of I M Pei, Carter Wiseman, London 1990.

›Light Periscope‹, *Architectural Review,* Januar 1994, S. 18 ff.

Garden Grove Community Church
Johnson/Burgee: Architecture, Nory Miller und Richard Payne, New York 1979.

Philip Johnson/John Burgee: Architecture 1979–1985, New York 1985.

Architecture + Urbanism, Nr. 247, April 1991, S. 11–15.

Philip Johnson: The Architect in his Own Words, Hilary Lewis und John O'Connor, New York 1994, S. 94–103.

Bürohaus der Provinzregierung und Gerichtsgebäude
›Provincial Law Courts Complex, Vancouver BC‹, *GA Document 1,* 1980, S. 110–124.

›City Colossus 2: Law Courts and Provincial Government Office, Vancouver‹, *Architectural Review,* Juni 1980, S. 346–353.

›Vancouver's Government Complex, designed by Arthur Erickson Architects‹, *Architectural Record,* Dezember 1980, S. 65–75.

›The Architecture of Arthur Erickson‹, Douglas McIntyre, London 1988, S. 93, 94–5, 99, 112–120.

IBM-Ausstellungspavillon
›Una mostra itinerante per far conoscere il computer‹, *Abitare,* September 1984, S. 4–6.

›Exhibit IBM, padiglione itinerante di tecnologia informatica‹, *Architettura,* November 1984, S. 818–824.

›L'Expo IBM‹, *GA Document,* November 1984.

Renzo Piano Building Workshop, Bd. 1, Peter Buchanan, London 1993, Stuttgart 1994, S. 110–131.

Lloyd's Hauptverwaltung
›Richard Rogers Partnership: Lloyds of London‹, *Architecture + Urbanism,* Nr. 198, 1987.

›The Client's Tale‹, Courtenay Blackmore, London 1990.

›Lloyds Building‹, Kenneth Powell, London 1994.

Occidental Chemical Center
›Rainbow's End‹, *Progressive Architecture,* April 1980, S. 102–104.

April '80 Energy Analysis, US Department of Energy, Center for Planning and Development Research, College of Environmental Design, University of California, Berkeley, 1980, S. 105 ff.

Space Design, Nr. 8302, Februar 1983, S. 10–13.

Haus der Wirtschaftsförderung/ Technologiezentrum Duisburg
›Business Promotion Centre in Duisburg‹, *Detail,* Juni/Juli 1993, S. 292–297.

›Duisburg: A Low-Energy Microelectronics Park by Sir Norman Foster and Partners‹, *Architecture Today,* November 1993, S. 14–15.

›Micro-Electronic Centre, Duisburg, Germany‹, *Solar House 1,* 1993, S. 18–19.

›The Columbus Egg‹, *World Architecture,* Nr. 33, S. 88–97.

RWE AG Hauptverwaltung
Intelligente Glasfassaden, Andrea Compagno, Basel 1995, S. 106–107.

›Electronic Envelope. Headquarters for RWE AG Essen. Ingenhoven, Overdiek und Partner, Architect‹, *Architectural Record,* Oktober 1995, S. 72–73.

›Konzernzentrale der RWE AG Essen‹, in *Technologie des ökologischen Bauens,* Klaus Daniels, Basel 1995, S. 110–121.

'Les Serres', Parc de la Villette
›Naissance d'un monument‹, *Techniques et Architecture,* Februar/ März 1986.

Le Verre Structurel, Peter Rice und Hugh Dutton, Paris 1990.

Architecture Intérieure-Crée, Artikel, Februar/März 1993, S. 53–63.

L'Architecture d'Aujourd'hui, Interview mit Martin Francis, April 1986, S. 77–88.

Konzerthalle in Glas
Product Development in Glass Structures, Mick Eekhout, Rotterdam 1990.

Architecture between Tradition and Technology, Mick Eekhout, Delft 1993.

The Glass Envelope, Mick Eekhout et al., Delft 1992.

›Stressed Glass / Gespannen Glas‹, *Zappi or Product Development for the Nai / Zappi of produktontwikkeling voor het Nai,* Mick Eekhout, Rotterdam 1996.

Banque Populaire de l'Ouest
Odile Decq and Benoît Cornette, Clare Melhuish, London 1996, S. 34–51.

BPO, Hrsg. Hubert Tonka, Fotos Georges Fessy, Paris 1990.

Peter Rice und Hugh Dutton, *Transparente Architektur,* Basel 1995.

›Un rideau de verre accroché à une fine structure‹, *Le Moniteur,* Nr. 4486, S. 76–81.

Waterloo International Terminal
Struktur, Raum und Haut, Nicholas Grimshaw & Partners und Powell, Kenneth, Hrsg. Rowan Moore, 1993, S. 24–55.

›Waterloo International‹ und ›Gaining Momentum‹, Leitartikel, *The Architectural Review,* September 1993, S. 25–44.

›Station in London‹, *Detail,* August/ September 1995, S. 633, 672–678.

Gebäude der 'Western Morning News'
Struktur, Raum und Haut. Nicholas Grimshaw & Partner und Powell, Kenneth, Hrsg. Rowan Moore 1993, S. 194–215.

›Best in the West‹, *Architectural Review,* Juni 1993, S. 18–27.

›Western Morning News in Plymouth‹, *Deutsche Bauzeitung,* Februar 1994, S. 41–46.

›Advanced Construction Materials‹, *The Architects' Journal,* 13. Juli 1995, S. 37–41.

Haus Benthem
Architecture + Urbanism, April 1985, S. 63–65.

›Dutch Courage‹, *The Architects' Journal,* Juli 1985, S. 28–34.

›High Tech and High Style‹, Peter Buchanan, *The Architectural Review,* Januar 1985, S. 56–59.

›Glashaus auf Zeit, Almere‹, Karl Kroupa, *Detail,* Januar 1991, S. 51–53.

L'Architecture d'Aujourd'hui, Dezember 1984, S. 16–17.

Skulpturenpavillon
›Barely There‹, *The Architectural Review,* September 1987, S. 81–84.

›Weitblick‹, Ursula Baus, *Deutsche Bauzeitung,* September 1991, S. 16–17.

L'Architecture d'Aujourd'hui, Juli 1988, S. 66–67.

Glasforum, Oktober 1987, S. 35–38.

Wintergarten in Hampstead
AJ Focus, Juli 1992 und *The Architects' Journal,* 22. Juli 1992, S. 40–43.

New Scientist, 8. August 1992.

The Architectural Review, Februar 1993.

›The Hidden Qualities of Glass‹, Ferruccio Izzo, *Domus,* März 1994, S. 80–81.

Die ›Joseph‹-Treppenhäuser
›Un „autre" Joseph‹, *Archi-Crée,* November 1989, S. 198–201.

›Joseph takes Steps‹, *Designer's Journal,* November 1989, S. 96–100.

›Flights of Fancy‹, *Architecture,* Juni 1990, S. 101, 103.

Joseph Shops, Jose Manser, London 1991.

Bildquellen

Amalgam Modelmakers/Foto Holger Knauf: S. 168 Abb. 1; Tadao Ando Architects: S. 105 Abb. 45, Tadao Ando Architects/© Mitsuo Matsuoka S. 106 Abb. 46; T & R Annan & Sons Ltd., Glasgow: S. 50 Abb. 74; Arcaid/David Churchill: S. 48 Abb. 70; Arcaid/Richard Bryant: S. 4, S. 31 Abb. 36, S. 39 Abb. 48; S. 74 Abb. 37, S. 76 Abb. 39, S. 133 Abb. 2, S. 134 Abb. 3, S. 136 Abb. 11, S. 136 Abb. 12, S. 152 Abb. 3, S. 154 Abb. 9, S. 155 Abb. 12, S. 216 Abb. 1, S. 217 Abb. 2, S. 218 Abb. 5, S. 219 Abb. 6; Arcaid/Stéphane Couturier: S. 127 Abb. 3, S. 128 Abb. 4; Arcaid/© Chris Gascoigne: S. 213 Abb. 1a, S. 214 Abb. 1, Abb. 2, S. 215 Abb. 5; Arcaid/Farrell Grehan: S. 59 Abb. 94; Archipress: S. 57 Abb. 90; Archipress/Luc Boegly: S. 186 Abb. 3; Archipress/© Stéphane Couturier: S. 175 Abb. 5, S. 187 Abb. 10; Archipress/© Alain Goustard: S. 69 Abb. 26, S. 103 Abb. 41, S. 174 Abb. 3, S. 177 Abb. 12; Maria Telkes Collection, Special Collections Architecture & Environmental Design Library/Arizona State University: S. 97 Abb. 26; Arkitektontoret Gasa Architekten: S. 102 Abb. 38; Asahi Glass Co. Ltd.: S. 228 Abb. 12, S. 232 Abb. 22, Abb. 23, Abb. 24, Abb. 25; Audi: S. 235 Abb. 36, Abb. 37; © James Austin: S. 14 Abb. 6; Austrian National Tourist Board: S. 48 Abb. 71; BASF Schweiz, Wädenswil: S. 230 Abb. 17; Bauhaus Archive: S. 52 Abb. 79, S. 53 Abb. 81; AT&T Bell Laboratories, New Jersey: S. 231 Abb. 19; Tricity Bendix: S. 234 Abb. 3, S. 78 Abb. 46; Benthem Crouwel Architekten: S. 204 Abb. 3, Abb. 6, S. 209 Abb. 2, S. 210 Abb. 3, Abb. 4, Abb. 5; Tim Benton: S. 52 Abb. 80; Bildarchiv Foto Marburg: S. 53 Abb. 84; Hedrich Blessing: S. 85 Abb. 3, S. 87 Abb. 6, Abb. 7; © Bookart Architecture Picture Library/Dennis Sharp: S. 89 Abb. 12; The British Architectural Library, RIBA, London: S. 23 Abb. 24, S. 51 Abb. 77, Abb. 78, S. 89 Abb. 13; Building Design: S. 58 Abb. 93; © British Museum, London: S. 13 Abb. 4, Abb. 5, S. 25 Abb. 29; Christopher Burke/Quesada Burke Studios: S. 230 Abb. 16; Bystronic Machines Ltd.: S. 235 Abb. 32; Cambridgeshire Collection, Cambridgeshire Libraries: S. 21 Abb. 19; Cannon Architects, Engineers, Planners, Buffalo, NY USA: S. 257 Abb. 2, S. 158 Abb. 3, S. 158 Abb. 5, S. 159 Abb. 6, S. 160 Abb. 7; © James Carpenter Design, 1994: S. 221 Abb. 1; James Carpenter Design/© Balthazar Korab: S. 70 Abb. 27; Casio Electronics Co. Ltd.: S. 228 Abb. 13; © Martin Charles: S. 79 Abb. 48, S. 151 Abb. 2, S. 173 Abb. 2; Devonshire Collection, Chatsworth. Reproduziert mit Genehmigung der Chatsworth Settlement Trustees: S. 36 Abb. 46; Studio Chevojon, Paris: S. 46 Abb. 64; Chicago Historical Society: S. 49 Abb. 72, S. 50 Abb. 73, Abb. 76; Christie's Images: S. 26 Abb. 33; © Michel Claus: S. 202 Abb. 1, S. 203 Abb. 2, S. 205 Abb. 10, S. 206 Abb. 11, Abb. 12, Abb. 13, Abb. 14, S. 207 Abb. 16, Abb. 17; Prof. Jeffrey Cook: S. 98 Abb. 28, Abb. 29; © Peter Cook: S. 194 Abb. 10; Corning Inc., New York: S. 234 Abb. 29; © Country Life Picture Library: S. 33 Abb. 42; Daylight Insulation Ltd., Glasgow/Okalux GmbH, Deutschland: S. 82 Abb. 55, Abb. 56; Decq and Cornette Architects/Archipress © Stéphane Couturier: S. 185 Abb. 2, S. 188 Abb. 13, S. 189 Abb. 14; Design Antenna/© Dennis Gilbert: S. 104 Abb. 44; François Deslaugiers Architecte D P L G/© G. Bergeret: S. 104 Abb. 42; Dissing + Weitling Arkitektfirma, Dänemark: S. 93 Abb. 19; John Donat: S. 112 Abb. 4, S. 113 Abb. 8, Abb. 9, S. 114 Abb. 13, S. 115 Abb. 14, Abb. 15, Abb. 16; Carol Donner: S. 237 Abb. 38; Eaglemoss Publications Ltd./Trevor Melton: S. 73 Abb. 35; Edifice: S. 67 Abb. 22; Architects' Journal/Emap Construction: S. 45 Abb. 61; Arthur Erickson Architects/Foto H. Thanhauser: S. 142 Abb. 6; © Ezra Stoller/Esto: S. 88 Abb. 9, S. 91 Abb. 15, Abb. 16, S. 92 Abb. 17, Abb. 18, S. 93 Abb. 20, S. 99 Abb. 30, S. 139 Abb. 2, S. 140 Abb. 3, S. 143 Abb. 10; Adrien Fainsilber Architect/Foto Michel Fainsilber: S. 176 Abb. 9; Adrien Fainsilber Architect/Foto Archipress/© Alain Goustard: S. 174 Abb. 3, S. 177 Abb. 12; Adrien Fainsilber Architect/Foto Archipress/© Stéphane Couturier: S. 175 Abb. 5; Foster & Partners: S. 67 Abb. 21; Richard Davies: S. 78 Abb. 43; John Donat: S. 73 Abb. 34; Dennis Gilbert: S. 163 Abb. 2, S. 165 Abb. 5, Abb. 6, Abb. 7, S. 167 Abb. 14; Martin Francis: S. 77 Abb. 42; © Dennis Gilbert: S. 7, S. 67 Abb. 23, S. 75 Abb. 38, S. 94 Abb. 21, S. 164 Abb. 3; Giraudon: S. 16 Abb. 9, S. 71 Abb. 29; © Prof. J. E. Gordon: S. 66 Abb. 18, Abb. 19; Wolfram Gorlitz, Physikalisches Institut, Universität Würzburg: S. 230 Abb. 18; Greenpeace/© Sabine Vielmo: S. 233 Abb. 26, S. 238 Abb. 41; Nicholas Grimshaw & Partners: S. 197 Abb. 2; Nicholas Grimshaw & Partners/Michael Dyer Associates: S. 190 Abb. 1; Nicholas Grimshaw & Partners/© Jo Reid und John Peck: S. 191 Abb. 2, S. 192 Abb. 3; Nicholas Grimshaw & Partners/© Peter Strobel: S. 194 Abb. 7, S. 200 Abb. 10; Guildhall Library © Corporation of London: S. 96 Abb. 24; © Sonia Halliday/Laura Lushington: S. 15 Abb. 8, S. 16 Abb. 10, Abb. 11, S. 19 Abb. 16, S. 20 Abb. 18, S. 68 Abb. 25; © Serge Hambourg: S. 129 Abb. 5; Robert Harding Picture Library: S. 83 Abb. 57; Robert Harding Picture Library/Philip Craven: S. 28 Abb. 35; Robert Harding Picture Library/ Nigel Francis: S. 129 Abb. 6; Robert Harding Picture Library/© Roy Rainford: S. 131 Abb. 14; Robert Harding Picture Library/© Andy Williams: S. 22 Abb. 22; Robert Harding Picture Library/© Rob Witrow 1990: S. 17 Abb. 13; Robert Harding Picture Library/© Adam Woolfitt: S. 233 Abb. 28; Haarto Helpinen Architect/Esa Piemlà: S. 102 Abb. 40; Lucien Hervé: S. 56 Abb. 88, S. 57 Abb. 89; John Hewitt – nach Abbildungen neu gezeichnet und zur Verfügung gestellt von: Michael Wigginton: S. 21 Abb. 20, Abb. 21, S. 224 Abb. 3; Avro International Aerospace: S. 68 Abb. 24; Peter Milner und Michael Wigginton: S. 225 Abb. 7; Fenestration 2000 – Phase III. Advanced Glazing Materials Study von Carl Lampert und Yan-Ping Ma: S. 226 Abb. 8, S. 229 Abb. 15; Handbook of Inorganic Electrochromic Materials von Claes Goran Granqvist: S. 226 Abb. 9, S. 227 Abb. 10, Abb. 11; John Hix: S. 32 Abb. 37, Abb. 38, S. 33 Abb. 39, Abb. 40, S. 34 Abb. 44, S. 37 Abb. 47; Thomas Hoepker/ Magnum Photos: S. 124 Abb. 6; © Angelo Hornak Library: S. 24 Abb. 27, S. 59 Abb. 95, S. 72 Abb. 31, S. 88 Abb. 11, S. 90 Abb. 14; Roger T. Howe/Berkeley Sensor and Actuator Center, University of California, Berkeley: S. 231 Abb. 21; IBM Thomas J. Watson Research Center, New York: S. 231 Abb. 20; Ingenhoven, Overdiek und Partner/Foto Holger Knauf: S. 170 Abb. 5; Interference Coatings/OCLI: S. 224 Abb. 4; A. F. Kersting: S. 17 Abb. 12, S. 18 Abb. 14, S. 20 Abb. 17, S. 23 Abb. 23, Abb. 25, S. 24 Abb. 26, S. 27 Abb. 34, S. 46 Abb. 63; Ken Kirkwood: S. 111 Abb. 2; © Balthazar Korab Ltd.: S. 86 Abb. 5, S. 117 Abb. 2; S. 118 Abb. 3, S. 118 Abb. 5, Abb. 6, Abb. 7, S. 119 Abb. 9, S. 120 Abb. 10, Abb. 11, S. 121 Abb. 16, S. 135 Abb. 10, S. 136 Abb. 13, Abb. 14; Henning Larsen: S. 100 Abb. 34; J. F. Lecouturier, L. Caduff Architekten, Schweiz: S. 233 Abb. 27; Der Dekan und Beirat der Lincoln Cathedral: S. 19 Abb. 15; Lizambard Images: S. 77 Abb. 40; LOG ID, Tübingen: S. 102 Abb. 39; © Norman McGrath. Alle Rechte vorbehalten: S. 124 Abb. 7; Mercedes Benz: S. 77 Abb. 41; P. & G. Morrison, Den Haag: S. 58 Abb. 91, Abb. 92, S. 95 Abb. 22, S. 179 Abb. 2, S. 180 Abb. 3, S. 181 Abb. 5, Abb. 6, S. 184 Abb. 14; Museum of Modern Art, New York: S. 56 Abb. 87; NASA/National Aeronautical and Space Museum, Washington: S. 222 Abb. 2, S. 79 Abb. 47, S. 237 Abb. 40; Nippon Sheet Glass NSG Europe, Temse: S. 225 Abb. 6; Osram Ltd.: S. 78 Abb. 44, S. 224 Abb. 5; Hugh Palmer: S. 35 Abb. 45; © Richard Payne, FAIA: S. 123 Abb. 2, S. 125 Abb. 10; Pei Cobb Freed & Partners: S. 130 Abb. 12; Photothèque des Musées de la Ville de Paris: S. 33 Abb. 43; Renzo Piano Building Workshop, Genua: S. 81 Abb. 52, S. 145 Abb. 2; Renzo Piano Building Workshop/© G. Berenzo Gardin: S. 146 Abb. 7, S. 147 Abb. 12, S. 148 Abb. 13, S. 149 Abb. 19; Renzo Piano Building Workshop/ © Mario Carrieri: S. 234 Abb. 30; Pilkington plc.: S. 60 Abb. 1, Abb. 2, S. 61 Abb. 3, S. 62 Abb. 4, S. 63 Abb. 6, Abb. 7, Abb. 8, Abb. 9, S. 64 Abb. 10, Abb. 11, Abb. 12, Abb. 13, S. 65 Abb. 14, Abb. 15, Abb. 16, Abb. 17; Pilkington plc/Flachglas AG: S. 71 Abb. 30; HHS Planer, Architekten, Deutschland/Prof. Dr. Müller ILB: S. 237 Abb. 39; John Portman & Associates/Foto Michael Portman: S. 100 Abb. 33; Range/Bettman/ UPI: S. 47 Abb. 68; © Jo Reid & John Peck: S. 198 Abb. 3, Abb. 4, S. 199 Abb. 8, S. 201 Abb. 14; Robin Revell und Peter Aldridge/ Corning Inc.: S. 235 Abb. 34; © Christian Richters: S. 169 Abb. 2, S. 170 Abb. 6; © Simo Rista: S. 97 Abb. 25; Kevin Roche John Dinkeloo Associates: S. 99 Abb. 31, S. 101 Abb. 35; Richard Rogers Partnership: S. 154 Abb. 10; SCHOTT: S. 236 Abb. 35, S. 62 Abb. 5, S. 66 Abb. 20, S. 78 Abb. 45, S. 79 Abb. 49, S. 80 Abb. 50, Abb. 51; Science Museum, London: S. 25 Abb. 30; Scientific American: S. 228 Abb. 14, S. 230 Abb. 16, Abb. 18, S. 231 Abb. 19, Abb. 20, Abb. 21, S. 235 Abb. 34, S. 237 Abb. 38; Department of Glass Technology, University of Sheffield: S. 25 Abb. 28, S. 26 Abb. 31, Abb. 32; © Julius Shulman: S. 88 Abb. 10, S. 72 Abb. 32; The Slide File/George Munday: S. 33 Abb. 41; Stapleton Collection, London: S. 11 Abb. 2; Glas Trösch Beratung: S. 235 Abb. 33; Donald M. Trotter Jr./Corning Inc.: S. 228 Abb. 14; Rupert Truman: S. 39 Abb. 49, S. 40 Abb. 50, S. 41 Abb. 51, Abb. 52; mit freundlicher Genehmigung des Board of Trustees des V&A Museum, London: S. 43 Abb. 54, S. 45 Abb. 59; © Collection Roger-Viollet: S. 48 Abb. 69; Michael Wigginton: S. 10 Abb. 1, S. 54 Abb. 85, S. 59 Abb. 96, S. 82 Abb. 53, S. 107 Abb. 47; Yale Centre for British Art, Yale University Art Gallery, Geschenk der Yale University Gallery Associates und Charles Scribners & Co.: S. 46 Abb. 62; Shoei Yoh & Architects: S. 107 Abb. 47.

Fallstudien

Die Abbildung aller Zeichnungen in den Fallstudien wurde von den Architekten genehmigt, außer den Zeichnungen auf S. 171 (Genehmigung von Josef Gartner & Co.). Folgende Zeichnungen wurden von John Hewitt neu gezeichnet: S. 112 Abb. 5, 6, 7, S. 113 Abb. 10, 11, S. 115 Abb. 17, 18, S. 119 Abb. 8, S. 124 Abb. 3, 4, 5, S. 125 Abb. 8, 9, 11, 12, S. 134 Abb. 4, 5, 6, 7, 8, 9, S. 153 Abb. 8, S. 154 Abb. 11, S. 161 Abb. 8, 9, S. 171 Abb. 7, 8, S. 172 Abb. 1, S. 175 Abb. 4, 7, S. 176 Abb. 9, 10, 11, S. 178 Abb. 1, S. 180 Abb. 4, 7, 8, S. 182 Abb. 9, S. 187 Abb. 7, S. 200 Abb. 9, S. 204 Abb. 4, 5, S. 205 Abb. 8, 9, S. 206 Abb. 15, 16, S. 208 Abb. 1, S. 211 Abb. 6, 7, 8, 9, S. 214 Abb. 4, S. 215 Abb. 6. Folgende Zeichnungen wurden von Christine Ebner neu gezeichnet: S. 119 Abb. 8, S. 120 Abb. 12, 13, 14, 15, S. 126 Abb. 1, 2, S. 130 Abb. 8, 9, 10, 13, S. 141 Abb. 4, 5, S. 142 Abb. 7, 8, 9, S. 148 Abb. 14, 15, 16, 17, 18, S. 156 Abb. 1, S. 158 Abb. 4.

Dank

Dieses Buch ist das Ergebnis jahrelanger Arbeit, dem ursprünglichen Auftrag von Maritz Vandenburg folgend, der somit auch einen Teil der Verantwortung dafür übernehmen muß und der beim Entstehen des Buches immer ermutigend war. Der Ausgangsauftrag setzte eine Reihe von Forschungsarbeiten und Untersuchungen in Gang, die meine schon vor vielen Jahren gebildete Ansicht bestärkte, daß Glas für einen Architekten das wichtigste zur Verfügung stehende Material ist.

Ich bin einer Vielzahl von Personen zu großem Dank verpflichtet, die bei den Nachforschungen und dem Schreiben des Buches mitgewirkt haben, durch ihre Ratschläge, Informationen und ihre Unterstützung in kritischen Zeiten bei der Gestaltung und Erstellung des Buches.

Mein erster Dank gilt Jill Kerr von English Heritage, deren Hilfe bei der Fertigstellung des Haupttextes entscheidend und deren Beratung in bezug auf das für mich nicht vertraute Gebiet der historischen Untersuchung unschätzbar war. Sie war ermutigend durch ihre Hilfe bei dem Manuskript und großzügig bei dessen Korrektur, und ich stehe tief in ihrer Schuld. Weiterhin danke ich David Goodall, meinem Freund und Kollegen über viele Jahre, dessen Umgang mit Glastechnologie während seiner Zeit bei Pilkington mir ständig zustatten kam und dessen spätere Rolle als technischer Herausgeber sehr wichtig für mich war und auch eine gemeinsame Forschungsreise bedeutete. Der gleiche Dank geht an Claes Goran Granqvist, Professor für Festkörperphysik an der Universität von Uppsala, dessen Arbeiten mit neuem Material mich weiterhin begeistern und der beim Lesen meiner Versuche, physikalische Dinge zu erklären, unverdrossen war. Als ich mich mit dem Thema der Transparenz befaßte, war mir Dr. John Duffy vom Chemischen Institut der Universität von Aberdeen eine große Hilfe.

Freunde bei Pilkington Glass haben sich jahrelang unverändert hilfreich und offen gezeigt und ich möchte besonders Dr. Mike Jenkins danken, für dessen Fachwissen über Beschichtungen ich sehr dankbar bin, sowie Brian Norman, der mir Einsicht in den Stärkebereich verliehen und mich bei verschiedenen technischen Textteilen beraten hat. Mark Bristow von Solaglas war mir sehr behilflich und Solaglas hat sich ebenfalls sehr geduldig gezeigt beim Öffnen der Türen, als ich das Reich der sekundären Verfahren erkundet habe. Was den Bereich der Technologie betrifft, haben sich sowohl Schott als auch Corning bei der Bereitstellung von Daten- und Bildmaterial sehr großzügig gezeigt.
Bei den Fallstudien ergibt sich eine ganze Reihe von Danksagungen. Gute Architekten und Architekturbüros haben unter dem zwiespältigen Ergebnis ihrer Tätigkeit, zu leiden. Dies kann man sowohl als Marketing als auch als Zurverfügungstellen von Informationen bezeichnen. Für dieses Buch waren meine Anforderungen lästiger als gewöhnlich und schlossen Details im Maßstab 1:1 ein, was für die betroffenen Architekten eine Menge Arbeit bedeutete. Sehr dankbar bin ich aus diesem Grund natürlich Katy Harris, Stefan Behling und den anderen aus dem Büro von Sir Norman Foster and Partners, Mike Davies und John Young von Richard Rogers Partnership, Gunnar Birkerts, Michael Flynn und seinen Kollegen bei Pei Cobb Freed, dem Büro Philip Johnson, Arthur Erickson und seinen Kollegen, dem Büro Renzo Piano und allen beim Building Workshop, Mark Mendell von Cannon Design, Jan Dvorak und seinen Kollegen von Ingenhoven, Overdiek und Partner, Hugh Dutton, Martin Francis und ihren Kollegen vom RFR, Nicholas Grimshaw, Jan Bentham, Rick Mather und Eva Jiricna.

Professor Jeffrey Cook war mir in bezug auf die Anfänge der Solararchitektur sehr behilflich und stellte mir unschätzbares Material aus den Archiven der Arizona State University zur Verfügung. Auch Dr. Rod Scott von BP Solar möchte ich danken, dem ich viel für seine Diskussionen über Photovoltaik verdanke, über die mir auch Meike Hülsmann von Greenpeace Deutschland nützliches Informationsmaterial zur Verfügung gestellt hat. Viel von dem Material über Raumfahrt hätte ich ohne die Hilfe von George Sexton und Diana Pabon aus Washington nicht erhalten können, und mein Kollege Andrea Compagno unterstützte mich sehr in bezug auf intelligente Fassaden. Unschätzbare Informationen über transparente Kunststoffe erhielt ich von Chris Parry und neuerdings von Elizabeth Jay von GE Plastics und auch von Dr. Mike Lombard von ICI Acrylics. In bezug auf das Sammeln der Abbildungen danke ich Jeff Cook, Russell Jones, Dennis Sharp, Henry Freeland, A. D. Jack, Martin Francis und Peter Millner, die sich alle ganz überdurchschnittlich bemüht haben, Abbildungen zu besorgen oder zur Verfügung zu stellen, deren Beschaffung sich als sehr schwierig herausstellte.

Christine Ebner produzierte den ersten Satz ausgezeichneter Zeichnungen der Fallstudien und John Hewitt schloß die Aufgabe gut ab. Beiden möchte ich für ihre Sorgfalt und fachmännische Zeichenkunst danken. Besonderen Dank schulde ich John Hewitt für seine kreative Art und Weise, wie er die Graphiken gestaltete. Bei Phaidon bin ich David Jenkins ausgesprochen dankbar, meiner Lektorin Vivian Constantinopoulos für ihre ungeheuere Geduld und ihre unermüdlichen Bemühungen, den Inhalt richtig darzustellen, Christine King für ihre entscheidende Mitherausgabe und Sophia Gibb und Luisa Nitrato-Izzo für ihre gewissenhafte Bildersuche. Mein Dank gebührt auch Mark Vernon-Jones für seine Arbeit bei der Gestaltung des Buches.

Zum Schluß möchte ich meiner Familie, die so lange leiden und sich mit Quellenmaterial und Texten, mit denen das Auto in den Sommerferien vollgestopft war, abfinden mußte und deren Hoffnung, daß ich nie wieder ein Buch schreiben werde, ich aber wahrscheinlich enttäuschen muß.

Personenregister

Kursive Seitenzahlen verweisen auf Abbildungen